Natascha Thoma
Isa Ducke

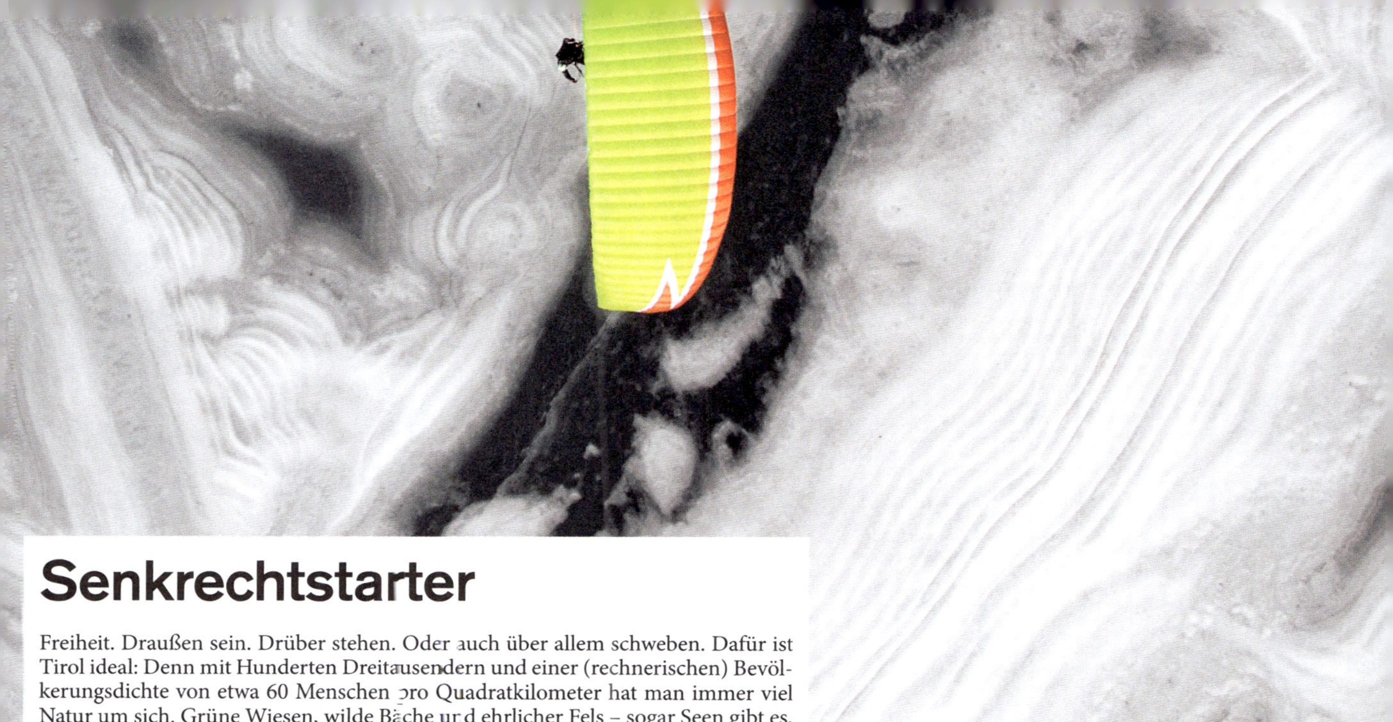

Senkrechtstarter

Freiheit. Draußen sein. Drüber stehen. Oder auch über allem schweben. Dafür ist Tirol ideal: Denn mit Hunderten Dreitausendern und einer (rechnerischen) Bevölkerungsdichte von etwa 60 Menschen pro Quadratkilometer hat man immer viel Natur um sich. Grüne Wiesen, wilde Bäche und ehrlicher Fels – sogar Seen gibt es, wie hier den vereisten Achensee.

Überflieger

Der Lech – ein echter Wildfluss
Reutte
Gipfelsturm nach Deutschland
Langlauf
Action!
Schwindel!
Ehrwald
Seefeld in Tirol
Nur alle vier Jahre gibt's die Große Fasnacht
Innsbruck
Stift Stams
Dachl
Imst
Zwetschgenschnaps
Barock, Barock
Fulpmes
Schmiede
Landeck
St. Anton
Arlberg
Welcher Berg?
Prutz
Aprikosenschnaps
007
Klettern
Ischgl
Schickimicki
Sölden
Galtür
Ötztaler Alpen
Berge
Mauer vorm Berg
Nauders
Grenzfestungen
Vent
Ötzi, der Mann aus dem Eis

Hohe

Berge

Tirol — Berge von Ost nach West und von Nord nach Süd. Dazu viel Brauchtum und deftige einheimische Spezialitäten!

Querfeldein

Fundstücke — zwischen Gipfelkreuz und Seeufer, Adrenalindusche und Waldbaden. Tirol ist so richtig zum Durchatmen, und da geht es nicht nur um die tolle, gesunde Luft.

Der Tirolerhut

Jedes Bergdorf hat (mindestens) einen Andenkenladen mit Filzhüten und Trachtenjacken, Schnapsstamperln und bedruckten Holzbrettern (was macht man wohl damit?). Und ab und zu gibt es im Dorf einen Tiroler Abend, bei dem gejodelt und geschunkelt wird, was das Zeug hält. Nicht Ihr Ding? Versuchen Sie es trotzdem mal. Und sosehr die Tiroler auch selbst mit dem Klischee hadern – viele haben doch Spaß an Brauchtum und Tradition und dem Heimatgefühl.

Kleine Entdeckungen

So manches übersieht man im Vorbeifahren – weil es vielleicht hinter der Schallschutzmauer der Autobahn liegt. Dabei lohnt es sich oft, genauer hinzugucken: Hall mit seiner Altstadt z. B., mit seiner Nähe zu Innsbruck und der guten Auswahl an Geschäften und Restaurants. Die Stadt ist, so finden wir, eine hervorragende Basis für die Erkundung der gesamten Region.

Alles Käse

Spätestens bei einer Wanderpause auf einer duftenden Almwiese werden Sie verstehen, warum der Tiroler Käse so lecker ist: Die Kühe verbringen den ganzen Sommer dort auf den saftigen Wiesen, und der Almkäse, der nur ab einer bestimmten Höhe und Steilheit der Wiesen so heißen darf, schmeckt nach all diesen Kräutern.

Ach, Seilbahnen – rein in die Gondel, rauf auf die Berge, es scheint so einfach. Doch so ganz überall führen sie doch nicht hin, auf die einsamsten Berge etwa. Darum: Eine richtige Wanderung mit Brotzeit, Regenzeug und vielleicht auch Muskelkater gehört schon auch zum Urlaub. Und vielleicht zu den schönsten Erinnerungen.

Nach alter Väter Sitte

Die Sacker gehen voraus, um den Weg für die Scheller und Roller frei zu machen, so war das schon immer! Woanders sind es die zotteligen Krampusse, die wie eh und je durch die eisigen Straßen toben und sich von Touristen nicht aufhalten lassen, nur vom Nikolaus selbst. Oder fromme Prozessionen, mit Blasmusik, Trachtengewand, dem Opferwidder oder der geschmückten Kuh. Tiroler Brauchtum wirkt auf Außenstehende archaisch, ist oft seit Jahrhunderten überliefert und wird mit Stolz weitergeführt. Toll, wenn man Gelegenheit hat, so etwas mitzuerleben.

Die Sache mit dem Geheimtipp …

Einen Geheimtipp, den wollen doch alle. Aber touristische Geheimtipps funktionieren nur noch mit Magie, sonst wären die schönen Orte doch überschwemmt von Touristen. Um Osttirol muss so eine Art magische Dornröschenmauer stehen, wer von dort wiederkommt (kommt überhaupt jemand wieder?), vergisst sofort, wo es war.

»Eine weihevolle Stimmung muss jeden ergreifen, der ein Volk studiert, an dem die Zeit spurlos vorbeigeht.«
Sepp Schluiferer

Neues wagen

Der Helm sitzt, die Knoten sind gecheckt, alles stimmt: Dann los! Der Fels ist dann doch gar nicht so steil und glatt, der Boden aber plötzlich ziemlich weit unten – hält dieses Seil jetzt wirklich? – Die Berge sind einerseits wie ein großer Abenteuerspielplatz. Andererseits kann eine Tour auch ziemlich gefährlich sein, wenn man sich nicht auskennt – gut, dass es die Profis gibt. Ob es ein Kletterkurs ist, ein Tandemflug mit dem Gleitschirm oder eine wilde Rafting-Tour mit Freunden, in Tirol kann man mal etwas richtig Aufregendes machen. Und die Bergführerin passt auf und das Seil hält tipptopp.

Inhalt

Vor Ort

Von Kufstein bis Kitzbühel 14

Nicht immer muss es ganz weit raufgehen – auch in den Tiroler Tälern wie hier am Lech kann man mal richtig durchatmen.

Unteres Inntal 50

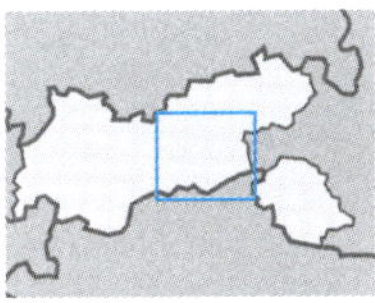

Innsbruck und Umgebung 92

Imst und Außerfern 128

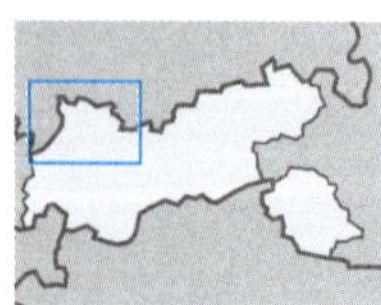

Das Oberland 156

Osttirol 200

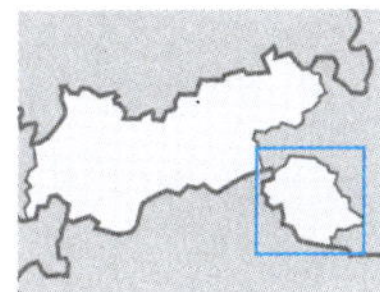

Das Kleingedruckte

Das Magazin

Vor

Ort

Tibet? Ach was – die Zillertaler Alpen liegen näher und sind ganz schön spektakulär. Und nebenan in der Olpererhütte gibt es warme Duschen und Solarstrom.

Von Kufstein bis Kitzbühel

Multitalent — schroffe Felsen und rollende grüne Hügel, kombiniert mit viel Kultur und ein bisschen Schickimicki.

Eintauchen

Seite 17

Kufstein ★

Die Perle Tirols lädt mit der Festung Kufstein, der historischen Häuserzeile zwischen Burgfelsen und Inn und der schönen Altstadt zum Verweilen ein.

Seite 31

Alfons Walde in Kitzbühel

Seine Bilder von Skifahrern und Hütten prägen Tirol als Wintersportland. Alfons Walde selbst ließ sie damals als Poster und Postkarten drucken. Viele Originale sind in Kitzbühel zu bewundern. Bilder wie »Der Aufstieg« kann man heute noch prima als Urlaubspostkarte verschicken!

Klettern am Kitzbüheler Horn

Seite 34

Kitzbüheler Horn

Wenige Berge der Alpen sind so markant wie das 1996 m hohe Kitzbüheler Horn. Es ist von zwei Seiten zugänglich, per Rad, zu Fuß oder mit dem Klettersteigset.

Seite 39

Triassic Park in Waidring

Wo heute Gipfel sind, war früher Meeresboden – wie das sein kann, erfährt man im Triassic Park auf der Steinplatte bei Waidring: in einer kleinen Ausstellung, aber auch über lebensgroße Sauriermodelle und echte Funde aus der Trias-Zeit.

Seite 41

Bouldern in St. Johann

Für das Klettern an den farbigen Griffen braucht man nicht nur Kraft, sondern eine gute Körperbeherrschung – und auch Ideen können nicht schaden.

Seite 42

Wilder Kaiser ✪

Das Bergmassiv kennt man aus Serien wie »Der Bergdoktor«. Selbst durchzuwandern ist noch schöner, als es nur anzuschauen!

Seite 42

Bergdoktorhaus in Ellmau

Manch einer hat wohl schon gehofft, dass er sich im Urlaub den Fuß verknackst und in die Praxis von Dr. Martin Gruber in Ellmau muss. Man weiß ja genau, wie es dort aussieht – auch aus der Fernsehserie »Der Bergdoktor«.

Seite 26

Fohlenhof Ebbs

Das Glück dieser Erde liegt auf dem Rücken der Pferde – und besonders auf dem der robusten Haflinger. Das weltgrößte Haflinger-Zuchtgestüt kann besichtigt werden. Und Reitmöglichkeiten gibt es natürlich auch.

Die weltgrößte Auswahl unterschiedlicher Ginsorten gibt es im Stollen 1930 in Kufstein.

»Kennst du die Perle, die Perle Tirols? – Das Städtchen Kufstein, das kennst du wohl!« (Kufsteinlied)

Schroffe Felsen, grüne Hügel

Der einzeln stehende Gebirgsstock des Wilden Kaisers und die rollenden Hügel der Hohen Salve und der Kitzbüheler Alpen prägen die Landschaft im Osten Nordtirols. Die vielen kleinen Ferienorte der Region haben vor allem für Familien viel zu bieten, während Kufstein mit der bekannten Festung und der schönen Innenstadt auch Kulturinteressierte anlockt.

Wo der Wilde Kaiser rockt

Von Kufstein aus führt die B 173 an zahlreichen Ferienorten wie Ellmau und Going vorbei bis St. Johann in Tirol. Von diesen Orten aus hat man den besten Blick von Süden auf das schroffe Gebirgsmassiv des Wilden Kaisers. Doch wer nicht nur schauen will, sondern sich in die Felsenlandschaft hineintraut, findet im Wilden Kaiser tolle Ausflugsoptionen – vom Klettersteig bis zur mehrtägigen Wanderung auf dem Adlerweg. Der Wilde Kaiser rockt!

Von Kufstein ein Stück weiter innaufwärts liegt die regionale Industrie- und Einkaufsstadt Wörgl, von wo das Brixental, ein breites grünes Tal, in Richtung Kitzbühel abzweigt.

ORIENTIERUNG

O

Verkehr: Von Deutschland aus reist man am einfachsten per Bahn durchs Inntal nach Kufstein oder von Salzburg aus nach Kitzbühel. Mit dem Auto geht es über Rosenheim (A 93) zum Grenzübergang Kiefersfelden/Kufstein. Zwischen Kufstein und Kitzbühel verkehren in beide Richtungen um das Wilder-Kaiser-Massiv auch Busse.
Gästekarten: Die Gästekarte für Kufstein und das gesamte Umland heißt KufsteinerlandCard (s. S. 25). In der Region Wilder Kaiser um Ellmau heißt sie Wilder Kaiser GästeCard (s. S. 46).
Das Umland von Kitzbühel – ohne Kitzbühel, aber bis Fieberbrunn und Wörgl – hat eine (nahezu einheitliche) Gästekarte, die Kitzbüheler Alpen Card, sie wird jeweils von den Einzelregionen herausgebracht (s. S. 36, 37, 47).
Kaufkarten: Außerdem gibt es südlich des Wilden Kaisers Kaufkarten, die sich nur lohnen, wenn man viel besichtigen oder mit Bergbahnen fahren will.
Bergbahn Erlebnis-Card: Wilder Kaiser-Brixental nördlich und südlich der Hohen Salve (s. S. 46).

Kufstein

L3

Das Kufsteinlied ist angeblich eines der meistgespielten Volkslieder Europas und hat die Stadt am Inn weltbekannt gemacht. Komponiert hat es der Erler Karl Ganzer schon 1946, angeblich beim Ofenstreichen in seiner Küche.

Kufstein, mit 19 000 Einwohnern zweitgrößte – und tiefstgelegene – Stadt Tirols, hat mit seinen schönen Stadtplätzen und dem kulturellen Angebot in der Tat einiges zu bieten. Zudem ist es eine gute Basis zur Erkundung der umliegenden Berge.

Schutz gegen die Bayern

Kufstein gilt als das Eingangstor nach Tirol – da die Stadt hinter einer Engstelle im Inntal liegt, die schon immer die natürliche Grenze zu Bayern bildete. Von der markanten Festung Kufstein auf ihrem steilen Felsen konnte der Zugang bestens überwacht und abgesichert werden. Leider nicht immer erfolgreich: So gehörte Kufstein auch immer mal wieder zu Bayern, das letzte Mal unter Napoleon (1805–13). Die Nähe zur Grenze brachte durch Zölle und Handelsrouten im Wesentlichen Vorteile; insbesondere die seit 1858 bestehende Eisenbahnlinie trug zum wirtschaftlichen Gedeihen bei. Fast die gesamte Stadt fiel Anfang des 18. Jh. einem Brand zum Opfer.

Festung Kufstein

Die **Festung** ❶ wurde 1205 erstmals erwähnt und in der Folgezeit samt der darunterliegenden Stadt aufgrund

Hart umkämpft war die Festung Kufstein früher einmal, denn von hier konnte man den Zugang zum Inntal kontrollieren.

Kufstein

Ansehen
1 Festung
2 Römerhofgasse
3 Marienbrunnen
4 Sparkasse
5 Rathaus
6 Stadtpfarrkirche St. Vitus
7 Dreifaltigkeitskapelle
8 Nähmaschinenmusum
9 Denkmal Andreas Hofer
10 Madersperger-Denkmal
11 Glasfabrik Riedel

Schlafen
1 Alpenrose
2 Träumerei #8
3 Hotel Kufsteinerhof
4 Arte Hotel
5 Backstage

Essen
1 Salad Box
2 Tiroler Hof/ Kochschule
3 Auracher Löchl
4 Hans im Glück
5 Heidi Hauber

Einkaufen
1 Naschwerk
2 Sportler Alpin
3 Spar (Supermarkt)
4 M-Preis (Supermarkt)

Bewegen
1 Inn Bike Kufstein
2 Kaiserlift

Ausgehen
1 Stollen 1930
2 Liebelei
3 Vitus & Urban
4 Kulturfabrik

---

ihrer Grenzlage zwischen Bayern und Tirol strategisch relevant. Im Mittelalter gehörte Kufstein oft zu Bayern; der bayerische Herzog Stefan der Jüngere war es auch, der dem Ort 1393 das Stadtrecht verlieh.

Purlepaus und Weckauf

Im Jahr 1505 fiel die Stadt Kufstein dann formell an Kaiser Maximilian I., als Honorar für seinen Schiedsspruch im Landshuter Erbfolgekrieg, doch in der Realität war Kufstein mitsamt seiner Feste in bayerischer Hand.

Als der Kommandant der Burg, der bayerische Feldhauptmann Hans von Pienzenau, sich weigerte, sie zu übergeben, ließ Maximilian aus Innsbruck seine beiden stärksten Kanonen mit den schönen Namen **Purlepaus und Weckauf** herbringen und nahm die Festung nach heftigem Beschuss ein. Die Schäden wurden anschließend nicht nur beseitigt, sondern der Habsburger Kaiser baute die Burg zur heutigen imposanten Anlage mit dem runden Kaiserturm aus.

Heute beherbergt die riesige Festungsanlage etliche Ausstellungen, Museen und die größte Freiluftorgel der Welt.

Hamsterrad

Der Eingang für die Besichtigung der riesigen Festungsanlage befindet sich hinter der **Pfarrkirche St. Vitus** 6 (s. u.), von dort führt ein **historischer Schrägaufzug**, die Panoramabahn Kaiser Maximilian, auf den Festungsberg. Oben ist eine Art riesiges Hamsterrad zu sehen. Der Schrägaufzug wurde anfangs nämlich nicht etwa elektrisch betrieben, sondern von Hand oder vielmehr Fuß: Bei Bedarf musste ein Diener laufend das Rad in Gang halten, um den Aufzug anzutreiben.

Heimatmuseum

Im Zentrum der Burganlage liegt die **Obere Schlosskaserne,** in der sich u. a. das breit aufgestellte **Festungs- und Heimat-**

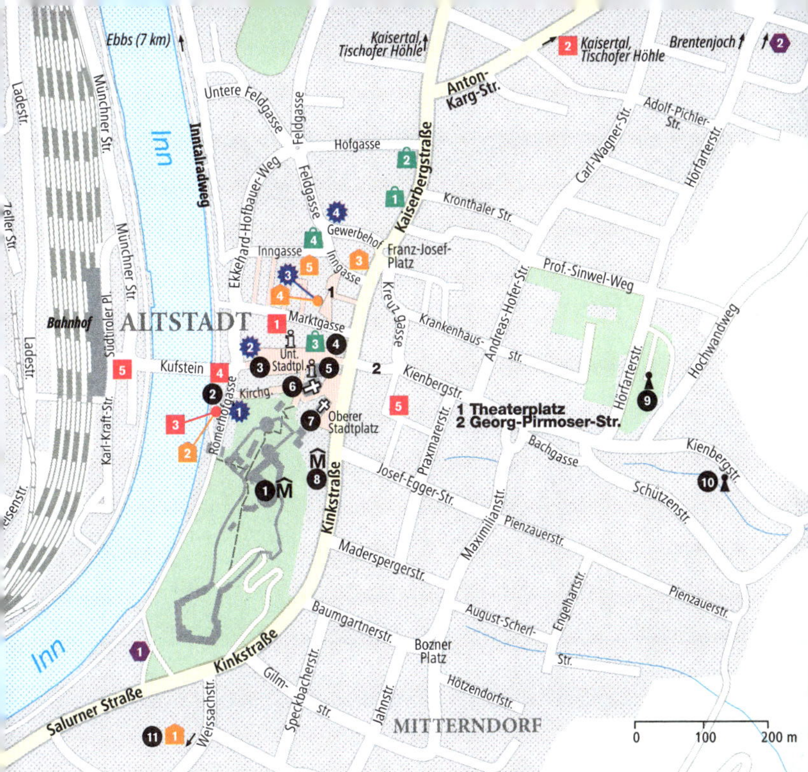

museum befindet. Spannend sind die Steinzeitfunde aus der Tischofer Höhle (s. Tour S. 159) mit Skeletten von Höhlenbären und die Funde aus frühbronzezeitlichen Gräbern aus der Umgebung.

Staatsgefängnis

Dahinter gelangt man zum **Kaiserturm,** dem markanten Rundturm aus der Zeit Maximilians, der im 18.–20. Jh. als Staatsgefängnis diente. Im Obergeschoss sind noch 13 Zellen zu besichtigen, dazu gibt's Infos über die Haftbedingungen und Häftlinge. So saß dort z. B. der ungarische Schriftsteller Ferenc Kazinczy (1759–1831) ein.

Und mehr …

In den äußeren Batterien und Festungsanlagen befinden sich weitere Ausstellungen, etwa über Kaiser Maximilian in Kufstein, die Tiroler Kaiserjäger oder das Lied »Stille Nacht, heilige Nacht«, und in der hoch gelegenen Wallachenbastion werden ziemlich reißerisch mittelalterliche Folterwerkzeuge aus- und vorgestellt.

Oberer Stadtplatz 6, T 05372 665 25, www.festung.kufstein.at, Ende März–Ende Okt. tgl. 9–18, Winter tgl. 10–17 Uhr (letzter Einlass 1 Std. früher) Kombiticket für alle Museen und Panoramabahn 12,50 €

Rund um die Festung

Die meisten historischen Sehenswürdigkeiten liegen rings um den Festungshügel und lassen sich bequem in einem Rund-

Echt mittelalterlich ist die Römerhofgasse gleich unterhalb der Festung – und die schnuckeligen Restaurants in den historischen Häusern gehen auf der anderen Seite direkt auf den Inn!

gang erlaufen. Die Stadt hat 23 Infotafeln zur Geschichte aufgestellt, die vom Stadtplatz durch die Römerhofgasse um die Festung zurück zur Pfarrkirche führen (Faltblatt in der Touristeninformation).

Durch die enge Gasse

Wichtigstes Überbleibsel aus dem Mittelalter ist die **Römerhofgasse** 2 zwischen Inn und Festung. Hier sind noch Einschusslöcher der Superkanonen Purlepaus und Weckauf (s. o.) zu sehen. Heute reihen sich in der Römerhofgasse Lokale, Andenkengeschäfte und Trachtenläden aneinander, darunter das traditionsreiche **Auracher Löchl** 3. Tipp: Nachts ist die Gasse stimmungsvoll beleuchtet.

Unten und oben

Das Zentrum der Altstadt bildet der **Untere Stadtplatz** mit Läden und Cafés ringsum und dem neogotischen **Marienbrunnen** 3, der im 19. Jh. die Wasserversorgung der Stadt gewährleistete.

An seinem östlichen Ende stößt der Untere auf den **Oberen Stadtplatz**. Hier steht linker Hand das sehenswerte Gebäude der **Sparkasse** 4 (Oberer Stadtplatz 1, Mo–Mi, Fr 8–16, Do 8–18 Uhr). Das Haus war als kombinierte Post und Sparkasse geplant und sollte die hohen städtebaulichen Ansprüche einer prosperierenden Stadt zeigen. Es ist von außen und auch innen in der Schalterhalle recht fotogen.

Rechter Hand liegt am Eck von Unterem und Oberem Stadtplatz das Kufsteiner **Rathaus** 5 (Oberer Stadtplatz 17) mit Stufengiebel und Stadtwappen.

Schräge Kirchen

Jenseits der Kirchgasse erhebt sich die große **Stadtpfarrkirche St. Vitus** 6 aus dem 14. Jh. Beim Stadtbrand 1703 stark beschädigt, ist das Innere heute eine interessante Mischung aus spätgotischem Gewölbe, barocken Reliefs, einem klassizistischen Hochaltar und etwas irritierenden modernen Deckenfresken aus dem Jahr 1929.

Südlich hinter der Pfarrkirche steht auf einem extrem abschüssigen Grundstück, das lt. Infotafel ein gewisser Herr Weinräntl wohl um 1500 der Kirche stiftete, die **Dreifaltigkeitskapelle** ❼, ein ungewöhnlicher zweistöckiger Sakralbau, dessen Untergeschoss nur zu einer Seite Fenster hat.

Pfarrplatz 2, www.kufstein-stvitus.at

Wer hat sie erfunden?

Einen der berühmtesten Söhne der Stadt kennt man außerhalb von Kufstein kaum: Er heißt Josef Madersberger. Der Schneidermeister erfand 1814 die erste funktionstüchtige Nähmaschine der Welt. Es gelang ihm aber nicht, sie patentieren zu lassen oder zu vermarkten, und so geriet seine Erfindung in Vergessenheit. Erst in den 1850er-Jahren begannen sich Nähmaschinen durchzusetzen, nun aber gebaut von Isaac Merritt Singer in den USA. Pech gehabt. Das kleine **Nähmaschinenmuseum** ❽ zeigt neben der Geschichte und einigen Ausstellungsstücken einen kurzen Film über Josef Madersberger.

Kinkstr. 16, tgl. 10–17 Uhr, freiwillige Spende (mind. 1 € erbeten)

Am Stadtrand

Zwei Berühmtheiten

Auf dem Kalvarienberg erhebt sich in Erinnerung an den Tiroler Freiheitskämpfer **Andreas Hofer** (s. S. 270) in der Hörfarterstraße sein **Denkmal** ❾. Wegen des guten Blicks auf Stadt und Festung lohnt sich ein Abstecher von der Stadt herauf.

Nicht weit entfernt steht in einer Grünanlage das **Madersperger-Denkmal** ❿ (Kienbergstr.; s. o.).

Welches Glas für welchen Wein?

Die im 19. Jh. gegründete **Glasfabrik Riedel** ⓫ im Süden der Stadt bietet Besuchern die Möglichkeit, von einer Empore in die Produktionshalle zu sehen, wo mundgeblasene Objekte hergestellt werden; mehrere Ausstellungen stellen die Familiengeschichte und die Technik der Glasherstellung vor – da Riedel auf Weingläser spezialisiert ist, mit besonderem Fokus auf Riechen und Schmecken! Heute ist allerdings der größere Teil der Produktion maschinell. Angeschlossen sind ein Ab-Werk-Verkauf sowie ein separates Geschäft für Ware zweiter Wahl.

Weissachstr. 28–34, T 05372 64 89 69 01, www.riedel.com, Shop & Outlet Mo–Fr 9.30–18, Sa 9.30–14 Uhr, Werksbesichtigung Mo-Fr 9.30-16, Museum Mo–Fr 9.30–17, Sa 9.30–13 Uhr, Eintritt frei

Schlafen

Die (wenigen) Hotels in der Stadt Kufstein sind allesamt relativ teuer, günstiger wird es in der Umgebung, z. B. in Ebbs und Erl (s. S. 26).

Aufgepolstert

1 **Alpenrose:** Familiäres Hotel mit recht großen Zimmern, darunter auch barrierefreie, mit Kühlschrank, Heißgetränkeservice und Büchertausch. Spa-Bereich und ein prämiertes Restaurant mit Bio-Produkten vom eigenen Hof.

Weissachstr. 47, OT Weissach, T 05372 621 22, https://alpenrose-kufstein.at, €€

Die ganze Welt mit Innblick

2 **Träumerei #8:** Jedes der 34 Zimmer in dem Boutiquehotel hat eine Stadt oder ein Reiseland zum Thema. Träumen Sie

sich nach Paris, Marrakesch, Kenia oder Hamburg. Fulminantes Frühstück.

Römerhofgasse 4, T 05372 621 38, www.traeumerei.tirol, €€

Modern

3 **Hotel Kufsteinerhof:** 2020 renoviertes, zentrales Hotel mit funktionalen Zimmern in kräftigen Farben. Die Zimmer sind recht groß, es gibt auch Dreibettzimmer und Familiensuiten.

Franz-Josef-Platz 1, T 05372 714 12, www.kufsteinerhof.at, €€

Klare Linien

4 **Arte Hotel:** Nichtraucherhotel im Zentrum mit hellen, stylishen Zimmern und Wellnessbereich mit Blick auf die Festung.

Marktgasse 2, T 05372 61 50 00, www.arte-kufstein.at, €€, auch barrierefreie Zimmer

Wohnen auf Zeit

5 **Backstage:** Das Boardinghouse ist stylish und frisch. Es gibt unterschiedliche Zimmer und Apartments, teils mit eigener Küche, dazu auch eine Gemeinschaftsküche und einen Aufenthaltsraum.

Inngasse 7, T 05372 21 98 00, www.backstage-kufstein.com, €, auch günstige Wochenangebote

Essen

Fix und frisch

1 **Salad Box:** Fast Food gesund – Dutzende Salate zum Selbstzusammenstellen.

Unterer Stadtplatz 11 (im Kiss-Einkaufszentrum), Mo–Sa 10–18 Uhr, €

Wirtshauskost oder Fine-Dining?

2 **Tiroler Hof:** Im selben Haus kochen zwei Generationen modern, traditionell, viel vegetarisch und mit regionalen Zutaten.

Am Rain 16, T 0660 623 31 10, www.viktoriashome.at, Fr–So 17.30–23, So auch 11–14.30 Uhr, €€

Saftige Steaks für Verliebte

3 **Auracher Löchl:** Spezialität sind die saftigen Steaks (Preis nach Gewicht), daneben gibt es auch »Tiroler Tapas«. Ebenfalls dazu gehört das kleinste Brückenrestaurant der Welt – für Verliebte ideal, denn mit zwei Personen ist es ausgebucht.

Römerhofgasse 4, T 05372 621 38, www.auracher-loechl.at, tgl. 17–23, Sa/So ab 12 Uhr, €€

Burgerglück

4 **Hans im Glück:** Auch in Kufstein gibt es eine Filiale der deutschen Kette, und zwar direkt am Inn. Die Burger sind frisch und lecker, die Fritten kross und die Cocktails kühl. Auch vegane und vegetarische Optionen bietet die Speisekarte.

Unterer Stadtplatz 2, T 05372 624 44, https://hansimglueck-burgergrill.de, tgl. 12–22, Fr/Sa bis 22.30, Burger ab 8,50 €, mit Beilage und Cocktail plus 10,50 €

Monumentale Schokocroissants

5 **Vollwertbäckerei Heidi Hauber:** Heidi Haubers Croissants sind nicht nur riesig, sondern auch vollwertig! Wie alles andere in der Theke auch. In der Filiale im Arkadenhof kann man auch sitzen.

Südtirolerplatz 1 (beim Bahnhof), Mo–Fr 6–18, Sa 6–12 Uhr; Arkadenhof 1, Mo–Fr 7–17, Sa 7–12 Uhr, €

Einkaufen

Süßes für drunter und drüber

1 **Naschwerk:** Lingerie, Dessous, Bademode und edle Pralinen sowie zarte Schokolade gibt es hier. Zugegebenermaßen ist das eine etwas eigenwillige Mischung, sie hat aber durchaus ihren ganz eigenen Reiz.

Kaiserbergstr. 3, T 05372 220 53, www.naschwerk-kufstein.at, Mo–Fr 9.30–12.30, 14.30–18.30 (Mi nachmittags geschl.), Sa 9.30–14 Uhr

Outdoor

2 **Sportler Alpin:** Sehr gut sortiertes Bergsportgeschäft mit einer breiten Auswahl schicker Outdoor-Kleidung und -Ausrüstung.

Kaiserbergstr. 25, T 05372 631 00, www.sportler.com, Mo–Fr 9–13, 14–18, Sa 9–17 Uhr

Supermärkte

Im Stadtzentrum befinden sich mehrere Supermärkte, u. a. **Spar** 3 (Unterer Stadtplatz 27–29, Mo–Fr 7–19, Sa 7.30–18 Uhr) und **M-Preis** 4 (in den Kufsteingalerien, Feldgasse 1, Mo–Fr 8–18.30, Sa 8–17 Uhr).

Bewegen

Radfahren, so oder so

Wer Kufstein und Umgebung per E-Bike erkunden möchte, kann bei der Touristeninformation ein **E-Bike** leihen. 25 €/Tag (mit KufsteinerlandCard 21 €, plus 2 € Helm). Die Touristeninformation hält auch eine Broschüre mit Tourenvorschlägen für **Touren mit dem Rennrad** (ca. 60–100 km, unterschiedliche Schwierigkeitsgrade) und viele Infos dazu bereit. **Inn Bike Kufstein** 1 ist der lokale Partnerbetrieb für die ÖBB-Mountainbikes, die über die ÖBB-Bike-App reserviert werden können (Salurnerstr. 2, T 05372 635 47, www.inn-bike.at, Mo, Di, Do, Fr 9–18, Sa 9–13).

Wandern

Brentenjoch: Der **Kaiserlift** 2 (s. S. 25) fährt seit 1971 vom nördlichen Ortsteil Sparchen hinauf aufs Hochplateau am Brentenjoch. Dort bietet sich eine herrliche Aussicht auf die Bergwelt, kleine (und große) Wanderungen lassen sich unternehmen und fürs leibliche Wohl wird auch gesorgt. Nicht zuletzt die leckeren Kiachln auf der Brentenjochalm sind sehr beliebt, die werden aber nur samstags gebacken. Wer eine kleine Tour unternehmen möchte, kann z. B. die 3 km zur Kaindlhütte wandern (s. auch Tour S. 44, Etappe 3).

Kochschule

Die Haubenköchin Viktoria Fahringer bietet im Restaurant **Tiroler Hof** 2 regelmäßig Kochkurse in Kleingruppen an, auch vegan oder für Desserts.

https://viktoriashome.at/kochschule

Ausgehen

Cool im Eiskeller

1 **Stollen 1930:** Der Stollen im Fels der Festung Kufstein wurde im 15. Jh. als kühler Lagerraum für das damals vor Ort gebraute Bier angelegt. Heute gibt es hier die weltgrößte Auswahl an Ginsorten! Über 1000 sollen es sein. Einmal im Monat findet im Stollen ein Gin-Dinner statt.

Römerhofgasse 4, T 05372 621 38 59, www.auracher-loechl.at/de/stollen, tgl. 18–2 Uhr

Mediterran am Marktplatz

2 **Liebelei:** Exquisite Weinbar mit ausgesuchten Weinen und kleinen Speisen, tgl. wechselnd gibt es eine Suppe und ein warmes Gericht. Bei schönem Wetter sitzt man wunderbar draußen am Marktplatz.

G

GIN AUS TIROL

Eine Auswahl:
Brixx43: von der Brennerei Erber in Brixen im Thale
Mountain Gin: von der Brennerei Kaufmann in Ellmau
Tirolikum Gin: von der Brennerei Kronbichler in Walchsee
Bergheu Gin: von der Brennerei Stiegenhaushof im Zillertal
Black Gin: von der Brennerei Gästehaus Thaler bei Innsbruck
Roter Turm Gin: von der Brennerei Kuenz in Osttirol

TOUR
Zu den Höhlenbären

Über die Tischofer Höhle zum Gasthof Pfandl

Infos

M3

Start/Ziel: Wanderparkplatz Sparchen, Stadtbus 1 oder Bus 4030 bis Kaisertal

Strecke: insgesamt ca. 6 km, 350 Höhenmeter, leichte Wanderung, festes Schuhwerk ist empfehlenswert

Gehzeit: 2–3 Std.

35 000 Jahre alt sind wohl die **Pfeilspitzen,** die man in der **Tischofer Höhle** im **Kaisertal** gefunden hat, zwischen den Überresten von etwa 380 Höhlenbären. Es sind die ältesten Zeugnisse menschlicher Siedlungen in Tirol.

Vom **Parkplatz** am Kaisertal führen fast 300 gemäßigte Stufen auf die Flanke des steilen Tals. Nach etwa 1 km zweigt ein **Pfad** zur Tischofer Höhle ab (Schild), der in einigen Serpentinen in Richtung Talgrund führt. Kurz vor dem Bach geht es rechts hinunter, an der eher unscheinbaren **Hyänenhöhle,** in der ebenfalls prähistorische Keramik gefunden wurde, vorbei zur **Tischofer Höhle.** Die ist 8 m hoch und 40 m tief und diente während des Tiroler Bauernaufstands gegen Napoleon als Sammelplatz für die Tiroler Schützen. Die prähistorischen Funde wurden erst später gemacht, auch wurde u. a. eine Werkstatt für Bronzebeile in der Nähe entdeckt, sie stammt aus der Zeit um 1800 v. Chr. Einige der Funde sind in der Festung Kufstein (s. S. 18) zu besichtigen. Von der Höhle steigt man wieder hinauf zum **Hauptweg** und folgt diesem, zunächst über **Almwiesen,** dann durch Wald, bis zum **Gasthof Pfandl** (s. S. 26). Unbedingt ansehen: das **Totenkapellchen** für die Verstorbenen der Familien Schwaighofer und Pfandl gleich neben dem Gasthof Pfandl – schon wegen der amüsanten Gedenkplakette für den Stadtpfarrer Sabin Josef Stefan …

Unterer Stadtplatz 15, T 05372 213 20, Mo, Mi–Sa 8–18, So 8–17 Uhr, außerhalb der Saison kürzer

Wein und Kunst

3 **Vitus & Urban:** Vitus aus dem Weinviertel und Urban als waschechter Tiroler – das steht für eine coole Mischung. Super Auswahl österreichischer Weine, leckere Kleinigkeiten und Häppchen dazu und oft Livemusik.

Marktgasse 2, im Arte Hotel, T 5372 61414, www.vitusundurban.at, Di–Sa 17–23 Uhr

Konzerte & Comedy

4 **Kulturfabrik:** Hier finden Konzerte, Comedy-Shows und Tanzveranstaltungen statt, ansonsten hat die Bar geöffnet.

Feldgasse 12, T 0660 685 30 30, www.kufa.at, Do–Mo ca. 19–24 Uhr (tgl. leicht wechselnd), bei Veranstaltungen laut Programminfo

Feiern

- **Ritter-Fest Kufstein:** Pfingsten. Ins Herdfeuer tropft der Bratensaft beim Mittelalterfestival auf der Burg Kufstein. Dazu gehören Gaukler, Feuershows, Ritterkämpfe, Mittelaltermarkt und Festumzüge. www.ritter-fest.at.
- **Literaturfestival glück.tage:** 20. März, Tag des Glücks. Festival mit Musik, Lesungen und Vorträgen aus Philosophie und Naturwissenschaft rund um das Thema Glück. Zusätzlich gibt es ein Angebot an Naturerlebnissen. www.glueck-tage.com.
- **MusicalSommer Kufstein:** Ende Juli–Mitte Aug. Jedes Jahr mit der Neuinszenierung einer Operette oder eines Musicals. www.musicalsommer.tirol.

Infos

- **Touristeninformation:** Unterer Stadtplatz 11, T 05372 622 07, www.kufstein.com, Mo–Fr 9–17, Sa/So 9–12.30 Uhr.
- **Gästekarten:** KufsteinerLandCard, kostenlos ab einer Übernachtung. Die elektronische Gästekarte berechtigt zum je einmaligen freien Eintritt in zahlreichen Attraktionen der Region (einschließlich Festung Kufstein, Kaiserlift sowie Fohlenhof Ebbs, s. S. 17, 23, 26) zur Nutzung wichtiger Buslinien und zur Teilnahme am Ferienprogramm. www.kufstein.com/media/KufsteinerlandCard/kufsteinerland-card.pdf.
- **Bus:** Engmaschiges Busnetz, deckt alle Orte in der Umgebung von Kufstein ab.
- **Bergbahn:** Kaiserlift I und II (einsitzig), T 05372 693 03 63, Juni–Sept., außer bei Unwettergefahr tgl. 8.30–16.30 Uhr, bis Brentenjoch 21 € (Berg- und Talfahrt).

Umgebung von Kufstein

Nordöstlich von Kufstein zweigt nach Osten das lauschige Kaisertal ab, ein leichter Zugang zum Wilden und Zahmen Kaiser. Folgt man dem rechten Innufer weiter Richtung Bayern – besonders schön mit dem Fahrrad! –, erreicht man die Ferienorte Ebbs und Erl.

Kaisertal M3

Das **Kaisertal,** zwischen Vorderkaiser und Wildem Kaiser gelegen, war lange Zeit nur zu Fuß erreichbar. Der traditionelle Zustieg über die Kaiserstiege (d. h. viele Stufen) führt auf die Wanderwege in alle Teile des **Kaisergebirges,** bestehend aus dem zentralen Wilden Kaiser und einigen auch kaiserlich benannten Vorbergen. Dem Tal folgend, gelangt man über die kleine Antoniuskapelle zur **Anton-Karg-Hütte** (s. u.), die früher sicher nicht von ungefähr Hinterbärenbad hieß. Wie eine Berghütte sieht das Anton-Karg-Haus allerdings überhaupt nicht aus – es wurde bereits 1894/95 als Sommervilla für die Kufsteiner Gesellschaft errichtet.

Erst dahinter am Hans-Berger-Haus beginnt der Aufstieg zum **Stripsenjochhaus** und den eigentlichen Felsspitzen des Kaisergebirges. Seitlich führen Wege hinauf auf den **Vorderkaiser** (links) und über den Bettlersteig nach rechts zur **Kaindlhütte** und zum **Brentenjoch** (Bergstation des Kaiserlifts, s. S. 23).

Schlafen, Essen

Berghütte?

Anton-Karg-Haus: Wunderbar ist der Blick auf die hellen Kalkfelsen des Wilden wie des Zahmen Kaisers. Angenehm groß sind die Zimmer in der Unterkunft, manche haben sogar einen Balkon.

Kaisertal 2 (2 Std. auf dem Direktweg ab Kaisertal-Eingang), T 05372 625 78, www.hinterbaerenbad.com, Ende April–Anf. Okt., Zimmer oder Lager, für Alpenvereinsmitglieder jeweils günstiger, Frühstück extra, €

Selbst geschossen

Gasthof Pfandl: Hier genießen Gäste Tiroler Schmankerln in einer urigen Holzstube. Die Wildgerichte kommen aus der eigenen Jagd, fast alle Zutaten sind regional, alle Milchprodukte stammen aus Bio-Heumilch. Auch Vermietung von Zimmern.

Kaisertal 7 (ca. 2,5 km Fußweg vom Kaisertal-Eingang), T 05372 621 18, www.pfandlhof.at, Di/Mi, Fr/Sa 8–23 (Küche 11–20), So/Mo 11–17 Uhr, Zimmer €, Küche €

Bewegen

Projekt Wilde Kaiserin: Die Kufsteiner Autorin Brigitte Weninger hat zusammen mit der Hüttenwirtin vom Hans-Berger-Haus, Silvia Huber, das Projekt »Wilde Kaiserin« initiiert. Im Hans-Berger-Haus finden aktuell v. a. Frauenkletterkurse sowie Koch- und Wanderworkshops statt.

https://bergsteigerschule.at/wildekaiserin

Ebbs und Erl

L/M 2

Großes Bauerndorf

Mit gut 5000 Einwohnern ist **Ebbs** eines der größten Dörfer Tirols, trotzdem aber ein typisches **Bauerndorf** am Ufer des Inn. Einen Besuch wert ist die barocke **Pfarrkirche Mariä Himmelfahrt** (Kaiserbergstr. 2) aus dem 18. Jh.

Robuste Pferdln

Hinter dem Namen **Fohlenhof Ebbs** verbirgt sich das weltgrößte **Haflinger-Zuchtgestüt.** Haflinger sind robuste, ziemlich kleine Gebirgspferde, die früher viel als Lastpferde auf schmalen Wegen eingesetzt wurden, heute vor allem als Freizeitpferde. Eine kleine Ausstellung informiert über die Geschichte der Zucht in Ebbs. Besucher können durch die Stallungen und Außenanlage streifen, Reit- oder Kutschenfahrstunden nehmen (Buchung s. Website) oder Ausritte unternehmen. Eine Haflinger-Show präsentiert im Sommer das vielfältige Können der Haflinger.

Schlossallee 31, Ebbs, T 05373 422 10, www.haflinger-tirol.com, tgl. 9–17 Uhr, 10 € (1x Eintritt gratis mit der Gästekarte KufsteinerLandCard), nur im Sommer Fr 20 Uhr Haflinger-Show (ca. 1 Std.) 15 €

Schwarz-Weiß

Nur 8 km weiter befindet sich der kleine Ort **Erl** mit ca. 1500 Einwohnern, der schon im 3. Jh. von den Römern gegründet wurde und damit einer der ältesten Orte der Region ist. Bekannt ist Erl vor allem für sein modernes **Festspielhaus.**

Lieblingsort

Träumen in Türkis

Geheimnisvoll und mystisch ist diese Farbenpracht aus schimmerndem Blau, Türkis und Grün zwischen stillen Bäumen und dem (hoffentlich) strahlend blauen Himmel. Die **Blaue Quelle** (📍 L 2) in **Erl** gilt Einheimischen schon lange als Kraftplatz: Bänke am Ufer, ein Buch in der Hand – ob man dann darin liest oder nur den Blick aufs Wasser genießt, ist eine andere Frage. 700 Liter mineralhaltiges Wasser sprudeln hier pro Sekunde aus der Tiefe, man weiß noch gar nicht, woher genau. Die Blaue Quelle ist damit die größte Trinkwasserquelle Tirols. Das wunderbare Quellwasser ist aber nur zum Schauen, schwimmen darf man nicht, dazu wäre der Teich mit nur 7 °C ohnehin zu kalt (hinter dem Gasthof Blaue Quelle, Erl, Haltestelle Erl Mühlgraben).

Schon von Weitem fällt die dynamische Architektur des zweiteiligen Komplexes auf. Ein Teil ist das runde **Passionsspielhaus.** Hier finden alle sechs Jahre die Passionsspiele statt, ein religiöses Theaterstück, das auf ein Gelübde aus der Zeit der Pest zurückgeht und seit Anfang des 17. Jh. nachgewiesen ist. Der dunkle Baukörper des Festspielhauses steht im Kontrast zum weißen Passionsspielhaus. Gebaut wurde Letzteres 1959 von dem Innsbrucker Architekten Robert Schuller. Den gezackten rechten Gebäudeteil, das Festspielhaus, errichtete 2012 das Wiener Architektenbüro Delugan Meissl.

Knapp 500 m südlich davon führt ein Fußweg zur Blauen Quelle (s. Lieblingsort S. 27).

Schlafen

Am Innradweg

Pension Apartment Hödner: Für den Aufenthalt in den modernen Apartments am Ortsrand sprechen die Nähe zum Radweg und sehr freundliche Vermieter. Halbpension ermöglicht der Sattlerwirt (s. u.) gegenüber. Für alle Zimmer gibt es eine Gemeinschaftsküche.

Oberndorf 20, Ebbs, T 05373 434 76, www.hoedner.com, € ohne Frühstück

Aufschlag zur Festspielzeit

Posthotel Erlerwirt: Geräumige Zimmer mit gutem Frühstücksbüfett, dazu ein Hallenbad mit 13-m-Pool.

Dorf 46–48, Erl, T 05373 814 50, www.posthotel-erlerwirt.at, €€€ (HP)

Essen

Schmankerln

Sattlerwirt in Epps: Die beliebte traditionelle Gaststube bringt deftige Tiroler Jausen und Gerichte in reichlichen Portionen auf den Tisch. Vegetarische Optionen sind gekennzeichnet und alles kommt so weit wie möglich aus der Region.

Oberndorf 89, Ebbs, T 05373 422 03, www.sattlerwirt.at, So–Do 9–23, Fr/Sa 9–24 Uhr, €–€€

International ausgezeichnet

Gasthof Blaue Quelle: Bei Erl gibt es nicht nur mehr Kultur, als in solch einem Dorf zu erwarten wäre, sondern auch unerwartet gute Küche: Prämiert mit zwei Hauben ist der Gasthof neben der Blauen Quelle (s. S. 27). Es gibt österreichische und Südtiroler Klassiker sowie regionale Besonderheiten wie Moosbeerschmarrn, Spezialität des Hauses sind die Forellen aus der Umgebung. Man kann auch im Gasthof übernachten.

Mühlgraben 52, Erl, T 05373 81 28, www.blauequelle.at, Mi–Sa 12–13.45 (Mittagskarte), 18–21.15 (Abendkarte), So 12–13.45, 17–20.30 Uhr, Speisen und Zimmer €€, Aufschlag zur Festspielzeit

Einkaufen

Alles Käse

Bio-Sennerei Hatzenstädt: Die Sennerei gehört zu den ersten Biokäsereien Europas. Mit einer Milchseilbahn wird ein Teil der frischen Heumilch von den Zulieferbauern direkt an die Sennerei geliefert. Im angeschlossenen Laden kann man den Käse (und einige andere Bioprodukte) auch kaufen.

Gränzing 22, Niederndorfberg bei Ebbs, T 05373 617 13, www.biokäserei-tirol.at, Mo–Fr 9–12, 14–18, Sa 9–12, 14–17, So 9–11 Uhr

Bewegen

Reiten

Fohlenhof Ebbs: Wer hier nicht nur (zu-)schauen will, kann Privat- oder Grup-

penunterricht, auch Kutschenfahrstunden buchen.
s. S. 26, Anmeldung unbedingt erforderlich

Infos, Feiern

- **Touristeninformation Untere Schranne:** Audorfer Str. 40, Niederndorf (zwischen Ebbs und Erl), Mo–Fr 9–12 Uhr.
- **Gästekarten:** KufsteinerLandCard, s. S. 25.
- **Bus:** 4030 etwa stdl. von Kufstein bis Ebbs und Niederndorf, 4036 von Kufstein bis Erl, nachmittags erst ab Niederndorf; ca. 7–18 Uhr, selten
- **Ebbser Koasamarsch:** Mitte Juni. Lauf- und Wanderevent mit unterschiedlich langen Runden für Trailrunning, Marathon und Wandern im Kaisertal.
- **Tiroler Festspiele Erl:** Anf. Juli–Anf. Aug und Dez./Jan. Vierwöchiges Theater- und Konzertprogramm im Sommer, kürzere Wintersaison. www.tiroler-festspiele.at.
- **Passionsspiele Erl:** nächster Termin Sommer 2025. Die Passionsspiele in Erl sind die ältesten Passionsspiele im deutschsprachigen Raum. www.passionsspiele.at

Kitzbühel

N4

Hier tummeln sich winters wie sommers die Reichen und Schönen. Und zum berühmt-berüchtigten Hahnenkammrennen (s. S. 48) im Januar ist der Bär los. Mit ca. 8500 Einwohnern ist **Kitzbühel** dabei eigentlich ein schnuckeliger Bergort – das Schickimicki-Flair verleiht dem Städtchen einfach einen mondänen Twist.

Das Hahnenkammrennen in Kitzbühel ist nicht nur sportlich enorm anspruchsvoll, sondern auch eine echte Gaudi für die Fans.

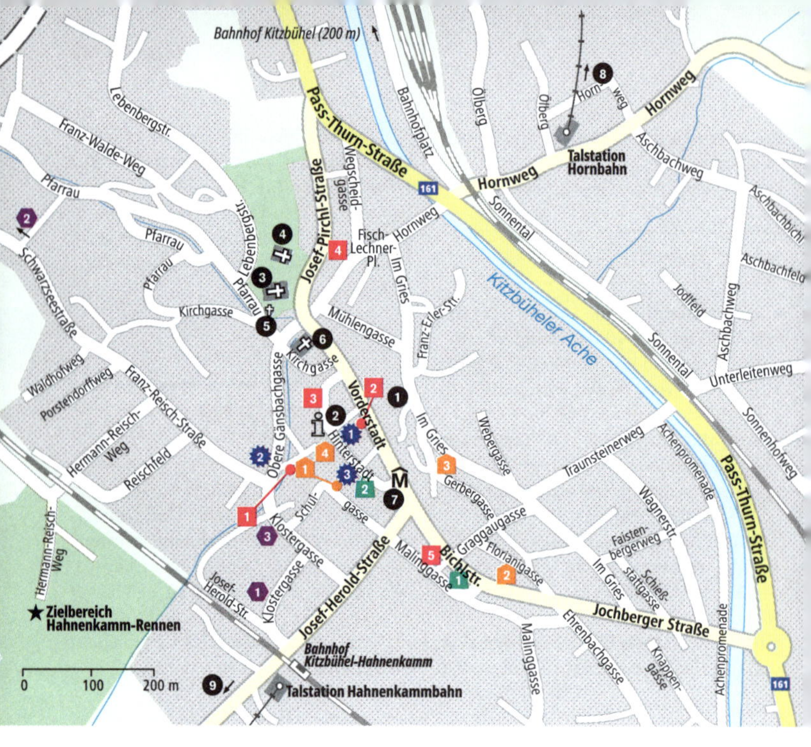

In der Gegend um Kitzbühel wurde bereits in der Bronzezeit Kupfer geschürft, aber urkundlich erwähnt wird Kitzbühel erstmals um 1180. Der Kupferbergbau blieb lange Zeit der bedeutendste Wirtschaftszweig, so wurden im 16. Jh. allein im Kupferbergwerk am Jochberg in der Nähe pro Jahr Tausende Tonnen Kupfer abgebaut.

Kupferschürfen, Cocktailschlürfen

Als der Bergbau im 19. Jh. zurückging, tat sich zum Glück für den Ort bald eine neue Einnahmequelle auf: Der gebürtige Kufsteiner Franz Reisch begeisterte sich Ende des 19. Jh. für den neuen norwegischen Sport des Skifahrens und baute in Kitzbühel eine Infrastruktur für die damals noch wenigen, aber durchweg betuchten Skitouristen auf. Der Kitzbüheler Skiclub wurde gegründet und bald darauf gab es in Kitzbühel Skischulen und Sporthotels – samt Après-Ski.

Auf dem Buckel-Berg

Die gut erhaltene mittelalterliche Altstadt liegt auf einem kleinen, steilen Hügel, der in der Eiszeit entstanden ist – dem Bühel. Auf dem Hügelrücken verlaufen längs nur zwei verkehrsberuhigte Straßen, sie heißen Vorderstadt und Hinterstadt. Heute konzentrieren sich hier und in den umliegenden Gassen schöne Geschäfte, schicke Bars und Lokale, dazu kommen ein paar Hotels.

Die **Altstadthäuser** auf der Ostseite (Vorderstadt) gehen nach hinten über die Hügelkante hinaus auf die deutlich tiefere Straße Im Gries und gewinnen entsprechend auf der Rückseite mehrere Stockwerke dazu. Gut zu sehen ist das in der **KitzGalleria** ❶ (Vorderstadt 17, Im Gries 20), einer kleinen

Kitzbühel

Ansehen
1. KitzGalleria
2. Stadtbrunnen
3. Pfarrkirche St. Andreas
4. Liebfrauenkirche
5. Johannes-Nepomuk-Kapelle
6. Spitalskirche zum Hl. Geist
7. Museum Kitzbühel / Sammlung Alfons Walde
8. Kitzbüheler Horn
9. Hahnenkamm/Streif

Schlafen
1. Goldener Greif
2. Maria Theresia
3. Frühstückspension Kometer
4. Roomie Alps Design Hostel

Essen
1. Das Reisch
2. Huberbräu Stüberl
3. Pano
4. Schatzi-Café
5. Metzgerei Huber

Einkaufen
1. Franz Lifestyle Shop
2. Kitzbüheler Genussmarkt

Bewegen
1. Element3
2. Städtisches Freibad Schwarzsee
3. Aquarena

Ausgehen
1. Leo Hillinger
2. The Londoner
3. Casino

Edel-Shoppingmall. In der Hinterstadt befinden sich die Touristeninformation mit dem **Stadtbrunnen** ❷ davor – in den 1970er-Jahren mit historischen Figuren gestaltet – und das Casino sowie das Museum.

Am Nordrand des Bühel stehen gleich mehrere Kirchen nebeneinander: die barockisierte spätgotische **Pfarrkirche St. Andreas** ❸ (großes Dach, kleiner Turm), die **Liebfrauenkirche** ❹ (kleines Dach, großer Turm) und die barocke **Johannes-Nepomuk-Kapelle** ❺.

Etwas unterhalb liegt die klassizistische **Spitalskirche zum Hl. Geist** ❻.

Wintersport in Bild und Objekt

Das **Museum Kitzbühel und die Sammlung Alfons Walde** ❼ haben ihren Platz in einem beeindruckenden mittelalterlichen Getreidespeicher, der teilweise entkernt und zu einem modernen Museum ausgebaut wurde. Ständig zu sehen sind **archäologische Funde** aus der Bronzezeit sowie eine historische **Ausstellung zum Wintersport** in Kitzbühel.

In den oberen Stockwerken ist die namengebende Sammlung des Kitzbüheler Heimatmalers (und Architekten) Alfons Walde (1891–1958) untergebracht, der vom Expressionismus und Secessionismus beeinflusst war. Besonders bekannt wurde der Maler mit seinen Wintersportbildern wie etwa »Der Aufstieg«, die er auch selbst als Poster und Postkarten druckte und die in vielen Hotels und Restaurants in und um Kitzbühel als Drucke zu bewundern sind.

Hinterstadt 32, T 05356 672 74, www.museum-kitzbuehel.at, tgl. 10–17, Do bis 20 Uhr, 8 €

Markantes Hörnchen

1996 m ragt die Spitze des **Kitzbüheler Horns** ❽ empor. Von Kitzbühel aus fährt die Hornbahn hinauf: An der Mittelstation teilt sie sich und fährt rechts als Hornbahn II zum Alpenhaus (etwa 1650 m) oder links als Horngipfelbahn bis auf den Gipfel. Zwischen diesen beiden **Bergstationen** liegen 300 Höhenmeter, ein Alpengarten und Spazierwege. Von Kitzbühel führt auch eine asphaltierte Straße auf den Berg. Als Mautstraße ist sie bis zum Restaurant Alpenhaus für Autos befahrbar, dann nur noch für Sportliche auf Mountainbikes oder Rennrädern, bei denen der Berg wegen seiner Steigung (bis zu 22 %) berüchtigt ist. Vom Gipfel führt ein **Wanderweg** auf die St. Johanner Seite des Kitzbüheler Horns, von wo man mit dem Mountaincart (s. S. 40) oder der Harschbichlbahn (s. S. 41) nach St. Johann abfahren kann.

Schneller Hügel

Auf der anderen Seite der Stadt führt schon seit 1929 die Hahnenkammbahn auf den als Berg recht unspektakulären **Hahnenkamm** ❾ – der ist nur 1712 m hoch und vor allem wegen seiner winterlichen Bedeutung als supersteile Skipiste bekannt (s. Zugabe S. 48).

Morgens mit der Seilbahn auf den Berg und gleich von oben ansehen, wo später der Weg verläuft.

Schlafen

Kitzbühel ist teuer, im Winter sogar sehr teuer. Günstigere Übernachtungsmöglichkeiten gibt es in der Umgebung, etwa in St. Johann (s. S. 37).

Extremer Alpenschick

1 **Goldener Greif:** Nur 37 Zimmer hat das Hotel im Chalet-Stil. Alle sind mit viel dunklem Holz eingerichtet, das wirkt edel, aber man muss es mögen. Wellnessbereich mit türkischem Dampfbad und finnischer Sauna.

Hinterstadt/Schulgasse 3, T 05356 643 11, www.greifkitz.at, €€€

Ungewöhnlich schräg

2 **Maria Theresia:** Online tritt das Hotel mit dem verwegenen Namen »Q! Hotel Maria Theresia« auf. Tatsächlich gelingt der Spagat zwischen traditionell und angesagt, Chillen und Wohlfühlen. Großer Spa-Bereich, Terrasse im Sommer, Kaminlounge im Winter.

Bichlstr. 15, T 05356 647 11, www.hotel-maria-theresia.at, €€

Persönlich

3 **Frühstückspension Kometer:** Eine der günstigeren Übernachtungsoptionen in Kitzbühel, mit renovierten Zimmern, Kühlschrank, Aufenthaltsraum (für Selbstversorger okay) und gutem Frühstücksbüfett. Die Wirtin ist engagiert und zur Stelle.

Gerbergasse 7 / Im Gries, T 05356 622 89 17, http://pension-kometer.com, €€

Schicke Budgetoption

4 **Roomie Alps Design Hostel:** Recht

schicke Schlafsäle mitten in der Altstadt, auch reine Frauenschlafsäle.

Franz-Reisch-Str. 1, T 0664 540 54 38, www.roomie.at, Betten mit Frühstück, €

Essen

Traditionell und raffiniert

1 **Das Reisch:** Klassische Tiroler Gerichte mit Twist, gekocht mit frischen Zutaten der Region und serviert in urgemütlichen Stuben.

Franz-Reisch-Straße 3, T 05356 63 36 60, Di–Sa ab 18 Uhr, €€

Gehaltvolle Hausmannskost

2 **Huberbräu Stüberl:** Ein eher fleischlastiges Gasthaus. Gäste schätzen die großen Schnitzel, den guten Kartoffelsalat, das Bier aus St. Johann (s. S. 37) und ein sehr gutes Preis-Leistungs-Verhältnis.

Vorderstadt 18, T 05356 656 77, Mo–Sa 9–23, So 10–23 Uhr, Küche kürzer, €–€€

Sauerteigbrote

3 **Pano:** Trendiges Café mit gutem Kaffee und extrem leckerem Kuchen (etwa Apfel-Schmand); die Spezialität sind dicke Brotscheiben mit eigenen Aufstrichen, wie der sehr deftige Stramme Moritz.

Hinterstadt 12, T 05356 654 61, www.pano.coop, Mo–Sa 8–18, So 9–18 Uhr, in der Zwischensaison Fr–Di, €

Träume in Pink

4 **Schatzi-Café:** Kleines, ganz in Rosa gehaltenes Café einer ehemaligen Filmproduzentin. Die Spezialität bei den hausgemachten Kuchen ist der Gamsbusserl-Schokokuchen, andere schwören hingegen auf den Kaiserschmarrn. Schön ist der für die Gäste nutzbare Garten im Sommer.

Untere Gänsbachgasse 5, T 0676 341 41 73, www.schatzi-kitzbuehel.com, Do–Mo 10–17 Uhr

Vom Schwein, Rind und vom Tofu

5 **Metzgerei Huber:** Das Fleisch- und Delikatessengeschäft Huber bietet im angeschlossenen Imbiss deftige Speisen aus eigener Herstellung – erstaunlich viel Salat und Gemüse sind neben dem Huber'schen Fleisch auf dem Teller. Meist ist eines der Mittagsgerichte vegetarisch.

Bichlstr. 14, T 05356 624 80, www.huber-metzger.at, Mo–Fr 11–14 Uhr, Laden 8–18, Sa 8–13 Uhr, €

Einkaufen

Shoppen und Wohlsein

1 **Franz Lifestyle Shop:** Sportkleidung, Streetwear und Accessoires – der Laden ist gleichzeitig auch Café und Weinbar!

Bichlstr. 22, T 0676 726 86 07, www.franz-kitz.com, Mo–Fr 10–13, 14–18, Sa 10–16 Uhr, Bar durchgehend bis abends geöffnet

Wochenmarkt

2 **Kitzbüheler Genussmarkt:** Neben regionalen Produkten gibt es ab 10 Uhr auch frisch Gekochtes.

Hinterstadt, www.genussmarkt-kitzbuehel.at, ca. April–Nov. (im Sommerhalbjahr) Sa 8–14 Uhr

Bewegen

Abenteuersport

1 **Element3:** Canyoning, Stand-up-Paddling oder Gleitschirmfliegen, Fahrradverleih. Im Winter Schneeschuhwandern.

Klostergasse 8, T 05356 723 01, www.element3.at, tgl. 9–18 Uhr

Baden im See

2 **Städtisches Freibad Schwarzsee:** Historische Badeanstalt am naturbelassenen Schwarzsee, einem Hochmoorsee mit schönem Alpenpanorama. Am See werden

TOUR
Auf die Spitze getrieben

Klettersteig durch die Felsenwand aufs Kitzbüheler Horn

Infos

N 4
Start/Ziel: Bergstation der Harschbichlbahn (von St. Johann aus)
Klettersteig: 150 Höhenmeter, bis Schwierigkeit C/D, ca. 1 Std. Klettersteigerfahrung und komplette Klettersteigausrüstung sind nötig. Keine Ausstiegsmöglichkeit! Zustieg 40 Min., Rückweg über Jägersteig und Almenweg ca. 1 Std.

Das markante **Kitzbüheler Horn** verpasst mit 1996 m nur knapp die 2000er-Marke.

Von der **Seilbahnstation** folgt man zunächst kurz dem breiten Fahrweg, aber schon bald zweigt ein Pfad zum **Klettersteig** ab. Ziemlich steil geht es den Wiesenhang hinauf zum Fuß des Felsens. Nach etwa 20 Minuten passiert man den Einstieg zum Übungsklettersteig, einem kleinen Rundkurs mit Kletterstellen bis Schwierigkeitsgrad C. Weniger Geübte sollten ihn ausprobieren und, wenn sie unsicher sind, den Gipfelklettersteig auslassen. Nach weiteren 20 Minuten ist der Einstieg des Klettersteigs erreicht (rechts führt ein Fußweg zum Gipfel).

Die ehemalige Kletterroute auf dem Grat ist sehr gut versichert worden, trotzdem ist der felsige Charakter erhalten, künstliche Tritte sind rar. Eine der schwierigsten Stellen – leicht überhängend mit schlechten Tritten – befindet sich gleich hinter dem Einstieg. Dann geht es über vier Wandstufen hinauf zum **Gipfel** des Kitzbüheler Horns. Auf den Absätzen dazwischen ist Gelegenheit, zu verschnaufen und den Blick zu den Bergen des Wilden Kaisers hinüberschweifen zu lassen.

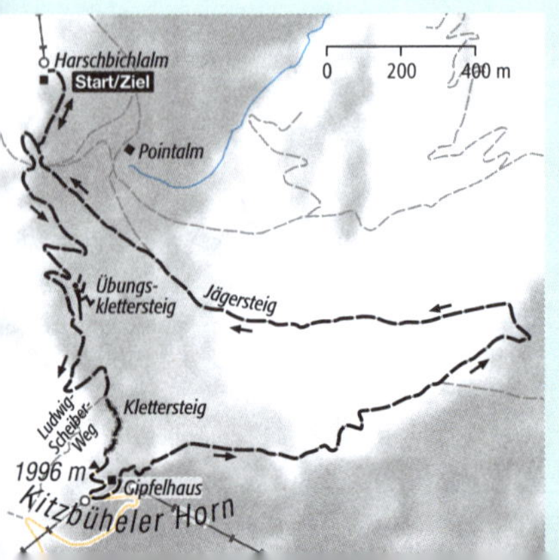

Von dort kann man hinter dem **Gipfelhaus** links den Schildern Richtung Harschbichl folgen – durch eher steile Wiesen und niedrige Büsche gelangt man zu einer Skulptur mit Bänken, dann sanfter über den **Jägersteig/Almenweg** zurück zur **Harschbichlalm.** Für den Rückweg nach St. Johann empfehlen die Autorinnen die Abfahrt mit dem Mountaincart (s. S. 40).

auch Ruder-, Tret- und Elektroboote und Boards für SUP verliehen.

Am See 5, T 05356 623 81, Ende Mai–Anf. Okt., tgl. 8–20 Uhr, Strandbad 5,20 €

Baden im Ort

3 **Aquarena:** Sport-/Erholungsbecken, Erlebnisrutsche und Sauna, im Sommer Liegewiese.

Klostergasse 2, www.aquarena.tirol, tgl. 10–19.30 Uhr, Mi ab 7 Uhr, 3-Std.-Ticket Erw. 17,20 €, Kinder 8,60 €

Geführt wandern

Kitz MountainGuiding: Die Kitzbüheler Bergbahnen bieten im Sommer (ca. Juni–Sept.) täglich wechselnde geführte Wanderungen an. Nötig ist ein entsprechendes Seilbahnticket, ansonsten ist die Teilnahme kostenlos, keine Anmeldung erforderlich. Wanderungen und Treffpunkte s. Website.

www.kitzski.at

Weit wandern

KAT Walk: Alpiner Fernwanderweg, der in sechs Etappen über 106 Kilometer und 6350 Höhenmeter von Hopfgarten nach St. Ulrich am Pillersee (O 3) führt. Superbequem und einfach sind die Komplettpakete, bei denen man sich um nichts zu kümmern braucht, einschließlich Gepäcktransport.

www.kitzbueheler-alpen.com/de/kat-walk/alpin/weitwanderweg-tirol.html

Ausgehen

Österreichische Weine

1 **Leo Hillinger:** Schickes Ambiente, um Hillinger-Weine aus dem Burgenland zu verkosten oder einfach lässig im Zentrum von Kitzbühel zu sitzen. Auch Tische direkt in der Fußgängerzone: halt sehen und gesehen werden. Laden mit Ab-Hof-Preisen.

Rathausplatz 5, T 05356 202 51, www.leo-hillinger.com, tgl. ab 12 Uhr (außerhalb der Saison auch kürzer)

British

2 **The Londoner:** Legendärer British Pub, im Winter Kult, im Sommer auch nicht schlecht.

Franz-Reisch-Str. 4, T 05356 714 27, www.londoner.at, im Sommer nur Fr–So ab 20 Uhr

Spielerglück

3 **Casino:** Im gemütlichen Alpencasino gibt es das übliche Angebot von Roulette, Poker und Black Jack. Angebote, z. B. für Dinner-Menüs in Partnerrestaurants mit Sekt und kleinem Startkapital, ab 79 €.

Hinterstadt 24, T 05356 623 00, www.casinos.at/de/kitzbuehel, tgl. ab 15 Uhr, Kasinovollbetrieb ab 18 Uhr, ab 18 Jahren (Ausweis!)

Feiern

- **Hahnenkamm-Rennen:** Ende Jan. Neben dem wohl gefährlichsten Abfahrtsrennen (s. Zugabe S. 48) werden auch Wettbewerbe im Super-G, Slalom und der Superkombination ausgetragen. www.hahnenkamm.com.
- **Wandereuropiade:** drei Tage Ende Mai. In dieser Zeit gibt es ständig organisierte Wanderungen in den Kitzbüheler Alpen.
- **Kitzbüheler Alpenrallye:** Anf. Juni. Größte Oldtimerrallye Europas, zu der viele Prominente mit ihren schicken Autos anreisen. www.alpenrallye.at.
- **Brixentaler Antlassritt:** Fronleichnam (Mai/Juni). Prozession von 90 geschmückten Reitern und Pferden von Brixen im Thale zur Kapelle in Kirchberg. Beide Orte liegen in der Nähe von Kitzbühel.
- **Internationales Kitzbüheler Horn Berg-Radrennen:** Ende Juli. Das Radrennen gilt als das härteste Radrennen Österreichs mit 22,3 % Maximalsteigung und 12,5 % Durchschnittssteigung.
- **Generali-Open Tennis Turnier:** Ende Juli/Anf. Aug. Internationales Tennisturnier, Teil der ATP World Tour 250. www.generaliopen.com.

Infos

- **Tourismusbüro:** Hinterstadt 18, T 05356 666 60, www.kitzbuehel.com, 9–17, Sa 9–14Uhr. Auf der Homepage gibt es viel digitales Infomaterial, auch als PDF zum Download.
- **Kitzbüheler Alpen Sommer Card:** Kaufkarte für Übernachtungsgäste. Die Karte gilt für 37 Sommerbahnen in den Kitzbüheler Alpen und bis Kufstein. 2–7 Tage ab 65,50 €, einschließlich Postbussen östlich von Wörgl, www.sommer-card.at.
- **Bahn:** S-Bahn, Rex und IC durchs Brixental auf der Strecke Innsbruck–Wörgl–Salzburg.
- **Bus:** Direkt-Postbusse verkehren durch den Felbertauerntunnel nach Lienz/Osttirol.

Bergbahnen

- **Hornbahn I und II und Horn-Gipfelbahn:** Die Hornbahn I fährt von Kitzbühel Dorf bis zur Mittelstation, dort steigt man entweder um in die Horn-Gipfelbahn bis knapp unter den Gipfel (1966 m) oder in die Hornbahn II zum Alpenhaus (1664 m), barrierefrei, Mitte Mai–Anf. Okt. 8.30–17 Uhr, 2 Sektionen 26,50 €, 1 Sektion 15,70 €, jeweils Berg- und Talfahrt.
- **Hahnenkammbahn:** barrierefrei, Mai–Anf. Nov. 8.30–17 Uhr (im Mai nur Wochenendbetrieb, im Sommer auch manchmal Abendbetrieb), 26,50 € (Berg- u. Talfahrt).
- **Mautstraße:** Panoramastraße aufs Kitzbüheler Horn, Pkw 10 € (+ 6 € Personengebühr), Motorrad 5 € (+ 3 € Personengebühr). Die Personengebühr wird auf den Verzehr im Gasthof Alpenhaus verrechnet.
- **Parken:** Abgesehen vom Gratisparkplatz P4 Parkplatz Pfarrau wird im Halbstundentakt abgerechnet, bis ca. 15 €/Tag, 20 €/Nacht.

Umgebung von Kitzbühel

L–N4

Von Wörgl im Inntal zweigt das **Brixental** in Richtung Kitzbühel ab. Die größten Orte sind von Wörgl aus Hopfgarten, Brixen im Thale und Kirchberg, allesamt Touristenorte mit zum Teil wesentlich günstigeren Unterkunftsmöglichkeiten als Kitzbühel.

Nach Süden führt die Bundesstraße 161 über Aurach und Jochberg zum Pass Thun und weiter ins Obere Salzachtal. In dieser Gegend hat man Bergwerke gefunden, wo schon vor 3000 Jahren nach Kupfer geschürft wurde.

Das ist ja Wild!

Lamas, Yaks, Kängurus oder Luchse, und im Hintergrund die Kitzbüheler Berge? Kann das sein?

Im **Wildpark Aurach** tummeln sich nicht nur einheimische Arten wie Rot-, Dam- und Steinwild, sondern auch einige Exoten. Die Tiere laufen frei im Parkgehege herum, am spannendsten ist ein Besuch zu den Fütterungszeiten. Der Wildpark liegt 4,5 km südlich von Kitzbühel am Hang auf 1100 m. Zu Fuß führt von der Haltestelle in Aurach ein ausgeschilderter Wanderweg hinauf (4 km, 300 Höhenmeter, teils Waldweg). Im Restaurant Brandnerhofstube am Eingang gibt es u. a. Wildgerichte und leckeren selbst gebackenen Kuchen.
Wildparkweg 5, Aurach, T 05356 652 51, www.wildpark-tirol.at, Bus 4010 ca. stdl. ab Kitzbühel bis Haltestelle Auwirt in Aurach, Juli/Aug. tgl. 10–17, sonst Mi–So 10–17 Uhr, im Winter kürzer, 12 €, Wildfütterung tgl. 14.30 Uhr (während der Hirschbrunft aus Sicherheitsgründen keine Wildfütterung)

Freundliches Wandermassiv

Der Höhenzug nördlich von Brixen im Thale ist relativ niedrig und im

Vergleich zu den felsigen Gipfeln des Kaisergebirges grün und rollend.

Höchster Berg ist mit 1827 m die **Hohe Salve,** von deren Gipfel sich ein wunderbarer Panoramablick auf den Wilden Kaiser wie auf die Kitzbüheler Alpen im Süden und bei gutem Wetter bis zum Großvenediger (s. S. 218) und Großglockner (s. S. 231) bietet. Schöne Tagestouren starten südlich der Hohen Salve von Hopfgarten (auch Bergbahnen, s. u.) oder Brixen im Thale, nördlich von Söll.

Einkaufen

Edelbrände

Erber: Die größte Brennerei Tirols hat eine hauseigene Quelle und brennt in traditionellen Kupferkesseln. Im Direktverkauf gibt es eine große Auswahl an Edelbränden und anderen Schnäpsen und Likören. Brennereibesichtigungen sind mit Voranmeldung ebenfalls möglich.

Dorfstr. 57 in Brixen im Thale, T 05334 81 07, www.erber-edelbrand.com, Mo, Di 10–18, Do, Fr 8–18, Sa 9–12 Uhr

Infos

- **Internet:** www.kitzbueheler-alpen.com/de/hosa/hohe-salve.html.
- **Tourismusbüro Brixental:** Hauptstr. 8 in Kirchberg in Tirol, T 057507 20 00, Mo–Fr 8.30–12, 13.30–17 Uhr, Weihnachtsferien bis März auch Sa.
- **Gästekarte:** Die Gästekarte Brixen-Kirchberg–Westendorf gilt als Busticket zwischen Wörgl und Kitzbühel und für die Regionalzüge zwischen Wörgl und Hochfilzen, außerdem gewährt sie kleinere Ermäßigungen bei Bergbahnen und Attraktionen. Auch die Hohe-Salve-Karte hat eine weite Öffi-Abdeckung. Gratis sind die Wanderungen im Aktivprogramm.
- **Kaufkarten:** Kitzbüheler Alpen Sommer Card, s. S. 36, und Bergbahn Erlebnis-Card, s. S. 46.
- **Bergbahn:** Salvenbahn I und II, von Hopfgarten bis Hohe Salve Gipfel, Mitte Mai–Mitte Okt. tgl. 9–17 Uhr, 27,50 € (Berg- und Talfahrt).

St. Johann in Tirol und Umgebung

N3

St. Johann ist eine gute und im Vergleich zu Kitzbühel kostengünstigere Basis für mittelschwere und familienfreundliche Wanderungen und Ausflüge. Mit seiner lebhaften Restaurant- und Kneipenszene hat St. Johann das städtischere Flair.

Echt schmuck ist die Altstadt von St. Johann mit der barocken Pfarrkirche.

Lieblingsort

Traditionstrunk im Turm

»Eine Bierbrauerei? Als Lieblingsort?« Also, nichts gegen Maischebottiche und Gärbecken, aber riecht es da nicht streng? – Das Gute am **Huber Bräu Turmstüberl** (N3) ist, dass man in luftigen 27 m Höhe über den Malzgerüchen sitzt, bei schönem Wetter natürlich auf der umlaufenden Terrasse. Weit schweift der Blick über die reizende Altstadt von **St. Johann.** Das »Bier von hier« wird beim Huber Bräu seit 1883 gebraut, heute noch nach dem Originalrezept von Augustinus Feller – im 18. Jh. Bierbrauer, Wirt und Freiheitskämpfer aus St. Johann. Dazu gibt's deftige Tiroler Küche, sogar die traditionsreichen, aber mühsam zuzubereitenden Broder Krapfen kann man hier probieren. Bierklassiker sind das St. Johanner Original, das Spezial und das Meisterpils – uns schmeckt aber das Augustinus am besten, ein dunkles, süffiges Bier. Huber Bräu Turmstüberl, Brauweg 4, St. Johann in Tirol, T 05352 622 21, www.huberbraeu.at, tgl. 11–22, warme Küche 11.30–20.45 Uhr, Jausen und Gerichte €–€€.

Altstadt

In der kleinen Altstadt von St. Johann lohnen die eindrucksvolle barocke Pfarrkirche **Mariä Himmelfahrt** (Dechant-Wieshofer-Str.) und das historische **Ensemble am Hauptplatz** einen Blick. Neben dem ehemaligen Gasthof zum Dampfl sticht vor allem das Postamt mit schöner Fassadenmalerei hervor, beide vom Anfang des 20. Jh. Am Rand der Altstadt ist der kantige hohe Turm der Brauerei Huber (s. Lieblingsort S. 38) auffällig.

Ungezogene Priester

Das Gebäude des **Heimatmuseums** diente im 18. Jh. als Besserungsanstalt für Priester mit »sündigem Lebenswandel«. Heute sind in den Räumlichkeiten Ausstellungsstücke zur Stadtgeschichte und Tradition, vor allem aber zur Geologie und Geografie der Region untergebracht.

Museum St. Johann in Tirol, Bahnhofstr. 8, T 05352 690 02 13, www.museum1.at, Öffnungszeiten im Sommer laut Website, meist nur einige Stunden pro Tag, im Winter auf Anfrage, 2,50 €

Markantes Horn

Die Seilbahn fährt von St. Johann hinauf bis zur **Harschbichlalm** (ca. 1600 m). Von dort führt ein Wanderweg bis zum Gipfel des Kitzbüheler Horns – oder alternativ auch ein Klettersteig (s. Tour S. 34). An der Mittelstation liegt der **Kletterwald Hornpark** (s. S. 40). Anstelle der Talfahrt mit der Bergbahn macht ab der Mittelstation die Abfahrt mit dem **Mountaincart** (s. S. 40) nach St. Johann Spaß!

Waidring

N3

Weiter nach Osten liegen in der Region Pillersee-Tal noch weitere Ferienorte. Einen Ausflug ist dort die Steinplatte in **Waidring** wert.

Vor 200 Millionen Jahren …

… war dort, wo heute die Gipfel der Alpen sind, der Boden des Urmeeres Tethys. Und dieses Meer war von allerhand Dinosauriern und anderen prähistorischen Lebewesen bewohnt, die heute ausgestorben sind. Im **Triassic Park** auf der Steinplatte bei Waidring erfährt man einiges darüber, wie es damals war. Gleich bei der Bergstation der Steinplatte-Gondelbahn legt eine interaktive Ausstellung die Grundlagen: Was waren die Dinosaurier? Wo lebten die Ammoniten? Gab es damals schon Korallen?

Der 4 km lange **Triassic-Trail** führt dann an mehreren Dinosauriern in Lebensgröße vorbei. Highlight ist der ca. 10 m große Saurier Zimbo im Speichersee, Schautafeln weisen auf sichtbare Überreste der Trias-Zeit hin. Bei klarem Wetter lohnt der kleine Umweg zum Berggipfel auf jeden Fall. Nur etwas für Schwindelfreie ist die **Aussichtsplattform Steinplatte,** die 70 m über den Abgrund hinausragt.

Triassic Park: Öffnungszeiten abhängig von der Gondelbahn, Eintritt frei

Schlafen, Essen

Wandererfreundlich

Crystal – Das Alpenrefugium: Ob wandern oder radfahren, im Aktivhotel Crystal gibt es die richtigen Routentipps, und die Lage gleich neben dem Lift zur Harschbichlalm ist auch super. Regelmäßig veranstaltet das Hotel Wanderungen, Stadtrundgänge oder andere Events.

Hornweg 5, T 05352 626 30, www.hotel-crystal.at, €€

Sportlich, sportlich

Explorerhotel Kitzbühel: Das Hotel der Explorer-Kette liegt trotz seines Namens

am Ortsrand von St. Johann. Einfache, aber trendige Zimmer, große Lounge und Bar, Spa und ein kleiner Fitnessbereich.
Speckbacherstr. 87, T 05352 21 66 60, www.explorer-hotels.com/kitzbuehel, €

Den Wilden Kaiser im Blick

Gasthof zur Schönen Aussicht: Für diejenigen, die vor allem Ruhe suchen. Er ist etwas außerhalb, dafür in toller Hanglage mit Blick auf den Wilden Kaiser. Recht große und saubere Zimmer.
Berglehen 23, T 05352 622 70, www.schoene-aussicht.com, €€

Gutbürgerlich

Post: Auf fast 800 Jahre Tradition blickt das Wirtshaus zurück, und neben der Tradition gibt es auch internationale Einsprengsel aus regionalen Zutaten, dazu phänomenale Desserts und eine gute Weinauswahl, auch pro Glas.
Speckbacherstr. 1, T 05352 63 64 30, www.dashotelpost.at, €€–€€€

Tipico italiano

Pizzeria La Rustica: Die beste Pizza gibt's hier – da sind sich Einheimische und Touristen einig. Auch die anderen Gerichte schmecken authentisch italienisch.
Speckbacherstr. 31, T 05352 628 43, www.larustica.at, Mi–So 11–14, 17–24 (Essen bis 21, Pizza bis 21.30 Uhr), €–€€

Buono ...

Venezia: Gutes hausgemachtes Eis, viele Sorten gibt's im Eiscafé direkt in der Fußgängerzone – zum Mitnehmen oder Verweilen. Der Espresso ist stark und gut.
Speckbacherstr. 2, Mo–Fr 11–21, Sa/So 11–19 Uhr

Einkaufen

Frisch und regional

Wochenmarkt: Immer freitags gibt es Speck, Käse, knuspriges Brot, frische Kräuter, süßen Honig und vieles mehr am Hauptplatz im Zentrum.
Mitte März–Ende Nov.

Stinker

Wilder Käser: Durch eine Glasscheibe beim Käsen zusehen kann man in der Käserei höchstens morgens, aber es gibt eine kleine Ausstellung und einen Film über die Käseherstellung. Die Spezialität sind ein Camembert (Kleiner Stinker) und ein intensiver Weichkäse mit Rotschmiere (Großer Stinker). Direktverkauf, Gaststube und Terrasse gehören zum Betrieb dazu.
Schwendter Str. 76, Gasteig, Kirchdorf in Tirol, T 05352 636 66, www.wilder-kaeser.at, Mai–Okt. Sommer tgl. 9–18 Uhr, Winter nur Mi–Sa, Bus 4000 5–8 x tgl. bis Gasteig

Hochprozentig

Aggstein's Schnapserlebnis – Schnapsalm: Die Brennerei Aggstein stellt seit Generationen Schnäpse her – Spezialität sind die herberen Schnäpse wie Bergheu, Vogelbeere und Enzian.
Mauthfeld 2, T 05352 655 00, www.aggstein.co.at, Mo–Fr 8.30–18 (April und Nov. bis 17), Sa 8–12 Uhr, Ausstellungsrundgang mit Verkostung 6 €, Führung mit Verkostung 12 €

Bewegen

Steil bergab

Mountaincart: Von der Mittelstation der Harschbichlalm kann man mit dem Mountaincart, einer Art Kettcar ohne Pedale, nach St. Johann abfahren. Es geht immer bergab, mal mehr, mal weniger steil. Ein Riesenspaß!
Mountaincart 18 €, inkl. Helm, Kombiticket mit Bergbahn 32 €, Kinder unter 12 dürfen nicht allein fahren

Klettern

Kletterwald Hornpark: Ausblick auf den Wilden Kaiser, acht Parcours, Highlight ist der Flying Fox Parcours (500 m

lang), auch ein spezieller Parcours für Kinder ab 3 Jahren. Da ist für alle was dabei.
Hornweg 21, bei der Mittelstation Harschbichl der Harschbichlbahn, T 05352 630 63, www.hornpark.at, Mai–Okt. tgl. 9–16, Juli/Aug. bis 16.30 Uhr, 29 €, Kombiticket mit Bergbahn 44 €

Ausgehen

Kneipe

Rogi's Café Bar Pub: Eine lange Theke, bayerisches Bier, britischer Cider und ein paar herzhafte Gerichte, dafür keine Tirolfolklore – das gibt's in Rogi's Café Bar Pub. Von der großen Terrasse hinterm Haus blickt man auf den Wilden Kaiser.
Speckbacherstr. 34, T 05352 614 68, tgl. 16 Uhr bis spät

Feiern

- **Artacts:** Anf. März, St. Johann. Dreitägiges Jazz-und Improvisations-Musikfest. www.artacts.at.
- **Mein Yapadu Summit:** Juni, »Glücks-Gipfel« mit Veranstaltungen zu Achtsamkeit, Yoga oder Waldbaden. www.kitzbueheler-alpen.com/de/stjo/summit.html.
- **Knödelfest:** Ende Sept., St. Johann. Jedes Jahr im Herbst wird's knödelig, dann werden am längsten Knödeltisch der Welt (knapp 600 m) 26 000 Knödel serviert. www.knoedelfest.at.

Infos

- **Tourismusbüro St. Johann:** Poststr. 2, T 05352 63 33 50, www.kitzalps.cc, Mo–Fr 9–17, Sa 9–12 Uhr.
- **Gästekarte:** Die St. Johann Card erhalten Sie kostenlos in Ihren Übernachtungsunterkünften. Sie berechtigt zur Benutzung der Busse und Bahnen in der Region (bis Wörgl), zur Teilnahme am Wander- und Kinderprogramm und gewährt Preisnachlässe in Partnerbetrieben (www.kitzbueheler-alpen.com/de/stjo/gaestekarte.html).
- **Digitale Wandernadel:** Selbst ausgesuchte Wanderungen mit der App SummitLynx aufzeichnen, Gipfel vermerken und später eine echte Wandernadel erhalten. www.kitzbueheler-alpen.com/de/stjo/so/wandern/summitlynx.html.
- **Bahn:** St. Johann liegt an der Bahnstrecke Wörgl–Schwarzach (im Salzburger Land), regelmäßig fahrende Regionalzüge.

Bergbahnen

- **Harschbichlbahn I und II:** Mit der Bahn gelangt man über die Mittelstation Hornpark bis zur Harschbichlalm (ca. 1600 m), www.skistar.com/de/Sommer, Ende Mai–Anf. Okt. tgl. 9–16, Juli/Aug. bis 16.30 Uhr, 19 € (Berg- und Talfahrt).
- **Bergbahn Steinplatte Waidring:** Ende Mai–Anf. Okt. 9–16.45 Uhr, 26 € (Berg- und Talfahrt).

B

BOULDERN MIT BLICK

Der **Koasa Boulder** ist eine der schönsten Boulderhallen in Tirol, wo alle Spaß haben und gleichzeitig sicher klettern können. Selbst für die einfacheren Routen braucht man Ideen und nicht nur Kraft. Einfach mal ausprobieren! Es gibt auch Schnupperklettern für Kinder und einen Verleih von Schuhen und Kreide. Im Café Chalk kann man sich davor oder zwischendurch stärken (Salzburger Str. 17c, T 05352 216 10, http://boulderhalle-stjohann.at, tgl. 8–22 Uhr, Café Chalk Mo–Do 17–22 Uhr, 12,50 €, Leihgebühr Kletterschuhe 4 €).

Wilder Kaiser

In dem kleinen grün rollenden Hochtal zwischen dem Wilden Kaiser und der Hohen Salve reihen sich die beschaulichen Touristenorte Ellmau, Going, Scheffau und Söll aneinander.

Ellmau ist touristisch der bedeutendste Ort mit einer größeren Auswahl an Hotels und Restaurants. **Scheffau** ist im Sommer ein sehr verträumtes Nest, **Going** besteht im Wesentlichen aus dem Wellnessresort Stanglwirt, und **Söll,** etwas abseits der anderen Orte, wirkt eher wie ein Wohnort mit Verwaltung und Läden und weniger wie ein Tiroler Touristendorf. Von all diesen Orten bietet sich ein phänomenaler Blick auf den Wilden Kaiser, dessen höchster Gipfel die **Ellmauer Halt** (2344 m) ist. Besonders einfach ist der Zugang zum Wilden Kaiser von Going und Scheffau aus.

Der **Hintersteiner See** (s. Tour S. 44) bei Scheffau ist einer der saubersten Seen in Tirol und mit dem Wilden Kaiser im Hintergrund wunderschön.

Herr Dr. Gruber!

International bekannt ist die Gegend vor allem durch die Fernsehserie »Der Bergdoktor«, die in Ellmau spielt – und immer wieder spektakuläre Aufnahmen des Wilden Kaisers zeigt. Oberhalb des Ortes ist an drehfreien Tagen die **Praxis des »Bergdoktors«** (nur von außen) zu besichtigen. Zum (nur im Film so genannten) Gruberhof, dem Wohnhaus von Dr. Gruber, geht man vom Ort aus ca. 1 Std. zu Fuß (Weg ist ab Bergbahn Söll ausgeschildert).

Gruberhof, Mai–Okt., Mo 10–14, Di–Sa 10–15 Uhr, 9 €

Kinderwelten

Auf der Südseite des Wilden Kaisers fahren mehrere Bergbahnen auf die **Hohe Salve,** an deren Bergstationen aufwendige **Spielplätze** liegen: Hexenwasser bei Söll ist ein großer Wasserspielplatz, Ellmi's Zauberwelt bei Ellmau ein Erlebnis-Spielplatz an der Bergstation der Hartkaiserbahn mit Schaukeln, Trampolin, Streichelzoo, Kletterburg, Irrgarten und, und, und … Die Kaiserwelt bei Scheffau liegt als Abenteuerspielplatz am Jochstub'nsee an der Bergstation Brandstadlbahn. Auch Segeltörns sind auf diesem See möglich.

Alle: Eintritt mit Bergbahnticket frei – hier sind jeweils die Preise der Bahnen für Kinder ab 5 Jahren mit angegeben (s. S. 239); **Hexenwasser:** www.hexenwasser.at, Bergbahn Mitte/Ende Mai–Mitte Okt., 8.45–17 Uhr, Tageskarte Bergbahn und Hexenwasser 17–34 € (einschließlich Berg- und Talfahrt, nach Alter gestaffelt); **Ellmi's Zauberwelt:** www.ellmi.at, Mai–Anf. Nov. tgl. 9–17 Uhr, Bergbahn und Zauberwelt 17–34 €; **Kaiserwelt:** www.kaiserwelt.at, Mai–Okt. tgl. 9–17 Uhr, Bergbahn und Kaiserwelt 15,50–31 €

Schlafen, Essen

Bio auf dem Teller

Stanglwirt: Sehr großes, daher manchmal etwas unpersönliches Resorthotel mit großzügigen, hellen Zimmern. Es ist über mehrere Gebäude verteilt, sodass das Hotel wie ein ganzes Dorf wirkt. Gutes Kinderprogramm; Golfanlage, großer Spa- und Wellnessbereich und Bio-Essen.

Kaiserweg 1, Going, T 05358 20 00, www.stanglwirt.com, €€€

Typischer Gasthof

Weberbauer: Einer von mehreren Gasthöfen im Zentrum von Scheffau an der Kirche. Er hat ordentliche Zimmer mit Holzbalkon und bietet ein üppiges regionales Frühstücksbüfett mit frischem Obstsalat.

Bei Scheffau beginnt das sanfte, grüne Tal, von dessen Südseite aus man die schönsten Blicke auf die schroffen Berge des Wilden Kaisers hat.

Dorf 44, Scheffau, T 05358 81 15, www.gasthof-weberbauer.at, €

Für Sportliche

Gaudeamushütte: Die einst von der Akademischen Sektion Berlin des Alpenvereins gegründete Berghütte (der Name erinnert an das Studentenlied »Gaudeamus igitur«) ist von Going und Ellmau in 1,5 Std. zu erwandern (vom Wanderparkplatz Wochenbrunner Alm in 30 Min.) und liegt wunderbar unter den Felswänden des Wilden Kaisers mit Blick auf die Kitzbüheler Alpen. Gute deftige Küche, auch vegetarische und vegane Optionen.

Am Kaiser 190, Going, T 05358 22 62, http://dav-main-spessart.de, ca. Mitte Mai–Mitte Okt. tgl. 8–20 Uhr, auch Übernachtung

Ausgezeichnet

Kulinarium 2.0: Mit regional basierter Gourmetküche erkochen sich Günter Lampert und David Wagger Hauben, Falstaff-Gabeln und andere Preise.

Harmstätt 8, Ellmau, T 05358 20 22, www.kaiserhof-ellmau.at/de/kulinarik/haubenrestaurant-kulinarium, Do–Sa ab 18.30 Uhr, €€€

Kaffee-Pause

Helenes Kaffeewerk: Einladendes Café mitten in Scheffau, selbst gebackene Kuchen und kleine Gerichte.

Dorf 45, T 0699 11 25 80 41, www.helenes-kaffeewerk.at, Di 12–18, Mi–So 8–18 Uhr, €

Bewegen

Kurze Wege

Kneippweg: 2 km langer Rundweg in Scheffau mit sieben Stationen. Neben Tret- und Armbecken sorgt auch ein Freiluftinhalator für Wohlbefinden.

Rehbachklamm: Sehr schöne, einfache Rundwanderung zum Waldbiotop, 2,5 Std.

TOUR
Auf dem Adlerweg durch den Wilden Kaiser

Ganz oben im spektakulären Felsmassiv!

Auf Adlers Schwingen
Der Adlerweg führt als Hochgebirgs-Fernwanderweg durch ganz Tirol, die ersten drei Etappen mitten durch das Felsmassiv des Wilden Kaisers. Und der macht seinem Namen alle Ehre: Die schroffen Felsgipfel, die wie Zacken einer Kaiserkrone aufgereiht sind, stehen einzeln, ohne Verbindung zum Alpenhauptkamm. Im Frühjahr liegt noch lange Schnee, und über den zentralen Grat verlaufen nur Klettersteige.

Einkehr: in Berghütten, teils mit Übernachtung
Obere Regalm: T 0664 130 91 64 (Juni–Sept., nicht tgl.)
Gruttenhütte: www.gruttenhuette.at

Etappe 1 – Unter den schroff aufragenden Felsen zieht sich auf halber Höhe ein sanftes Band von Almwiesen um den Berg. Von **St. Johann** führt der Weg erst einmal durch den Wald bergauf, am beeindruckenden **Schleierwasserfall** und weltbekannten Klettergebieten vorbei. Auf etwa 1500 m erreicht man die Almwiesen, mit Einkehrmöglichkeiten auf der (nicht bewirtschafteten) **Ackerlhütte** oder auf der Sonnenterrasse der **Oberen**

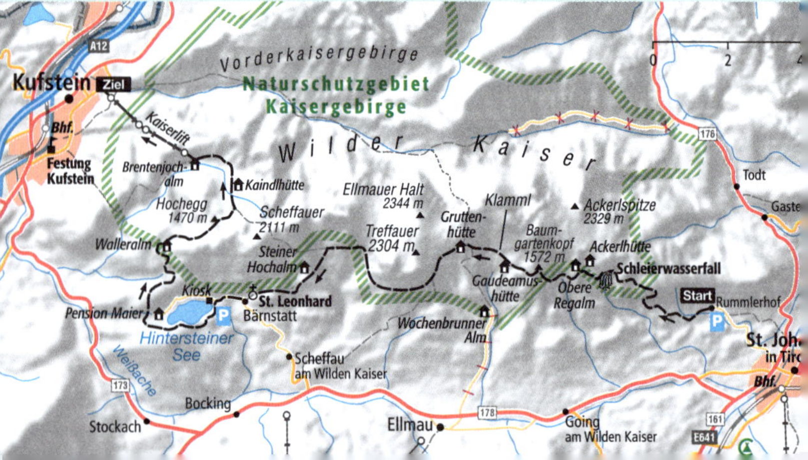

Infos

M/N3

Start: Parkplatz Rummlerhof oder St. Johann

Ziel: Kufstein

Planung: www.tirol.at, Suchwort »Adlerweg«

Dauer: 3 Tage, alpines Gelände, teils als Steig, bis zu 1000 Höhenmeter und 13–17 km pro Etappe

Kaiserlift: Kufstein, Mai–Okt. tgl. 8.30–16.30 Uhr, 15 €

Regalm. Zum ersten Etappenziel, der **Gaudeamushütte** (s. S. 43), geht es noch einmal 200 Höhenmeter weiter hinauf über den **Baumgartenkopf.** In dem Alpenvereins-Haus gibt es Hüttenromantik, eine tolle Aussicht und sehr leckeres Essen (auch vegetarisch und vegan).

Etappe 2 – Der nächste Tag beginnt mit einem Highlight, dem streckenweise etwas anspruchsvollen Steig durchs **Klamml** und über einen Grat zur fast 400 m höher gelegenen **Gruttenhütte.** Da muss man auch mal die Hände zu Hilfe nehmen und manchmal höhere Absätze überwinden. Es geht über einige Eisentritte, zusätzlichen Halt gibt an der einen oder anderen Stelle ein Stahlseil (Alternativroute vorhanden). Der **Adlerweg** umrundet anschließend die Felswand des **Treffauers** (2304 m) und führt dann durch verwunschene moosige Wälder und über einige Almen. Von der unbewirtschafteten **Steiner Hochalm** geht es hinab zur schön ausgemalten **St.-Leonhard-Kapelle** in Bärnstatt und weiter zum **Hintersteiner See,** dem Etappenende des zweiten Tages. Der in die Bergwelt wunderschön eingebettete glasklare See gilt als einer der saubersten Seen Tirols, und an einer Ecke gibt es eine öffentliche Badestelle mit Restaurant und Kiosk; von hier fährt ein Shuttlebus nach Scheffau.

Etappe 3 – Es gibt zwar auch eine Straße am Seeufer, aber der steilere Fußweg auf der **Südseite des Sees** ist mit Abstand die schönere Option. Auf einem breiten **Fahrweg** geht es recht gemächlich bis zur bewirtschafteten **Walleralm** und dann etwas steiler bis zum **Hochegg** (1470 m), von dort leicht bergab auf das Hochplateau auf der Nordseite der Felsenzacken. Mittendrin ist die **Kaindlhütte,** ein beliebtes Ausflugsziel von Kufstein aus. Falls gerade Samstag sein sollte, verschiebt man die Pause am besten bis zur **Brentenjochalm** 3 km weiter. Für die berühmten »Kiachl« pilgern die Kufsteiner im Sommer eigens hier herauf: Die frittierten Hefeteigfladen gibt es mit Kraut oder auch mit Apfelmus oder Preiselbeermarmelade.

Gleich hinter der Alm schwebt der generalsanierte einsitzige **Kaiserlift** über fast 2,5 km und 700 Höhenmeter steil hinunter ins Inntal.

Pension Maier: Hintersteiner See, www.pension-maier.at
Walleralm: www.walleralm.at
Kaindlhütte: www.kaindlhuette.com
Brentenjochalm: Mai–Sept., tgl. 9–17 Uhr

Fernwanderwege

Gleich zwei Fernwanderwege durchqueren den Wilden Kaiser: neben dem **Adlerweg** (s. Tour S. 44) auch die **Kaiserkrone,** die Bergwanderer in fünf Tagen einmal rund um das Wilder-Kaiser-Massiv führt (5000 Höhenmeter sind dabei zu bewältigen, 65 km, www.wilderkaiser.info/de/aktivitaeten/die-kaiserkrone.html).

Infos

- **Bergdoktor-Events:** Mai und Sept. Bei Fantagen und Bergfesten sind der ›Herr Doktor‹ und die Filmcrew für die Fans da. www.wilderkaiser.info.
- **Internet:** www.wilderkaiser.info.
- **TVB Infobüro Ellmau:** Dorf 35 in Ellmau, T 050509 410, Mo–Fr 8.30–12, 14–17.30 Uhr.
- **TVB Infobüro Going:** Dorfstr. 36 in Going, T 050509 510, 8–12.30, 13.30–17 Uhr.
- **TVB Infobüro Scheffau:** Dorf 28 in Scheffau, T 050509 310, Mo–Fr 9–12, 13–17.30 Uhr.
- **TVB Infobüro Söll:** Dorf 84 in Söll, T 050509 210, Mo–Fr 8–12, 13–17 Uhr.
- **Bus:** Abgesehen vom regulären Linienbus von Wörgl nach St. Johann (ca. alle 2 Std.) fährt in der Sommersaison zwischen den Touristenorten des Wilden Kaisers ein Gratis-Gästeshuttle, der Kaiserjet (stdl., Juli–Sept. alle 30 Min.).
- **Rad:** An vier Stationen in Ellmau gibt es Leihräder des VVT (https://regiorad.vvt.at).

Gästekarten

- **Wilder Kaiser GästeCard Sommer:** Kostenlose Gästekarte ab einer Übernachtung. Sie berechtigt zur Nutzung der Linienbusse bis Wörgl und Kufstein sowie der KaiserJet-Busse und der Wanderbusse in der Region Wilder Kaiser, Kurzleihe VVT Regiorad, geringe Ermäßigung auf Bergbahnen und Attraktionen. Sie ist auch digital erhältlich. www.wilderkaiser.info.

Die Rehbachklamm wirkt märchenhaft und verwunschen.

- **Bergbahn Erlebnis-Card:** Die Kaufkarte umfasst die Nutzung von 14 Bergbahnen und Liften in der Region von Going bis Hopfgarten und bis Westendorf. Man hat Zugang zu sieben auf Kinder ausgerichtete Spiel- und Vergnügungsparks. Außerdem berechtigt sie zur Fahrt mit dem Kaiser-Jet-Wanderbus. Sie ist nicht an Übernachtungen in der Region gebunden, aber mit der regionalen Gästekarte (ca. 2–10 €) billiger; der Zeitraum ist frei wählbar: 1 Tag (37 €) bis 21 Tage (zusammenhängend, 216 €).

Wörgl

L4

Wörgl, von manch Einheimischem als »hässlichste Stadt Tirols« bezeichnet, ist zwar in der Tat eine Industriestadt und ein Verkehrszentrum, bietet aber andererseits eine gute Anbindung an viele Ferienregionen, wenig Alpenschmonz und günstige

Unterkünfte. Die Stadt Wörgl wurde im Krieg weitgehend zerstört und bis auf die hübsche Alte Apotheke in der Bahnhofstraße – auch heute noch eine Apotheke – sind kaum historische Gebäude erhalten. Doch zwischen den Neubauten finden sich sogar im Stadtzentrum einige aktive Bauernhöfe, inklusive Tiergeräuschen und -gerüchen – charmant.

Tausende Jahre in Stein

Mehr als nur einen Blick verdienen die 304 **Meilensteine** im Straßenpflaster: Sie erzählen bedeutende Ereignisse, begonnen beim Jahr 1 bis ins Jahr 2000. Eine kleine Zinsrechnung am Rande nimmt auf das Wörgler Freigeld Bezug (s. S. 275): Hätte man im Jahr 1 einen fiktiven Euro auf ein Sparbuch gelegt, das laufend mit 3 % pro Jahr verzinst wird – wie hoch wäre wohl heute der Gewinn?

Geld – das machen wir selbst

Das **Heimatmuseum** in der alten Volks- und heutigen Landesmusikschule zeigt Fotos und die selbst gedruckten Geldscheine des Wörgler Freigelds – passend dazu Kerbhölzer, auf denen früher mit Kerben die Schulden vermerkt wurden.

Brixentaler Str. 1, Öffnungszeiten auf Anfrage, https://heimat.woergl.at/verschiedenes/heimatmuseum

Schlafen, Essen

Im Tal wohnen

Bed & Rooms: Der nette Besitzer hat viele Restaurant- und Ausflugstipps parat, das WLAN funktioniert super, es gibt eine Pad-Kaffeemaschine auf dem Zimmer und Frühstück im Café nebenan.

Innsbrucker Str. 10, T 0676 971 92 77, www.bedandrooms.at, €

Tirolerisch

Wildschönauer Bahnhof: Bodenständige Tiroler Küche in einer schönen holzgetäfelten Gaststube, in der auch die Einheimischen gern sitzen. Gutes Preis-Leistungs-Verhältnis und unter der Woche täglich wechselnder Mittagstisch.

Innsbrucker Str. 6, T 05332 708 36, www.wildschoenauer-bahnhof.at, tgl. 9–22 Uhr, Mittagsbuffet 11.30–13.30 Uhr, €–€€

Tortenpause

Konditorei Ibounig: Familiär betriebenes, beliebtes Café mit üppigen Sahnetorten und selbst gemachter Schokolade, auch kleine Gerichte. Schön sitzt man an den wenigen Tischen draußen.

Bahnhofstr. 3, T 05332 722 09, www.konditorei-ibounig.at, tgl. 9–18 Uhr; Filiale Bahnhofstr. 39, Mo–Sa 9–18; Filiale im Shoppingcenter M4 Wörgl, Salzburger Str. 32, Mo–Fr 8.30–18.30, Sa 8–18 Uhr

Ausgehen

Kultur in vielen Facetten

Komma Café Bar & Veranstaltungszentrum: Ob Folk, Jazz oder World Music, Comedy oder Kasperletheater – das Komma bietet eine bunte Mischung.

Martin-Pichler-Str. 21a, T 05332 755 05, www.komma.at, Bar Mi–Sa ab 17 Uhr

Infos

- **Internet:** www.kitzbueheler alpen.com/de/hosa/woergl.html.
- **Tourismusbüro Wörgl:** Innsbrucker Str. 1, T 057 507 70 00, Mo–Fr 8–18 Uhr.
- **Gästekarte:** Hohe Salve Gästekarte, umsonst ab einer Übernachtung. Sie gewährt freie Fahrt auf der Zugstrecke Kirchbichl–Wörgl–Hopfgarten–Kirchberg–Kitzbühel–St. Johann–Fieberbrunn–Hochfilzen, in den Linienbussen der Region und in den Stadtbussen in Wörgl. Geringe Ermäßigungen bei Bergbahnen und Attraktionen der Region. www.kitzbueheler-alpen.com.

Zugabe

Der weiße Wahnsinn

Rasante Abfahrten im Hahnenkammrennen

Das Hahnenkammrennen gilt als schnellstes, gefährlichstes und spektakulärstes Skirennen überhaupt. Seit 1931 wird es am Hang von Kitzbühels Hausberg Hahnenkamm durchgeführt und zieht nicht nur die berühmtesten und besten Skiläufer an, sondern auch unzählige Promis als Zuschauer.

Die »legendäre Streif« ist die Abfahrtspiste am Hang des Hahnenkamms (s. S. 32): technisch extrem schwierig mit einem Gefälle von bis zu 85 %. Die Durchschnittsgeschwindigkeit der Teilnehmer liegt bei über 100 km/h, die Spitzengeschwindigkeit sogar bei über 150km/h! Kein Wunder also, dass dort oft Athleten stürzen – nicht zuletzt deshalb lockt das Spektakel jedes Jahr um die 40 000 Schaulustige an … Als »König der Streif« gilt der Schweizer Didier Cuche wegen seiner fünf Siege im Abfahrtsrennen. ■

Unteres Inntal

SUP auf dem See — und Wandern in aufregenden Schluchten. Und wenn das Wetter mal nicht mitspielt, gibt es Burgen und Bergwerke, Museen und Schwimmbäder zu entdecken: familienfreundliches Tirol gleich hinter der deutschen Grenze.

Seite 53

Museum Tiroler Bauernhöfe

33 historische Bauernhöfe aus unterschiedlichen Gegenden Tirols stehen im Freilichtmuseum in Kramsach. Fotogen und voller Einblicke in die nicht allzu ferne Vergangenheit.

Seite 55

Rattenberg

Anders als der Name vielleicht vermuten lässt, ist die kleinste Stadt Tirols mit dem mittelalterlichen Stadtkern äußerst charmant. Heute laden zahlreiche Glasmanufakturen und -geschäfte in dem winzigen Städtchen zum Shoppen und Bummeln ein.

»Stille Nacht, heilige Nacht« (ächtes Tirolerlied, 1832)

Seite 58

St. Notburga in Eben

Auferstanden ist die hl. Notburga vielleicht noch nicht, aber ihr komplettes Skelett steht als Ganzkörperreliquie auf dem Altar der Kirche St. Notburga in Eben – eigentlich ziemlich gruselig.

Seite 58

Achensee-Dampf-Zahnradbahn ✪

Die Schmalspur-Zahnradbahn dampft und juckelt heute noch zwischen Jenbach und Seespitz am Südufer des Achensees, wie bei der Eröffnung 1889.

Seite 69

Spannagelhöhle

Helm auf und Bauch einziehen: In der Spannagelhöhle ganz hinten im Hintertuxer Tal kann es schon mal eng werden.

Seite 73

Silberbergwerk Schwaz

Glück auf! Im 16. Jh. befand sich in Schwaz das größte Silberbergwerk der Welt, man nannte es die Mutter aller Bergwerke. Heute können alle einfahren.

Seite 77

Kristallwelten in Wattens

Wie die Firma Swarovski ihre Glitzersteine herstellt, erfährt man hier nicht. Aber die meisten kommen sowieso eher zum Träumen und Staunen: in der Wunderwelt aus funkelnden Kristallen und hochkarätiger Kunst.

Seite 78

Haller Altstadt ✪

Kopfsteingepflasterte Gassen und versteckte Treppen durchziehen die kompakte Altstadt von Hall. Hier lohnt ein Blick in die gotischen Gewölbe, in die schnuckeligen Cafés und netten Läden. Und in der Burg Hasegg bietet ein spannendes Museum Einblick in die Geschichte der Münzprägung in Hall.

Stand-up-Paddling: Auf dem Wasser stehen kann man auf dem Achensee.

›Ein grausliches Loch‹ nannte der frühere Pächter des Spannagelhauses die Höhle unter dem Fels – heute ist sie ein Naturdenkmal und eine touristische Attraktion.

Burgen, Bergbahnen, Badeseen

Wo die Berge noch nicht ganz so hoch sind, die Täler eher breit und sonnig, wo es Badeseen gibt und Burgen, Knödel und Käsereien, da ist Tirol total familientauglich. Nach Innsbruck oder in die schmaleren, höheren Seitentäler ist es auch nicht so weit, und trotzdem ist jedes Tirol-Klischee erfüllt – manchmal allerdings auch übererfüllt.

Tiroler Gaudi

Viele Täler, wie das Zillertal und das Achental mit dem Achensee, sind eher klassische Familienziele als Actionsport-Destinationen, obwohl man dort auch prima klettern oder ausgiebig mountainbiken kann.

Glanzstücke

Vor allem das Zillertal ist bei Busgruppen beliebt, wie auch Tirolerabende und Trachtenläden. Aber es ist nicht alles Schunkeln: Gerade im unteren Inntal gibt es viel Kultur und Geschichte. Das Inntal als Hauptverkehrsader der Region ist schon lange besiedelt, und hier befinden sich die sehenswerten mittelalterlichen Städte Hall und Rattenberg.

ORIENTIERUNG

Verkehr: Die Hauptzugstrecke führt einmal durch das Inntal von Kufstein bis St. Anton. Wer ins Zillertal und zum Achensee fahren möchte, muss in Jenbach in Regionalzug oder Bus umsteigen.
Gästekarten: Die umfangreichste Gratiskarte ist die Alpbachtal Card Sommer (in Kramsach/Rattenberg, s. S. 57). Auch die anderen Orte im Inntal haben Gratis-Gästekarten mit sichtlichen Vorteilen, etwa die Silbercard in Schwaz (s. S. 77) oder die Schatzkarte in Hall-Wattens (s. S. 89). Am Achensee gibt es neben der reinen Gästekarte (eher nur für die Busse) eine Kaufkarte mit größeren Vorteilen, die AchenseeCard (s. S. 63), im Zillertal nur eine Kaufkarte, die Zillertal Activcard (s. S. 64).

Auch eine der meistbesuchten touristischen Destinationen des Landes ist dort zu finden: die Weltzentrale der Strassproduktion, die Swarovski-Kristallwelten. Nicht ohne Grund ist das Besucherzentrum des Edelglas-Betriebs so beliebt: Im Flagship-Store, bei moderner Kunst oder auf dem Spielplatz gibt es Glücksmomente für alle.

Kramsach

K4

Der Bahnhof heißt Brixlegg, sehenswert ist Rattenberg (s. S. 55), und der größte Ort ist Kramsach: Die drei Orte liegen ganz nah zusammen. Bei Kramsach lockt das idyllische Museum Tiroler Bauernhöfe (s. u.) und danach geht's zum Chillen an einen der netten Badeseen.

Museumsfriedhof Kramsach

Seine 5000 Einwohner sieht man **Kramsach** nicht an, denn sie sind über verschiedene Ortsteile verstreut. Im Ortsteil Hagau liegt der **Museumsfriedhof,** der keine echten Gräber zeigt, sondern historische schmiedeeiserne Grabkreuze ausstellt. Ab dem 17. Jh. leisteten sich Wohlhabende kunstvoll geschmiedete Kesselhalter für Weihwasserbehälter am Grab. Daraus entstand der Trend zu aufwendigen Grabkreuzen. Die Sammlung eines Steinmetz- und Grabmalbetriebs enthält auch unerwartet spaßige Inschriften.

Hagau 82, T 05337 624 47, www.museumsfriedhof.info, Mo–Fr 9–17 Uhr, Eintritt frei

Ja mei, damals

Etwa 5 km östl. von Kramsach befindet sich eine der schönsten Sehenswürdigkeiten des unteren Inntals: **33 historische Bauernhöfe** und Nebengebäude aus unterschiedlichen Gegenden Tirols wurden im weitläufigen **Freilichtmuseum Tiroler Bauernhöfe** zusammengetragen. Gleich beim Eingang erläutert eine kleine Ausstellung, wie das überhaupt funktioniert, so ein Haus ab- und woanders wieder aufzubauen. Ein gut 3 km langer **Rundweg** führt dann durch das Areal,

Handwerk, Alltag, Brauchtum und Musiktraditionen Tirols werden im Museum Tiroler Bauernhöfe anschaulich dargestellt – nicht nur zu Veranstaltungen wie dem jährlichen Kirchtag.

H

HOLZ AUF HOLZ – KINDERLEICHT

Ein mannshohes Holzhaus kann auseinandergenommen und an anderer Stelle neu aufgebaut werden, so wie das die Fachleute mit den historischen Häusern im Freilichtmuseum gemacht haben – um die Holzbalken zu versetzen, braucht man mehrere Leute! Für Kinder ein tolles Erlebnis!

die Höfe samt Nebengebäuden liegen malerisch eingebettet in Wiesen und Hänge. Die Höfe sind zugänglich, innen informieren Schautafeln, Projektionen, Filme und Audiostücke abwechslungsreich über das Leben von einst.

Am Rundweg gibt es noch weitere Infopavillons, Picknickplätze und Spiel-, Erlebnis- und Barfußwege.

Angerberg 10, www.museum-tb.at, T 05337 626 36, Mai–Sept. tgl. 9–18, Palmsonntag–April, Okt. tgl. 9–17 Uhr, 12 €, für einen Besuch mind. 3 Std. einplanen, Bus 4113 bis Kramsach Bauernhöfemuseum

In den See!

Bei Kramsach befinden sich am Hang des Inntals mehrere Badeseen, die als die wärmsten Tirols gelten. Der größte davon ist der **Reintaler See** (4 € plus ggf. Parkgebühren). Ein Stück dahinter liegt der **Berglsteiner See.** Der besonders warme **Krummsee** ist wie der **Buch-** und **Frauensee** nicht zum Baden freigegeben, dafür aber der **Reither Badesee** (4 €) auf der anderen Seite des Inntals.

Schlafen, Essen

Camping

Mehrere Plätze befinden sich an den Kramsacher Seen in der Nähe des Bauernhofmuseums: **Seeblick Toni** (Moosen 46, T 05337 635 44, www.camping-seeblick.tirol) ist eine vor allem auf Wohnwagen ausgelegte riesige Anlage mit Animationsprogramm. Beschaulicher geht es nebenan am **Seehof** (Moosen 42, T 05337 635 41, www.camping-seehof.com) zu.

Einkaufen

Prügel beziehen

Die Prügeltorte ist eine Art Baumkuchen, die traditionell auf Stöcken direkt über dem Feuer gebacken wurde. Erhältlich ist sie u. a. bei der Konditorei Mader in Kramsach.

Winkl 63, T 05337 649 77, www.pruegeltorten.at, Mo–Fr 8–12, 13–18, Sa 8–13 Uhr

Bewegen

Klettern

Reintaler Klettersteig: Schöner Klettersteig für Geübte (Schwierigkeit C/D/E) mit kurzem Zustieg (20 Min.) vom Reintaler See, Klettersteig Aufstieg 200 Höhenmeter), Abstieg 400 Höhenmeter. Gesamtdauer 3–4 Std.

www.klettersteig-reintalersee.at, Karfreitag–Sept.

Infos

- **Kramsacher Kirchtag:** Ende September. Feldmesse, traditionelle Musik, Trachtenvereine und Handwerksvorführungen im Freilichtmuseum Tiroler Bauernhöfe.
- **Tourismusbüro Kramsach:** Zentrum 1, T 05337 212 00 20, Mo–Fr 8.30–12.30, 14–17.30, Sa 8.30–12.30 Uhr, Nebensaison nur Mo–Mi, Fr.
- **Gästekarte:** Alpbachtal Card, s. S. 57.

Rattenberg

K4

Mit gerade mal 459 Einwohnern wirkt **Rattenberg** eher wie ein Vorort der Gemeinde Kramsach – das kleine Häufchen historischer Häuser hat aber schon seit 1393 das Stadtrecht! Erstmals erwähnt wurde Rattenberg bereits 1254.

Die kleinste Stadt Österreichs

Die schönen Häuser in der Altstadt stammen überwiegend aus dem 15./16. Jh., damals profitierte das Städtchen nämlich wirtschaftlich sehr vom Silberbergbau im nahen Schwaz (s. S. 71). Es sind **schmale, vierstöckige Häuser** mit zum Teil über mehrere Stockwerke reichenden polygonalen Erkern, mit Ziergiebeln, Fassadenmalereien und Gewölbebögen.

Als Ketzer verfolgt

Zwei Gründe führten zum Niedergang: Der Bergbau in Schwaz verlor an Bedeutung, so schwand der Reichtum. Nicht zuletzt weil die Welt der Bergknappen aber auch ein ziemlich multikultureller Schmelztiegel war, hatten sich reformatorische Ideen im Inntal verbreitet. Im 16. Jh. gehörten viele Menschen in Rattenberg den **Hutterern** an, einer der ersten Freikirchen aus der Wiedertäuferbewegung. Sie wurden in der Gegenreformation rigoros verfolgt: An der **Burg** erinnert z. B. eine Tafel an das Schicksal von Lienhart Schiemer, einem prominenten Bürger der Stadt (von ihm stammte die Gemeindeordnung), der 1528 als Hutterer geköpft wurde.

Nur zwei Gassen

Die **Altstadt** besteht im Wesentlichen aus zwei verkehrsberuhigten Gassen, in denen tagsüber viele Busgruppen unterwegs sind. An der Südtiroler Straße befindet sich neben dem Besucherparkplatz und dem Tourismusbüro auch das Handwerkskunstmuseum in den alten **Nagelschmiedhäusern** (T 05337 670 97, Mai–Okt. tgl. 9–18 Uhr, Nebensaison kürzer, 4 €). Am Hauptplatz 300 m weiter steht das **Geburtshaus der hl. Notburga,** leicht zu erkennen an einem Bilderfries, ihrem Namen und der Jahreszahl 1265 für ihr Geburtsjahr. Ein paar Schritte weiter ist der **Stadtbrunnen** auf dem Sparkassenplatz ebenfalls mit einer Notburga-Figur geschmückt.

Im Streit um den Feierabend warf die hl. Notburga ihre Sichel in die Luft – da blieb sie hängen und ihr Chef gab nach.

Restaurierte Gotik

Hinter dem Geburtshaus führt die Klostergasse zum **Augustinermuseum** in einem früheren Kloster, das 1384 gestiftet und bis 1971 durchgehend genutzt wurde. Der gezielte Umbau zum Museum seit den 1980er-Jahren gilt als vorbildlich: Die historischen Gebäudeteile wie ein gotischer Kreuzgang, die spätgotische

Von der Burg Rattenberg ist nicht viel geblieben – aber der Blick über das Inntal ist wunderbar.

Hofkapelle und die barocke Klosterkirche samt Uhrturm wurden durch eine passende Sammlung sakraler Kunst ergänzt.
Klostergasse 95, T 05337 648 31, www.augustinermuseum.at, Mai–Okt. tgl. 10–17 Uhr

Üppiger Barock

Auf einem Hügel unterhalb der Burg steht in der Bienerstraße die absolut sehenswerte **Pfarrkirche St. Virgil.** Ihre farbenprächtige und detailreiche Barockausstattung stammt von Künstlern der bekannten Wessobrunner Schule (Bayern), auch wenn der Ursprung der Kirche schon im 13. Jh. liegt.

Wie die Kirche in Schwaz (s. S. 72) ist sie zweigeteilt, mit separaten Kirchenschiffen für die Bürger und die Bergknappen. Die Bergarbeiter galten als unzivilisiert und verroht – anständige Bürger wollten nichts mit ihnen zu tun haben … Des Weiteren gibt es noch eine Mariengrotte und eine modernere Notburgakapelle.

Lift zur Burg

Über der Stadt thront die **Burgruine** – am einfachsten gelangt man per Aufzug im Rathaus (hinter der Kirche) auf den Absatz des Burgfelsens. Ab dem 13. Jh. war die Burg auch Verwaltungszentrum der Stadt, heute sind nur noch einige Mauerreste erhalten. Im Sommer finden dort auf einer Freilichtbühne Theaterveranstaltungen statt.

Der Blick vom Burgfelsen auf die Stadt lohnt sich, und auf einer Infotafel gibt es zum Vergleich eine Zeichnung des österreichischen Malers Egon Schiele, der im Ersten Weltkrieg im Auftrag des Militärs von hier aus die Stadtanlage dokumentierte.

Essen

Urig & gehoben

Malerwinkel: In dem edel modernisierten historischen Haus kommt Tiroler Küche modern abgewandelt auf den Tisch, z. B. Wildravioli mit Rotkraut und karamellisierten Maronen.

Pfarrgasse 92–93, T 05337 209 91, www.malerwinkel-rattenberg.com, Mi–So 11–24 (Küche bis 21), So nur bis 22 Uhr, €€–€€€

Frisch gezapft

Brauhaus Fürst: Tiroler Klassiker, deftig und nicht teuer, es gibt auch Veganes und Flammkuchen. Gebraut wird direkt vor Ort in einigen Gärtanks.

Bienerstr. 84, T 05337 638 70, www.brauhaus-rattenberg.at, 11–14, 17–21 Uhr, €€

Einkaufen

In Rattenberg gibt es etliche Fachgeschäfte für Glas und Keramik, die um Teil neben den Verkaufsartikeln auch künstlerische Objekte ausstellen.

Glas

Kristallglas Kisslinger: Das größte von mehreren Glasgeschäften in Rattenberg hat eine Schaubühne, auf der Gäste auch selbst eine Kugel blasen dürfen. Kleine Ausstellung »Zauberwelt des Glases« und große Auswahl an farbigen Glasobjekten und Trinkgläsern.

Südtiroler Str. 41, T 05337 62317, www.kisslinger-kristall.com, Mo–Sa 9–18, So 9–17 Uhr, Nov.–April am Wochenende kürzer

Scharf oder dufte?

Würzen mit Style: Neben Gewürzen und Gewürzmischungen aus aller Welt gibt es hier auch Öle und Dips.

Südtiroler Str. 39, T 05337 670 97, Mo–Fr 9.30–13, 14–17.30, Sa 9.30–13, 14–17, So 10–13 Uhr

Ausgehen

Freilichttheater

Schlossbergspiele Rattenberg: in der Burgruine (s. S. 56).

T 05337 935 70, www.schlossbergspiele-rattenberg.at, Anf. Juli–Anf. Aug., häufige Termine, jeweils 21 Uhr, Karten ab 27 €

Infos

- **Rattenberger Advent:** Dez. Gefeiert wird weniger mit Weihnachtsmarkt-Ständen als vielmehr besinnlich mit Kerzen, Fackeln und weihnachtlichen Konzerten.
- **Internet:** www.alpbachtal.at.
- **Tourismusbüro Rattenberg:** Parkplatz P1, Südtiroler Str. 34, T 05337 212 00 50, Mo–Fr. 8.30–12.30 Uhr.
- **Gästekarte:** Alpbachtal Card Sommer, kostenlos ab einer Übernachtung, mit ungewöhnlich vielen Vorteilen: Gratis-Nutzung der vier Bergbahnen und Regiobusse, Wander- und Kinderprogramme, Badeseen, Schwimmbäder, Tennisplätze und Museen (u. a. Museum Tiroler Bauernhöfe).
- **Bahn:** S-Bahn nach Bahnhof Rattenberg-Kramsach, häufigere Verbindungen nach Bahnhof Brixlegg.

Achensee

J3

Berge und baden, das geht am **Achensee!** Mit 6,8 km² ist er der größte See Tirols, er liegt fast 400 m oberhalb des Inntals, und gleich neben dem Seeufer ragen der Karwendel und das Rofan-Gebirge auf.

Am nördlichen Seeende führt der **Achenpass** nach Bayern hinüber und historisch war die Gegend – außer für die fürstliche Jagd – auch als Transportweg zwischen Bayern und Tirol relevant, es gab zudem eine Wasserverbindung zur Isar. Bereits Ende des 19. Jh. setzte mit dem Bau der Achensee-Dampf-Zahnradbahn der Tourismus ein, und zwar eher für die gehobene Gesellschaft: Es entstanden vornehme Residenzen für den europäischen Adel und 1934 der erste Golfplatz.

Die genannten Ortschaften liegen übrigens alle nicht direkt am Seeufer.

Eben

J4

Von **Jenbach** geht es aus dem Inntal kurvig und steil hinauf nach Norden, bis das Gelände zwischen Rofan und Karwendel-Gebirge eben wird – so heißt der Ort auch, **Eben.** Technisch der Hauptort in der Achenseeregion, gibt es hier nicht viel – außer der Notburgakirche, einer Wallfahrtskirche, die es in sich hat.

Skelett im Strahlenkranz

Die hl. Notburga ist die beliebteste Volksheilige Tirols: Selbst eine Magd, wurde sie durch Frömmigkeit, Hilfsbereitschaft und mehrere Wunder zur Schutzpatronin der Dienstmägde und der Landwirtschaft. In der **Notburgakirche** steht ihr prächtig gekleidetes Skelett auf dem Hochaltar.

Das ehemalige Pfarrhaus (Widum) dahinter ist wunderbar restauriert und heute ein **Museum.** Gezeigt werden schöne Beispiele von Notburga-Darstellungen und es gibt eine Ausstellung zur Volksfrömmigkeit in der Region. Auch ein Schatz Haller Taler aus der Türschwelle des Kirchenneubaus aus dem 18. Jh. ist ausgestellt – die erste Notburga-Kapelle gab es schon im 15. Jh., als die Magd noch längst nicht heiliggesprochen war.

Ebenerstr. 98, T 0664 391 41 86, www.notburga-museum.at, Sommer Mo, Mi, Fr, So 15–17, sonst So 9–17 Uhr, 3,50 €

Achensee-Dampf-Zahnradbahn

Dampfen und fauchen

Die **Achensee-Dampf-Zahnradbahn** verkehrt als Schmalspurbahn zwischen Jenbach im Inntal und der Station Seespitz am Südufer des Achensees. Die Bahnstrecke wurde 1889 eröffnet und wird bis heute ausschließlich von Dampfzügen bedient. Die historischen Waggons haben Querbänke und Türen an jeder Sitzreihe. Zum Teil sind sie oben offen, dann bekommt man ganz schön viel Dampf ab. Die Fahrt ruckelt, vor allem bergab, ziemlich, ist

PLANTSCHEN UND SCHWITZEN

Das **Atoll Achensee** ist ein Spa und Spaßbad direkt am See – nicht nur der Blick ist toll, sondern im Sommer gehört auch das Mauracher Strandbad am seichten Seeufer dazu. Neben dem eigentlichen Schwimmbad mit Bahnen, Reifenrutsche und Warmbadebereich drinnen und draußen gibt es ein schönes zweistöckiges Penthouse-Spa mit mehreren Saunen, die direkt auf den Achensee blicken, außerdem Gym und Boulderhalle. (Panorama-Bad und Penthouse-Spa, Maurach, www.atoll-achensee.com/de/infos, tgl. 10–22 Uhr, ab 13 €, Tagesticket inkl. See-Bad 28 €, Spa ab 24,50 €, Kombiticket ab 30,50 €; Seebad: Mai–Sept. 9–19 Uhr bzw. je nach Witterung, 6,50 €)

aber eine recht historische Form der Anreise – oder einfach eine vergnügliche Ausflugsoption.

www.achenseebahn.at, Ende April–Okt., bis zu 6 x tgl., einfache Fahrt 27 €, Hin- und Rückfahrt 36 €

Maurach J4

Maurach, eines der touristischen Zentren am See, ist relativ kompakt, bodenständig und belebt. Es gibt mehrere Läden und etwas günstigere Hotels und Ferienwohnungen.

In der **Achenseer Museumswelt** werden neben Oldtimer-Traktoren auch Puppen, Krippen und Lebenswelten aus dem frühen 20. Jh. gezeigt. Die Gebäude dienten erst als Arbeits- und Militärunterkünfte, später als Jugendherberge und Ferienlager.

Museumsweg 3–9, https://achenseer-museumswelt.at, Juli-Okt Di–So 13.30–17 Uhr, Mai/Juli nur Mi, Fr, So

Fliegen und klettern

Von Maurach führt die **Rofanseilbahn** auf das östlich gelegene **Rofangebirge:** Auf dem Hochplateau bei der Bergstation liegt die Erfurter Hütte (1831 m). Und auch der **Airrofan Skyglider,** ein Fahrgeschäft in spektakulärer Bergkulisse, ist nicht weit: Bis zu vier Personen werden an einer Seilrutsche (Flying Fox) so eingehängt, dass sie mit dem Kopf voraus mit bis zu 80 km/h den Berg »hinunterfliegen« – ein Riesenspaß, der allerdings zu schnell vorbei ist.

Gleich dahinter führen Wanderwege zu den schroffen Gipfelnadeln des **Rofan.** Empfehlenswert ist neben der Rofanspitze (2259 m, 2,5 Std.) der Weg von der Bergstation zur **Dalfazalm** (alternativ und schwieriger über den Hochiss) und weiter über den **Dalfazer Wasserfall** zum Seeufer bei Buchau (2,5 Std.).

Auch für die fünf Klettersteige der Achenseer **Fünf-Gipfel-Runde** ist die Bergstation Startpunkt. Für die einzelnen Klettersteige benötigt man 30 Min. bis 1,5 Std. (plus Zustieg), ihr Schwierigkeitsgrad liegt zwischen B/C und C/D. Sie lassen sich zu einer insgesamt etwa siebenstündigen Tour kombinieren. Klettersteigausrüstung ist unbedingt erforderlich.

Rofan-Seilbahn: T 05243 52 92, www.rofanseilbahn.at, ca. Mai–Okt. 8.30–17 Uhr, alle 15 Min., Berg- und Talfahrt 26 €; **Airrofan Skyglider:** bei der Erfurter Hütte, 15,50 €, erst ab 10 Jahren und 1,30 m Körpergröße

Pertisau J4

Pertisau ist ein ziemlich weitläufiger Ort zwischen dem westlichen Seeufer und dem Karwendelgebirge. An der fast mondänen Seepromenade lässt es sich flanieren. Vom südlichen Ortsrand fährt die Karwendel-Bergbahn auf den **Zwölferkopf.**

Mittelalterliches Fracking

Im Jahr 1902 fand der Pertisauer Martin Albrecht in der Umgebung von Pertisau brennbare Steine: Ölschiefer mit organisch gebundenem Schwefel. Mit etlichen Rückschlägen begann er daraus Steinöl zu gewinnen. In der Volksmedizin war dieses Öl schon seit dem Mittelalter bekannt; zunächst vermarkteten die Albrechts es als Veterinärsalbe, inzwischen werden aus dem Steinöl vor allem Hautpflegeprodukte hergestellt. Das **Museum Vitalberg** erzählt mit Audioguide, Dioramen und verschiedenen Ausstellungsstücken die Firmengeschichte.

Tiroler Steinöl Weg 10, T 05243 201 86, www.steinoel.at, Mai–Nov. tgl. 9–17, Dez.–April 10–16 Uhr, 8,50 €

W

DER WÖFFI

Wandern mit Öffis heißt eine famose Broschüre, die der Naturpark Karwendel herausgibt – und die anderen Naturparks in Tirol haben mit eigenen Broschüren nachgezogen. Man bekommt sie überall in den Touristeninformationen und den Naturparkhäusern. Schöne Tourentipps, für die man kein Auto braucht – und ohne sogar im Vorteil ist! (ww.karwendel.org/woeffi)

Berge bis zur Isar

Auf der Westseite des Sees, bei **Pertisau,** beginnt der **Karwendel,** Teil der nördlichen Kalkalpen. Die Berge sind sehr felsig und reichen im Westen bis Seefeld und Scharnitz, dort entspringt auch die Isar. Das ganze Bergmassiv ist ein Naturpark und zeichnet sich durch eine große Steinadlerpopulation aus, oft sind Steinböcke zu sehen. Von Pertisau geht es mit der **Karwendel Bergbahn** auf den Zwölferkopf (1491 m), mitten hinein in die Bergwelt. Aber auch vom Tal aus sind die Wandereinstiege ins Karwendelgebirge freundlich.

Naturpark Karwendel: www.karwendel.org; **Karwendel Bergbahn:** T 05243 53 26, www.karwendel-bergbahn.at, ca. Mai–Anf. Nov. 8.30–17 Uhr, alle 15 Min., Bergfahrt 17,50 €, Mitte Dez.–Mitte/Ende April gelten abweichende Zeiten und Tarife

Achenkirch

J3

Leben auf dem Einhof

Auf der Nordseite des Achensees liegt am Seeufer die ehemalige Zollstation Scholastika, heute ein Restaurant. Am Seeufer gibt es auch einige Unterkünfte, ein Strandbad und einen Campingplatz sowie das **Heimatmuseum Sixenhof-Achental.** In diesem ehemaligen Einhof (Stall und Wohnung in einem Haus) wird auf drei Etagen vom Leben am Achensee erzählt.

Das Ortszentrum von **Achenkirch** liegt fast 2 km vom Ufer entfernt.

Heimatmuseum: Achenkirch 29, T 05246 65 08, www.sixenhof.at, Mai–Okt. tgl. 13–17 Uhr, 7 €, mit Gästekarte 6 €

Schlafen

Wellness

Das Rieser: Eines von mehreren Spa- und Sporthotels in Pertisau, es ist schön zwischen See und Golfplatz gelegen. Sehr gemütliche Zimmer im Alpin-Schick mit viel Holz und großen Panoramafenstern.

Karwendelstr. 40, Pertisau, T 05243 52 51, www.hotel-rieser.com, €€€

Lipizzaner-Pferde

Posthotel: Luxushotel *(adults only)* mit Reitmöglichkeit, denn zum Hotel gehört auch die größte private Lipizzanerzucht Europas. Und das Restaurant Tenzo ist immerhin mit drei Hauben bedacht.

Achenkirch 382, T 05246 65 22, www.posthotel.at, €€€

Biobauernhof

Wachhof: Recht zentrales Quartier mit schnörkellosen, aber gemütlichen Zimmern. Die Kühe weiden direkt vor der Haustür, auf der Liegewiese und im gemütlichen Aufenthaltsraum kann man prima entspannen. Auf jeden Fall ein gutes Preis-Leistungs-Verhältnis.

Dorfstr. 66, Maurach, T 05243 53 58, www.achensee.com/wachhof, €

Camping

Seecamping Wimmer: Freundlicher ebener Platz direkt am See beim Atoll;

Naturmaterialien wie Holz, Stein und Schurwolle bestimmen das Design im Posthotel in Achenkirch.

Restaurant und Bushaltestelle. Günstige Radlerpauschale.
Achenseestr. 75, Buchau (Norden v. Maurach), T 05243 52 17, www.achensee-camping.at

Essen

Eigene Schiffsanlegestelle

Scholastika: Einst Zollstation, später Grand Hotel – der Gasthof am Seeufer ist heute lässig und angesagt. Bekannt ist die Fischsuppe, aber vegan geht auch.
Seepromenade 26, Achenkirch, T 05246 62 10, www.scholastika.at, Fr–Mi 9–22, Küche 11.30–15, 18–21 Uhr, €€

Ausflugsziel

Gramai Alm: Leicht erreichbare Ausflugsalm mit Streichelzoo und Abenteuerspielplatz. Die Tiroler Küche ist deftig und preiswert.
Naturpark Karwendel, Pertisau, T 05243 51 66, www.gramaialm.at, Mai–Okt. warme Küche 11–21 Uhr

Ein bisschen Riviera

Entners Strandbar: Zum dahinterliegenden Hotel Entners am See gehörendes chilliges Café direkt am Seeufer. Man hat die Wahl zwischen Eiscafé-Stühlen und Lounge-Sofas, alles mit Blick auf die Flaneure. Wir empfehlen dazu die Topfentorte oder die großen, leckeren Eisbecher!
Seepromenade 72, Pertisau, T 05243 555 90, www.entners.com, tgl. 10–2 Uhr

Einkaufen

Schnaps

Edelbrennerei Franz Kostenzer: Riesige Auswahl an Bränden und Geisten, es gibt auch eigenen Gin und Whisky und donnerstags eine Führung mit Verkostung (17 Uhr, 10 €, Anmeldung erforderlich).
Achenseestr. 22, Maurach, T 05243 57 95, www.schnaps-achensee.at, Mo–Fr 8.30–12.30, 14–18, Sa 8.30–12.30 Uhr

Bewegen

Schwimmen

Im Sommer ist der **Achensee** selbst mit Temperaturen bis 22 °C die Hauptattraktion. **Strandbäder** befinden sich in Achenkirch, Pertisau und Buchau bei Maurach.

Spazieren mit den Kleinen

In Buchau beginnt außerdem der **Wusel-Seeweg,** ein 4 km langer Parcours mit Spielstationen für kleinere Kinder.

Wassersport

Learn2Kite: Wenn der Wind richtig weht, brausen die Kitesurfer über den

See, wenn es stiller ist, macht Stand-up-Paddling Spaß. Abgesehen von Kursen im Kitesurfen kann man bei Daniel auch einfach ein SUP leihen, mit oder ohne Trainingsstunde, aber es ist wirklich nicht so schwer. Sicherheitshalber bleibt man aber lieber am flachen – und deshalb wärmeren – Südende des Sees!

Achenseeufer, auf der Höhe des Kinderhotels Achensee, Buchau, T 0676 444 45 54, www.learn2kite.at, Schnupperkurs SUP 14,50 €, nur Ausleihe 10 €

Strandbad Pertisau: Hier werden Ruder- und Tretboote sowie Kanadier verliehen (ab 11 €/Std.).

T 05243 58 23, www.achenseeschifffahrt.at/bootsverleih

Ausflugsboote

Wer auf dem See bequem unterwegs sein möchte, kann einen der Personendampfer der **Achenseeschiffahrt** besteigen, die mehrmals am Tag (saisonal variierend) alle Orte anfahren.

www.achenseeschifffahrt.at

Gleitschirmfliegen

Fly Achensee: Der See aus der Vogelperspektive beim Tandemflug.

Talstation Rofan-Seilbahn, Maurach, T 0676 771 63 69, www.tandemfliegen-achensee.aero, Sommer und Winter, Tandemflug ab 129 € zzgl. Auffahrt

Feiern

- **Karwendelmarsch:** Ende Aug. 2500 Aktive starten in Scharnitz für 35 km bis Eng oder für 52 km bis Pertisau: einmal quer durch das Karwendelgebirge. http://karwendelmarsch.info.
- **Achenseelauf:** Anf. Sept. Ab Parkplatz Karwendelbahn in Pertisau geht es einmal rund um den Achensee (23,2 km). Einer

Gemütlich ist die Anreise zum Achensee mit der historischen Dampf-Zahnradbahn. Am Bahnhof kann man direkt auf die Achenseedampfer für eine Bootstour umsteigen.

der schönsten Panoramaläufe in Österreich. www.achenseelauf.at.

- **Pilgermesse in der Notburga-Kirche:** Sonntag nach Notburga (13. Sept.).

Infos

Tourismusbüros

- **Maurach (und Eben):** im Atoll Achensee, T 05 95 30 00, tgl. 8–18 Uhr.
- **Pertisau:** Pertisau 10, T 05 953 00 60, Mo–Fr 8–12 Uhr.
- **Achenkirch:** Im Rathaus 387, T 05 953 00 50, www.achensee.com, Mo–Fr 8–12 Uhr.
- **Gästekarten:** Die AchenseeCard umsonst ab einer Übernachtung, auch schon in Wiesing im Inntal. Sie gilt als Fahrkarte im öffentlichen Nahverkehr und gewährt Ermäßigungen. Das Kinderprogramm ist damit umsonst, beim Jugendprogramm fällt bei Aktivitäten wie SUP oder Hochseilklettergarten ein Eigenbeitrag an. Die zusätzliche Kaufkarte Achensee Erlebniscard gibt es für 7 Tage (89 €), sie enthält Inklusivleistungen wie Bergbahnen, Dampf-Zahnradbahn, Museen und Schifffahrten.
- **Bus:** Busse über Wiesing und die Kanzelkehre sind schneller und preiswerter als die Achensee-Dampf-Zahnradbahn. Die Buslinien um den Achensee verkehren stündlich. Sie haben jeweils gute Anschlussverbindungen ab Maurach Mittelschule. Mit Gästekarte kostenlos, auch am Anreisetag, wenn man beim Einstieg in den Bus Bescheid gibt.

Zillertal

K4–6

Almenreich

Es ist vielleicht Tirols bekanntestes Tal, sicher eins der beliebtesten und besuchtesten. Und ja, das liegt auch daran, dass es viele Tirol-Klischees erfüllt. Das Zillertal, das bei Strass nach Süden abzweigt und bis in die hohen Zillertaler Alpen führt, ist auf den ersten 30 km bis Mayrhofen breit und flach, mit Almen und nicht gar so einschüchternd dräuenden Bergen. Die Hauptorte im Zillertal sind Fügen, Zell am Ziller und Mayrhofen.

Die Tiroler sind lustig

Obwohl seit der Bronzezeit Menschen am Ziller leben, gab das Land nie viel her und die Menschen waren recht arm. Neben der Landwirtschaft – noch heute vor allem Milchwirtschaft – gingen die Einheimischen deshalb ab dem 17. Jh. als fahrende Handelsleute nach Deutschland. Sie waren besonders bekannt für ihre Heilöle und -salben und für musikalische Auftritte in Tracht und begründeten so in weiten Teilen Europas das Image des »lustigen Tirolers«. Erst ab dem 19. Jh. verbesserte zunächst der Sommerfrischetourismus die einheimische Wirtschaftssituation. Bis zum Einbruch der Gästezahlen durch die Corona-Krise war aber der Winter die wichtigere Saison geworden. Seitdem erholt sich das Sommergeschäft schneller.

Im Sommer ist das Zillertal, insbesondere Mayrhofen, eine Hochburg des klassischen **Tirol-Tourismus** mit zahlreichen Busgruppen, schunkelfreudigen Folkloreveranstaltungen und Souvenirläden. Für Bergeinsamkeit muss man in die weniger erschlossenen Seitentäler ausweichen – andererseits sorgt das Massengeschäft für eine gute Infrastruktur.

Bewegen

Hinaus ins Tal!

Die Büros vieler **Outdoor-Anbieter** befinden sich in Zell und Mayrhofen, bedienen aber das ganze Zillertal. Nach Absprache holen sie Aktive auch von anderen Orten ab bzw. bringen Equipment, wie etwa Fahrräder, zum Hotel.

Z

ZILLERTALER EINREIBUNGEN

Als Tiroler Handelsreisende durch Europa zogen, waren die Leute aus den Zillertal bekannt für Salben und Hausmittel wie Murmeltieröl und Ziegenbuttersalbe. Moderne Nachfolgeprodukte werden in den Apotheken und Souvenirgeschäften im Tal verkauft.

Infos

- **Touristeninformation:** Bundesstraße 27d, Schlitters, T 05288 871 87, www.zillertal.at, Mo–Fr 8.30–12, 13–17.30 Uhr (Fr nur vormittags).
- **Kaufkarte:** Die Kaufkarte Zillertal Activcard gewährt freie Fahrt in Bergbahnen (je eine pro Tag), Zug und Bussen sowie den Eintritt in Freibäder, dazu viele Ermäßigungen. Gültig für drei, sechs, neun oder zwölf aufeinanderfolgende Tage (ab 83,50 €).
- **Bahn/Bus:** Die Zillertalbahn (www.zillertalbahn.at) fährt halbstündlich von Jenbach bis Mayrhofen, ca. Juni–Aug. 1 x tgl. auch als Dampfzug, Fahrzeit ca. 90 Min., einfache Fahrt 15,60 €, hin/zurück 22,80 €. Zur Weiterfahrt in die Seitentäler muss man auf teils seltener verkehrende Busse umsteigen (www.vvt.at). Die Hauptstraße B 169 entlang des Tals ist sehr stauanfällig.

Fügen

K5

Ein großes Sägewerk mitten im Tal, ein Schloss aus dem 16. Jh. oberhalb des Ortes – das Sägewerk kann man besichtigen, das Schloss nicht. Dazwischen liegt das Ortszentrum von **Fügen** mit einigen historischen Gebäuden. In der **Pfarrkirche** (Ecke Hochfügener Str. und Hauptstr.) sind z. B. einige gotische Elemente erhalten, u. a. schöne Fresken in der angebauten Michaelskapelle.

In der Gemeinde Fügen, auch in den Dörfern höher am Hang, gibt es mehr günstigere (Privat-)Unterkünfte als sonst im Tal, allerdings vergleichsweise wenige Restaurants.

Volksmusik und Federkiele

Die »Stille Nacht« ist weltbekannt. Zar Alexander hat das Lied 1822 einmal auf der Fügener Burg gehört. Komponiert und uraufgeführt wurde es schon vier Jahre vorher bei Salzburg, aber es waren vor allem die Familien Rainer aus Fügen und Strasser aus Mayrhofen, die es im Ausland auf ihren Verkaufstouren sangen, in ihren »exotischen« Tiroler Trachten, um Kundschaft anzuziehen. Der Text wurde 1832 als »ächtes Tirolerlied« gedruckt, und die Strassers durften damit vor dem preußischen König Wilhelm IV. auftreten. Heute ist »Stille Nacht« in über 100 Sprachen übersetzt.

Das **Fügener Heimatmuseum** hinter der Kirche hat nicht nur eine Sammlung von »Silent-Night«-Schallplatten, sondern allerlei Interessantes aus der Vergangenheit, u. a. zum Bergbau und dem Handwerk im Zillertal.

Lindenweg 2, T 05288 62262, www.hmv-fuegen.at, Sommer und Skisaison Di–Fr 14–17 Uhr, 5 €

Vom Baum zum Brett

Das große Stammwerk der Schnittholz-Firma Binderholz dominiert den Ort. Um die bei der Verarbeitung anfallenden Holzreste zu nutzen, hat die Firma 2004 ein **Biomasse-Heizkraftwerk** in Betrieb genommen, das mit Pellets aus eigener Produktion betrieben wird.

Das Kraftwerk kann besichtigt werden, allerdings werden die technischen Daten und Zusammenhänge bei der Führung durch die **HolzErlebnisWelt** recht schnell abgehandelt. Von der auch ohne Führung frei zugänglichen Terrasse des Restaurants kann man die Produktionsanlagen überblicken: Riesige Stämme werden von Roboterarmen wie Streichhölzer bewegt.

Zillertalstr. 39, T 05288 60 15 50, www.binderholz-feuerwerk.com, Mai–Okt. Mo–Sa, Nov.–April Mo–Fr 9–16, Führung 9, 11, 13, 15 Uhr, 10 €, Film »HolzWerk – der Weg des Stammes« 3 €

Essen, Einkaufen

Kuchen und Gebäck

Bäckerei Unterwurzacher: Die Minivereinigung Die Brotbuben, deren Mitgründer Alfred Unterwurzacher ist, legt Wert auf handwerkliches Backen ohne Konzernmischungen und gefrorene Teiglinge, und so schmeckt es auch. Die Bäckerei in Fügen hat auch ein gemütliches Café und gutes Frühstück.

Hauptstr. 58, T 05288 622 474, Mo–Fr 6–18, Sa 6–12 Uhr

Alles Käse

Zillertaler Heumilch Sennerei: Direktverkauf einer großen Sennerei, vormittags kann man durch Fenster beim Käsen in den Produktionsanlagen zusehen, dann gibt es auch frische Buttermilch. Im Obergeschoss informieren eine kleine Ausstellung und ein Film über die Käseherstellung.

Sennereistr. 22, T 05288 623 34, www.kaeserei-fuegen.at, Mo–Fr 8–18, Sa 8–14 Uhr

G

GUΛTZ ESSEN

Drei vegetarische Hauben: Der Name ist Programm, bei Peter Fankhauser gibt es nur gute und gesunde Lebensmittel aus dem eigenen Permakulturgarten, wunderbar zubereitet und angerichtet. Alles vegetarisch, vegan auf Bestellung. Unbedingt reservieren! (GuatzEssen, Obere März 36, Stumm, zw. Fügen und Zell am Ziller, T 0664 167 03 50, Mi–Sa 17.30–21, Laden 13–18 Uhr, nur Menüs, €€€)

Bewegen

Baden und Rutschen

Erlebnistherme: Mehrere Becken und Rutschen, darunter die 134 m lange Reifen-Röhren-Rutsche. Wer's heiß mag, geht in die Textil- oder FKK-Sauna.

Badweg 1, T 05288 632 40, www.erlebnistherme-zillertal.at, tgl. 10–22 Uhr, Freibad Anf. Mai–Anf. Sept. tgl. 9–19, Sauna wechselnde Öffnungszeiten; Therme ab 11,60 €

Infos

- **Tourismusbüro:** Hauptstr. 54, T 05288 622 62, Mo–Fr 8.30–18, Sa 8.30–15, So 9–12 Uhr.

Zell am Ziller und die Zillertal Arena

K6

Zell war etwa seit dem 12. Jh. der Hauptort des Zillertals. Hier fanden die Viehmärkte statt und bis heute ist Zell Sitz der Verwaltung, des Gerichts und auch der Tourismusschulen des Zillertals. In touristischer Hinsicht ist der Rummel allerdings eher gering und die nette Altstadt mit kleinen Läden und Cafés hat etwas Lässig-Entspanntes.

Rauf zu den Wichteln

Die **Zillertal Arena** nahe bei Zell ist eines der größten Skigebiete im Zillertal, hat aber auch im Sommer etwas zu bieten. Die **Rosenalmbahn** am Ortsrand von Zell bringt Besucher auf einen grünen

Wiesenabsatz zur **Bergstation Rosenalm** (1744 m). Von dort führen leichte, nicht zu steile Wanderwege um den Karspitz nach Südosten ins Gerlostal.

Für Kinder gibt es an der Bergstation den hölzernen **Waldspielplatz Fichtenschloss** mit Klettergerüsten, Picknickplatz und Niederseilgarten – alles erbaut von den versteckt in den Bergen lebenden Fichtenwichteln …

Die **Sommerrodelbahn Arena Coaster** fährt an der Talstation der Rosenalmbahn los und ist familienfreundlich und sanft.

T 05282 71 65, www.zillertalarena.com; **Rosenalmbahn:** Ende Mai–Anf. Okt. 9–17, Juli/Aug. bis 17.45 Uhr, Berg- und Talfahrt 27 €; **Sommerrodelbahn:** Juli/Aug. tgl. 9.30–18 Uhr, sonst etwas kürzer, 5,40 €

Flüssigbrot und Spiele

Am Ortsrand von Zell, gleich neben der B169, liegt das Gelände der **Zillertal-Brauerei.** Seit über 500 Jahren wird hier mit besonders weichem Wasser Bier gebraut, und das **Braukunsthaus** ist ein modernes Infozentrum mit Biermuseum und Shop. Die Ausstellung ist interaktiv und stellt auch das traditionsreiche Gauder Fest (s. S. 67) vor. Und nach der Besichtigung gibt's Bier und Brezn.

Bräuweg 1, T 05282 23 66 90, www.zillertal-bier.at/braukunsthaus, Mo–Sa 10–18 Uhr, im Winter Mo–Fr, Eintritt mit 3 Bierproben und Brezel 18,30 €

Heilige Nacht

2,5 km südlich von Zell und gut 6 km nördlich von Mayrhofen ist das **Strasser Häusl** zu besichtigen, ein zum Museum ausgebautes Bauernhaus, das früher der Strasser-Familie gehörte – einer der Familien, die das damals noch unbekannte Weihnachtslied »Stille Nacht, heilige Nacht« in ihr Repertoire aufgenommen hatten, um es auf ihren geschäftlichen Reisen in Deutschland aufzuführen.

Laimach 129, Mayrhofen-Hippach, T 0676 322 55 22, Di, Fr 10–17 Uhr, Spende erbeten

Z

ZILLERTALER KRAPFEN

Die regionale Spezialität, mit einer Mischung aus Kartoffeln, Kräutern und Graukäse gefüllte frittierte Teigtaschen, findet sich hin und wieder auf der Tageskarte oder auf Dorffesten. Beim Café/Imbiss **Des-Iss** in Ramsau, südlich von Zell, stehen sie auf der Karte. (Talstr. 53, Ramsau, T 5282 213 80, www.des-iss.at)

Schlafen, Essen

Stylish

Das Posthotel: Modernes Designhotel mit Zirbenholz in den Zimmern, Granitfußboden im Bad und einzelnen Antiquitäten. Zertifiziert mit dem EU-Ecolabel. Das Bettzeug ist aus Buchenholzfasern. Angenehm der kleine, aber feine Wellnessbereich und das Langschläferfrühstück bis 11 Uhr.

Rohrerstr. 4, T 05282 22 36, www.daspost hotel.at, €€€

Viel Holz

Pension Reischhof: Familiäre Pension auf einem Hügel. Rustikale Zimmer, Aufenthaltsraum, Teeküche, große Terrasse.

Zellbergeben 58, T 05282 27 36, www.reischhof.at, €

Almenblick

Schulhaus: Das ehemalige Schulhaus des Dorfes Zellberg liegt ca. 250 m höher als Zell und direkt oberhalb am Hang. Heute gibt es in den Klassenzimmern sehr gute Tiroler Küche. Die Zutaten sind frisch und häufig bio von Lieferanten aus der Region – oder aus dem nahen Bach …

Zellberg 162, T 05282 33 76, www.schul haus.tirol, Mi–Sa ab 17.30 Uhr, €€–€€€

Einkaufen

Es ist nicht alles Schnaps …

Stiegenhaushof: Spezialität ist neben den Edelbränden der Stiegenhaushof-Gin mit Bergheu. In der Schaubrennerei sind nach Anmeldung Verkostungen möglich.

Schwendau 130, ca. 5 km südl. von Zell, T 0664 198 31 50, www.stiegenhaushof.at, Di–Sa 10–12, 15–18 Uhr

… aber alles Käse

Käserebellen: Direktverkauf der Heumilchsennerei mit 24-Stunden-Automat. Große Auswahl, auch Milch, Sahne und Joghurt.

Unterdorf 20, T 05282 217 30 19, www.kaeserebellen.com, Di-Fr 8.30–18, Sa 8.30–13 Uhr

Bewegen

Indoor

Kabooom: Freizeitzentrum mit Trendsportarten wie Bouldern und Trampolin, im Winter Eislauf.

Gewerbestr. 6, Kaltenbach, T 0676 847 46 47 51, www.kabooom.at, tgl. 14–22 Uhr (nicht alle Aktivitäten), unterschiedliche Preise

Adrenalin

Aktivzentrum Zillertal: Action-Programme vom Klettern über Monsterroller bis zum Paragleiter-Tandemflug. Bei manchen Sportarten muss man sich erst mal erklären lassen, was es ist: Mountainboarding? Riverbug?

Schwimmbadweg 5, T 05282 71 04, www.aktivzentrum-zillertal.at

Ausgehen

Cocktails im Bergdorf

Cocktailbar Englhof: Im Hinterzimmer eines bieder wirkenden Gasthofs würde man diese enorme Spirituosenkarte nicht erwarten, seitenweise Cocktailklassiker und Eigenkreationen und nach Inseln sortierte Whiskys. Zu Recht gilt diese Hotelbar als eine der besten Bars in Österreich. Regelmäßig bietet der Chef Spirituosenverkostungen an, rechtzeitig reservieren!

Hotel Englhof, Zellbergeben 28, T 05282 31 34, www.englhof.at, tgl. 16–1 Uhr

Stramme Waden braucht man schon für eine Radtour in den Bergen – oder man leiht sich ein E-Bike.

Infos

- **Gauder Fest:** 1. Mai-Wochenende. Das größte Frühlings- und Trachtenfest Österreichs, samt Bieranstich, Festreden und einem großen Umzug mit Festwagen, Blasmusik und Trachtengruppen. www.gauderfest.at.

Eisklettern ist eher etwas für Profis – wie hier am Hintertuxer Gletscher. Schwindelfrei sollte man in der steilen Felswelt auf jeden Fall sein.

• **Tourismusbüro:** Dorfplatz 3a, T 05282 228 10, www.zillertalarena.com, Mo–Fr 8–12, 13–18, Sa 8.30–11.30 Uhr.

Mayrhofen K6

Der meiste Trubel ist in Mayrhofen, einem der ältesten Ferienorte im Zillertal und in Tirol überhaupt: Um 1900 gab es schon organisierte Urlaubsreisen, und ab den 1970ern kamen dann auch die Wintersportgäste. Der schicke Ort wird im Sommer viel von Busgruppen bevölkert, die Ahornbahn und die Penkenbahn bringen sie schnell auf die Berge.

Käsequader

In Laufentfernung zum Ort liegt die ErlebnisSennerei Zillertal. Manchmal gibt's auch Livemusik zum Käse, aber die **ErlebnisSennerei Zillertal** ist nicht nur Show: Hauptsächlich ist es eine kommerziell arbeitende Käsefabrik, wo die Käse z. B. zum Schmieren von einem Roboterarm aus ihren Metallregalen genommen werden – und aus praktischen Gründen auch noch eckig sind. Durch Glasscheiben kann man von der Galerie aus bei der Käseherstellung zusehen, kommentiert von Infotafeln und/oder einem Audioguide (überlappend), am Schluss dürfen Käsehäppchen und Joghurts verkostet werden. Im Besucherzentrum gibt es Direktverkauf, ein Restaurant und Veranstaltungen. Am besten morgens kommen, dann ist bei der Käseproduktion mehr zu sehen.

Hollenzen 116, T 05285 639 06 30, www.erlebnissennerei-zillertal.at, tgl. 9–17 Uhr, auch Schausennerei und Schaubauernhof,

14,50 € mit Verkostung, Shop Mo–Fr 8–18, Sa/So 8–17 Uhr

Adler am Ahorn

Die **Ahornbahn** von Mayrhofen zum **Ahornsee** ist mit einer Kabine, die bis zu 160 Personen fasst, die größte Pendelbahn Tirols. Von der Bergstation sind es allerdings noch 1000 Höhenmeter bis zur Ahornspitze, eine anspruchsvolle Tagestour – hier hat der Tiroler Extrembergsteiger Peter Habeler für seine Mount-Everest-Besteigung trainiert, denn der Neigungsgrad ist vergleichbar. An der Bergstation beginnt auch ein einfacherer barrierefreier Rundweg.

Neben der Bergstation befindet sich die **Adlerbühne Ahorn,** wo täglich Greifvogelvorführungen stattfinden (14 €).

Ahornbahn: T 05285 622 77, www.mayrhofner-bergbahnen.com, Mitte Juni–Ende Okt. 7.30–17, im Okt. ab 8.30 Uhr, alle 15 Min., Berg- und Talfahrt 28 €

Gründe und Gletscher

Hinter Mayrhofen nimmt der **Naturpark Zillertaler Alpen** eine Gesamtfläche von fast 380 km² ein, er umfasst die meisten Berge südlich von Mayrhofen, das **Tuxertal** sowie sieben weitere kleinere Seitentäler, die zusammen die Zillertaler Gründe genannt werden. Insgesamt befinden sich dort über 80 Gletscher.

Naturpark: www.naturpark-zillertal.at; **Tuxertal:** www.tux.at

Hochschweben, runterwandern

Von Mayrhofen aus gut zu erreichen ist der **Hintertuxer Gletscher.** Per Bus geht es bis ins hinterste Tuxertal, wo der Gletscher bereits zu sehen ist. Von der Endstation Hintertux fährt die dreiteilige **Gletscherbahn** über die **Sommerbergalm** (2100 m) und das **Tuxer Fernerhaus** (2660 m) bis zur **Station Gefrorene Wand** auf 3250 m. Ab den Mittelstationen führen verschiedene Wanderwege zurück ins Tal, etwa über die Bichlalm oder etwas länger über das Tuxerjochhaus. Oben auf dem **Gletscher** (Station Gefrorene Wand) gibt es ein Sommerskigebiet und einen Schneespielplatz sowie die Panoramaplattform.

Bus 4104 Mayrhofen–Hintertux, www.vvt.at, etwa stdl., Fahrzeit 40 Min. bis Hintertux-Gletscherbahn, ca. alle 30 Min.; **Gletscherbahn:** T 05287 85 10, www.hintertuxergletscher.at, tgl. 8.15–16.30 Uhr, Berg- und Talfahrt bis Bergstation Gefrorene Wand 48 €

Tief im Fels

Vom Tuxer Fernerhaus führt ein Weg hinunter zum Spannagelhaus (Bewirtschaftung nur Nov.–Mai). Hier beginnen spannende geologische Führungen an der Oberfläche und in die **Spannagelhöhle.** Unter der Berghütte verläuft nämlich ein breites Marmorband, in dem das Gletscherwasser Höhlen formt. Bisher sind 13 km Höhlengänge erschlossen worden, die ersten 500 m sind als Schauhöhle zugänglich. Allerdings wird es schon manchmal recht eng und steil – eben wie Höhlenforschung. Besonders spannend sind die Kombiführungen (Oberflächenexkursion und Höhle), geführt von Geologiestudierenden (28 €).

Station Tuxer Fernerhaus, T 05287 87251, www.spannagelhoehle.at, Höhlenführungen tgl. 13 und 14 Uhr, auch ohne Anmeldung, 15 €, längere Höhlen-Trekking-Touren nur mit Anmeldung, Kinder dürfen ab 1,20 m mit, man sollte trittsicher sein

Klettermekka

Ginzling im Zemmgrund gilt als Bergsteigerdorf, da von hier die Entdeckung und Erschließung der Zillertaler Alpen stattfand. Mit den **Ewigen Jagdgründen** in Ortsnähe hat Ginzling eines der ältesten und bekanntesten Kletter- und Bouldergebiete Österreichs.

Im **Naturparkhaus** gibt es eine Ausstellung zu »verborgenen Schätzen« – insbesondere zu Bergkristall und Granat. Neben interaktiven Stationen auch großes Kino!

Ginzling 239, T 05286 521 81, Juni–Sept. tgl., Nebensaison Mo–Do 8.30–12, 13–17, Fr 8.30–12 Uhr, 12 €

Tibet im Tal?

Die von Ginzling weiterführende Schlegeis-Alpenstraße zum **Schlegeisspeicher** ist ab Ginzling nur von Mitte Mai bis Ende Oktober geöffnet und auf den letzten 13,3 km ab dem Gasthof Breitlahner in Ginzling mautpflichtig. Der **Stausee** liegt auf fast 1800 m Höhe, in ca. 1,5 Std. wandert man zur Olperer Hütte – eine kleine Hängebrücke im tibetischen Stil dahinter ist zum berühmten Foto-Spot geworden.

Schlafen

Modern & entspannt

Huber's Boutiquehotel: Nur ein paar Laufminuten zum Zentrum und doch ruhig hinter dem Fluss, mit Bergblick von allen Zimmern: Das Huber's kombiniert modernes Design mit viel Zedernholz, es gibt einen großzügigen Spa-Bereich mit mehreren Saunen und sehr, sehr gutes Essen.

Dornaustr. 612, Mayrhofen, T 05285 625 69, www.hbhotel.at, €€€

Camping

Camping Mayrhofen: Großer ebener Platz, auch mit Zeltwiese, in Laufentfernung zum Ort.

Laubichl 125a, T 0664 88 51 88 66, www.campingplatz-tirol.at, €

Alteingesessen

Gasthof Alt Ginzling: Inmitten der imposanten Bergwelt der Zillertaler Alpen liegt der Gasthof. Von hier ist es nicht weit bis zu den umliegenden Gipfeln. Die Zimmer sind gemütlich mit Wänden und Möbeln aus hellem Naturholz eingerichtet. Der Wirt ist passionierter Fliegenfischer und nimmt seine Gäste gerne mit auf Tour.

Ginzling 240, T 05286 52 01, www.altginzling.at, €€

Essen

Edelitaliener

Pane e Vino da Michele: Kleines, gediegenes italienisches Restaurant mit großer Weinauswahl, keine Pizza.

Hauptstr. 456, T 0664 380 78 94, www.pane-e-vino.net, Mo–Sa 10–23 Uhr, €€€

Aus Heumilch

Heublume: Filiale der ErlebnisSennerei Zillertal (s. S. 68) mit Verkauf und Café-Terrasse.

Hauptstr. 446, T 05285 649 26, Fr–Mi 8–20 Uhr

Blick und Bilder

FreiRaum Ahorn: Toller Talblick vom Café auf einer langen, schmalen Panoramaplattform. Besonders beliebt ist das Bergfrühstück ab 8 Uhr (nur wochentags mit Anmeldung).

Bergstation der Ahornbahn (s. S. 69), T 05285 622 77, So–Fr 11–16 Uhr

Einkaufen

Schnapsschpetschialischt

Bergladen: Mehrere prämierte Zillertaler Brennereien produzieren exklusiv für den Bergladen. Diverse Sorten Edelbrände, Schnäpse und Liköre, darunter Klassiker wie Zwetschke (Zwetschge), Marille und Meisterwurz (gewöhnungsbedürftig), nicht zu süßer Nussschnaps und ziemlich wilde Liköre wie Bergstrudel und Holunderblüte. Und dann gibt es noch das Bus-Warte-Schnapserl für 1 €.

Hauptstr. 476, T 0664 474 56 44, www.bergladen.at, Mo–Sa 10–18 Uhr

Bewegen

Raufstrampeln

Greenroom: Mountainbike ab 33 €, E-MTB ab 49 €/Tag.

Scheulingstr. 371, T 05285 635 67, www.greenroom.at, Mo–Sa 9–18, So 9–11 (Rückgabe 16–18) Uhr

Runterfliegen

Stocky Air: Tandemflüge mit dem Gleitschirm von verschiedenen Startpunkten der Umgebung – bis hin zum Gletscher, entsprechend unterschiedliche Flugdauer.

Hauptstraße 456, T 0664 340 79 76, www.stockyair.com, Tandemflug ab 120 €

Fels

Mountain Sports: Geführte Klettersteige, aber auch Hochgebirgstouren und Kletterkurse.

Hollenzen 75, T 0664 312 02 66, www.mountain-sports-zillertal.com

Ausgehen

Im Winter ist in Mayrhofen nach Einbruch der Dunkelheit mehr los als im Sommer. Am ehesten bekommt man dann seinen Schlummertrunk in einer der Hotelbars.

Musikbar

Mo's: Das Mo's bezeichnet sich selbst als bar, esscafe und music room, und das trifft es schon ganz gut. Im Ambiente eines amerikanischen Diners werden Burger, Steaks und Pizza serviert, dazu gibt es leckere Cocktails und mehrmals pro Woche Livemusik. Von Jazz über Blues bis Rock und Pop ist alles dabei.

Hauptstr. 417, T 05285 634 35, www.mos-cafe.com, Mo–Sa 12–1, So ab 15 Uhr

Pub

Scotland Yard: Gemeinsam Fußball gucken? Hinter der typisch roten Telefonzelle befindet sich eine britische Kneipe mit Billard, Tischtennis und Darts.

Scheulingstr. 372, https://scotlandyard.at, Di–So ab 16 Uhr

DIE PIEFKE-SAGA

Die vierteilige Fernsehserie von 1990 (Teil 1–3) und 1993 (Teil 4) spielt in einem fiktiven Ort Lahnenberg im Zillertal, es geht um das Verhältnis der Tiroler Tourismusbranche zu ihren deutschen Urlaubsgästen. Trotz des Alters irgendwie immer noch aktuell – und wirklich lustig!

Infos

- **Volksmusik:** »Käse mit Musik«. Sommersaison, Fr ab 15 Uhr. ErlebnisSennerei Zillertal, Mayrhofen (s. S. 68).
- **Schmankerlwoche:** Anf. Juli. Man trifft sich beim Kochen und Musik.
- **Tourismusbüro:** Durster Straße 225, Mayrhofen, T 05285 67 60, www.mayrhofen.at, Mo–Fr 8–17, Sa 8–12 Uhr.

Schwaz

J5

Für Tirol ist Schwaz mit etwa 15 000 Menschen fast eine große Stadt – dabei war der Ort mal viel größer! Und reicher! Das ist zwar schon gut 500 Jahre her, aber einige schöne gotische Kaufmannshäuser sind in der Altstadt noch zu sehen, und das Bergwerk, dem all das zu verdanken war, ist auch zu besichtigen.

Der Schatz im Silberberg

Schon in der Bronzezeit wurden bei Schwaz wohl Erze abgebaut. Der große

Wurf kam 1409, als Silber entdeckt wurde, und zwar viel davon. Die **Bergwerke** der Habsburger brachten Arbeitsplätze, Handel und Wohlstand, und bald war Schwaz die zweitgrößte Stadt Österreichs – allerdings ohne Stadtrecht (das erhielt sie erst 1899)! Um 1500 waren von 20 000 Menschen in der Stadt weit über die Hälfte Kumpel, damals nannte man sie Bergknappen. Verdient haben aber alle am Silber. Ab 1600 ließ die Bedeutung des Bergbaus nach, später zerstörte ein Großbrand Teile der Stadt.

Trennwand gegen Multi-Kulti

Die **Pfarrkirche Maria Himmelfahrt** mit ihrem hohen kupfergedeckten Dach, dem gotischen Nordturm und den Zinnengiebeln an der Fassade scheint heute überdimensioniert für den kleinen Ort. Ursprünglich wurde sie ab 1460 dreischiffig gebaut, aber 40 Jahre später auf vier Schiffe erweitert – eine höchst ungewöhnliche Konstruktion mit zwei nebeneinanderliegenden Hauptschiffen jeweils mit eigenem Chor und Altar. In der Mitte verlief eine mehrere Meter hohe Holztrennwand.

Was für Kulturkämpfe da in der »guten alten Zeit« getobt haben müssen – auf der einen Seite die alteingesessenen Bürgerinnen und Bürger, zur Minderheit in ihrer Stadt geworden, auf der anderen Seite die Knappen: Glücksritter und Arbeitsmigranten. Die Knappen mit ihrem lebensgefährlichen Job brauchten den seelsorgerischen Beistand natürlich auch – und hatten mit ihrer lukrativen Arbeit die riesige Kirche erst ermöglicht. Große Teile der Innenausstattung wurden im 17./18. Jh. barockisiert, ab 1900 wurde regotisiert.

Die Häuser der Reichen

Neben der imposanten gotischen Pfarrkirche Maria Himmelfahrt steht das **Palais Enzenberg,** das der Bauleiter der Pfarrkirche zeitgleich mit der Kirche errichtete – aus dieser Zeit stammt der Bogengang, der im zweiten Stock vom Haus zur Kirche führt. Später wurde das Haus barockisiert. Heute beherbergt es die **Galerie Kunstraum Schwaz** mit zeitgenössischen Ausstellungen (www.kunstraum-schwaz.at). Von der Kirche aus verläuft die verkehrsberuhigte **Franz-Josef-Straße** mit schönen historischen Bürgerhäusern, zum spätgotischen **Rathaus.** Vom Pfundsplatz gleich neben dem Rathaus führt die **Fuggergasse** bergauf, seitlich liegt das ebenfalls gerade noch gotische **Franziskanerkloster** mit schönem Kreuzgang, daneben an der Ecke Ludwig-Penz-Straße das namengebende **Fuggerhaus,** heute Sitz der Tertiar-Schulschwestern. Die reiche Augsburger Kaufmannsfamilie hatte sich nämlich auch bald in die Silberminen eingekauft und um 1525 hier ein Wohn- und Verwaltungshaus bauen lassen, das kurzzeitig sogar Zentrale des Fugger'schen Handelsimperiums war.

Im Bogen geht man vorbei am gotischen **Rabalderhaus,** das heute das **Museum Kunst in Schwaz** beherbergt, mit einem angebauten Treppenturm, und dann zurück zur Pfarrkirche.

Franziskanerkloster: Gilmstr. 1, T 05242 632 65, www.franziskaner-schwaz.at, nur Kirche und Kreuzgang sind zugänglich, Mo–Fr nach der 9-Uhr-Messe; Di, Do bis 10.15 und 14–16, sonst bis 11.30 Uhr, Eintritt frei; **Rabalderhaus:** Martin-Wintersteller-Gasse 9, www.rabalderhaus.at, bei Ausstellungen Do–So 16–19 Uhr

Historisch »exotisch«

Das private **Museum der Völker** des Schwazer Prominenten Gert Chesi zeigt nach dem Wunderkammer-Prinzip Stücke aus Afrika und Asien, darunter auch durchaus kostbare historische Skulpturen, vor allem aus Asien.

Der Fokus liegt auf exotischen Skulpturen und Objekten im Zusammenhang mit Ritualen und religiösen

Unerwartet fernöstlich wird es im Museum der Völker in Schwaz, der Privatsammlung von Gert Chesi.

Bräuchen. Sie stammen aus Chesis eigener und einigen anderen Privatsammlungen und werden durch Fotos oder Ausschnitte aus Chesis Dokumentarfilmen ergänzt. Die Informationen auf dem Begleitblatt sind allerdings recht mager.

St. Martin 16, T 05242 660 90, www.museumdervoelker.com, Do–So 10–17 Uhr, 8 €

Mit den Knappen unterwegs

Ein Stück hinter dem Museum der Völker beginnt am Silberwald-Parkplatz oberhalb des Friedhofs der **Schwazer Knappensteig,** ein ausgeschilderter Rundweg mit zehn Info-Stationen. Alle weisen auf Überreste des Bergbaus hin, von dunkel gebrannten Felsen aus der bronzezeitlichen Kupfergewinnung über verschiedene Stolleneingänge bis zur Sackzugbahn, einer steilen Rutschbahn, auf der die Erzklumpen, in Säcke aus Schweinehaut verpackt, zu Tal »geritten« wurden (sicher sehr gefährlich).

Der Weg ist ein leichter **Waldweg** (ca. 3,5 km, 120 Höhenmeter), die Infotafeln sind teilweise etwas fachsprachlich, fürs bessere Verständnis sollte man vorher das Bergwerk besichtigen – oder man nimmt gleich an einer kostenlosen Führung des Tourismusbüros teil (etwa einmal pro Monat, Infos bei der Touristeninformation), die auch ein Infoblatt zum Knappensteig ausgibt.

https://qr.schwaz.at/wege/knappensteig

Silberbergwerk Schwaz

Die Mutter aller Bergwerke

Hier schlug im Mittelalter das Herz der Stadt – ziemlich laut sogar, mit Schlegel und Eisen. Vor dem Stolleneingang steht die Skulptur eines Stiers, denn der Sage nach riss ein wütender Stier vor einer Viehhirtin die Grasnarbe auf und legte dabei einen dunkel glänzenden Stein frei, den **Schwazit.**

Tatsächlich war aus diesem Stein zuvor schon Kupfer gewonnen worden, aber um 1400 konnte man dann auch das Silber herauslösen – nur 1 % vom Stein, aber genug, um aus Schwaz eine Bergbaumetropole zu machen. Im 16. Jh. war Schwaz das größte Silberbergwerk der damals bekannten Welt, bis zu 12 000 Bergleute sollen hier gearbeitet haben.

Glück auf?

Sieben Minuten dauert die Fahrt mit dem »Grubenhund« in den Sigmund-Erbstollen, und am Ende hat man 400 m Fels über sich. Der bedeutendste **Schwazer Stollen** wurde 1491 begonnen und war erst nach 26 Jahren Bauzeit fertig.

Weiter geht es zu Fuß. Mit Filmen und Figuren wird die Geschichte des Bergwerks auf dem **Rundgang** veranschaulicht: Die Knappen schufteten mit einfachem Werkzeug und hatten eine Lebenserwartung von ca. 35 Jahren. Als man im 17. Jh. begann, Sprengstoff einzusetzen, kam es erst häufig zu Unglücken. Die Bergleute streikten deshalb oft und erstritten sich im Gegenzug für die risikoreiche und beschwerliche Arbeit diverse Privilegien wie ein Vorkaufsrecht am Markt, eigene Gerichtsbarkeit und Steuerfreiheit. De facto standen sie außerhalb der Gesellschaft und waren bei den Bürgern wenig beliebt.

Besonders zermürbend und dabei schlecht bezahlt war die Arbeit der **Wasserschöpfer:** Die mussten das nachlaufende Grundwasser eimerweise aus dem Schacht nach oben durchreichen. Weil sie häufig streikten, wurde

Gut ausgerüstet mit Helm und Regenmantel geht es hinunter ins Silberbergwerk in Schwaz.

schließlich ein geniales Wasserrad mit Wendefunktion eingebaut, die »**Schwazer Wasserkunst**«. Dabei wurde ein zusätzlich ins Bergwerk geleiteter Wasserlauf als Antrieb benutzt, um das Wasser herauszuschöpfen. Eine Rekonstruktion im Stollen zeigt, wie das funktionierte. Nicht zuletzt wegen solcher technologischer Neuerungen galt Schwaz als Mutter aller Bergwerke. Durch die Technisierung, aber auch durch das günstigere Silber aus Mexiko nahm die Zahl der Knappen vom 17. Jh. an ab. Auch in der Neuen Welt wurde aber das Schwazer Bergbuch als Standardwerk für die Minenentwicklung genutzt. In Schwaz wurde noch bis 1957 Erz abgebaut. Gleich neben dem Bergwerk steht das ehemalige Planetarium, das heute als **Your Dome Tirol** unterschiedliche 360°-Shows zeigt.

Bergwerk: Alte Landstr. 3a, T 05242 723 72, www.silberbergwerk.at, Mai–Sept. tgl. 9–17, Okt.–April tgl. 10–16 Uhr, Mitte Nov.–25. Dez. meist geschl., 20 €, nur mit Führung (ca. 90 Min.), keine Altersbeschränkung, ca. 1 km langer Weg mit Stufen, sehr enge Einfahrt per Grubenbahn, ca. 12 °C; **Your DomeTirol:** Alte Landstr. 15, T 05242 721 29, www.your dome.tirol, Do–So, ab 15 €

Umgebung von Schwaz

Ritterburg mit Habsburgersaal

Schloss Tratzberg (J 4) ist über 700 Jahre alt und sah früher eher aus wie eine mittelalterliche Burg – im 16. Jh. wurde es aufwendig zu einem repräsentativen Renaissanceschloss umgebaut. Zu den häufig wechselnden Besitzern gehörten Kaiser Maximilian I. und die Familie Fugger, die großen Renovierungen stammen von einem Augsburger Kaufmann, dem Ritter von Ilsung. Seit 1847 ist das Schloss im Besitz der Grafen Enzenberg, die heute noch in einem Teil des Schlosses leben.

Durch den nicht bewohnten Teil führt ein einstündiger Rundgang – geführt und mit einem recht kurzweiligen Audioguide (mehrsprachig, auch Kinderversion). Highlight des Rundgangs ist der **Habsburgersaal** mit einem gemalten Stammbaum des Hauses Habsburg, wobei die Erbfolge jeweils durch eine blaue Unterlegung des Namens markiert ist.

Tratzberg 1, T 05242 635 66, www.schloss-tratzberg.at, nur mit Audioguide-Führung, Ende März–Anf. Nov. Mi–Mo 10–16 Uhr (letzte Führung), 14,50 €, optional zusätzlich 3-D-Virtual-Reality-Brille 4 €, günstigere Familientickets, Weg vom Parkplatz ca. 1 km, 100 Höhenmeter, dort fährt ein Shuttle-Bähnchen

Wilde Klamm

200 m nördlich der Bushaltestelle in Stans liegt der Wanderparkplatz am Eingang der **Wolfsklamm** (J 5). Wenig später wird die Schlucht (1,3 km, 200 Höhenmeter) recht eng und steil. Der Weg führt nun zum Teil auf Holzstegen direkt über dem Bach oder auf felsigem Grund an den Felswänden entlang. Bei Regen ist es rutschig! Mit Wasserfällen, Brücken und Felsdurchbrüchen bietet die Klamm reichlich Abwechslung.

Am Ausgang der Schlucht gelangt man über etwa 100 Höhenmeter und in gut 30 Min. zur **Benediktinerabtei St. Georgenberg** (www.st-georgenberg.at) mit der denkmalgeschützten Hohen Brücke, deren Steinbogen von 1497 stammt.

Stans, 3 km nördl., www.wolfsklamm.tirol, Bus 4111 ab Schwaz bis Stans-Schwimmbad oder S-Bahn-Haltestelle Stans, dann 10 Min. zu Fuß, je nach Witterung Mai–Okt. 9–16 Uhr (Antritt des Rückwegs auch später möglich), bes. zu Beginn und Ende der Saison ist es ratsam, sich bei der Gemeinde Stans nach der Begehbarkeit der Schlucht zu erkundigen, T 0676 836 97 86 69, 5 € Wegemaut (Kassenhäuschen nur am Talausgang)

Fernwandern

Der **Tiroler Silberpfad** führt als mehrtägiger Wanderweg (86 km, über 3000 Höhenmeter) rund um Schwaz: Zwischen

Jenbach und Terfens werden Stätten der historischen Silbergewinnung besucht. Die Wanderung führt auch an Schloss Tratzberg vorbei und durch die Wolfsklamm, man kommt an Kraftplätzen, Museen und Klöstern vorbei.

www.tirolersilberpfad.com

Schlafen, Essen

Wirtshausstube

Gasthof Einhorn Schaller: 13 etwas unterschiedliche Zimmer in einem urigen Traditionsgasthof – gemütlich, hell und modern. In der holzgetäfelten Gaststube gibt es Tiroler Spezialitäten (Mo z. B. Blattln) und schon zum Frühstück richtig guten Kaffee.

Innsbrucker Str. 31, T 05242 740 47, www.gasthof-schaller.at, Do–Mo 11–14.30, 17.30–22 Uhr, €–€€

Schicht im Schacht

Knappenkuchl: Pausenoption direkt am Eingang zum Silberbergwerk. Neben einer kleinen Auswahl herzhafter Gerichte für hungrige Bergleute (heute eher hungrige Handwerker aus der Umgebung) gibt es frische Forellen und nachmittags auch frisch gebackenen Kuchen.

Alte Landstr. 3a, T 05242 723 72 13, tgl. 10–18 Uhr, www.knappenkuchl.cc, €–€€

Auffällig über der Stadt

Burg Freundsberg: Die private Burg Freundsberg oberhalb der Stadt ist fußläufig erreichbar. Ihre barocke Schlosskirche ist für Hochzeiten beliebt. Von der Terrasse der urigen Schlosswirtschaft hat man einen prima Blick, und die Küche ist auch gut.

Burggasse 55, T 05242 651 29, https://freundsberg.com, Di–Sa 11.30–22, So 11.30–18 Uhr, €–€€

Einkehr

Wallfahrtsgasthof St. Georgenberg: Unschlagbar ist die Lage auf dem Klosterfels, schön die Terrasse mit Kastanienbäumen, wo man deftige Tiroler Spezialitäten wie Kiachl und Blattln auf Kraut, Hirschgulasch oder süße Krapfen mit Milch wählt.

St. Georgenberg 181, Stans, am oberen Ende der Wolfsklamm, T 05242 714 35, www.restaurant-homepage.at/georgen, tgl. 9–17 Uhr, €–€€

R

EINMAL RUND

Im Anschluss an den Besuch der Wolfsklamm bietet sich der Rückweg über Schloss Tratzberg an (s. S. 95). So ergibt sich eine Rundtour: Wolfsklamm–St. Georgenberg–Kreuzweg–Tratzberg. Am besten plant man sie zeitlich so, dass man in St. Georgenberg einkehrt. Von dort führt ein gemütlicher breiter Weg teils über einen modern gestalteten Kreuzweg leicht abwärts nach Tratzberg (ca. 1,5 Std.). Nach der Besichtigung kann man dort an manchen Tagen einfach in den Sightseeing-Bus zwischen Stans und Schwaz steigen.

Einkaufen

Kindgerecht

Elke Hell – Interior for Kids: Die Malermeisterin Elke Hell hat sich auf Kinderzimmer spezialisiert – in ihrem Laden bietet sie auch die Inneneinrichtung dazu an: von kinderfreundlichen Stoffen über Holzspielzeug bis zu praktischem Geschirr. Das Stammgeschäft in Hall gibt es auch noch.

Franz-Josef-Str. 12, T 05242 211 18, www.interiorforkids.at, Di–Fr 9.30–12.30, 14.30–18, Sa 9.30–13 Uhr, s. auch S. 88

Wochenmarkt

Bauernmarkt: Hier gibt's Obst, Gemüse

und Milchprodukte von Bauernhöfen aus dem Umland von Schwaz.
Franz-Josef-Straße, Sa 8.30–11.30 Uhr

Ausgehen

Jazz und so

Kulturrestaurant Eremitage: Italienisches Restaurant, öfter gibt es Jazzkonzerte oder Lesungen.
Innsbrucker Str. 14, T 05242 652 51, www.eremitage.at, Di–Fr 11–14, 17–23, Sa 17–23 Uhr, €–€€

Livemusik

St. Patrick's: In der Bar im Souterrain gibt es nicht nur Guinness, sondern auch guten Kaffee und regelmäßig Liveprogramm, auch mal Jazz oder Ü40-Fünf-Uhr-Tee.
Innsbrucker Str. 16, T 05242 211 31, Mo–Do 11–24, Fr/Sa 10–02, So 11–20 Uhr

Infos

- **Klangspuren:** September. Festival für neue Musik, an verschiedenen Veranstaltungsorten in Schwaz und Innsbruck.
- **Tinzlmesse in Schwaz:** So nach dem 6. Jan. (Dreikönigstag). Historische Bittmesse der Handwerker und Gewerbetreibenden um göttlichen Segen für ein ertragreiches Jahr. Tinzl bedeutet Zunft und bei der Tinzlmesse werden auch die Tinzlstangen (Zunftstangen) von Zunftmeistern oder deren Lehrlingen zur Schau gestellt.
- **Tourismusbüro:** Münchner Str. 11, Schwaz, T 05242 632 40, www.silberregion-karwendel.com, Mo–Fr 8–17, Juli–Mitte Sept. auch Sa 9–12 Uhr, Filiale Franz-Josef-Str. 23.
- **Gästekarte:** Silbercard als digitale App, kostenlos ab einer Übernachtung in Schwaz und Umgebung (ab fünf Nächten als Silbercard Plus mit mehr Vorteilen). Gilt als Fahrkarte in den Regio- und Sightseeing-Bussen, Gratis-Eintritt in Bäder und Sehenswürdigkeiten, Sommerprogramm, diverse Ermäßigungen.

Wattens

H5

Wattens hat viele Besucher aus aller Welt – ihr Ziel sind die Zauberwelten, Glamour und moderne Kunst in den Swarovski-Kristallwelten. Die Swarovski-Fabrik, die ursprünglich der Wasserkraft am Wattenbach wegen in den Ort gezogen war, ist der größte Arbeitgeber der Region. Hergestellt werden neben Kristallschmucksteinen und synthetischen Edelsteinen auch optische Präzisionsgeräte.

Ist das jetzt hochkarätig?

Hauptattraktion in Wattens ist der Themenpark der **Swarovski-Kristallwelten,** der aus den Wunderkammern und dem Garten besteht, plus Spieleturm, Swarovski-Shop und Restaurant. Die Kristallwelten lohnen vor allem auch wegen der hochkarätigen Kunst einen Besuch.

Durch den Kopf eines moosüberwachsenen Riesen taucht man in die modernen Wunderkammern ein. Im Eingangsbereich sind einzelne Werke und Objekte von Andy Warhol, Salvador Dalí oder Niki de Saint Phalle zu sehen. Viele der modernen Installationen füllen aber ganze Räume. In der funkelnden geodätischen Kristallkuppel fühlt man sich wie in einer Discokugel. Regelmäßig kommen neue Installationen hinzu wie der reflektierende Kristallleuchter der japanischen Künstlerin Kusama Yayoi, eine Lichtinstallation von James Turrell oder ein Kunstschnee-Raum. Und klassischen Strass gibt's auch: u. a. Bühnenkleider berühmter Stars.

Kristallwolke & Spiegelwasser

Der **Garten** ist mit etlichen glitzernden Kristallinstallationen und Aussichtspunkten durchaus eine längere Erkundung wert – man darf alles anfassen, frei herumstreifen oder sich im Labyrinth verlieren. Im fünfstöckigen Spielturm dürfen und sollen auch Erwachsene klettern und auf dem Trampolin hopsen (Schuhe aus).

Kristallweltenstr. 1, T 05224 510 80, www.kristallwelten.swarovski.com, tgl. 9–19 Uhr, Restaurant, Shop und Spielturm kürzer, 25 €, auch Familienkarten (Zutritt zu Restaurant und Shop kostenlos), im Sommer verschiedene Events; **Anfahrt:** Shuttlebus ab Innsbruck Hbf. 4 x tgl. (Hin- und Rückfahrt 11 €, in der Innsbruck Card enthalten) oder Bus 650 bis Wattens Kristallwelten/B171; **Eintritt:** Mehrere regionale Gästekarten, etwa die Innsbruck Card oder die Achensee ErlebnisCard, berechtigen zum freien Besuch der Kristallwelten

Schlafen, Essen

Wattens selbst ist von Industrie und Landwirtschaft geprägt, daher übernachtet man besser in Innsbruck oder Hall.

Beschaulich

Schloss-Camping Aschach: Der Campingplatz am Rand von Wattens gehört zu den nettesten im Inntal, er ist günstig, gut organisiert – und mit Karwendelblick.

Hochschwarzweg 2, Volders, T 5224 523 33, www.schlosscamping.com, €

Feinschmecker und Dosenfutter

Grander: Saisonal angepasste internationale Gourmetküche wird im modernen Restaurant serviert, auch als Business-Lunch, abends stehen mehrere Menüs zur Wahl. Und an der Bar Gin & Tin gibt's für den kleinen Hunger hübsch servierte Fischdosen!

Dr.-Felix-Bunzl-Str. 6, T 05224 526 26, www.das-grander.at, Mo–Fr 10.30–24, Sa 17.30–24 Uhr, €€€

Hall in Tirol H5

Die mittelalterliche Altstadt ist die besterhaltene und größte Tirols und super zum Flanieren – sie wird auch gern als Filmkulisse genutzt, etwa in der Fernsehserie »Bergdoktor«. Ihre Existenz verdankt die Stadt dem Salz, das in den Bergen hinter der Stadt abgebaut wurde – damals ein enorm wichtiges Handelsgut. Bereits 1303 erhielt Hall Stadtrechte, weiteren Aufschwung brachte 1477 die Verlegung der Münze nach Hall. In den folgenden Jahrhunderten war Hall dank Salz, Silber und Handel eine der reichsten Städte des Inntals. Erst ab dem 18. Jh. setzte der Niedergang ein, zunächst mit der Schließung der Münze (1809), dann wurde die Saline immer unrentabler, bis die Salzgewinnung 1967 endgültig eingestellt wurde.

Haller Altstadt 

Gotische Gassen

Die meisten Häuser in der **Haller Altstadt** gehen zumindest in den Grundmauern auf die Zeit nach dem Stadtbrand von 1447 zurück. Anstelle der alten Stadtmauer ist die am Hang gelegene Altstadt heute von einer Ringstraße umschlossen, dem **Stadtgraben.** Im Zentrum liegt der **Obere Stadtplatz,** ringsherum durchziehen kopfsteingepflasterte Gassen die Stadt, und immer lohnt ein Blick in die gotischen Gewölbe der Hinterhöfe.

Die Türme dreier Kirchen bestimmen das Stadtbild – sie gehören zur Pfarrkirche St. Nikolaus, zur Stiftskirche und zur Jesuitenkirche.

Pfusch am Bau?

Gleich im Zentrum befindet sich die **Pfarrkirche St. Nikolaus** ❶, die ältes-

Hall in Tirol

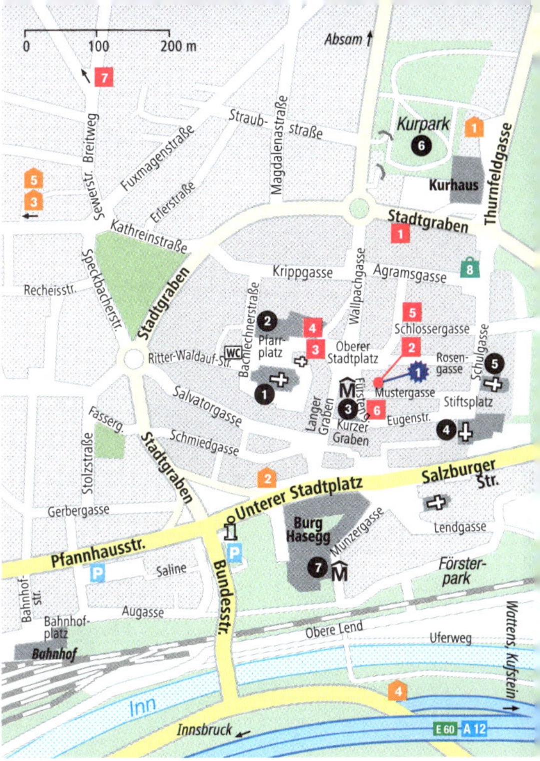

Ansehen

1. Pfarrkirche St. Nikolaus
2. Rathaus
3. Bergbaumuseum
4. Haller Damenstift
5. Jesuitenkirche
6. Kurpark mit Freiluftinhalatorium
7. Münze Hall und Museum für Stadtarchäologie

Schlafen

1. Parkhotel
2. kontor – das Boutique-hotel
3. Gartenhotel Maria Theresia
4. Gasthof Badl
5. Schwimmbad-Camping Hall

Essen

1. Geisterburg
2. Goldener Löwe
3. Wurstkultur
4. Konditorei Weiler
5. Bar Centrale
6. Bistro Secco
7. Romediwirt
8. Bäckerei Liebe Sonne

Einkaufen

1 – 7 s. Tour S. 82

Ausgehen

1. Bar Diana

---

te Kirche der Stadt. Drinnen fällt gleich auf: Hier stimmt etwas nicht. Der Chor ist gegen das Langschiff völlig asymmetrisch schräg nach rechts versetzt. Nun ist das nicht unbedingt schlampige Arbeit, sondern kreative Problemlösung: Die Kirche war im 14. Jh. als einschiffige gotische Hallenbasilika gebaut worden, im 15. Jh. sollte sie erweitert werden. Ein Stadtturm auf der Nordseite wurde als Kirchturm integriert, daneben war Platz für ein zweites Seitenschiff, auf der Südseite aber nicht. Und wegen des Turms konnte man auch den Chor nicht versetzen.

Im barockisierten Innenraum sind im nördlichen Seitenschiff die Reliquien der Haller Heiltumssammlung und rechts der von den Fassmachern gestiftete Altar zu sehen. Da das kostbare Salz in Fässern transportiert wurde, waren die Fassmacher eine der wichtigeren Zünfte …

Lieblingsort

Tief durchatmen!

Es sieht aus wie moderne Kunst, aber Anfassen ist erlaubt; man darf sich sogar reinsetzen. Oder vielmehr – man soll sich reinsetzen, sitzen bleiben, runterfahren. Das **Freiluftinhalatorium** ❻ in **Hall** ist eine Kuranwendung, am besten verbringt man täglich eine Stunde in dieser Installation mit Schwarzdornzweigen. Aber auch nur einfach so zum Ausprobieren macht es Spaß. Über die Zweige an der Wand rieselt Solewasser, dadurch wird die Luft ringsum mit feinen Salzpartikeln angereichert, was gut ist für die Bronchien. Überhaupt ist das schlichte, minimalistische Design gut zum Entspannen und für die Seele. Allerdings: die feuchte, salzige Luft ist nicht gut fürs Handy, also ausschalten und weg damit, in die Tasche!

Freiluftinhalatorium, Kurpark in Hall, in den Sommermonaten frei zugänglich

Große Geschenke

Am Oberen Stadtplatz gegenüber steht das gotische **Rathaus** ❷ mit Zinnen und Erkern – einst war es die Stadtburg des Grafen Heinrich von Görz-Tirol (1295–1335). Später schenkte es Herzog Leopold IV. der Stadt Hall. Nach dem Stadtbrand im 15. Jh. wurde es ähnlich wieder aufgebaut, und damals schenkte Herzog Sigmund der Münzreiche den Bürgern einen ziemlich noblen Rathaussaal: ringsum Zirbenholz, üppig dekoriert. Er ist heute als Trauzimmer beliebt und meistens auch zugänglich.

Falscher Stollen

Zwei Ecken weiter gelangt man zum **Bergbaumuseum** ❸, das derzeit nur mit Führung zugänglich ist. Angelegt ist es als Stollen-Simulation, eine Art Virtual Reality von 1929: Man schlug zur Veranschaulichung des Bergbau-Gewerbes im Keller eines alten Adelshauses etwa 60 m Stollen in den Fels und stattete ihn mit Figurengruppen, Fossilien und Werkzeugen aus. Heute wird in Hall wieder in kleinem Umfang Salz hergestellt – erhältlich in der Touristeninformation.

Fürstengasse 1, T 05223 455 44, www.hall-wattens.at/de/fuehrungen-bergbaumuseum.html, Führung (ca. 1 Std.) Mo, Do, Sa 11.30 Uhr, im Hochsommer häufiger, 6 € (mit Gästekarte 3 €)

Fromme Tauben

Die anderen beiden Kirchtürme gehören zu einem Komplex in der Südostecke der Altstadt, am **Stiftsplatz.** Dort hatten gleich drei unverheiratete Schwestern Kaiser Ferdinands II. 1567 das **Haller Damenstift** ❹ gegründet: Magdalena, Helena und Margaret. Der reformorientierte Kaiser Joseph II. verfügte 1783 die Aufhebung des »unproduktiven« Stifts, danach war im Gebäude ein Spital untergebracht. Erst 1912 erfolgte die Wiederbelebung des Klosters durch den belgischen Orden Filles de Sacré Cœur, nach denen es jetzt offiziell Kloster Herz Jesu heißt. Meist wird es aber als Kloster der Weißen Tauben bezeichnet, nach den weißen Gewändern der (inzwischen wenigen und alten) Nonnen, die zwar in strenger Klausur leben, aber im Wechsel fast rund um die Uhr in der Kirche beten.

Über Eck dazu steht die **Jesuitenkirche** ❺, denn die drei Erzherzoginnen hatten als geistliche Betreuung des Ordens die Jesuiten in die Stadt geholt und für sie eine Kirche gegründet.

Atem holen

Im Nordosten grenzt der **Kurpark** ❻ an die Altstadt: Von 1938 bis 1974 hieß die Stadt offiziell Solbad Hall, im Bemühen, aus dem schwindenden Salzreichtum zumindest noch einen Kurbetrieb herauszuschlagen – jedoch ohne Erfolg. Immerhin ist dennoch ein **Freiluftinhalatorium** angelegt worden (s. Lieblingsort S. 80) – nach dem Vorbild von Bad Reichenhall, wo man aus Holzmangel das salzhaltige Wasser zum Vorverdampfen erst mal in der Sonne abrieseln ließ, bevor die Sole eingekocht wurde.

Münze Hall

Gold oder Silber oder Guldiner?

Unmittelbar südlich der Altstadt steht auch noch der markante Turm der Münze Hall. Im Turm ist das **Museum für Stadtarchäologie** untergebracht, das die Haller Geschichte und den mittelalterlichen Alltag präsentiert, und von oben bietet sich ein prima Blick auf die Altstadt und das Karwendelgebirge. In der **Burg Hasegg,** dem Hauptgebäude neben dem Turm, geht es dann ums Geld (und irgendwie natürlich auch um Macht und Einfluss). Denn hier befand sich die **Münze Hall** ❼ – heute bringt eine übersichtliche Ausstellung die Geschichte der Münzprägung in Hall näher.

TOUR
Schauen, shoppen, genießen

Altstadtbummel in Hall

Eine gut erhaltene mittelalterliche Altstadt, in der kaum ein Weg weiter als 500 m ist, zentral im unteren Inntal nur ein paar Kilometer von Innsbruck entfernt, mit netten kleinen Läden und Cafés – kein Wunder, dass die Tirolerinnen und Tiroler sogar aus Innsbruck zum Bummeln und Flanieren herkommen. Auf der touristischen Landkarte dagegen ist Hall noch eher ein Geheimtipp.

Von der **Touristeninformation** am Unteren Stadtplatz geht es zunächst an der Burg Hasegg mit der **Münze Hall** ❼ vorbei (spannendes Museum, aber wir wollen ja bummeln!). Die Fassaden gegenüber auf der Nordseite der Straße sind zum Teil noch Reste der alten Stadtmauer. Zwischen ihnen geht es auf kopfsteingepflasterten Gassen hinauf in die **Altstadt.** Die kleine Skulptur auf einer Säule stellt Sigmund den Münzreichen dar. Sie stammt von dem Bildhauer Rudolf Reinhart. Es sind in Hall noch öfter von ihm geschaffene Straßenschilder und lustige Blechskulpturen zu sehen. Der 150 m »Lange Graben« ist verkehrsberuhigt und ohnehin eigentlich zu schmal und steil für Autos. Er führt hinauf zum **Oberen Stadtplatz** mit der **Pfarrkirche St. Nikolaus** ❶, aber man kann schon unterwegs in Traditionsläden wie die **Buchhandlung Riepenhausen** 1 abschweifen.

Das Wichtigste sind die Pausen!
Zum **Oberen Stadtplatz** kommt man immer wieder und oft auch ganz unvermutet zurück, wenn man durch die Gassen streift, und hier sitzen auch immer Einheimische und Auswärtige

Kaffee und Kuchen gehen immer – hier zum Beispiel in der Konditorei Weiler mit einem Stück Zirmertorte.

beim Schwatz. Auch auf den Treppen zur Kirche – da verteilt das winzige Lokal **Wurstkultur** 3 nämlich extra Sitzkissen. In der Wurstkultur gibt es übrigens auch Veganes. Naschkatzen gehen aber besser zur **Konditorei Weiler** 4, deren Signaturtorte, die Zirmertorte, nussig-schokoladig-fruchtig ist. Und man hat hier auch die Lebkuchentradition, die Sigmund der Münzreiche im 15. Jh. eingeführt hat, wieder aufgegriffen: Das nussige Haller Törtchen ist wie anno dazumal »ohne ein Stäubchen Mehl« gebacken und in der schönen Geschenkbox ein perfektes Mitbringsel.

Vom Oberen Stadtplatz aus geht es weiter in Kreisen und Schlenkern: Durch die Fürstengasse und die Eugenstraße zum Stiftsplatz mit den schönen Kirchen (s. S. 81), da kommt man schon am **Kalligrafieraum** 2 und am Stammgeschäft des Ladens **Interior for Kids** 3 (s. auch S. 76) vorbei, dann durch die schnuckelige Rosengasse zurück. Am Teegeschäft **Teegießerei** 4 zweigt die Arbesgasse ab – hinter der **Bar Centrale** 5 (richtiger Espresso und italienisches Gebäck) versteckt sich **»Das Büro im Laden«** 5 – oder ein Laden im Atelier? Jedenfalls arbeitet hier die Grafikerin Katrin Stiller und verkauft neben ihren eigenen Designs auch schöne Dinge, die ihr selbst gefallen.

An der Mündung in die Agramsgasse führt ein kurzer Abstecher nach rechts zur **Werkerei** 6: Hinten wird an großen Tischen gearbeitet, Menschen mit Behinderungen stellen Karten und Trockenobst, Filzblumen und praktische kleine Seifen im Filzmantel her. All das gibt es vorn zu kaufen, dazu fantastische Filz-Handpuppen und Nachhaltiges aus Kooperationen. Links geht die Agramsgasse in die Krippgasse über, dort bekommt man bei **Marcello's** 7 eine ausführliche Weinberatung mit Verkostung. Im Bogen geht es zurück zur Pfarrkirche.

Infos

H5

Start: Unterer Stadtplatz
Ziel: Man bleibt irgendwo hängen.

Infos: Adressen und Öffnungszeiten zu 1–7: s. S. 88, zu 3–5: s. S. 88

Planung: Viele Läden und Cafés haben Mo oder Di Ruhetag, die Läden So geschlossen. – Am lebhaftesten ist die Stadt gegen Ende der Woche und am Wochenende.

Bis 1477 ließen die Tiroler Fürsten ihre Münzen in Meran prägen, aber aus sicherheitspolitischen Gründen (Südtirol war kriegsgefährdeter) ließ Erzherzog Sigmund die Münzprägeanstalt ins Inntal verlegen. Hall war bereits eine befestigte Stadt und lag ziemlich perfekt zwischen der Hauptstadt Innsbruck und dem Silberbergwerk in Schwaz. Schon 1486 wurde deshalb auch eine revolutionäre Neuerung eingeführt: Als Ersatz für die Goldgulden (bis dahin der Standard, wenn es um Geld ging) wurde eine Silbergroßmünze geprägt, der sogenannte Guldiner. Der Name sollte natürlich zeigen, dass der Guldiner vom Metallwert her dem Goldgulden gleichwertig war.

Wo der Dollar herkommt

Die Habsburger konnten damit die eigenen Silbervorkommen für die Münzprägung nutzen, statt Gold ankaufen zu müssen. Das Experiment machte Schule und bald wurde in Joachimsthal in Böhmen eine analoge Silbermünze hergestellt, der **Joachimsthaler oder Thaler.** Diese schweren Silbermünzen verbreiteten sich über Europa und mit der Kolonisierung Amerikas über die ganze Welt, und aus dem Kurznamen Thaler oder Taler wurde der Dollar.

Und jetzt schlagen!

Ursprünglich musste man jede Münze mühsam von Hand schlagen. Für die Massenprägung an mehreren Orten im Habsburger Weltreich wurde irgendwann im 16. Jh. eine halbautomatische Prägemaschine entwickelt. Im **Münzmuseum** steht eine mögliche Rekonstruktion; draußen vor dem Turm ist das zugehörige Wasserrad aus wenigen Funden rekonstruiert. Seit 1809 wird in Hall kein Geld mehr geprägt, aber inzwischen produziert die Haller Münze wieder Gedenkmünzen (auch für die Nationalbank), private Medaillen und die Haller Lokalwährung Guldiner. Am Ende des Rundgangs – nach einem guten **Dokumentarfilm** zur Münze – haben die Museumsgäste die Gelegenheit, sich selbst eine **Erinnerungsmünze** zu schlagen, eine Kopie des ersten Haller Guldiners (2,50 €, aus echtem Silber 18 €).

Burg Hasegg 6, T 05223 585 55 20, www.muenze-hall.at, April–Okt. Di–So 10–17, Nov.–März Di–Sa 10–17 Uhr, Münze Hall 8 €, Münzerturm 5,50 €, Kombiticket 11,50 €

Umgebung von Hall H4/5

Nördlich von Hall ragt das **Karwendelgebirge** auf (s. auch S. 187). Das Halltal gilt als einer der anstrengenderen und steileren Einstiege in die Bergwelt des Karwendel, auf dem Weg folgt man dem Weg der Bergknappen, die einst das Salz abbauten (siehe Tour S. 86).

Maria in der Scheibe

Am Fuß der Berge liegt **Absam** mit der bekannten Wallfahrtskirche, der Basilika St. Michael. Tirols bedeutendste **Marienwallfahrtsstätte** heißt eigentlich Michaelskirche und ist recht alt. Gegründet wurde sie mindestens im 14. Jh., neu gebaut im 15. Jh. und im 18. Jh. barockisiert. Der Anlass für die Wallfahrt war ein Ereignis im Jahr 1797: Am 17. Januar soll in einem Bauernhaus etwa 100 m nördlich plötzlich ein Marienbildnis in der Fensterscheibe erschienen sein. Nach längerer Prüfung ließ sich das Bild nicht anders erklären, als dass es ein Marienwunder gewesen sei. Man trug es in die Pfarrkirche, dort ist die Scheibe im rechten Seitenaltar angebracht. Einige Votivbilder in der separat stehenden Kapelle stammen schon aus den Folgejahren. Daneben gibt es auch noch einen gut ausgestatteten Devotionalienladen.

https://pfarre-absam.at, Bus ab Hall bis Absam Kirche (7 Min.), Zugang auch über den Tiroler Jakobsweg

Hoch überm Tal

Von **Tulfes** auf der anderen Innseite kann man eine schöne Wanderrunde über den **Zirbensteig** drehen: Mit der **Glungezer Bahn** und dem Sessellift geht es zunächst bis zur Bergstation **Tulfeinalm** auf 2055 m. Dort beginnt der Zirbenweg, ein bequemer und ziemlich ebener Höhenweg bis zur Patscherkofelbahn bei Innsbruck (ca. 7 km, 200 Höhenmeter auf und ab, s. S. 102). Von Innsbruck geht es dann per Bus zurück nach Hall.

Tulfeinalm, T 0664 325 52 67, www.glungezerbahn.at, Juni–Okt. 8.30–17 Uhr, im Hochsommer länger, Bergfahrt 17 €, Zirbenweg-Rundwanderticket inkl. Bus 35,50 € (mit Gästekarte 32,50 €)

Schlafen

Architekturikone

1 **Parkhotel:** Die Zimmer sind in zwei schicken Türmen – entweder klassische Moderne im Original-Welzenbacher-Bau von1929 oder kontemporärer Glaspalast im Erweiterungsbau.

Thurnfeldgasse 1, T 05223 537 69, www.parkhotel-hall.com, €€€

S

SCHLAFEN IN HISTORISCHEN MAUERN

Gotisch ist das Haus, dessen Südwand früher die Stadtmauer war, und dank aufwendiger Restaurierungsarbeit sind im **kontor – das Boutiquehotel** 2 unter dem modernen Komfort noch Spuren der Geschichte zu sehen: der barocke Fußboden, die gotische Balkendecke, Stuckprofile oder ein barockes Fensterchen. Die Zimmer (ohne Klimaanlage) sind gemütlich, samt WLAN und Kaffeemaschine, das Frühstück ist super. (Unterer Stadtplatz 7a, T 05223 238 01, www.hotel-kontor.at, €€–€€€)

Im Grünen

3 **Gartenhotel Maria Theresia:** Solides Hotel etwas außerhalb im Dorf Heiligkreuz. Es ist beliebt für Familienfeiern, ein gutes Frühstück erfreut im hellen Frühstücksraum.

Reinmichlstr. 25, T 05223 563 13, www.gartenhotel.at, €€–€€€

Am Inn

4 **Gasthof Badl:** Gleich gegenüber dem Münzerturm, über eine alte gedeckte Fußgängerbrücke zu erreichen, liegt der historische Gasthof, der früher ein Kurbad war. Schöne individuelle Zimmer, z. T. auch mit moderner Kunst.

Haller Innbrücke 4, T 0223 567 84, www.badl.at, €–€€

Camping

5 **Schwimmbad-Camping Hall:** In Laufweite zur Altstadt.

Scheidensteinstr. 26, am Freibad, T 05223 585 55 50, www.camping-hall.at, Mai–Sept., €

Essen

Holzofen-Pizza

1 **Geisterburg:** Weitläufiges altes Haus mit einem belaubten Hof und einem extra Kinderspielzimmer. Die Geisterburg ist bekannt für knusprige Pizzen und würzige Burger; viele vegetarische Optionen.

Stadtgraben 18, T 05223 419 10, www.geisterburg.at, tgl. 10–23 Uhr, €€

Stuck und Bilder

2 **Goldener Löwe:** Im alteingesessenen Gasthof gibt es deftige Tiroler Küche zu moderaten Preisen, berühmt sind im Sommer die Moosbeernocken.

Oberer Stadtplatz, T 05223 415 50, www.goldenerloewe-hall.at, Di–Sa 17–24, Fr/Sa bis 1 Uhr, €€

TOUR
Das weiße Gold

Auf dem Solewanderweg der Salzknappen zum König-Max-Stollen

Im Mittelalter war Salz teuer, und Hall wurde ab dem 13. Jh. durch den Salzabbau immens reich. Entdeckt wurde es angeblich durch das Rotwild, das eifrig an den Steinen im Tal leckte.

In Hall wurde das Salzwasser in großen Sudpfannen eingekocht – übrig blieb das reine Salz. Dafür waren große Mengen Feuerholz nötig, das über den Inn aus den Bergen angeschwemmt wurde.

Vom **Wanderparkplatz** führt der **Solewanderweg** immer am **Halltalbach** entlang talaufwärts. Das Wasser, das hier bis zu 14 Jahre durch den Fels sickert, ist besonders klar und wird seit 500 Jahren als Trinkwasser genutzt.

Gleich oben im Berg wurde in einem Stollen Wasser in das salzhaltige Gestein geleitet, um das Salz herauszulösen. Wenn das Wasser dann mit etwa einem Drittel Salz gesättigt war, ließ man es als Sole wieder herausfließen und es wurde über hölzerne Röhren, die teilweise noch zu sehen sind, ins Tal geleitet. Meh-

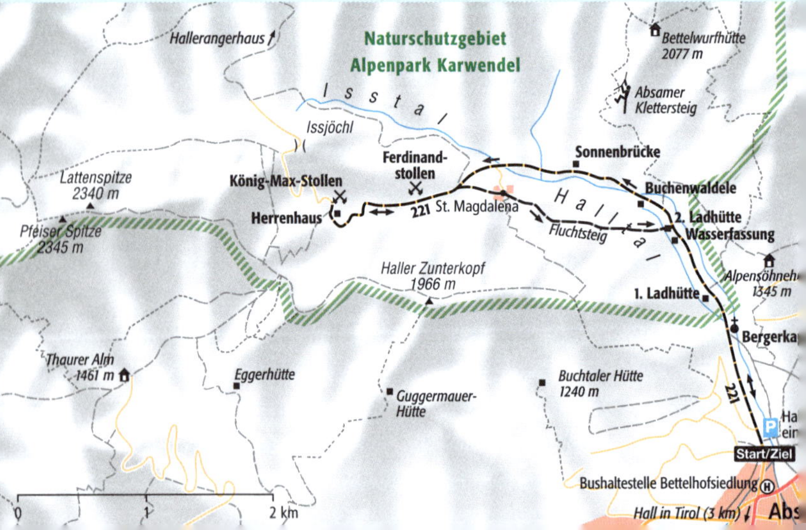

Infos

H5

Start/Ziel: Wanderparkplatz Halltaleingang, Absam, Bus 503, Haltestelle Bettelhofsiedlung

Strecke: bis König-Max-Stollen 6 km, gleicher Weg zurück, 620 Höhenmeter

Gehzeit: ca. 3–4 Std. Der Solewanderweg ist bei schönem Wetter von Ende Mai bis Mitte Okt. gut begehbar. Festes Schuhwerk ist in jedem Fall empfohlen.

Infos: im Tourismusbüro Hall, Infotafel am Parkplatz, 11 Tafeln entlang des Weges, Online-Infos unter www.karwendel.org

Einkehr: Gasthaus an St. Magdalena, https://st-magdalena-absam.at

rere Unterstände am Weg, sogenannte **Ladhütten** (Lagerschuppen), stammen aus der Zeit der Knappen. In den Ladhütten konnte man Vorräte und Baumaterialien unterwegs zwischenlagern. Immerhin mussten über diesen Weg etwa 500 Bergleute versorgt werden, die oben am Stolleneingang lebten. Gleichzeitig waren dort Wasserbecken installiert, in die man die Sole fließen ließ – sowohl um den Salzgehalt zu kontrollieren, als auch um den Druck in den Leitungen zu reduzieren, der bei einem Gesamtgefälle von fast 1000 Höhenmetern zwischen Stollen und Stadt bedenklich hoch hätte werden können.

Die **Bergerkapelle** etwa 1 km nach Beginn des Wanderwegs markierte bis 1780 die Grenze der sogenannten Salzbergfreiung – einer eigenen Gerichtsbarkeit für die Bergleute! Wegen der enormen Bedeutung der Salzgewinnung für den Staat unterstanden die Bergleute nämlich (ähnlich wie das Militär) nicht dem regulären Gericht, sondern der Gerichtsbarkeit des höchsten Bergbaubeamten, des »Salzmaiers«.

Nach insgesamt gut einer Stunde passiert man das Kirchlein **St. Magdalena,** im 15. Jh. als Einsiedelei gegründet und im 17. Jh. wiedererrichtet. Noch 2 km weiter ist der (geschlossene) **König-Max-Stollen** erreicht, neben dem für die Bergoffiziere sogenannte **Herrenhäuser** errichtet worden waren. Erst ab 1850 wurden auch einfache Knappen in diesem Haus untergebracht: Trotz der beengten Schlaflager bedeutete dies eine enorme Verbesserung ihrer Wohnbedingungen.

Der **Rückweg** führt über den schmaleren Fluchtsteig etwas oberhalb des Talgrundes, wohl der Wanderweg, der auch von den Bergknappen oft genutzt wurde. Das Halltal war nämlich wegen der steilen Bergwände ständig lawinengefährdet – aber heute sind die gefährlichen Stellen abgesichert.

Auf dem Fluchtsteig findet man auch hier und da noch die ausgehöhlten Holzstämme, die zu Röhren zusammengesetzt waren. Sie waren relativ leicht zu reparieren, und weil Holz durch das Salz nicht so angegriffen wird, eigneten sich die einfachen Holzleitungen besonders für das Solewasser.

Ohne Risiko für Vegetarier

3 Wurstkultur: s. Tour S. 82.

Oberer Stadtplatz 9, T 0676 660 61 99, auf Facebook, saisonale Öffnungszeiten, etwa Do–So 17–22 Uhr, €

Kein Stäubchen Mehl

4 Konditorei Weiler: s. Tour S. 82.

Oberer Stadtplatz 2, T 05223 525 60, Di–Sa 8.30–18 Uhr, €

Stark

5 Bar Centrale: Ideal für einen kräftigen Espresso und süßes, saulеckeres italienisches Gebäck. Oder, wenn der Hunger größer ist, Penne Cremonese oder Pasta Felice mit Mozzarella und Soave.

Schlossergasse 1, T 05223 560 55, www.bar-centrale.at, Mo–Fr 9–23 Uhr, €

Günstiger Sterne-Ableger

6 Bistro Secco: Leicht zu übersehen ist das Secco in einem Seiteneingang von Johannes Nudings Restaurant Schwarzer Adler. Im Bistro kocht der Sternekoch schlichter, saisonal und super.

Eugenstr. 3, www.schwarzeradler-hall.tirol/secco, Mi–Fr 11.30–22, Sa 10.30–22 Uhr, mittags nur Menü (auch vegetarisch), €–€€

An der Burgruine

7 Romediwirt: Gutes Essen, dazu eröffnet sich ein toller Blick vom Gasthof an der Romedikirche. Eine kleine Wanderung führt von Absam (s. S. 84) aus herauf (ca. 1,5 Std.).

Schlossgasse 17, Thaur, T 05223 21 348, www.romediwirt.at, Mi–Sa 9–22, So 9–20 Uhr, €€

Einkaufen

Buch & Co.

1 Riepenhausen: Buchhandlung, Schreibwaren, Spiele und Geschenke.

s. Tour S. 82, Langer Graben 1, Mo–Fr 8.30–18, Sa 8.30–17 Uhr

Akkurat und schön

2 Kalligrafieraum: Handgeschriebene Karten und Urkunden, s. Tour S. 82.

Eugenstr. 7, T 0664 283 54 07, Mi–So 10–12, 15–17 Uhr

Für die lieben Kleinen

3 Interior for Kids: s. Tour S. 82.

Eugenstr. 13, https://interiorforkids.at, Mo, Mi–Fr 9.30–12.30, 15–18, Sa 9.30–13 Uhr

Für Teetrinker

4 Teegießerei: s. Tour S. 82.

Arbesgasse 3, T 05223 204 11, www.teegiesserei.at, Mo/Di, Do/Fr 9–12, 15–17, Mi 9–12, Sa 9–12 Uhr

Design

5 Das Büro im Laden: s. Tour S. 82.

Arbesgasse 13, T 0650 227 01 75, www.dasbüroimladen.at, Di–Fr 9–12.30, 14.30–18, Sa 9–13 Uhr

Kunsthandwerk

6 Werkerei: s. Tour S. 82

Agramsgasse 9, T 05223 224 09, Mo–Do 9–12, 13.30–16, Fr 9–13 Uhr

Trinkfest

7 Marcello's: s. Tour S. 82.

Krippgasse 1a, T 0664 456 70 16, www.marcellos.at, Di–Sa 10–23 Uhr, Bar-Stand am Oberen Stadtplatz

Bio-Bäckerei

8 Bäckerei Liebe Sonne: Kräftige Tiroler Sauerteigbrote und Kleingebäck; auch Süßes und Käse.

Agramsgasse 23, T 0650 884 08 56, www.liebesonne.eu, Mo–Fr 6.30–18.30, Sa 6.30–13 Uhr

Bewegen

Wochenprogramm

Stadtführungen und mehr: Im Sommer werden zahlreiche Führungen, Wan-

Durch die Haller Altstadt flaniert es sich sehr gut – auch wenn man nicht immer so ungestört ist wie hier.

derungen und Programmpunkte angeboten, u. a. Stadtführungen (auch abends), Museumsführungen, Verkostung Tiroler Schnapsroute und Kräuterwanderungen, 8–10 €, mit Gästekarte 50 % ermäßigt. Infos über das Tourismusbüro.

Individuell per App: Einen gut gemachten Multimedia-Stadtrundgang per Locandy-App kann man von der Homepage des Tourismusverbands herunterladen – die Stationen sind dann auch offline verfügbar und öffnen sich vor Ort automatisch.

Ausgehen

Retro

1 Bar Diana: Legendär sind die Nächte in der Bar Diana, die Einrichtung mit vielen Skulpturen des Haller Künstlers Rudolf Reinhart ist samtig und in Retrofarben und die Cocktailauswahl superb. Oberer Stadtplatz, T 05223 415 50, www.dianabar.at, Di–Sa ab 17 Uhr

Infos

- **Fronleichnamsprozession:** Mai. Trachtenumzug zum Feiertag in der Altstadt.
- **Zirbentage:** Juni/Juli. Großes Programm mit diversen Veranstaltungen am Zirbenweg – dann gibt es auf der Tulfeinalm z. B. Zirbensuppe und Zirbenbutter …
- **Adventsmarkt:** Dezember. Stimmungsvolle Beleuchtung am Oberen Stadtplatz.
- **Tourismusbüro:** Unterer Stadtplatz 19, 05223 45 54 40, www.hall-wattens.at, Mo–Fr 9–18, Sa 9–13 Uhr.
- **Gästekarte:** Die Schatzkarte Region Hall-Wattens ist kostenlos ab einer Übernachtung. Enthalten sind die Nutzung der öffentlichen Busse bis Innsbruck einschl. Halltal-Shuttle, Schwimmbäder, Kinderschatzsuche, Ermäßigungen.

Zugabe

Die »Tiroler Küche«

Das Standard-Kochbuch von Maria Drewes

Die Tiroler Küche – das Buch steht wohl in jedem Tiroler Haushalt, seit Jahrzehnten ist es das Standardwerk für Tiroler Gerichte. Die Autorin Maria Drewes (1934–2022) arbeitete jahrzehntelang als Hauswirtschaftsreferentin der Landwirtschaftskammer mit Bäuerinnen aus ganz Tirol zusammen, probierte dabei deren Hausrezepte und trug sie zusammen. Wir haben vor ein paar Jahren in Hall mit ihr gesprochen und dabei ihren leckeren Nusskuchen gegessen

Die »Tiroler Küche« erschien erstmals in den 1970er-Jahren im Zuge einer Rückbesinnung auf regionale Kultur.

Nach zahlreichen Neuauflagen stehen noch immer dieselben Rezepte darin, nur das Design und die Art, Rezepte zu schreiben haben sich im Laufe der Jahre gewandelt: »Früher war ja jede Hausfrau mit den Grundzubereitungsarten vertraut und brauchte nur knappe Angaben über die Mengenverhältnisse, zu Teig und Füllung, Braten und Schmoren. Heute werden die einzelnen Arbeitsschritte etwas genauer erklärt.«

Muss denn jede und jeder kochen können?

»Gut wäre es schon, wenn alle Leute ein bisschen kochen könnten«, meinte Frau Drewes, »dann kann man sich Variationen viel leichter erschließen und isst auch besser und gesünder.«

Auch mit über 80 kochte Maria Drewes noch immer täglich selbst, mal etwas Schlichtes nur für sich, mal aufwendig und für viele Besucher. Einmal die Woche aß sie auch bei ihren Kindern – »da gibt es auch mal was Asiatisches. Das schmeckt mir auch sehr gut, aber zu Hause koche ich das nicht.«

Die Anfänge

Sie selbst lernte das Kochen schon als Kind, die Großmutter war Köchin und legte Wert auf Sorgfalt und Genauigkeit – »alle Kiachln mussten gleich groß sein«. Dann ging sie auf die Hauswirtschaftsschule und es folgte die Tätigkeit als Hauswirtschaftslehrerin.

Die wichtigsten Impulse kamen aber von den Bäuerinnen, die damals oft noch sehr einfach lebten, auf abgelegenen Höfen in Hochtälern – »da mussten sie extrem sparsam wirtschaften, nur mit Zutaten, die in ihrem Tal, auf ihrem Hof angebaut werden konnten. Schon im

»Schon im nächsten Tal wurde die gleiche Speise vielleicht etwas anders zubereitet, und gerade in Osttirol gab es viele Gerstengerichte.«

nächsten Tal wurde die gleiche Speise deshalb vielleicht ein bisschen anders zubereitet, und gerade in Osttirol gab es zum Beispiel viele Gerstengerichte, weil Gerste bis auf eine Höhe von 1500 m wachsen kann«.

Und was macht sie denn nun aus, die Tiroler Küche?

»Frisch, regional und saisonal«, sagte die Spezialistin, »das sind die wichtigsten Kriterien für Tiroler Küche.«

Die meisten Gerichte bestehen aus dem, was man immer zu Hause hat: Milch, Eier, Mehl, Kartoffeln. »Man denkt ja oft, Tiroler Küche sei immer deftig, mit viel Fett und Fleisch – aber früher waren selbst Speckknödel für viele ein Sonntagsessen, und süße Kiachl wurden nur am Feiertag oder zu Kirchweih gebacken.« Die Regionalität ist inzwischen wieder ein Qualitätsmerkmal: In der Tiroler Küche wird gutes, reifes Obst verarbeitet, frischer Speck vom Metzger, Rindfleisch aus Mutterkuh-Haltung, Almkäse – alles weder eingeschweißt noch aus Massentierhaltung, und das ist in Tirol eben auch heute immer noch die Norm.

Und mit welchen Rezepten nimmt man den Tirol-Urlaub am besten mit nach Hause?

»Gerstensuppe, Tiroler Gröstl, Apfelkiachl« – das ist leicht zu machen und gelingt auch im Flachland. »Aber die Qualität der Zutaten muss stimmen.«

Maria Drewes: Tiroler Küche. Das Standardkochbuch der Tiroler Küche. Innsbruck 2010 (7. Auflage) ■

So einfach es ist, so sehr erfreut es nach langer, kalorienzehrender Wanderung: das echte deftige Tiroler Gröstl.

Innsbruck und Umgebung

Großstadtfeeling mit Bergpanorama — in der Landeshauptstadt liegen Kulturgenuss und Bergvergnügen nur wenige Minuten auseinander. Ganz in der Nähe dann locken (Genuss-)Touren mit dem Rad – zu Hofläden oder einem See.

Seite 95

Innsbruck 

Die kleine Landeshauptstadt zwischen großen Bergen ist mal nett und urlaubshaft, dann auch wieder überraschend städtisch. Selten bombastisch ist die Grablege für Maximilian I. in der Hofkirche, futuristisch und Wahrzeichen der Stadt die Skischanze von Zaha Hadid.

Seite 103

Schloss Ambras

Im 16. Jh. sammelten Adlige quasi für die Wissenschaft, um die Welt besser zu verstehen. Erzherzog Ferdinand II. konnte es sich leisten, ein paar Trakte für seine »Wunderkammern« anzubauen …

Neue Perspektiven bei Innsbruck

Seite 103

Nordkette

Steil, hoch und unvermittelt ragen die Berge im Norden von Innsbruck auf, für Leute aus dem Flachland fast schon ein wenig erdrückend. Dafür ist man schnell mit der Bahn oben – und kann runtergucken!

Seite 109

Après-Sightseeing

So viel gibt es zu sehen, zu erleben, zu erwandern – da ist abends Entspannung bei einem Drink angesagt! Innsbruck hat nicht nur ringsum Berge, sondern auch einige angesagte Bars.

Seite 110

Genuss per Rad

Im Inntal kann man ganz gemütlich radeln und dabei Gutes aus der Region genießen, von Hofläden und Schnapsbrennereien.

Seite 118

Tandemflug im Stubaital

Wie ein Vogel über den Bergtälern schweben – die Gleitschirmflieger machen genau das, wenn sie von den Höhen des Berges hinuntergleiten.

Seite 119

Stift Stams 

Barocke Fresken, mit üppigem Stuck verzierte Decken, Putten, die auch von den Altären herunterflöten, und prachtvoll geschmiedete Eisengitter machen das Stift Stams zu einem tollen Ausflugsziel gar nicht weit von der Hauptstadt.

Seite 124

Mit dem E-Bike zum Seebensee

Einer der schönsten Bergseen Tirols liegt am Ende des Gaistals bei Seefeld. Für Autos ist das Tal gesperrt, zu Fuß ist es zu weit – aber mit dem E-Bike ist die Fahrt zum See eine wunderbare leichte Tagestour.

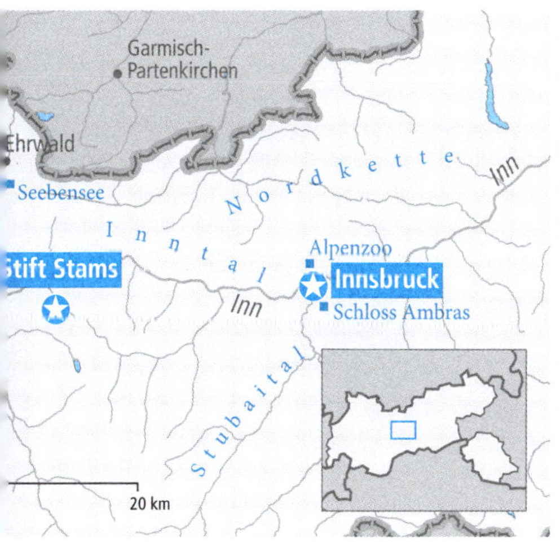

Der schrägste Vogel im Innsbrucker Alpenzoo ist der seltene Waldrapp.

»Innsbruck liegt herrlich in einem breiten, reichen Tale zwischen hohen Felsen und Gebirgen.« J. W. von Goethe, Italienische Reise (1786)

Großstadtfeeling und Bergluft

Im Grunde genommen ist die Landeshauptstadt Innsbruck die einzige richtige Stadt in Tirol, auch wenn sich das für Gäste aus dem Flachland meist nicht so anfühlt. Egal in welche Richtung man schaut – man sieht Berge, so groß kann der Ort also gar nicht sein. Und dann die mittelalterlichen Häuser, irgendwie niedlich! Aber Innsbruck hat außer Geschichte auch ganz viel Gegenwart. Viele junge Studierende bevölkern die Stadt und sitzen bei einem Stück Strudel und einem Verlängerten in den zahlreichen Straßencafés.

Von der Mall auf den Berg

»Eigentlich kommt man zu Fuß in zehn Minuten überallhin«, sagen die Einheimischen gern. So ganz stimmt das natürlich nicht, aber die Innenstadt ist schon recht schnuckelig und kompakt. Vormittags, wenn die Busgruppen anrücken, kann es in der Altstadt schon mal ganz schön voll werden. Doch die Bergeinsamkeit ist nie weit, sei es direkt hinter der Stadt auf der Nordkette, sei es auf dem Hausberg Patscherkofel auf der Südseite der Stadt. Per Straßenbahn oder Bus gelangt man schnell ins Stubaital, ein Paradies zum Klettern und Gleitschirmfliegen, oder mit dem Zug hinauf auf das sanftere und dennoch alpine Seefelder Plateau. Gut 35 km von Innsbruck entfernt im Inntal befindet sich die Zisterzienser-Abtei Stift Stams, eines der sehenswertesten Klöster Tirols.

Das Inntal selbst eignet sich hervorragend für beschauliche Radtouren mit reichlich Einkehrmöglichkeiten.

ORIENTIERUNG **O**

Infos: Touristeninformation, Burggraben 3, T 0512 53 56, www.innsbruck.info, Mo–Sa 9–18, So 10–16.30 Uhr.
Verkehr: Innsbruck ist per Bahn, Inntalautobahn und Flughafen leicht zu erreichen, Busse und Regionalzüge in die Orte der Umgebung.
Gästekarten in der Region:
Innsbruck: Gratiskarten Welcome Card und Welcome Card Plus sowie Kaufkarten Welcome Card Unlimited und Innsbruck Card (s. S. 285).
Stubaital: Gästekarte und Stubai Super Card (s. S. 113); im Winter auch Ski plus City Pass Stubai Innsbruck.
Seefeld: Gästekarte PlateauCard (s. S. 126).

Innsbruck

G5

Sightseeingtrip oder doch lieber Bergurlaub? In Innsbruck kann man beides haben. Denn die Patscherkofelbahn und die Hungerburgbahn führen in zehn bis fünfzehn Minuten hinauf in die hochalpine Welt zum Wandern oder Radfahren oder im Winter zum Skifahren.

Am Ufer des Inns

Am Inn gab es zwar schon römische Siedlungen, die Grundlagen der Stadt wurden aber erst 1133 gelegt: Da gründeten die Markgrafen von Andechs einen Markt am linken Innufer. Bald darauf wurde die erste **Innbrücke** ❶ gebaut – und hohe Brückenzölle erhoben!

Im 13. Jh. fiel Innsbruck an die Grafschaft Tirol, im 14. Jh. mit dem übrigen Tirol an die Habsburger. Seit deren Tiroler Linie im 17. Jh. ausstarb, residierten keine Fürsten mehr in Innsbruck – sondern in Wien. Zum Ausgleich spendierte Kaiser Leopold I. der Stadt vier Jahre später eine Universität. Zur Hochzeit ihres Sohnes führte Maria Theresia 1765 noch einige Modernisierungsmaßnahmen durch, doch größere Bauprojekte waren nun eher selten. Dem touristischen Publikum gefällt es, denn so blieb das spätgotische Stadtbild erhalten.

Höher, schneller, weiter

Ab dem späten 19. Jh. nahm dann der Tourismus rasant zu und nach dem Zweiten Weltkrieg konnte sich Innsbruck gleich zweimal als Austragungsort von **Olympischen Winterspielen**

Der Glanz der Habsburger ist allgegenwärtig in Innsbruck, wie etwa im Prunksaal der Hofburg.

Innsbrucks Altstadt ist im Sommer am schönsten bei einem Espresso in einem der zahlreichen Straßencafés.

einen Namen machen, 1964 und 1976. Dazu kamen weitere **internationale Sport-Großveranstaltungen** wie die Paralympischen Winterspiele (1984, 1988), die Fußballeuropameisterschaft 2008 und die Kletter-WM 2018. Zur Stadt Innsbruck gehören auch einige klassische Feriendörfer, denn durch die Lage zwischen hohen Bergen beginnt das ländliche Umland nur wenige Kilometer von der Innenstadt entfernt.

Die Altstadt

Über Jahrhunderte haben die Habsburger das Innsbrucker Stadtbild geprägt – am besten genießt man den Habsburger Pomp auf einem ausgiebigen Altstadtspaziergang. Gleich neben der **Touristeninformation** führt die Herzog-Friedrich-Straße in die mittelalterliche Stadt. Im 14. Jh. markierte hier der **Burggraben** die äußere Stadtbegrenzung, und an der Einmündung zur Herzog-Friedrich-Straße befand sich ein Stadttor.

Ein kleiner Schlenker nach links und dann nach rechts in die Kiebachgasse führt zu der im Volksmund **Vier-Viecher-Eck** genannten Kreuzung mit der Seilergasse. Der tierische Name bezieht sich auf die vier traditionsreichen umliegenden Wirtshäuser Goldener Hirsch, Goldener Löwe, Weißes Rössl und Roter Adler.

Prunk am Bau

Rechts sind von hier aus schon die glänzenden Dachschindeln des **Goldenen Dachls** ❷ (s. S. 105) zu sehen. Die Habsburger herrschten zwar seit dem 14. Jh. unter Rudolf über Tirol, trotzdem gab es in der größten Stadt zunächst keine richtige Residenz. Erst nach und nach kauften die Habsburger Fürsten einige Patrizierhäuser auf, die sie zusammenlegten, und richtig repräsentativ wurde der Bau unter Maximilian I., der ab 1494 den beeindruckenden Erker mit der goldenen Dachverkleidung anbauen ließ. Der Platz davor wurde zum **Hauptplatz** der Stadt. Dank strenger Denkmalschutzauflagen ist der heutige Blick auf das Ensemble vor dem Goldenen Dachl ähnlich dem, der sich Maximilian I. von seinem Balkon bot.

Etliche der Häuser wurden im 15./16. Jh. von der lokalen Baumeisterfamilie Thüring errichtet. Mächtige **Arkadengänge** ziehen sich entlang der **mittelalterlichen Häuser,** in deren Erdgeschoss früher die Ställe und Werkstätten untergebracht waren. An Fassaden und Erkern sind **gotische Reliefs** zu sehen, etwa mit Szenen eines Ritterturniers am **Katzung-Haus** ❸ (Herzog-Friedrich-Str. 16).

Barocke Träume

Im Norden der Altstadt lohnt der **Dom zu St. Jakob** ❹ einen Abstecher. Er wurde erst im frühen 18. Jh. hochbarock neu gebaut, nachdem die gotische Vorgängerkirche von einem Erdbeben stark beschädigt worden war. Positiv daran war, dass sich nun die bayerischen Gebrüder Asam des Innenraums annahmen und ihn mit prächtigen kleinteiligen Stuckaturen und Deckenfresken versahen.

Weitere künstlerische Highlights sind das Marienbild von Lucas Cranach d. Ä. im Hochaltar und vorn links das bronzene Grabmal für den Deutschordensmeister Maximilian III. Genau hinschauen lohnt sich, denn zwischen den Reliefs der Blätterranken, die sich um die baldachintragenden Säulen winden, verstecken sich kleine Tiere.

Ordensbesitz

In der Hofgasse 3 befindet sich das **Deutschordenshaus** ❺**,** das von einem Nachfahren Maximilians finanziert wurde, von Erzherzog Leopold V. Dieser wurde 1598 als Teenager und ohne Priesterweihe zum Bischof von Passau ernannt – das war damals üblich. Später klappte es dann aber doch mit der weltlichen Erbfolge und er wurde Landesfürst von Tirol. Das Deutschordenshaus diente als Herberge für Mitglieder des mittelalterlichen Deutschen Ordens und befindet sich bis heute in dessen Besitz. Dahinter führt ein kleiner Durchgang zur Hofkirche oder »Schwarzmanderkirche«.

Schwarze Männer und Frauen

Ein 500 Jahre altes Grab – das klingt nicht gerade spektakulär, doch die Inszenierung der **Grablege für Maximilian I.** ist wirklich alles andere als mittelalterlich: Sie ist selbst nach heutigen Maßstäben umwerfend. Das Konzept für die Grabinstallation stammt von Maximilian selbst, gebaut hat die **Hofkirche** ❻ aber sein Enkel Ferdinand I. Das Hochgrab Maximilians dominiert den dreischiffigen Innenraum: Obenauf kniet Maximilian selbst in Bronze, umgeben von den personifizierten Tugenden Stärke, Gerechtigkeit, Mäßigung und Klugheit; Marmorreliefs an den Seiten zeigen wichtige Ereignisse aus seinem Leben.

Namensgebend und eindrücklich-bedrohlich jedoch sind die **Schwarzen Mander,** die überlebensgroßen Bronzefiguren, die ringsherum stehen. Insgesamt hatte Maximilian 40 Figuren geplant, bei seinem Tod waren elf bereits fertig, insgesamt wurden es dann 28. Die Figuren stellen (auch fiktive) Ahnen Maximilians und andere Größen der Geschichte dar, mit denen er sich auf eine Stufe stellen wollte.

Darunter befinden sich sogar einige Frauen, nämlich Maximilians Großmutter Zimburgis, die aus Polen kam und mit ihrem spitzen Hut so hexenhaft wirkt wie ihr Name, sowie seine beiden Frauen. Während Maximilian mit Maria von Burgund gemeinsame Interessen verbanden, wie die Jagd und Festbälle, stand die Ehe mit Bianca Maria Sforza unter keinem guten Stern: Die Braut musste in Innsbruck drei Monate auf Maximilian

FAKTENCHECK

Einwohner: 131 000 (2023), damit fünftgrößte Stadt in Österreich
Höhe: 574 m ü. NN
Stimmung auf den ersten Blick: Bieder, leicht angestaubt mit vielen Habsburger-Relikten
Stimmung auf den zweiten Blick: Junge Universitätsstadt mit viel Kultur und Szene
Stadtgetränk: Innsbruck Mule aus Tiroler Zirbenschnaps und Gingerbeer

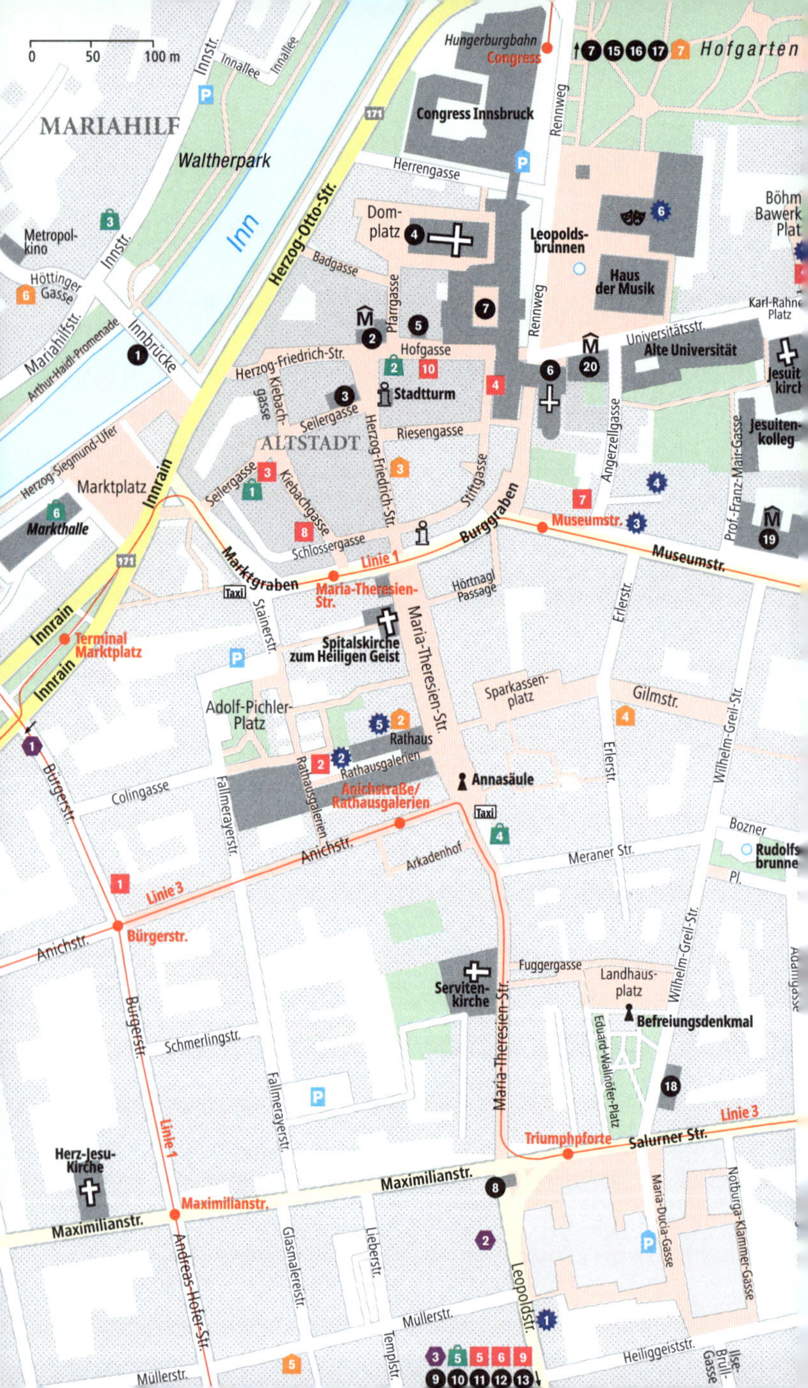

0
50
100 m
Hungerburgbahn
Congress
Hofgarten
Congress Innsbruck
MARIAHILF
Waltherpark
Inn
Innstr.
Innallee
Herzog-Otto-Str.
Herrengasse
Rennweg
Domplatz
Badgasse
Pfarrgasse
Leopoldsbrunnen
Haus der Musik
Böhm Bawerk Plat
Karl-Rahner-Platz
Universitätsstr.
Alte Universität
Jesuitenkirche
Jesuitenkolleg
Metropolkino
Höttinger Gasse
Mariahilfstr.
Arthur-Haidl-Promenade
Innbrücke
Herzog-Friedrich-Str.
Hofgasse
Stadtturm
Kiebachgasse
Seilergasse
Riesengasse
ALTSTADT
Herzog-Siegmund-Ufer
Marktplatz
Innrain
Markthalle
Kiebachgasse
Stiftgasse
Burggraben
Angerzellgasse
Prof.-Franz-Mair-Gasse
Museumstr.
Schlossergasse
Marktgraben
Linie 1
Maria-Theresien-Str.
Hörtnagl Passage
Erlerstr.
Stainerstr.
Taxi
Terminal Marktplatz
Spitalskirche zum Heiligen Geist
Sparkassenplatz
Gilmstr.
Adolf-Pichler-Platz
Rathaus
Rathausgalerien
Annasäule
Wilhelm-Greil-Str.
Bürgerstr.
Colingasse
Fallmerayerstr.
Anichstraße/Rathausgalerien
Bozner Pl.
Rudolfsbrunnen
Meraner Str.
Arkadenhof
Anichstr.
Linie 3
Fuggergasse
Landhausplatz
Servitenkirche
Befreiungsdenkmal
Adamgasse
Schmerlingstr.
Eduard-Wallnöfer-Platz
Triumphpforte
Salurner Str.
Herz-Jesu-Kirche
Maximilianstr.
Andreas-Hofer-Str.
Glasmalereistr.
Lieberstr.
Leopoldstr.
Maria-Ducia-Gasse
Notburga-Klammer-Gasse
Müllerstr.
Templstr.
Heiliggeiststr.
Ilse-Brüll-Gasse

Innsbruck

Ansehen

1. Innbrücke
2. Museum Goldenes Dachl
3. Katzung-Haus
4. Dom zu St. Jakob
5. Deutschordenshaus
6. Hofkirche mit Grabmal Andreas Hofer
7. Kaiserliche Hofburg
8. Triumphpforte
9. Stiftskirche in Wilten
10. Basilika in Wilten
11. Kaiserjägermuseum, Tirol Panorama, Schauplatz Tirol
12. Bergiselschanze und Restaurant 1809
13. Patscherkofelbahn und Alpengarten Patscherkofel
14. Schloss Ambras
15. Hungerburgbahn
16. Station Seegrube mit Restaurant
17. Alpenzoo
18. Audioversum
19. Landesmuseum Ferdinandeum
20. Tiroler Volkskunstmuseum

Schlafen

1. aDLERS
2. Stage 12
3. Hotel Weißes Kreuz
4. Hotel Central
5. Nala
6. Montagu
7. Austria Trend Hotel Congress

Essen

1. Oniriq
2. Restaurant Lichtblick
3. Weißes Rössl
4. Stiftskeller
5. Bierstindl
6. Olive
7. Ludwig
8. Café Munding
9. Brennpunkt
10. Strudel-Café Kröll

Einkaufen

1. Tiroler Edles
2. Acqua Alpes
3. Seifenfabrik Walde
4. Sportler Alpin
5. Wiltener Bauernmarkt
6. Markthalle

Bewegen

1. Flip Lab Innsbruck
2. Die Borse
3. 3D Minigolf

Ausgehen

1. Kater Noster
2. 360° Café Weinbar Lounge
3. Tribaun
4. Treibhaus
5. Stage Bar
6. Tiroler Landestheater
7. Tiroler Abend im Alpensaal

warten, und dann bemängelte er auch noch ihre intellektuellen Fähigkeiten. Maximilians Vorgänger als Graf von Tirol, Sigmund der Münzreiche, steht zwischen den Frauen, angeblich weil er solch ein Weiberheld war – er hatte tatsächlich zahlreiche uneheliche Kinder.

Künstlerisch am eindrucksvollsten sind die Figuren von König Artus, Theoderich dem Großen und Maximilians tatsächlichem Vorfahren Albrecht IV. von Habsburg. An ihren Entwürfen war Albrecht Dürer beteiligt, gegossen wurden sie in den Werkstätten von Nürnberg, die damals führend in der Bronzetechnologie waren. Da erscheint es fast ironisch, dass Maximilian sich nach all dem Planungsaufwand für sein Grab in Innsbruck dann doch testamentarisch für eine Grabstelle in Wiener Neustadt entschied und die pompöse **Hofkirche** nur ein Scheingrab ist.

Im linken Seitenschiff der Hofkirche erinnert das **Grabmal Andreas Hofers** mit einer lebensgroßen Skulptur an den Tiroler Freiheitskämpfer (s. S. 270). 1810 in Mantua gestorben und zunächst dort bestattet, wurde er 1923 in der Hofkirche beigesetzt.

Universitätsstr. 2, Mo–Sa 9–17, So 12.30–17 Uhr, 8 €

Modernisierung bei Habsburgers

Gleich gegenüber in der Hofgasse befindet sich der Eingang zur **Kaiserlichen Hofburg** ❼. Die erste größere Burg hier wurde zwar schon von Maximilian und seinem Vorgänger angelegt, aber von den kleinteiligen gedrungenen Bauten des ausgehenden Mittelalters ist heute nichts mehr zu sehen. Die imposante vierflügelige Anlage stammt von den späteren Habsburgern, die gar nicht mehr in Innsbruck, sondern in Wien residierten. Insbesondere **Maria Theresia** ließ die Hofburg in der zweiten Hälfte des 18. Jh. radikal nach dem Geschmack der damaligen Zeit zu einem Rokokoschloss umbauen und u. a. ein adeliges Damenstift angliedern.

Maria Theresia renovierte nicht ohne Anlass: Ihr Sohn, Erzherzog Leopold, sollte in Innsbruck Maria Ludovica aus der spanischen Linie der Habsburger heiraten. Dafür ließ die Kaiserin auch gleich die Stadtmauern und -tore abreißen und neue Straßen anlegen.

Rennweg 1, www.hofburg-innsbruck.at, tgl. 9–17 Uhr, 9,50 €

Triumph und Tod

Durch die Stiftsgasse geht es im Bogen zurück zum Burggraben und nach Süden in die Maria-Theresien-Straße, wo die Kaiserin eine **Triumphpforte** ❽ bauen ließ. Neben Reliefs der erzherzoglichen Hochzeit sind dort aber auf der Nordseite auch Trauerszenen für Maria Theresias Gatten, **Kaiser Franz I.,** abgebildet, der während der Hochzeitsfeierlichkeiten für seinen Sohn Leopold II. an einem Herzinfarkt starb.

Wilten

Der Stadtteil Wilten ist abends *der* Szenetreff schlechthin, und besonders am **Wiltener Platzl** herrscht eine entspannte Atmosphäre mit alternativen Cafés und kleinen Restaurants.

Dabei ist Wilten auch der älteste Stadtteil Innsbrucks, hier befand sich schon eine Römersiedlung und im 12. Jh. wurde ein Prämonstratenser-Chorherrenstift gegründet. Allerdings stürzte die gotische **Stiftskirche** ❾ ein und mehrere Generationen der Architektenfamilie Gumpp übernahmen den Wiederaufbau im barocken Stil.

Mutterhaus der weltweit bekannten Wiltener Sängerknaben (s. S. 102) ist die im 8. Jh. von Franz de Paula Penz erbaute **Basilika Wilten** ❿ gegenüber.

Lieblingsort

Steilvorlage

Da runter, auf Skiern? Echt jetzt? Schon der Blick von der 43 m hohen Aussichtsplattform der **Bergiselschanze** ⓬ (G 6, s. S. 102) hinunter auf die Stadt **Innsbruck** ist nichts für schwache Nerven. Man steht direkt über dem Startplatz der Skispringer, die man bei der Übertragung der Vierschanzentournee im Fernsehen ja eher solide von unten sieht … Die Bergiselschanze ist auch deshalb berüchtigt, weil die Skispringer beim Start nicht nur auf die Stadt, sondern auch auf den großen Friedhof der Pfarrkirche von Wilten gegenüber blicken. Die gleiche Aussicht ganz ohne Skisprungschwindel hat man vom **Restaurant Bergisel Sky** im futuristischen Turm der Schanze, ein Meisterwerk der Architektin Zaha Hadid. Und findet dann aus wohliger Distanz doch die Begeisterung fürs Skispringen wieder: Die üppig nussige Bergisel-Torte ahmt nämlich die Form der Sprungschanze inklusive Skispringer nach.

G

GESANG VON KLEIN AUF

Die Wiltener Sängerknaben sind einer der traditionsreichsten Knabenchöre Europas. Es gibt sie seit dem 13. Jh., und sogar die Vorläufer der Wiener Sängerknaben sollen mit Singknaben aus Wilten gegründet worden sein. Der Chor umfasst etwa 190 Sänger, die jüngsten sind vier bis fünf Jahre alt, die älteren jenseits des Stimmbruchs. Außerhalb der Sommerferien hat man gute Chancen, ein Konzert zu hören (www.saengerknaben.com).

Historisches 3-D-Bild

Nur gut 500 m sind es vom Chorherrenstift zum Kaiserjägermuseum und dem **Tirol Panorama** ⓫, einem historischen Panoramarundbild. Auf mehr als 1000 m² Fläche hat der Münchner Künstler Michael Zeno Diemer 1896 die dritte Bergiselschlacht, die entscheidende Schlacht im Tiroler Freiheitskampf 1809, gemalt. Solche »3-D«-Bilder waren im 19. Jh. eine populäre Form, historische Themen einem größeren Publikum anschaulich (und patriotisch!) zu vermitteln. Eine kleine Ausstellung zur Vorgeschichte und eine Zusammenfassung der wichtigsten Protagonisten – Generäle und Befehlshaber, Hintermänner und ja, auch der namenlose Tiroler Bauer – runden das Erlebnis ab.

Angeschlossen sind die Ausstellung Schauplatz Tirol und das Kaiserjägermuseum (s. S. 92). Gleich beim Museum steht das beeindruckende Andreas-Hofer-Denkmal (s. Magazin S. 270).

Bergisel 1–2, Mi–Mo 9–17 Uhr, 9 € mit Kaiserjägermuseum

Schauspringen

Die ursprünglich 1930 fertiggestellte **Bergiselschanze** ⓬ nebenan wurde 2001/02 von der Pritzker-Preisträgerin **Zaha Hadid** komplett neu gebaut. Mit dem futuristischen Turm und der freischwebend wirkenden Schanze ist es eine der spektakulärsten Sprungschanzen der Welt. Im Winter werden hier internationale Wettbewerbe ausgetragen, u. a. ein Teil der Vierschanzentournee im Januar, dank Spezialmatten ist sie aber auch Sommertrainingsanlage.

Besichtigt werden kann die Schanze einschließlich der Publikumstribüne und olympischen Feuerschalen. Zum Aussichtsturm führen 455 Stufen hinauf (alternativ ein Schrägaufzug), und dann geht es per Aufzug zur Aussichtsplattform und zum Restaurant (s. Lieblingsort S. 101).

Bergiselweg 3, www.bergisel.info, Juni–Okt. tgl. 9–18, Nov.–Mai Mi–Mo 19–17 Uhr, 11 € (Kombiticket mit Tirol Panorama 15 €)

Auf den Hausberg

Seit 2019 fährt die **Patscherkofelbahn** ⓭ barrierefrei auf Innsbrucks Hausberg im Süden, den Patscherkofel. Oben hat man die Wahl zwischen einem gemütlichen Höhenweg um den Gipfel und dem 300-Höhenmeter-Anstieg zum Gipfelkreuz und zur Wetterstation. Direkt an der Seilbahnstation liegt etwas versteckt und wenig besucht der

GÜNSTIG: KOMBITICKET

Wer nicht nur die Hofkirche (8 €) oder nur Tirol Panorama und Kaiserjägermuseum (9 €) besuchen will, erwirbt ein Kombiticket (12 €). Dieses umfasst außerdem u. a. den Eintritt für das Ferdinandeum und das Tiroler Volkskunstmuseum (s. S. 105). Das Bergisel-Kombiticket (15 €) beinhaltet Tirol Panorama und Kaiserjägermuseum sowie die Bergiselschanze (www.tiroler-landesmuseen.at).

botanische **Alpengarten Patscherkofel** mit wunderschönen Alpenblumen und guten Infotafeln.

An der Bergstation beginnt auch der Zirbensteig zur Tulfeinalm oberhalb von Hall (s. S. 85).

Bus: Linie J alle 10 Min. ab Marktplatz bis Patscherkofelbahn; **Patscherkofelbahn:** Mai–Okt. tgl. 9–17, Do bis 23, Mitte Dez.–März 8.30–16 Uhr, Berg- und Talfahrt 27 €, Rundwanderticket Zirbenweg 35,50 €

Schloss Ambras Innsbruck

Worüber staunten die Leute im 16. Jh.? Zum Beispiel über Korallen, die hielt man wegen der blutroten Farbe für sakrale Schnitzarbeiten. Diese und mehr Kuriositäten sind in Europas ältestem Museum, der Kunst- und Wunderkammer auf **Schloss Ambras** ⓮, zu sehen.

Schloss Ambras war die Residenz Erzherzog Ferdinands II., der eine Bürgerliche heiratete, nämlich Philippine Welser aus Augsburg, doch seine Familie erkannte die Heirat einfach nicht an. Um 1570 ließ Ferdinand das Schloss nach seinem Geschmack ausbauen und fügte mehrere Anbauten für seine diversen Sammlungen schöner und interessanter Dinge hinzu. Dann schenkte er das Schloss seiner Frau als finanzielle Sicherheit.

Und was sammelst du?

Ferdinand II. sammelte auch leidenschaftlich und systematisch Rüstungen bedeutender Herrscher und Krieger, die er in den unteren Magazinen ausstellte. Dabei spielten ab dem Ende des Mittelalters komplette Ritterrüstungen eigentlich im Kriegswesen keine Rolle mehr. Zu Ferdinands Zeiten trug man nur noch bei den aufwendigen Ritterturnieren teure Prunkrüstungen. Daneben sind Hochzeitsharnische ausgestellt, aber auch Hacken und Dreschflegel – Waffen der Bauern aus dem Dreißigjährigen Krieg – und hölzerne Masken, mit denen sich die Teilnehmer am höfischen Ritterturnier als »Türken« oder »Mohren« verkleideten. Spannend ist, dass die Sammlung noch fast so präsentiert wird, wie Ferdinand II. sie angelegt hatte.

Wissensdurst der Neuzeit

Im Südflügel sind die berühmten **Kunst- und Wunderkammern** untergebracht – enzyklopädische Universalsammlungen, in denen versucht wurde, die ganze Welt einzufangen. Ferdinand sortierte nach Materialien: hochwertige Objekte aus Gold, Stein und Holz bis hin zu Exotika wie Korallen. Daneben sind auch höfische Trinkspiele sowie Kunsthandwerk aus der Türkei und Asien zu bestaunen.

Das Schloss, die Kapelle und der Garten sind ebenfalls zu besichtigen.

Schlossstr. 20, www.schlossambras-innsbruck.at, Dez.–Okt. tgl. 10–17 Uhr, 16 €, Audioguide 5 €

Der Norden Innsbrucks

Neue Perspektiven

Die Kombination der **Nordkettenbahnen** jenseits des Inns aus Standseilbahn (Hungerburgbahn) bis zum Stadtteil Hungerburg und zwei Seilbahnen (Seegrubenbahn und Hafelekarbahn) führt von der Innsbrucker Altstadt direkt auf die Karwendel-Ausläufer im Norden der Stadt.

Die 2007 eröffnete **Hungerburgbahn** ⓯ der Architektin Zaha Hadid – eine Vorläuferbahn gab es schon seit 1906 – ist zu einem neuen Wahrzeichen Innsbrucks geworden. Besonders die Dächer der Stationen fallen ins Auge, mit geschwungenem, von innen leuchtendem Glas wirken sie wie Gletscher.

Im Museum des Tirol Panoramas erfährt man alles über die Freiheitskämpfe des 19. Jh. und natürlich auch über Tirols Helden Andreas Hofer.

Gleich bei der **Station Seegrube** ⓰ verläuft der **Perspektivenweg** – einmal rundherum geht man am Berg in ca. 45 Minuten auf breiten bequemen Wegen, von Ausblick zu Ausblick. Angelegt wurde der Rundweg vom norwegisch-amerikanischen Architekturbüro Snøhetta mit modern designten Aussichtspunkten und Rastplätzen.

Nordkettenbahnen: www.nordkette.com, ab Zentrum mit der Hungerburgbahn zum Stadtteil Hungerburg 12,20 €, bis Seegrube 42,30 € und bis Hafelekar 47 € (jeweils hin und zurück)

Waldrapp und Bartgeier

Im Innsbrucker **Alpenzoo** ⓱ leben keine Exoten, sondern insgesamt etwa 2000 einheimische Alpentiere. Neben Elchen oder Luchsen sind es z. B. Steinböcke, Gämsen und Murmeltiere, die man mit etwas Glück auch selbst einmal erspäht. Im **Schaubauernhof** sieht man alte Nutztierrassen wie Tiroler Grauvieh (sehr süß!) oder Schwarznasenschafe.

Der Zoo ist nicht zuletzt bekannt für seine Erhaltungs- und Auswilderungsprogramme: So werden seit den 1980er-Jahren Bartgeier wieder erfolgreich in den Alpen ausgesetzt. Für den Waldrapp, einen zu den Ibissen gehörenden, sehr auffälligen Vogel mit langem, gebogenem Schnabel, ist das komplizierter, weil Waldrappe Zugvögel sind und Jungtiere ihre Route normalerweise von den Elternvögeln lernen. Heute fliegen Betreuer mit Leichtflugzeugen voraus.

Weiherburggasse 37a, T 0512 29 23 23, www.alpenzoo.at; April–Okt. tgl. 9–18, Nov.–März bis 17 Uhr, 11 €, Kombiticket mit Hungerburgbahn und Eintritt 19 €, alle 15 Min. Bus W ab Marktplatz oder mit der Hungerburgbahn, Parkplätze am Zoo sind knapp

Museen

Einige Museen sind nur mit Kombiticket zu besuchen (s. S. 102).

Wahrzeichen Innsbrucks

❷ **Goldenes Dachl:** Eigentlich ist das Goldene Dachl Teil der Residenz Neuer Hof, für die Herzog Friedrich IV. zwei Bürgerhäuser zusammenlegen ließ. Erst Maximilian I. ließ den Erker zum Stadtplatz als Fürstenloge anbauen. Im Inneren des Neuen Hofes ist eine Ausstellung zu Maximilian I. mit Anekdoten und interaktiven Illustrationen untergebracht. Lebendig wird Maximilian durch die beiden Abenteuerromane »Weißer Kunig« und »Theuerdank«, die er mit sich selbst als fiktivem Helden in Auftrag gab.

Herzog-Friedrich-Str. 15, tgl. 10–17 Uhr, 5,30 €

Salontiroler und Freiheitskämpfer

⓫ **Schauplatz Tirol und Kaiserjägermuseum:** Durch einen unterirdischen Verbindungsgang geht es vom Neubau des Bergisel-Panoramas (s. S. 101) zum alten Kaiserjägermuseum. Der ›**Schauplatz Tirol**‹ informiert auf dem Weg in netten Häppchen über die Geschichte des Bundeslands Tirol: Denkmäler im Heldenzeitalter, die Tiroler Wanderkautleute, Salon-Tyroler (das sind Fremde, die sich im Urlaub Tracht anziehen), die ersten Bergbahnen etc. – spaßig und kurzweilig.

Das **Kaiserjägermuseum** wurde schon 1845 gegründet und ist teilweise in der historischen Biedermeierform erhalten, mit zahlreichen Gemälden und Memorabilien aus dem Regiment. Schon 1815, nur sechs Jahre nach den insgesamt vier Bergiselschlachten, wurde aus Veteranen der Schlacht das Tiroler Eliteregiment der Kaiserjäger gegründet. Noch im Ersten Weltkrieg spielte das Regiment eine bedeutende Rolle, danach wurde es aufgelöst. Aber auch die Geschichte der Abspaltung Südtirols wird in diesem Museum ziemlich weitschweifig erläutert.

Bergisel 1–2, Mi–Mo 9–17 Uhr, 9 € mit Tirol Panorama, s. S. 102, Kombiticket s. S. 102

Einfach alles rausschreien

⓲ **Audioversum:** Das Beste ist die Schreikabine im Erdgeschoss, wo es 130 dB zu knacken gilt. Initiiert hat die Ausstellung die Firma MED-EL, die implantierbare Hörsysteme produziert. In der interaktiven Ausstellung im Obergeschoss dreht sich alles ums Hören: Wie fühlt sich die Welt für Nicht-Hörende an? Kann ich einen Vogel anhand des Piepens ausmachen und fangen? Recht kurzweilig, allerdings versteht man die physischen Aspekte des Hörens bzw. Nicht-Hörens auch nach dem Besuch der Ausstellung nicht unbedingt besser.

Wilhelm-Greil-Str. 23, www.audioversum.at, Di–So 10–18 Uhr, 12 €

Tiroler Sammlung

⓳ **Landesmuseum Ferdinandeum:** Gezeigt werden Objekte aus Tirol von der Steinzeit bis in die Gegenwart, vom ältesten Flügelaltar des Alpenraums über Werke von Rembrandt und Egon Schiele bis zu jenen von Tiroler Malern wie Albin Egger-Lienz und Alfons Walde.

Museumstr. 15, www.tiroler-landesmuseen.at, Di–So 10–18 Uhr, Kombiticket s. S. 102

Die gute Stube

⓴ **Tiroler Volkskunstmuseum:** Die Sammlung ermöglicht in verschiedenen thematischen Bereichen einen Blick hinter das Tirolklischee und auf die Ursprünge der Tiroler Bräuche! Highlight sind die Tiroler Stuben aus unterschiedlichen Landesteilen, aus Zirbenholz mit kleinen Fenstern und niedrigen Decken, dazu Beschreibungen von Fremden, die sich im Winter oft über die Enge und den Gestank beklagten …

Universitätsstr. 2, www.tiroler-landesmuseen.at, tgl. 9–17 Uhr, Kombiticket s. S. 102

Schlafen

Adleraussicht

1 **aDLERS:** Einen wunderbaren Blick über die Stadt hat man von der Bar im 12. Stock. Aber auch die Zimmer des Designhotels am Bahnhof blicken über die Altstadt. Im Sommer ist die Rooftop-Bar eine lässige Drink-Location.

Brunecker Str. 1, T 0512 56 31 00, www.adlers-innsbruck.com, €€–€€€

Klare Linien

2 **Stage 12:** Stylishes modernes Hotel und trotzdem zum Wohlfühlen mitten in der Altstadt. Nicht alle Zimmer haben Bergblick, der Spabereich aber ist wunderbar und das Frühstück extrem vielfältig und lecker. Die Hotelbar ist auch bei Einheimischen beliebt, für einen Single Malt, Gin oder Cocktail.

Maria-Theresia-Str. 12, T 0512 31 23 12, www.stage12.at, €€–€€€

Geschichtsträchtig

3 **Hotel Weißes Kreuz:** Sogar Mozart hat hier schon 1769 übernachtet. Vormals eine der günstigsten und einfachsten Übernachtungsmöglichkeiten in Innsbruck, hat das Weiße Kreuz nach umfassender Renovierung als Boutiquehotel neu eröffnet. Es gibt 48 sogenannte Kammern, die irgendwo zwischen Design, Landhausstil und Barock zu verorten sind.

Herzog-Friedrich-Str. 31, T 0512 59 47 90, www.weisseskreuz.at, €€–€€€

Wienerisch

4 **Hotel Central:** Zwischen Hauptbahnhof und Altstadt liegt das Traditionshotel wirklich zentral. Nicht sehr große, aber zeitlose und wohnliche Zimmer empfangen die Gäste. Frühstück für Hotelgäste ist vom Büfett – die Frühstücke von der Karte gibt's im Café nebenan.

Gilmstr. 5, T 0512 59 20, www.hotel-cafe-central.at, €–€€€

Grün & stylish

5 **Nala:** Keines der sieben Zimmer ist wie das andere – das versprechen schon die Namen wie Small Beauty, Zen, Mosaik, Nightingale oder Snow White. Im Rätoromanischen bezeichnet Nala die Großmutter – und so gemütlich wie bei der ist es hier auch.

Müllerstr. 15, T 0512 595 38, www.nala-hotel.at, Frühstücksbüfett 19 €/Pers. €€

Abgekapselt

6 **Montagu:** Helles Hostel im Stil eines Kapsel-Hotels: Jedes Bett ist eine mit Brettern abgetrennte Koje in einem Schlafsaal. Es gibt auch Doppelbett-Kammern und wenige Doppelzimmer.

Höttinger Gasse 7, T 0664 105 15 95, www.hostelworld.com, €

Schlicht

7 **Austria Trend Hotel Congress:** Unspektakuläres, solides Business-Hotel gleich nördlich der Altstadt, oft gute Preise für die Qualität und Lage.

Rennweg 12a, T 0512 21 15, www.austria-trend.at, €–€€

Essen

Gourmet und regional

1 **Oniriq:** Hinter der schlichten Metallfassade verbirgt sich Gourmet-Küche. Es gibt jeweils ein vegetarisches und ein nichtvegetarisches Menü, in der Woche auch drei statt wie üblich sieben Gänge. Auch aufwendige alkoholfreie Getränkebegleitung möglich; unbedingt reservieren.

Bürgerstr. 13, T 0660 156 09 02, www.oniriq.at, Mi–Sa 18–24 Uhr, €€€

Haube mit Blick

2 **Restaurant Lichtblick:** Ganz oben in den Rathausgalerien wird sehr gut gekocht, und zwar österreichische Küche mit mediterranen und asiatischen Einflüssen.

Dazu gibt es eine Super-Aussicht über die Stadt!

Maria-Theresien-Str. 18, T 0512 56 65 50, www.restaurant-lichtblick.at, Mo–Sa ab 10, warme Küche 12–14 und 18.30–22 Uhr, €€€

Gröstl und Knödel

3 Weißes Rössl: Direkt in der Altstadt liegt dieses über 400 Jahre alte Traditionswirtshaus. In der holzvertäfelten Gaststube lässt man sich Gröstl, Speckknödel oder den weithin bekannten Kaiserschmarrn schmecken.

Kiebachgasse 8, T 0512 58 30 57, www.roessl.at, 11.45–14.30, 18–22 Uhr, €€

Labyrinth mit Atmosphäre

4 Stiftskeller: Deftige Tiroler Spezialitäten von Wild bis Graukäse und bayerisches Bier in den prächtig restaurierten Räumen des ehemaligen kaiserlichen Damenstifts. Im Sommer auch mit schönem Biergarten.

Stiftgasse 1, T 0512 57 07 06, www.stiftskeller.eu, tgl. 10–23 Uhr, €–€€

Biergarten

5 Bierstindl: Eher bayerisch orientierter Biergarten gleich unterhalb der Bergiselschanze. Wöchentlich lässt man sich frisches Augustiner Bier aus München anliefern.

Klostergasse 6, T 0512 58 00 00, www.bierstindl.eu, Mi–Mo 11–23 Uhr, €–€€

Vegetarisch/Vegan

6 Olive: Kleines, gemütliches Restaurant in Wilten mit vegetarischem und veganem Angebot (auch beim Dessert). Suppen, Salate und kleine Gerichte stehen auf der Speisekarte, vieles ist bio und regional. Gute Weinauswahl.

Leopoldstr. 36, T 0512 35 90 75, Di–Sa 11.30–14, 17–23, Sa ab 9 Uhr (Brunch), €–€€

Bratling im Brot

7 Ludwig – Das Burger Restaurant: Hier bekommt man richtig gute Burger (auch vegetarische), hausgemachte Limonaden, Craftbeer und Wein.

Museumstr. 3, T 0512 31 92 22, www.ludwig-burger.at/innsbruck/burger.html, Mo–Sa 11–22 Uhr, €

Älteste Konditorei Tirols

8 Café Munding: Die Inneneinrichtung des Cafés stammt ziemlich unverändert aus den 1930er-Jahren, das Haus selbst aus dem Barock. Es gehörte früher der Architektenfamilie Gumpp (s. Stiftskirche in Wilten S. 100). Tolle Pralinen und Torten sowie eine himmlische heiße Schokolade.

Kiebachgasse 16, T 0512 58 41 18, www.munding.at, Di–Sa 9–18 Uhr, €

Die Auswahl an Kuchen und Torten ist riesig in den Innsbrucker Cafés und Konditoreien.

Röstlich

9 **Brennpunkt:** Spezialitätenkaffees aus eigener Röstung und lässiges Kaffeehaus in den steinernen Viaduktbögen.

Ing.-Etzl-Straße/Viaduktbogen 46–48, T 650 23 0 23 26, https://brennpunktcoffee.at, Mo–Fr 8–22, Sa 10–22 Uhr, €

Im Strudelsog

10 **Strudel-Café Kröll:** Kleines Café mit großer Auswahl süßer und herzhafter Strudel. Innen ein bisschen Schnellimbiss-Ambiente, draußen sitzt man hübsch in der Fußgängerzone.

Hofgasse 6, T 0512 57 43 47, www.strudel-cafe.at, tgl. 7–21 Uhr, €

Sportlich

⓬ **Bergisel Sky:** Restaurant und Café direkt im Turm der Bergiselschanze (s. S. 101). Für das große Bio-Frühstück sollte man am Wochenende reservieren.

Bergisl 2, T 0512 58 92 59 21, Öffnungszeiten wie die Sprungschanze, s. S. 102

Beste Weitsicht

⓰ **Restaurant Seegrube:** Tiroler Spezialitäten und Frühstück in gediegener Atmosphäre, sonntags Brunch mit Jazzbegleitung.

Höhenstr. 145 (Station Seegrube der Nordkettenbahnen auf 1905 m), T 0664 88 44 78 16, tgl. 9–17 Uhr, €€

Einkaufen

Regionales

1 **Tiroler Edles:** Feine Sachen nur aus der Region: Marmeladen, Seifen, Wildkräutertees, Edelbrände, Filzprodukte, auch Kleidung. Schwerpunkt und Namensgeberin des Ladens ist die handgefertigte Schokolade »Tiroler Edle« aus Landeck (s. S. 181).

Seilergasse 13, T 0512 58 23 93, www.tiroleredles.at, Mo–Fr 10–18, Sa 10–15 Uhr

Duft der Berge

2 **Acqua Alpes:** Die Tiroler Parfümmanufaktur benennt ihre Düfte nach den Bergen der Umgebung – aber nur in Höhenmetern!

Hofgasse 2, T 0512 32 77 88, https://acquaalpes.com, tgl. 10–18 Uhr

Sauber seit 1777

3 **Seifenfabrik Walde:** Natürliche, handgeschöpfte und Bio-Seifen aus der ältesten Seifenfabrik Österreichs. Das Geschäft befindet sich in der alten Seifenfabrik. Es gibt hautfreundliche Salzseifen und Kosmetikprodukte, aber auch Schmierseifen und Seifenbruch.

Innstr. 23, T 0512 28 58 10, www.walde.at, Mo–Fr 9–18, Sa 9–13 Uhr

Outdoor-Ausrüstung

4 **Sportler Alpin:** Auf sechs Stockwerken alles für die Berge – falls noch was fehlt oder auch weil Outdoor durchaus schick sein kann …

Maria-Theresien-Str. 39, T 0512 58 91 44, http://my.sportler.com, Mo–Fr 9–18.30, Sa 9–18 Uhr

Ganz regional

5 **Wiltener Bauernmarkt:** Wöchentlich Produkte aus der Region.

Wiltener Platzl, Sa 8–12 Uhr

E

EINKAUFEN ODER PAUSIEREN

Die **Markthalle** 6 ist mit ihren Delikatessengeschäften und dem Bauernmarkt nicht nur eine frische Einkaufsadresse, sondern auch eine wunderbare Pausenoption für einen Wein oder Espresso zwischendurch (Herzog-Siegmund-Ufer 1–3, www.markthalle-innsbruck.at, Mo–Fr 7–18.30, Sa 7–13 Uhr, Gastronomie jeweils bis 22 Uhr).

Bewegen

Urban Surfing

Upstream Surfing: Dank eines ausgeklügelten Systems kann man auch auf dem Inn Wellen reiten. Man muss schwimmen können und mindestens 16 Jahre alt sein.

www.upstreamsurfing.com, Schnupperkurs 59 €

Hüpfen in der Halle

1 **Flip Lab Innsbruck:** Große Trampolinhalle mit etlichen Trampolins und einer Parcours-Area. Ein Riesenspaß nicht nur für Kinder – und anstrengender, als man denkt.

Landesstr. 3 (Völs), T 720 90 01 02, www.fliplab.at/innsbruck, Mo–Fr 14–19, Sa/So 10–19 Uhr, So 9–10 Uhr nur Kinder bis 7 J.

Radeln

Der **Fahrradverleih Stadtrad** betreibt ein Verleihsystem mit mehreren Stationen in der Stadt, eher für Kurzstrecken als für Radtouren (erste halbe Stunde 1 €, max. 15 €/24 Std.) Ausleihe per Nextbike-App, Infos unter https://stadtrad.ivb.at. **Die Börse** 2 hält eine riesige Auswahl an Rädern vom Cityrad (15 €) bis zu Gravelbikes, Mountainbikes, E-Bikes und Fullys vor (35–50 €), Preis jeweils für 3 Std., bei längerer Leihdauer deut lich günstiger, mit Innsbruck Card (s. S. 112) Cityrad 3 Std. gratis.

Leopoldstr. 4, 0512 58 17 42, www.dieboerse.at, Mo–Sa 9–18, So 8–12 und 15–18 Uhr, bei schlechtem Wetter So geschl.

Effekthascherei

3 **3D Minigolf:** Eine Schlechtwetter-Alternative ist die Indoor-Minigolfanlage in Innsbruck. Mittels UV-Licht und Lichteffekten wird ein (leicht irritierender) 3D-Effekt erzeugt.

Valiergasse 15, T 0699 10 00 22 40, www.b1.at/locations/b1-3d-minigolf-innsbruck, Di–Do 12–22, Fr/Sa bis 23, So bis 21 Uhr, 14 €

AUF SCHUSTERS RAPPEN

Ins untere Stubaital (s. S. 113) kann man von Innsbruck aus sogar zu Fuß gehen. In einer leichten Tageswanderung läuft man durch die enge romantische Sillschlucht und über die Stefansbrücke.

Stadtführungen

Tgl. um 11 Uhr (im Winter mehrmals wöchentlich) bietet die **Touristeninformation** (s. S. 94) einen einstündigen Stadtrundgang zum Kennenlernen an (15 €, Infos auch unter www.perpedes-tirol.at). Daneben gibt es verschiedene Themenführungen. Die geprüfte Stadtführerin **Antonella Placheta** (T 0664 454 29 29, antonella.placheta@aon.at) bietet neben dem Standardprogramm solche thematischen Führungen an.

Stadtrundfahrt

The Sightseer: Der Hop-on-Hop-off-Bus Sightseer informiert per Audioguide (eigene Kinderversion) über die Geschichte und die Stadtviertel Innsbrucks.

24-Std.-Ticket: 22 €

Ausgehen

Café & Gin

1 **Kater Noster:** Das Kater Noster ist tagsüber ein gemütliches Café und abends eine Bar, wo auch manchmal Live-Events stattfinden. Das Stiftungsbräu Bier kommt aus Bayern und die Gin-Karte kann sich sehen lassen. Hier gibt es auch den Innsbruck Mule.

Leopoldstr. 7, T www.katernoster.com, Mo 14–24, Di–Sa 14–2, So 14–21 Uhr

Rundum Superblick

2 **360° Café Weinbar Lounge:** Panoramabar mit umlaufendem Balkon im

TOUR
Genüsslich radeln

Kulinarische Abstecher am Innradweg

Infos

E6–G5

Start/Ziel: Ötztal-Bahnhof–Innsbruck
Strecke: ca. 50 km, meist eher bergab
Radverleih: am besten in Innsbruck, Anfahrt per S-Bahn oder Rex (ca. halbstdl., 35–45 Min.)
Broschüre: Genussradweg, gratis in der Touristeninformation in Innsbruck (s. S. 94)

Radfahren in schöner Landschaft, Sehenswürdigkeiten erkunden und Tiroler Spezialitäten verkosten? All das lässt sich auf dem **Innradweg** miteinander kombinieren. Und natürlich immer fein entspannt talwärts! Am besten übernachtet man in Innsbruck, leiht sich dort ein Fahrrad und nimmt es morgens mit in den Zug bis Ötztal-Bahnhof. Von dort radelt man dann einfach ohne Zeitplan zurück in die Landeshauptstadt – und den kulinarischen Abstechern sind keine Grenzen gesetzt.

Der Innradweg folgt dem Fluss auf möglichst fahrradfreundlichen Wegen – oft ganz ohne Autos – und ist gut ausgeschildert. Die lukullischen Abstecher lassen sich am besten mit der Infokarte der Touristeninformation planen, die über 20 Hofläden, Manufakturen und Brennereien im Inntal auflistet.

Los geht's!
Von **Ötztal-Bahnhof** geht es zunächst über den Inn auf die linke Innseite und an **Haiming** vorbei. Nach etwa 7 km bietet sich bei **Silz** schon der erste Schlenker an:

Der Radweg bleibt offiziell auf dem linken Flussufer, drüben im Dorf Silz gibt es aber eine **Imkerei** mit Ab-Hof-Verkauf und daneben den kleinen **Hofladen Reich** (Selbstbedienungsladen mit Vertrauenskasse).

Hier brennt der Meister Günther Thaler selbst, und probieren kann man natürlich gleich vor Ort.

Hinter dem Ort trifft man wieder auf den Innradweg, der nun auf dem rechten Inn-Ufer bis **Stams** führt – hier ist eine Pause mit Besuch der Stiftskirche Stams (s. S. 119) unbedingt zu empfehlen. Keine 4 km hinter dem Stift Stams passiert der Radweg dann den **Bahnhof Rietz** – und hier lohnt es sich auf jeden Fall, den sanften Radweg zu verlassen und die Ortsstraße ein paar Höhenmeter hinaufzustrampeln – oder auch zu schieben. Gleich neben dem Kirchlein in der Unterdorfstraße ist im **Gästehaus Thaler** nämlich eine der besten Brennereien Tirols versteckt. Die Edelbrände aus der kupfernen Brennblase sind vielfach prämiert, unsere Empfehlung ist der Barrique-gelagerte Apfelbrand aus 10 Apfelsorten, aber es gibt u. a. auch Whisky und Absinth.

Hochprozentig weiter

Und damit nicht genug: Nur einen Kilometer weiter am Hang entlang gelangt man zu einer weiteren (nicht nur) hochprozentigen Einkehrmöglichkeit. **Mair's Beerengarten** verarbeitet tatsächlich überwiegend Beeren aus eigener Ernte, und zwar zu Schnaps und Gin, aber auch zu Himbeeressig oder fruchtigen Chutneys und Marmeladen. Außerdem gibt es die Beeren und allerlei sonstiges Gemüse aus dem Garten auch frisch zu kaufen. Wer Glück hat, kommt zur rechten Zeit für die Marillenknödel (am ehesten Freitagnachmittag), sonst müssen Kuchen und Eis reichen.

Gut gestärkt rollt es sich nun ganz leicht wieder zur **Bahnlinie,** wo der Radweg beschaulich abseits der Ortschaften zwischen Fluss und Bahn durch die **Inn-Auen** führt. Erst in der Nähe des **Flughafens Kranebitten** wechselt die Radroute wieder auf das linke Inn-Ufer und führt dort bis zur **Innsbrucker Innenstadt** zurück.

Imkerei Gritsch, Silz, www.tirolerhonig.at
Hofladen Reich, Tiroler Str. 110, Silz, http://tiroler-kernoel.de
Gästehaus Thaler, Rietz, www.gaestehausthaler.at (mit Anmeldung)
Mair's Beerengarten, Ried, www.mairs-beerengarten.at

7. Stock. Gut sortierte Weinkarte, die Cocktails sind eher mau, die Atmosphäre mehr lässig als schick.

RathausGalerien, Maria-Theresien-Str. 18, T 0512 56 65 50, Mo–Sa 10–1 Uhr

Vom Hahn

3 **Tribaun:** Das entspannte Craftbeer-Pub ist Treffpunkt britischer Expats. Die 20 (!) Fassbiersorten wechseln regelmäßig (Infos auf der Website); die Bierberatung ist superkompetent.

Museumstr. 5 (Untergeschoss), www.tribaun.com, Mo–Sa 18 Uhr bis spät

Kultureller Selbstversorger

4 **Treibhaus:** So nennt sich diese »Stätte der Fantasie« selbst. Geboten wird eine bunte Mischung aus Jazzclub, Disco, Café und Theater. Ein Nichtraucherhaus, abgesehen von der Raucherbar Fumoir mit Zigaretten und Zigarren (auch einzeln).

Angerzellgasse 8, T 0512 57 20 00, www.treibhaus.at, tgl. 16–1 Uhr

Auch alkoholfrei super

5 **Stage Bar:** Plüschig an der Bar oder lauschig im Innenhof? Neben einer guten Whisky-Auswahl sind die Cocktail-Eigenkreationen besonders – und zwar auch ohne oder mit wenig Alkohol!

Im Hotel Stage 12, Maria-Theresien-Str. 12, T 0512 31 23 12, www.stage12.at/bar, Mo–Do 12–24, Fr/Sa 12–1 Uhr

Schauspiel und mehr

6 **Tiroler Landestheater:** Mehrere Bühnen bieten Platz für Schauspiel, Oper, Tanztheater und Musicals.

Rennweg 2, T 0512 520 74, www.landestheater.at

Schunkeln und Platteln

7 **Tiroler Abend im Alpensaal:** Musik- und Tanzvorführungen in Tracht.

An der Messe, Ing.-Etzel-Straße, www.tiroler-abend.com, Mo–So (im Winter Mi, Sa) 20.30 Uhr, 33 €

Feiern

- **Vierschanzentournee:** 3./4. Jan. 3. Springen der Vierschanzentournee – spektakulär auf der Schanze von Zaha Hadid!
- **Grasausläuten:** Rund um den St.-Georgs-Tag (23.4.) in Amras bei Innsbruck. Jungbauern und Mitglieder des Fasnachtsvereins »fördern« das Wachsen des Grases mit lautem Schellenklang.
- **Nordkette Wetterleuchten:** Juli. Festival für Elektronische Musik, an der Bergstation Seegrube (s. S. 104). www.wetterleuchten.at.
- **Innsbrucker Festwochen der Alten Musik:** Mitte Juli–Ende Aug. Renaissance-, Barock- und klassische Musik. www.altemusik.at.

Infos

- **Touristeninformation:** s. S. 94.
- **Gästekarten:** Welcome Card, ab zwei Übernachtungen, 10–50 % Rabatt bei Partnerbetrieben. Welcome Card Plus bei mind. drei Tagen Aufenthalt, zusätzliche Ermäßigungen bei einigen Bergbahnen.
- **Kaufkarten:** Die Welcome Card Unlimited (83 €) kann man erst ab drei Übernachtungen dazukaufen, gratis enthalten sind sieben Tirol-Sehenswürdigkeiten, u. a. die Swarovski-Kristallwelten (s. S. 77), Area 47 (s. S. 160) und 007 Elements (s. S. 140). Unabhängig von der Übernachtungsdauer gibt es die Innsbruck Card für 24, 48 und 72 Std. (53/63/73 €), Gratis-Eintritt in alle Museen der Stadt (inkl. Swarovski), Teilnahme an Führungen, Nutzung von Bussen, Bahnen und Sightseer (s. S. 109). www.innsbruck.info.
- **Bus/Tram:** Gute Bus- und Tramverbindungen sowie Nightliner. Einzelfahrschein ab 2,70 €, vor der Fahrt per App oder an Automaten (auch Parkscheinautomaten) kaufen; www.ivb.at.

Die Hänge in den schmalen Tälern sind oft so steil, dass das Heu von Hand eingebracht werden muss.

Stubaital F7–G6

Aus 2200 Eiern wurden 309 kg Kaiserschmarrn – das ist Weltrekord. Aufgestellt wurde er im Stubaital, das hinter der Europabrücke von der Brenner-Autobahn abzweigt. In der Nähe der Landeshauptstadt öffnet sich hier eine hochalpine und felsige Bergwelt. Die Orte in dem 30 km langen Tal liegen alle im vorderen Drittel, wo der Talboden noch recht breit ist. Im hinteren Teil des Tals sieht man oft Gämsen und Steinböcke. Außerdem hat sich das Stubaital als Top-Reiseziel fürs Gleitschirmfliegen etabliert (s. S. 118).

Infos

- **Tourismusverband:** www.stubai.at.
- **Gästekarte:** Die normale Gästekarte gewährt Ermäßigungen, freie Teilnahme am Wochenprogramm, Eintritt in wenige Museen und Schwimmbäder.
- **Kaufkarte:** Die Stubai Super Card ist bei Partnerhotels inklusive und beinhaltet mehr Gratis-Eintritte als die Gästekarte sowie die Benutzung von Bussen und Seilbahnen (www.stubai.at/unterkuentte/stubai-super-card). Als Kaufkarte heißt sie Stubai Card (gleiche Ermäßigungen, 85 €, nutzbar an 5/7 Tagen).
- **Bahn:** Ab Innsbruck Hbf. fährt seit 1904 die Stubaitalbahn als Schmalspurbahn über Telfes bis Fulpmes. Die Fahrt über die Telfer Wiesen mit schönen Panoramaausblicken über Innsbruck und die Berge ist in sich eine touristische Attraktion.
- **Bus:** 590 fährt halbstündlich ab Innsbruck über Mieders nach Neustift, Bus 595 bindet auch Telfes an. Öffi-Anreise ins Tal ist mit Übernachtungsnachweis umsonst.

Mieders

G6

Eine relativ untouristische Alpendorf-Atmosphäre am Eingang zum Stubaital zeichnet den Ort **Mieders** aus. Er liegt zwar am weitesten von den hohen Bergen am Talschluss entfernt, dafür ist der öffentliche Bus hier meist noch leer.

s'Miederer Badl

Eine kleine Attraktion ist das 1928 gebaute Freibad **Miederer Badl** mit Holzüberdachung. Vor einigen Jahren wurde hier dezent restauriert. Es gibt auch einen Kiosk und für die Kleinen ein Kinderbecken.

Schwimmbad Mieders, Wiesel 3, T 0660 651 81 88, bei warmem Wetter im Sommer 10–19 Uhr, 5 €

Jippie!

2,8 km Länge, 640 Höhenmeter, 40 Steilkurven – die Sommerrodelbahn in Mieders hat es in sich und gilt als die steilste **Sommerrodelbahn** der Alpen. Wenn man nicht bremst und vor sich keine Schnecke hat, kann man um die 40 km/h schaffen! Rauf geht's per Seilbahn.

Waldrasterweg 1, T 05225 627 76, Ende Mai–Anf. Nov. bei gutem Wetter tgl. 9–16.30 Uhr, bei schönem Wetter länger, 12,50 € (nur Rodelbahn), 21 € (Berg- und Talfahrt)

S

DAS VERLORENE S IM GENITIV

Wie bei anderen rätoromanischen Ortsnamen verschwindet bei Mieders im Genitiv das »s« am Ende des Ortsnamens, etwa beim Miederer Badl (s. o.). Ebenso bei Telfes: Telfer Wiesen, und entsprechend z. B. auch der Zammer Lochputz (s. S. 175).

Kloster auf dem Pass

Oberhalb von Mieders führt ein Pass nach Süden ins Wipptal, und direkt am Pass steht das **Servitenkloster Maria Waldrast** mit Gnadenbild und Heilquelle. Das Kloster geht auf das 15. Jh. zurück und ist heute ein Berggasthof und Hotel, eine Mautstraße führt nach Matrei am Brenner. Von Mieders aus führt dagegen eine mittelschwere **Wanderung** hinauf (7 km, 800 Höhenmeter) – oder eine leichtere Variante von der Serlesbahn-Bergstation: Da sind es nur 2,5 km auf breiten Wegen und etwa 100 Höhenmeter. Regelmäßig fährt sogar ein Traktorzug auf der Strecke. (Mai–Sept., 12 € hin und zurück).

Schlafen, Essen

Spitze!

Hotel Serles: Im großen Gasthof im Chaletstil liegen Wanderstöcke und -rucksack schon bereit. Umweltschutz wird hier großgeschrieben – Abholung vom Bahnhof ist selbstverständlich. Platz für die flambierten Süßspeisen lassen …

Dorfstr. 58, T 05225 627 90, www.serles.at, €€€ inkl. Stubai Super Card

Urige Stube

Hotel Alpenstolz: Am Ortsrand von Mieders liegt das familiäre Hotel mit schönen Zirbenzimmern. Die Stube ist verwinkelt und abends mischen sich dort Gäste und Einheimische.

Schmelzgasse 1, T 05225 625 41, www.alpenstolz.at, €€–€€€ inkl. Stubai Super Card

Infos

- **Serlesbahn:** Die Serlesbahn führt bis auf das Koppeneck (1600 m) am Hang des Berges, den Goethe als »Hochaltar Tirols« bezeichnete: die 2717 m hohe **Serles.** Im Winter ein Skigebiet, ist hier im Sommer ein kleiner Wasserspielpark für Kinder und Startpunkt für Wander- und Mountainbikerouten (Waldrasterweg 1, tgl. 9–16.30 Uhr, Berg- und Talfahrt 21 €).

Fulpmes und Telfes

G6

Fulpmes und **Telfes** sind eher familienorientierte Sonnendörfer am Südhang. Direkt bei Fulpmes, dem größten Ort im Stubai, bietet das **Skigebiet Schlick 2000** (www.schlick2000.at) auch im Sommer leichte Wanderungen von der Seilbahn aus.

Sehenswert im Ort sind vor allem die **Pfarrkirche St. Vitus** mit dem Rokoko-Innenraum und das gegenüberliegende **Pfarrhaus** mit den schönen Fassadenfresken, beide von Franz de Paula Penz. Der Architekt war nämlich ab 1753 Pfarrer in der unmittelbar angrenzenden Gemeinde Telfes – historisch der bedeutendere Ort –, wo er auch die große **Pfarrkirche St. Pankratius** baute.

Oh du Fröhliche

Im **Krippenmuseum** ist u. a. eine begehbare Krippe anzusehen. Fast jede Familie in Fulpmes hat eine handgeschnitzte Krippe und in der Pfarrkirche wird im Advent der ganze Hochaltar zu einer enormen Krippe umgebaut.

Bahnstr. 11, T 05225 629 08, www.stubaiermuseum.at, Führungen auf Anfrage Do–Sa 10–12, 14–17.30, So 10–12 Uhr

Hostienwaffeleisen

Seit Jahrhunderten gab es im Stubaital Werkzeugschmiede, die sich 1897 für die Verbesserung ihrer Profite zu einer Genossenschaft zusammenschlossen. Als Firma Stubai gibt es sie heute noch: Sie betreibt das kleine **Schmiedemuseum.** Die alte Hammerschmiede von 1836 ist schön restauriert, das unterschlächtige Wasserrad treibt auch die Schleifmaschine an. Daneben werden in einem Raum Schmiedeprodukte aus dem Stubaital gezeigt – von Sensen über Eispickel bis zum Hostien-Waffeleisen.

Fachschulstr. 1, zu erkennen an dem Fresko eines Schmiedes, T 05225 69 60 24, im Sommer Mi 14–17 Uhr, nach Absprache, 2 €

AUTODIDAKT 

Der 1707 geborene Bauernsohn Franz de Paula Penz studierte Theologie, wurde 1730 zum Priester geweiht und brachte sich selbst die Grundlagen der Architektur und Statik bei. Anscheinend ziemlich überzeugend, denn 1735 wurde er zum kirchlichen Baudirektor bestellt und entwarf zahlreiche spätbarocke Kirchen in Tirol. Von ihm eingearbeitete mobile Bautrupps wurden dafür mit Arbeitern von vor Ort verstärkt. Am 12. März 1772 verstarb er in Telfes.

Schlafen, Essen

Günstig

Pension Gletscherblick: Familiär ist die Unterkunft, die für ihre Gäste relativ große Zimmer bereithält. Zum Frühstück gibt es auch selbst gebackenen Kuchen. Wenn es draußen kühl ist, wird es abends am offenen Kamin gemütlich.

Waldrasterstr. 6, T 05225 624 10, www.pension-gletscherblick.com, €

Jausenstation

Fleischhauerei Krösbacher: Beim Dorfmetzger gibt es auch frisch gemachte Burger und Currywurst. Und wer es nicht zu den Öffnungszeiten schafft, kann sich aus dem Fleischomaten vor der Tür mit Schinkenspeck und Würsten, Bergkäse, Heumilch und fertigen Salaten versorgen.

Donnernde Wasserfälle sind ein Highlight auf jeder Wanderung, hier im Stubaital.

Kirchstr. 5, T 05225 622 25, www.metzgerei-kroesbacher.at, Mo–Sa 8–13, 17–22 Uhr

Einkaufen

Eisenwaren

Stubai: Direktverkauf der Stubaier Schmiedebetriebe, die als Genossenschaft unter der Marke Stubai auftreten.

Doktor-Kofler-Str. 1, T 05225 696 00, Mo–Do 7–12, 13–16.30, Fr 7–11.30 Uhr

Bewegen

Hopsen und Spaddeln

Freizeitpark StuBay: Nicht nur an Schlechtwettertagen lohnt ein Besuch im Freizeitpark StuBay, bestehend aus dem größten Erlebnisbad im Stubaital samt Sauna, Tennisplätzen und dem Air-Parc mit mehreren riesigen Trampolins – auch für Erwachsene.

Landesstr. 1, T 05225 626 66, www.stubay.at, Badeparadies tgl. 10–21 Uhr, Sauna bis 22 Uhr, ab 11,50 €, Air-Parc 30 € Tageskarte, inkl. Einweisungskurs, beim ersten Besuch vorgeschrieben

Beim Schmied vorbeischauen

Dorfführung: Mo 10 Uhr geht es los, auch zum Schmiedemuseum.

Ab Tourismusbüro, mit Gästekarte bzw. Stubai Super Card frei

Hochseilgarten

Adventure Park: Tirols größter Kletterwald hat 13 unterschiedliche Kletterparcours.

Gschnalsgasse 3, T 0664 864 49 44, www.outdoorprofi.at, Sommerferien tgl. 10–19, sonst Do–So ca. 12–19 Uhr, 29 €

Infos

- **Touristeninformation:** Bahnstr. 17, Fulpmes, T 0501 88 12 00, Mo–Fr 8–18, Sa 9–18, So 9–12 Uhr, Frühling und Herbst mit Mittagspause (ca. 12–14 Uhr).

Neustift im Stubaital G7

In **Neustift** herrscht eine »ernsthaftere« Bergsteigerstimmung, denn hinter dem Ort beginnen viele Wanderwege in die Welt der Stubaier Alpen. Die große **Pfarrkirche St. Georg** von Franz de Paula Penz hat eine üppige Rokokoausstattung und einen Friedhof, auf dem sich gleich in der ersten Reihe das Grab des »Gletscherpfarrers« Franz Senn (s. S. 251) befindet.

Im **Heimatmuseum Forsterhaus** in **Kampl** ist alles original, von genagelten Schuhen und Skiern mit den ersten einfachen Bindungen bis zu Butterfässern und Geräten zur Flachsverarbeitung. Urig, aber nicht gut beschildert.

Stubaitaler Str. 650, Neustift-Kampl, Bus 590 Neustift i. St. Kampl, T 0650 969 61 61, Juli–Okt. Di, Fr 14–17 Uhr

Gletscher und Berge

Oberhalb von Neustift heißt das Stubaital verwirrenderweise **Unterbergtal.** Der Bus fährt bis zur Talstation Mutterbergalm, doch schon davor gibt es im enger werdenden Tal schöne **Wanderoptionen**.

Klamm und nass

Auf insgesamt 14 km und 1400 Höhenmetern (bis Dresdner Hütte) erlebt man das Wasser in all seiner Vielfalt. Und damit jeder die passende Wanderung findet, ist der **WildeWasserWeg** in drei Etappen aufgeteilt. Die erste geht barrierefrei in ca. 1,5 Std. von Mutterberg zum tosenden Grawa-Wasserfall. Die zweite und dritte Etappe führen dann wesentlich steiler und anspruchsvoller bis zum Fuß des **Sulzenauferners** auf etwa 2500 m Höhe. Der Weg begleitet noch weitere reißende Wasserfälle. Unterwegs gibt es eine Rastmöglichkeit an der Sulzenauhütte; vom Ziel am Sulzenauferner ist dann noch ein kleiner Aufstieg übers **Peiljoch** zu bewältigen, um zur Dresdner Hütte und der Mittelstation der Eisgratbahn zu kommen.

www.stubai.at/aktivitaeten/wandern/wilde wasserweg

Das ist … »Top«!

Ab Mutterbergalm fährt die **Eisgratbahn** über die Mittelstation Dresdner Hütte bis zum Eisgrat direkt am **Stubaier Gletscher.**

Die Zeitschrift »Geo«hat die Aussichtsplattfor **Top of Tyrol,** die 9 m weit über den Fels hinausragt, zu einer der zehn schönsten Aussichtsplattformen der Welt erklärt. Und tatsächlich, von hier oben, auf 3210 m, schweift der Blick über mehr als hundert Dreitausender.

Kurzer Fußweg von der Bergstation der Schaufeljochbahn (3170 m)

Schlafen, Essen

Sportlich

Lifestyle Panorama Hotel Erika: Sportliche Gäste sind hier genau richtig – denn Mountainbikes (mit Helm), Wanderstöcke und Rucksäcke kann man sich kostenlos ausleihen. Und wer nicht gern allein unterwegs ist, nimmt einfach an einer der geführten Touren teil. Abends geht es dann in den Wellnessbereich mit Pool.

Elferweg 22, Neustift-Kampl, T 05226 23 76, www.erika.at, €€–€€€ inkl. Stubai Super Card

Tiroler Gasthof

Hoferwirt: In der holzgetäfelten Stube des mehrfach prämierten Gasthauses schmeckt eigentlich alles gut und das meiste kommt zudem noch aus der Region: Forelle und Saibling z. B. aus den eigenen Fischteichen und von den eigenen Hühnern das Frühstücksei. Im Sommer manchmal Tiroler Abende mit Musik und Büfett.

Dorf 12, T 0226 22 01, https://hoferwirt.at/wirtshaus, tgl. 11–14 und 17–21 Uhr, unregelmäßige Ruhetage, €€–€€€

Spitzenniveau

Restaurant Schaufelspitz: Auf fast 3000 m Höhe steht eines der besten Restaurants der Region: David Kostner kommt nur Regionales in den Topf.

Bergstation der Schaufeljochbahn, T 05226 814 13 06, tgl. 9–15.30 Uhr, warme Küche ab 11 Uhr, €€€

Einkaufen

Regional

Bauernmarkt: Eine kleine Auswahl an Ständen mit regionalen Spezialitäten, lecker sind besonders die frischen Brote und der Käse.

Am Musikpavillon in Neustift, Fr 14–16 Uhr

Marschverpflegung

Bäckerei Pardeller: Für die leckeren Apfelbrötchen sollte man gleich morgens da sein – denn sie sind ganz schnell ausverkauft.

Dorf 38, T 05226 302 44, Mo–So 6–18 Uhr

Stoffe

Weberei Stern: Familienbetrieb, der seit 1923 Stoffe und Teppiche aus Naturmaterialien herstellt.

Außerrain 114, T 05226 22 74, www.tiroler-webkunst.at, eigentlich Mo–Fr 8–18 Uhr, besser vorher anrufen

Bewegen

Kraxeln

Klettersteig Fernau: Von der Mittelstation der Eisgratbahn führen mit sehr kurzem Zustieg zwei unterschiedlich schwierige Klettersteig-Varianten auf den Gipfel des Egesengrats. Für Geübte (mit Ausrüstung) ein etwa dreistündiger Rundweg ab Dresdner Hütte.

Schweben

Gleitschirmfliegen: Tandemflüge und Kurse sind u. a. bei Parafly Stubai (www.parafly.at) und bei Fly Stubai (www.fly-stubai.at) möglich. Beim Tandemflug wird der Fluggast einem Fluglehrer vor den Bauch geschnallt und braucht nur fasziniert zu staunen und sonst (fast) nichts zu tun (s. auch S. 253).

Mampfen und laufen

Genusswandern: Im Juli und August organisiert der Tourismusverband Genusswandernächte – Wanderungen bei Einbruch der Dunkelheit mit Spezialitätenverkostung (und Wanderbussen auch für den Transport zum Wasserfall).

Hoch hinauf

Bergführerbüro: Beliebte Hochtouren führen z. B. aufs 3505 m hohe Zuckerhütl (1 Tag, 480 €/2 Pers.) oder an der italienischen Grenze entlang (»Spaghettitour«, 2 Tage, 960 €/2 Pers.).

Dorf 5, T 05226 34 61, www.stubai-alpin.com, tgl. 17–18 Uhr oder nach Vereinbarung Tourenbesprechung

Infos

- **Stubai Cup:** Meist im März. Paragliding-Wettbewerb, zu dem schon seit 1988 die Größen des Sports anreisen.
- **Stubai Ultratrail:** Anf. Juli. Berglauf mit unterschiedlichen Strecken. Königsdisziplin ist die K67-Strecke von Innsbruck bis zur Eisgrat-Bergstation: 66 km, 4700 Höhenmeter bergauf, 2355 Höhenmeter bergab. Aber auch die kürzeren Etappen wie K31 oder K18 haben es in sich! www.stubai-ultratrail.com.
- **Tourismusbüro:** Stubaitalhaus, Dorf 3, T 0501 88 11 00, Mo–Fr 8–18, Sa 9–18, So 9–12 Uhr, Frühling und Herbst kürzer.
- **Bergbahnen:** Von der Talstation Mutterbergalm geht es mit der Eisgratbahn I zur Dresdner Hütte, weiter mit der Eisgratbahn II zum Eisgrat und dann mit der Schaufeljochbahn hinauf aufs Schaufeljoch. Anf. Juli–Mitte Sept. 8–16 Uhr, Mittelstation 16,70 € (hin und zurück), bis Top of Tyrol 32,30 € (hin und zurück, s. S. 117).

Stams

E5

Die Stiftskirche und die Skisprungschanze sind die zwei Dinge, die man sich in **Stams** ansieht. Bekannt ist der Ort auch wegen des Schigymnasiums, in dem der österreichische Nachwuchs lernt und trainiert (s. S. 120).

Stift Stams 

Im Jahr 1273 gründeten der damalige Landesfürst Graf Meinhard II. von Görz-Tirol und seine Wittelsbacher Gemahlin Elisabeth von Bayern das **Stift Stams**. Damals gab es wohl bereits eine Reliquienwallfahrtsstätte in Stams.

Kirche: Barock, Barock ...

Beeindruckend und im Mittelpunkt der Führung durch das **Stift** ist die hohe, helle Zisterzienser-Stiftskirche, im 18. Jh. vom Innsbrucker Baumeister Georg Anton Gumpp barockisiert. Die tollen **Deckenfresken** zeigen Szenen aus dem Leben Mariens und des hl. Bernhard, und die Tür zur Kanzel ist als Beichtstuhl getarnt.

Die neue **Basilika** diente dann den Tiroler Fürsten als Grablege. Mitten in der Kirche unterhalb des Bodenniveaus liegt die in Anlehnung an den Petersdom in Rom gestaltete **Fürstengruft.** In ihr sind 38 Tiroler Fürstinnen und Fürsten beerdigt, u. a. Meinhard II., Anna von Braunschweig und Bianca Maria Sforza, die zweite Frau von Kaiser Maximilian I. Lebensgroße, mit Blattgold überzogene Figuren umstehen den abgesenkten Raum.

Eine künstlerische Meisterleistung ist der **Hochaltar** von 1609–13, der einen Lebensbaum darstellt: Die Wurzel Jesse geht vom Baum der Erkenntnis mit Adam und Eva aus, bezieht den Stammbaum Mariens mit ein und führt schließlich bis zu Johannes dem Täufer, Johannes dem Evangelisten sowie Petrus und Paulus. Dazu kommen noch diverse Heilige und Kirchenväter, das macht 84 Figuren insgesamt. Die komplett vergoldete Skulptur wurde später

Die barocke Stiftskirche in Stams dient als Grablege für die Fürsten und Herzöge Tirols – der Kirchenraum über der Gruft zeichnet sich durch Licht und Rhythmus aus.

zudem mit einem Stuckhintergrund verstärkt.

In der seitlich angeschlossenen **Heilig-Blut-Kapelle** ist besonders das Rosengitter sehenswert, für das der Kunstschmied Bernhard Bachnetzer sechs Jahre gebraucht haben soll. Von den 80 Rosen gleicht nicht eine der anderen!

… und andere sakrale Kunst

Neben der Stiftskirche wird im Rahmen der Führung auch der **Fürstensaal** bzw. Bernardi-Saal des Klosters mit prächtigen Freskendarstellungen aus dem Leben des hl. Bernhard besichtigt.

Die Dauerausstellung im **Museum** ordnet das Stift Stams in die Tiroler Geschichte ein und präsentiert die sakrale Sammlung des Stifts.

Stift: Stiftshof 1, T 05263 62 42, www.stiftstams.at, Juni–Sept. 9–11 und 13–16 Uhr (Beginn letzte Führung), So nur 13–16 Uhr
Museum: Juni–Sept. 10–12 und 13–17 Uhr, sonst sehr eingeschränkte Öffnungszeiten, Kombiticket Führung/Museum 13,50 €, nur Museum 8 €

Essen

Süße Sünden

Orangerie: Frische Salate, eine kleine, feine Auswahl an Gerichten und eine gute Weinkarte bietet das Restaurant Orangerie auf dem Stiftsgelände. Unbedingt auch hier Platz für den Nachtisch lassen!
T 05263 20 208, www.orangeriestams.at, Mi–Sa 10–23, So 9–21 Uhr, €€

S

SPORTSGEIST

Neben dem Stift Stams steht eine ungewöhnliche Schule. Zum **Schigymnasium Stams** gehören auch die Sprungschanzen hinter dem Dorf. Denn neben dem Schulunterricht wird trainiert: Hier haben u. a. die erfolgreiche Slalomfahrerin Marlies Schild, Mario Matt (ebenfalls Slalom) und der Snowboarder Markus Schairer die Schulbank gedrückt.

Infos

- **Bahn:** ab Innsbruck S4 und REX (25–35 Min.).
- **Fahrrad:** Auf dem Inntalradweg (von Innsbruck ca. 2 Std. (35 km).

Olympiaregion Seefeld

F5

Seefeld in Tirol, das kennt man doch irgendwie – richtig, hier werden oft Skisprung- und Langlauf-Wettbewerbe ausgetragen. Doch auch für den Sommerurlaub hat die Kleinstadt Seefeld auf einem fast 1200 m hoch gelegenen Plateau einiges zu bieten. Mit Shoppingstraße, Kurpark und Casino ist sie einer der belebteren Sommerorte in Tirol.

Neben Seefeld gehören zur **Olympiaregion** auch die Ferienorte Leutasch, Scharnitz, Mösern-Buchen und Reith.

Seefeld

Hostienwunder

Bekannt wurde **Seefeld** im 14. Jh. durch das sogenannte Hostienwunder in der Kirche **St. Oswald,** die heute direkt in der Fußgängerzone steht (Klosterstraße, Ecke Maximilianweg). Der zufällig namensgleiche Ritter Oswald soll hochmütig eine große Priesterhostie verlangt haben – woraufhin er teilweise im Boden versank und auf der Hostie blutige Spuren erschienen. Der

Ritter zeigte sich reumütig und die Kirche St. Oswald wurde schnell zum Wallfahrtszentrum. Maximilian I. stiftete später auch ein Kloster (heute das Klosterbräu & Spa), und eine Maut- und Zollstation an der zunehmend bedeutenderen Straße nach Innsbruck tat ein Übriges.

Wo ist der See?

Etwa 500 m westlich des Ortskerns steht auf einer Wiese das **Seekirchl** (Mösererstraße/Pfarrhügel), ein barocker achteckiger Zentralbau. Neben dem Stuckdekor und den drei Altären ist vor allem die Raumwirkung mit der hohen Laterne über der Kuppel bemerkenswert. Der namengebende See wurde schon im 19. Jh. trockengelegt (s. Tour S. 122).

500 m südlich von Seefeld ist der **Wildsee** ein wunderbarer Freizeit- und Badesee (s. S. 123). Von hier hat man einen guten Blick auf den Seefelder Haus- und Wanderberg, die per Bergbahn erschlossene **Seefelder Spitze** (2220 m), und die markante **Hohe Munde** (2662 m) gegenüber im Wetterstein-Gebirge. Im Süden ist aus dem See ein Latschenhochmoor geworden, das **Schutzgebiet Reither Moor.**

Schlafen, Essen

Zum Entspannen

Krumers Post Hotel & Spa: Eine der besten Adressen in Seefeld, wahlweise mit Fünf-Gänge-Menü (auch vegetarisch). Einzigartig ist der große Spa-Bereich, der sich über vier Etagen erstreckt und in dem auch Tagesgäste entspannen dürfen.

Dorfplatz 25, T 05212 22 01, www.krumers.com, €€€

Heimelig

Helga: Hier steigen viele internationale Gäste ab, die solide große Zimmer, feste Betten und einen sehr freundlichen Service zu schätzen wissen. Die Tiroler Küche ist gut und sehr reichhaltig.

Haspingerstr. 156, T 05212 23 26, www.hotel-helga.at, €€

Super Deal

Batzenhäusl: 29 Zimmer gibt es in dem gemütlichen Familienbetrieb. Die Ausstattung ist einfach, die Betten bequem, das Essen lecker. Und die Preise etwa für kleinere Zimmer ohne Balkon sind sehr günstig. Gäste dürfen die Spa-Anlage im schicken Schwesterhotel nutzen.

Klosterstr. 44, T 05212 22 92, www.gasthof-seefeld.com, €–€€

Wild at its best

Südtiroler Stuben: Besonders im Herbst gibt es sehr gute Wildgerichte. Fleisch wie Spareribs und Steaks kommt vom Lavasteingrill.

Reitherspitzstr. 17, T 05212 504 46, www.suedtirolerstube.com, Mo–Fr 10.30–14.30, 18–22 Uhr, €€

Spritzig-jung

K. u. K.: K. u. K. steht hier für Kaiser und Küche – die Café/Bar erfreut mit witzigen Frühstücksangeboten, Suppen, Snacks und Süßem. Auch wer draußen einen Platz findet, sollte unbedingt einen Blick ins Nähcrinnenzimmer werfen.

Bahnhofstr. 163, T 06644 95 10 18, Di–So 12–18 Uhr, €€

Einkaufen

Frisch & regional

Dienstagsmarkt: Auf dem Wochenmarkt gibt es regionale Produkte wie Honig, Käse, Wurst und selbst gebrannte Schnäpse.

Bahnhofplatz, Sommer Di 10–16 Uhr

Heilige und Hirten

Holzbildhauer Karl-Josef Röck: Krippen- und Heiligenfiguren sind hier

TOUR
Wintersport für alle

Themenwanderung Seefeld Sports Arena & Biathlon

Infos

F5

Start/Ziel: Informations- & Mobilitätszentrum Seefeld, s. S. 126

Strecke: 4 km, 2 Std. mit Führung, Anmeldung erforderlich, mit Gästekarte frei

Langlauf, Biathlon, Skisprung – **Seefeld** kennt man aus dem Fernsehen vor allem verschneit. Aber auch in schneefreier Zeit verpassen Wandergäste diesbezüglich nichts, denn in der Sommersaison führt der Tourismusverband regelmäßig (derzeit dienstagvormittags) diese kurzweilige Themenwanderung durch.

Vom **Ortszentrum** geht es direkt zu den nordischen Sportstätten am südwestlichen Ortsrand. Im Tal steht auffällig das kleine **Seekirchl**, das früher tatsächlich einmal in einem See stand. Der ist aber schon lange trockengelegt, und die ebene Fläche um die Kirche war immer Start und Ziel für die Langlaufwettbewerbe.

Die Straßenübergänge der Langlaufstrecke wurden übrigens über die Jahre immer aufwendiger gestaltet. Sie sollen ja nicht nur unfallfrei sein, sondern für die modernen Fernsehübertragungen auch gut einsichtig. Früher verschwand die Spitzengruppe ausgerechnet kurz vor dem Ziel in einem engen Tunnel!

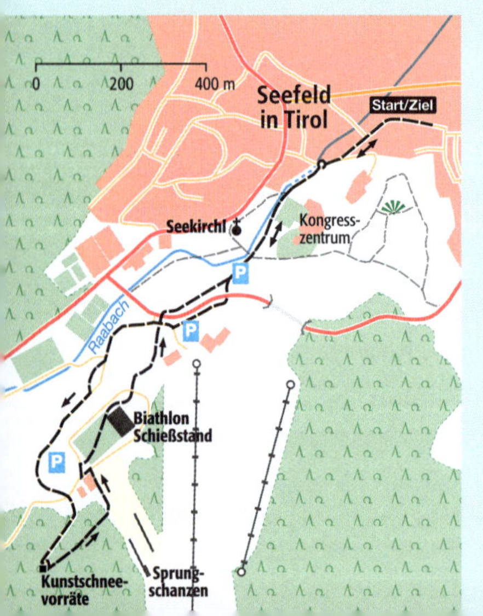

Vom Hang hat man dann einen guten Blick auf die großen Skisprungschanzen und auf das Trainingsgelände für den Langlauf. Schon ab November werden – im letzten Jahr produzierte und eingelagerte – Kunstschneevorräte auf den Loipen ausgelegt, damit die Profis bereits früh in der Saison in Seefeld trainieren können, auch wenn der natürliche Schnee noch nicht reicht. Unterhalb der Sprungschanzen geht es auf das **Biathlon-Trainingsgelände mit Schießstand.** Zum Abschluss haben alle Gäste die Gelegenheit, mal mit einem Biathlon-Kleinkalibergewehr zu schießen, allerdings aus Sicherheitsgründen nur im Liegen.

zu kaufen, auch nach Wunsch geschnitzt, darüber hinaus gibt es andere schöne Dinge aus Holz.

Innsbruckerstr. 20, T 0664 561 71 83, www.holzbildhauerei-roeck.at, Di–Sa 9–18 Uhr

Delikatessen

Tre Culinaria: Delikatessengeschäft mit Marmeladen, Chutneys, Schokoladen aus dem Dreiländereck. Und in der Genusslounge gibt es Alpentapas oder Fleischkäsesemmeln.

Klosterstr. 43, T 05212 529 55, tgl. 9–21.45 Uhr, €–€€

Endlich sauber

Benediktiner Seifenmanufaktur: Nach jahrhundertealten Rezepten werden diese schönen Seifen im Salzkammergut hergestellt. Zum Verschenken und zum Selbstbehalten.

Innsbrucker Str. 11, T 05212 20 13

Bewegen

Loipen

Mit Hunderten Kilometern Loipen gilt Seefeld als eines der größten **Langlaufgebiete** Mitteleuropas (www.seefeld-langlauf.at). Es gibt auch Sommerloipen für **Rollski:** Die Sommer-Trainingsstrecke für die Langlaufvariante auf Rollon ist 3,6 km lang und 3 m breit.

Loipeneinstieg bei der Toni Selos Sprungschanze, Loipengebühr 7 €, Verleih Skiroller, inkl. Schuhe und Stöcke 25 € pro Tag (Cross Country Academy, s. u.)

Rollski- und Skilanglaufkurse

Cross Country Academy: Langlaufkurse für Gruppen finden im Winter statt, Rollski wird im Sommer nur als Privatunterricht angeboten.

Mösererstr. 273a, T 05212 503 00, www.xc-academy.com; **Langlauf:** 3 x 120 Min. 120 €; **Rollski:** 80 €/1 Std./1 Pers., jede weitere Pers. 15 € zusätzlich

Sportgeräteverleih

Norz Bikes and more: Egal ob Räder (MTB oder E-Bike), Wandertragen oder Klettersteigsets, Rollski oder Langlaufski – Sport Norz verleiht's.

Weidach 318c, Leutasch, T 05214 63 05, www.sport-norz.at, tgl. 9–17 Uhr

Dein Freund, der Baum

Waldbaden: Im Sommer steht mittwochs »Waldbaden« auf dem Programm des Tourismusverbands. Da geht es mit Naturcoach Verena Hiltpolt in den Wald, und dann macht man eigentlich nicht viel: die Bäume anschauen, den Bäumen zuhören, die Bäume kennenlernen. Und anschließend fühlt man sich wohler.

Teilnahme mit Gästekarte 10 €, Anmeldung beim Informations- & Mobilitätszentrum Seefeld erforderlich, s. S. 126

Abkühlen

Wildsee: Zwei **Strandbäder** gibt es am Wildsee (s. S. 121), das Strandbad Strandperle an der Innsbrucker Straße (www.strandperle.at) und gegenüber das etwas ruhigere Waldbad Sonja (Strandcafé). Im Strandbad Strandperle gibt es auch Leih-SUPs – zum Ausprobieren ist der kleine ruhige See ideal.

Strandperle: Innsbrucker Str. 500, T 5212 909 97, tgl. 10–22 Uhr, 6,90 € (mit Gästekarte); **Waldbad Sonja:** T 0676 511 34 75, im Sommer tgl. 10–17 Uhr, 5 €

Wellnessoase

Olympiabad Seefeld: Das Erlebnisbad mit diversen Innen- und Außenpools und zwei guten Rutschen macht schon Spaß, aber die Saunalandschaft ist wirklich spektakulär: Verteilt auf zwei Ebenen, bietet sie sechs unterschiedliche Saunen, Infrarotkabinen, ein schönes Kneippbecken und angenehme Ruheräume.

Klosterstraße 600, T 05212 32 20, www.olympiabad.at, Hallenbad tgl. 9.30–22 Uhr, ab 14 € (2 Std.), Saunawelt Mo–Fr 13–22, Sa/So 11–22 Uhr, ab 26 €

TOUR
Mal eben zum Seebensee

Mit dem E-Bike durchs schöne Gaistal

Infos

E4–F5

Start/Ziel: Leutasch
Strecke: 42 km, 800 Höhenmeter, Halbtages- oder gemütliche Tagestour. Breiter Fahrweg, überwiegend Sand oder Schotter, auf dem letzten Stück zum Teil recht steil

Von **Leutasch** bei Seefeld zieht sich das **Gaistal** zwischen dem Wettersteinmassiv und der Mieminger Kette nach Westen hinauf, bis zur Zugspitze und den Bergwänden über Ehrwald. Dort liegt der Seebensee, sicher einer der schönsten Seen Tirols.

Traumziel mit Akkuleistung

Zugegeben, ambitionierte Mountainbiker fahren diese Tour mit Wadlkraft. Mit dem E-Bike dagegen ist es ein richtig netter Ausflug für fast alle, die hin und wieder Fahrrad fahren. Wer wandert, ist weitgehend auf anderen Wegen unterwegs, trotzdem muss man mit dem Rad vor allem auf Schotterstrecken bergab aufpassen.

Von Leutasch folgt man dem **Radweg** entlang der **Leutascher Ache,** der nach ca. 4 km für ein kurzes Stück auf

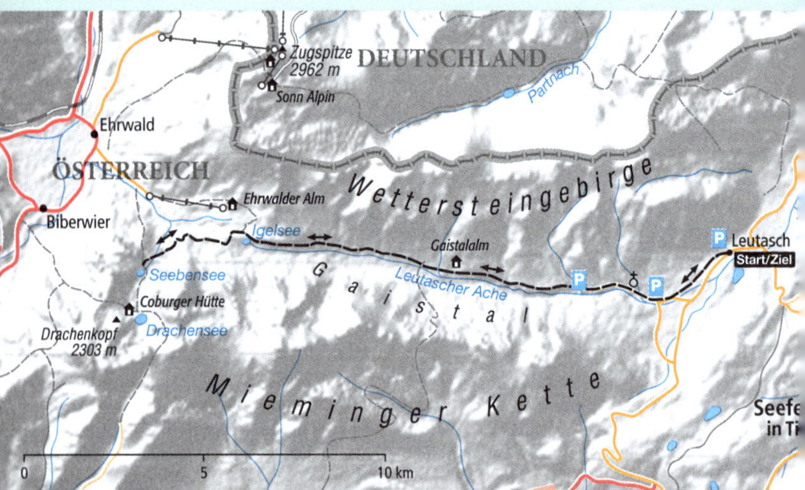

der Zufahrtsstraße zum Gaistal verläuft. Es ist der einzige Streckenabschnitt, den sich der Radweg mit Autos teilt – und auch das ist kein Durchgangsverkehr, denn hinter der kleinen Felskapelle St. Josef endet die Straße. Bei den Parkplätzen stehen Steinmandl. Am hintersten Parkplatz (P 5) gibt es nicht nur ein WC-Häuschen, sondern auch eine Kneipp-Anlage – vielleicht das Richtige für strapazierte Muskeln auf der Rückfahrt, wenn man auch viel selbst tritt? (Das lässt sich beim E-Bike ja nach Belieben dosieren.) Weiter geht es auf einem guten, nicht asphaltierten Fahrweg, der Markierung 551 »Gaistal/Seebensee« folgend: Zunächst recht steil, doch dann für etwa 12 km eher sanft bergauf, an der **Gaistalalm** und dem kleinen **Igelsee** vorbei. Dahinter endet das Tal auf einem Sattel.

Die Radtour zum Seebensee ist ein Highlight in der Region Seefeld. Doch Achtung: Das letzte Stück ist ganz schön steil.

Auf der »Rückseite« der Zugspitze

Von hier geht es geradeaus steil bergab nach **Ehrwald.** Unser Weg führt aber links um den Talkessel herum und ein wenig auf und ab, bis ein Pfad zu einem Aussichtspunkt oben an der Steilwand führt, mit gutem Blick auf Ehrwald. Nach ein paar Minuten kommt man zur bewirtschafteten **Seebenalm** (unbedingt einkehren!).

Die weniger Sicheren stellen hier die Fahrräder ab und gehen die letzten Kilometer zu Fuß, denn der Weg hat hier über 10 % Steigung. Das ist bergauf dank Turbo-Unterstützung zwar okay, auf dem Rückweg braucht man dann aber gute Armmuskeln.

Der **Seebensee** liegt fotogen in einer Senke vor dem Drachenkopf, gegenüber hat man einen prächtigen Blick auf die Zugspitze. Der **Rückweg** erfolgt auf derselben Strecke wie der Hinweg.

Abwechslung

Wochenprogramm: Ob Kräutergarteln, Alpaca-Wanderung, Biathlon-Training oder Waldbaden, jeden Tag stehen andere spannende Aktivitäten auf dem Programm. Die Teilnahme ist mit Gästekarte stark reduziert (ab 9 €). Anmeldung beim Informations- & Mobilitätszentrum (s. u.), online oder über den Vermieter.

Ausgehen

Glück im Spiel

Casino Seefeld: Von außen sieht es aus wie ein Chalet, innen gibt es Roulette, Blackjack, Poker und Glücksspielautomaten.

Bahnhofstr. 124, www.casinos.at/casinos/seefeld, tgl. 14 (Automaten) bzw. 15–3 Uhr

Sundowner

Platzhirsch: Das Café und Bistro gehört zu Krumers Post Hotel (s. S. 121), die Tische im Freien stehen direkt in der Fußgängerzone. Kleine Speisen, Cocktails und gute Weinkarte, eher für den Sundowner.

Dorfplatz 25, T 05212 220 15 71, tgl. 9–22.30 Uhr

Infos

- **Informations- & Mobilitätszentrum Seefeld:** Bahnhofsplatz 115 (im Bahnhof), T 05 08 80, www.seefeld.com, Mo–Sa 8.30–18.30, So 10–12.30, 15–17 Uhr.
- **Gästekarte:** Die Gästekarte PlateauCard gewährt zahlreiche Ermäßigungen, v. a. auf Teilnahme am umfangreichen Sommerprogramm, außerdem kann man die Busse der Region nutzen. Man erhält sie bei Buchung digital oder vor Ort als Karte.
- **Anreise:** Nichts spricht mehr gegen Öffis – der Seefelder Bahnhof ist ICE-kompatibel, und auch die Flixbusse halten in Seefeld. 2023 erstattete der Ort in einer Klima-Kampagne sogar Hunderten Gästen die Bahn- und Bustickets.

Leutasch F5

Leutasch liegt nur etwa 5 km nördlich von Seefeld, aber merklich tiefer in einer Senke, die sich von dort zur Leutaschschlucht verengt. Ein beschaulicherer Ort als Seefeld und günstig gelegen für Aktiv-Ausflüge. Schon der Heimatdichter Ludwig Ganghofer und der Komponist Richard Strauss verbrachten ihren Urlaub in »Luitasch« – wie die Einheimischen den Ort nennen.

Klammgeister und Kobolde

Nördlich von Seefeld an der deutschen Grenze fließt die **Leutascher Ache** durch eine enge Klamm, die mit breiten, am Fels verankerten Metallgitterwegen sehr bequem zugänglich gemacht wurde. Höhenangst sollte man in der **Leutascher Geisterklamm** allerdings nicht haben, denn die Gitterroste geben nach unten den Blick auf die bis zu 75 m tiefe Schlucht frei. Ganz weit hinten sollen die Klammgeister und Kobolde leben – und sie erzählen auf Infotafeln und an Erlebnisstationen über die Klamm.

Mai–Okt., frei zugänglich, www.leutaschklamm.com, Bus ab Seefeld 40 Min.

Schlafen

Alles bio

Biohotel Leutascher Hof: Nachhaltig, bio, teils vegetarisch/vegan und trotzdem keine Abstriche – das ist möglich. Schöne große Zimmer gibt es in dem zertifizierten Wanderhotel mit viel Holz, einen tollen Wellnessbereich, außerdem Leihausrüstung und Tourentipps.

Weidach 305, T 05214 62 08, www.leutascherhof.at, €€–€€€

Zugabe
So ein Schmarrn

Kabinengondel, darin sitzen ein Bergführer und zwei Touristinnen, Bergpanorama zieht vorbei.

Kaiserschmarrn schmeckt eigentlich immer – während oder nach der Hüttentour oder daheim.

Touristin 1: Hier gibt's ja manchmal Kaiserschmarrnfeste mit dem Kaiserschmarrn, der im Guinness-Buch ist. Da sollten wir mal kommen!
Touristin 2: Wir essen nämlich gern Kaiserschmarrn …
Bergführer: Ach ja, den esse ich auch ganz gern.
Touristin 1: Wo kriegt man den denn hier gut, können Sie was empfehlen?
Bergführer: Das weiß ich gar nicht. Ich mach mir halt selber öfter mal einen Schmarrn. Wenn ich vom Berg komme und nichts Großes mehr kochen mag.
Touristin 2: Wie, Sie machen das einfach so? Ist das nicht ein bisschen kompliziert?
Bergführer: Naa, das ist ganz einfach. Ich verrühr' halt ein paar Eigelb mit etwas Mehl und Milch, dann geb' ich flüssige Butter dazu und am Schluss die geschlagenen Eiweiß. Und dann Öl und Butterschmalz in die Pfanne und den Teig ein bisschen stocken lassen …
Touristin 2: Wie, beides? Öl und Butterschmalz?
Bergführer: Ja freilich, dann gelingt's besser. Und keinen Zucker in den Teig, manche meinen ja, der muss ganz süß sein. Wenn der Teig auf beiden Seiten ein bisschen braun ist und man ihn mit zwei Gabeln auseinanderreißt, dann kommt vielleicht ein bisschen Staubzucker drauf zum Karamellisieren. Und Zwetschkenröster dazu, das ist ja auch süß.

Na ja, manche tun auch noch Rumrosinen in den Teig, wie man gerade möchte.

Ist das nicht kompliziert? – Naa, das ist ganz einfach!

Seitdem machen wir auch zu Hause Kaiserschmarrn – nach Gefühl, aber in etwa so (für 2 Pers.):
3–4 Eier, etwas Zucker und Vanille (ja, doch), ca. 120 g Mehl, 300 ml Milch, Rumrosinen, ca. 20 g flüssige Butter und zum Braten noch mehr Butter und Öl, etwas Puderzucker und reichlich Apfelmus. ■

Imst und Außerfern

Vom Lechtal bis zum Gurgltal — rund um den Fernpass sind die freundlichen Berge, die unberührte Natur und authentisches Brauchtum ein sehr guter Einstieg, auch für einen Erst- oder Kurztrip nach Tirol, das hier noch nah an Bayern ist …

Seite 133

Rosengartenschlucht in Imst

Die kleine Wanderung führt durch eine der naturbelassensten Schluchten Tirols, die Rosengartenschlucht – und der Eingang liegt gleich beim Stadtzentrum von Imst. Die Schlucht kann auch in einer leichten Canyoning-Tour begangen werden.

Seite 135

Kaiser mit Kürbis in Imst

Karamellisierte Kürbiskerne auf dem Eisbecher – oder lieber die üppige Nusstorte? Nach der Wanderung geht es jedenfalls in die Konditorei Regensburger.

Gut, sich mal im Kanu treiben zu lassen.

Eintauchen

Seite 136

Starkenberger Panoramaweg

Von Nassereith bis nach Tarrenz, dem Herzstück des Panoramawegs, erwarten Sie Ausblicke über das Gurgltal und auf einige Zweitausender. Und zum Schluss in der Starkenberger Brauerei das HeimatBier!

Seite 138

Fasnacht in Imst

Nur alle vier Jahre findet das archaische Imster Schemenlaufen statt. Dazwischen kann man im Fasnachtsmuseum in Imst anhand von zahlreichen Videos und tollen Kostümen einen Eindruck von der alten Tradition bekommen.

Seite 140

Rafting auf dem Inn bei Imst

Zwischen Imst und Haiming rauscht der Inn mit etlichen Stromschnellen durch die Imster Schlucht – und die ist eine der beliebtesten Raftingstrecken Europas. Außerdem ist sie auch für Anfänger bestens geeignet!

Seite 144

Zugspitze

Auf den höchsten Berg Deutschlands, die Zugspitze, in einer schönen Tagestour – eine Spitzenwanderung, von der österreichischen Seite aus.

Seite 148

Gravelbiken zur Burgenwelt

Auf den schnittigen Gravelbikes geht sogar das Bergauffahren ganz gut. In Reutte kann man die Trendräder einfach mal ausprobieren.

Seite 151

Tiroler Lechtal ✪

So naturbelassen wie den Lech bei Weißenbach und Elmen findet man mitten in Europa kaum einen anderen Fluss – ist es besser, einfach am Ufer zu sitzen und auf die Strudel zu schauen oder doch ein Stück zu laufen?

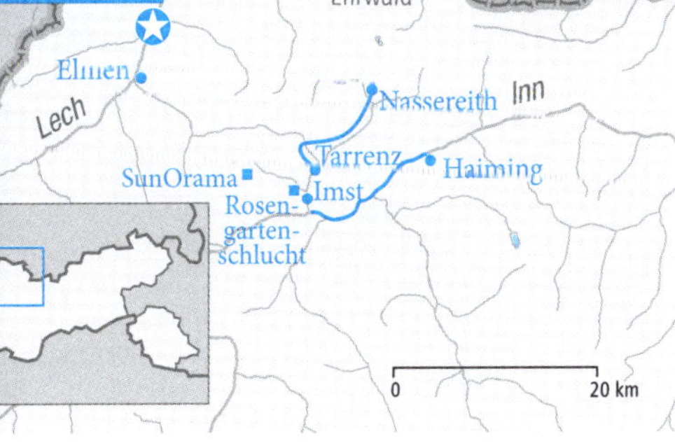

Auf 2100 m der Sonne nah sein im SunOrama an der Bergstation Alpjoch.

»Söll mer huire in d' Fåsnåcht giah?« (Die traditionelle Frage des Obmanns der Imster Fasnacht am Dreikönigstag)

Tirol für Einsteiger

D

Die Bezirkshauptstadt Imst am nördlichen Hang des Inntals und am Beginn des Gurgltals ist zwar bei der Anfahrt von Autobahnen und Industriegebieten gesäumt, bietet aber auf den zweiten Blick erstaunlich viel Tirolerisches: felsige Berglandschaft direkt vor der Haustür, Klettern und Rafting und mit dem Schemenlaufen auch echtes Brauchtum. Von Imst zweigt über das Gurgltal die B 179 zum Fernpass ab.

Fast schon bayerisch

Das Gebiet jenseits des Fernpasses – die Gegend um Ehrwald sowie Reutte und das Lechtal – gehört zwar zu Tirol, ist aber nicht nur geografisch – gleich hinter Füssen –, sondern auch historisch und kulturell in vielem Bayern näher. Mindestens seit 1296 wird es als Außerfern bezeichnet, damals hieß es iudicium extra Verren, also etwa »die Gerichtsbarkeit hinter dem Fernpass«.

Besonders Ehrwald steht ganz im Zeichen der Zugspitze. Speziell das Lechtal punktet mit Genuss und viel Natur. Die Fahrt über die Berge, entweder über den Fernpass oder das kurvige Hahntennjoch, lohnt sich durchaus.

ORIENTIERUNG

O

Touristeninformationen: Imst (s. S. 138), Ehrwald (s. S. 143) und Reutte (s. S. 151).
Naturpark Tiroler Lech: www.naturpark-tiroler-lech.at
Verkehr: Imst liegt im Inntal an der Hauptbahnlinie und an der Autobahn. Reutte und Ehrwald sind von Deutschland (Garmisch, Kempten) aus per Bahn erreichbar. Ins Lechtal geht es nur per Bus, zwischen dem Lechtal und dem Gurgltal/Imst fährt keine Bahn – die Bundesstraße führt über den Fernpass, alternativ geht es bei gutem Wetter über das höhere Hahntennjoch (s. S. 154).
Gästekarten: Die Gratis-Gästekarten – Urlaub(s)pass in Imst, Zugspitz Arena Bayern-Tirol Card in Ehrwald, Aktiv Card in Reutte und im Lechtal – gewähren jeweils Freifahrten in Bussen, (teils ermäßigte) Teilnahme am Wochenprogramm, manche Museums- oder Schwimmbad-Eintritte.
Kaufkarten: Sie umfassen jeweils auch Bergbahnen und Eintritte. Bei der Gletscherparkcard (s. S. 138) sind Imst, Pitz- und Kaunertal inklusive. In Ehrwald gibt es die Activcard Z-Ticket (s. S. 143), im Lechtal die Lechtal Aktiv Card.

Imst

D6

Das **Gurgltal** (s. S. 138) liegt strategisch günstig zwischen den beiden relativ leicht zu querenden Alpenpässen Fernpass und Reschenpass. Da ist es nicht verwunderlich, dass erste Siedlungsspuren schon aus der Bronzezeit stammen und dass die erste römische Straße über die Alpen, die Via Claudia Augusta, genau hier entlangführte: über den Reschenpass ins Inntal und ab Imst über das Gurgltal zum Fernpass in Richtung Germanien.

Imst (ca. 11 100 Einw.) entspricht auf Anhieb nicht direkt dem Tiroler Urlaubsklischee, doch die eigentümliche Mischung aus mittelalterlichen Bauten in der Altstadt und Industrie- und Zweckbauten, aus hemdsärmeligem Alltag und grandioser Natur in der unmittelbaren Umgebung hat etwas.

Der Vogelfänger bin ich ja

Der Ortskern ist historisch – bereits 763 wurde ein Ort namens Imst erstmals erwähnt, Marktrecht erhielt er aber 500 Jahre später.

In der Umgebung von Imst wurden damals Metallerze abgebaut, spätestens ab dem 15. Jh. sind auch Bleiminen belegt. Die Bergleute nahmen in die tiefen Schächte Kanarienvögel als Indikatoren für ausreichend Atemluft mit. Fiel der Vogel um, musste der Bergmann schnell aus dem Schacht. Nach dem Niedergang der Bergwerke züchteten die Leute weiterhin Kanarienvögel, nun als Singvögel, und handelten damit in Süddeutschland. Ein solcher Imster Vogelhändler soll Mozart als Vorbild für den Papageno in der »Zauberflöte« gedient haben. Später war Imst dann ein Zentrum der Textilindustrie.

Heute verteilt sich die Bevölkerung der Bezirkshauptstadt auf mehrere

Die Rosengartenschlucht bei Imst ist sehr naturbelassen und beginnt quasi mitten in der Stadt. Schritt für Schritt wird's dann felsiger.

Ortsteile von sehr unterschiedlichem Erscheinungsbild, die sich über 50 Höhenmeter den Hang hinaufziehen. Direkt hinter der Stadt ragen die imposanten felsigen Lechtaler Berge auf.

Mittelalter in der Oberstadt

Nördlich und oberhalb der **Johanneskirche** stehen die ältesten Häuser der Stadt, die Straßen sind gewunden, schmal und malerisch.

Die Hauptkirche in der Oberstadt ist aber **Mariä Himmelfahrt** ❶. Der gotische Bau aus dem 15. Jh. mit großem Friedhof ist mindestens die zweite Kirche an dieser Stelle. Innen wurde die Kirche zwischenzeitlich mal barockisiert, aber im frühen 20. Jh. war Gotik wieder in und man legte Fresken frei. Besonders sehenswert ist der Freskenschmuck auf der südlichen und westlichen Fassade, u. a. Darstellungen des Erasmus, des Christophorus und von Christus als Weltenrichter.

Winter in die Flucht scheppern

Nicht weit davon entfernt befindet sich das Haus der Fasnacht, ein modernes Brauchtumsmuseum.

Das **Imster Schemenlaufen** ist ein einzigartiger Fasnachtsbrauch, der wegen des großen Aufwands nur alle vier Jahre stattfindet (s. S. 138). Etwa 1000 Männer sind dann zwei Tage lang in aufwendigen Kostümen und Zirbenholzlarven unterwegs (so heißen die Masken, wenn sie in der Fasnacht benutzt werden). Fasnacht ist hier eine Woche vor dem z. B. im Rheinland üblichen Termin, der eigentliche Maskenumzug beginnt am Sonntag um 12 Uhr.

Die Figuren sind historisch und streng festgelegt, oft sind die Rollen innerhalb der Familie erblich. Die wichtigsten sind der Scheller, mit großen eckigen Schellen und der Maske eines älteren Mannes – der Winter –, und der Roller, mit kleinen Glöckchen wie am Pferdegeschirr und der Maske eines jungen Mannes – der Frühling –, beide mit einem bunten Aufbau wie einer Art Heiligenschein hinter dem Kopf. Trotz der zum Teil 30 kg schweren Schellen hüpfen und tanzen sie ununterbrochen, um den Winter durch den Lärm auszutreiben. Andere Figuren sind die Bären und Bärentreiber, die Hexengruppen sowie als Ordnungskräfte die Spritzer und Sackner, die mit Wasserspritzen oder prügelähnlichen Säcken die Schaulustigen aus dem Weg drängen, damit die Hauptfiguren tanzen können.

Der alte Brauch wird immer noch fast ohne Institutionen organisiert, dabei beteiligt sich die halbe Stadt etwa an der Vorbereitung der Kostüme oder Festwagen. Im Umzug mitgehen können Männer (ab 16 Jahre), die in Imst aufgewachsen sind.

Das **Fasnachtsmuseum** ❷ stellt die Figuren vor, auch mithilfe von großformatigen Filmaufnahmen des Schemenlaufens aus mehreren Jahrzehnten. Im Museum befindet sich ebenfalls das Kostümmagazin.

Streleweg 6, T 0650 646 01 00, www.fasnacht.at, Fr 16–19 Uhr und n. V., 5 €, mit Urlaub(s)pass-Gästekarte kostenlos, Termine offener Führungen sind ggf. auf der Website vermerkt (unbedingt lohnend!)

SOS

Der Schinderbach trennt die **Oberstadt** von der **Unterstadt** mit dem geschäftlichen Zentrum, der verkehrsberuhigten Kramergasse. Am Schinderbach beginnt auch der Weg zur **Rosengartenschlucht** ❶ (s. S. 133). Noch weiter unterhalb liegen Gewerbegebiete und 1960er-Jahre-Wohnblocks, wo mehr Zugezogene wohnen.

Manche kommen von sehr weit her, denn hier in Imst eröffnete Hermann Gmeiner 1951 das weltweit erste SOS-Kinderdorf.

TOUR
Durch die wilde Schlucht

Wanderung durch die Rosengartenschlucht nach Hoch-Imst

Infos

D 6

Start/Ziel: Johanneskirche, Unterstadt, Imst

Gehzeit: bis Hoch-Imst 1 Std., Rückweg über den normalen Wanderweg 20–30 Min. oder mit Stadtbus 3 ab Seilbahnstation Hoch-Imst (stdl., Fahrzeit 5 Min.)

Neben der **Johanneskirche** in der Unterstadt von Imst beginnt der **Rosengartlweg.** Beidseitig des Baches geht es in etwa 350 m zum Eingang der **Rosengartenschlucht** 1.

Eine stabile **Hängebrücke** führt über den Schinderbach, daneben gibt es aber auch eine vergnügliche Seilbrücke, an der große und kleine Kinder über den Bach hangeln können.

Dahinter wird der Weg schmal und manchmal auch felsig. Über hölzerne Stege, Brücken, Felsdurchbrüche und einige Betonstufen geht es nun durch die stets feuchte, wilde Schlucht.

Im Vergleich zu manch anderen touristisch erschlossenen Schluchten sind die Felswände und Bachstufen in der Rosengartenschlucht ziemlich naturbelassen – feste Schuhe sind, besonders wenn es geregnet hat, ein Muss!

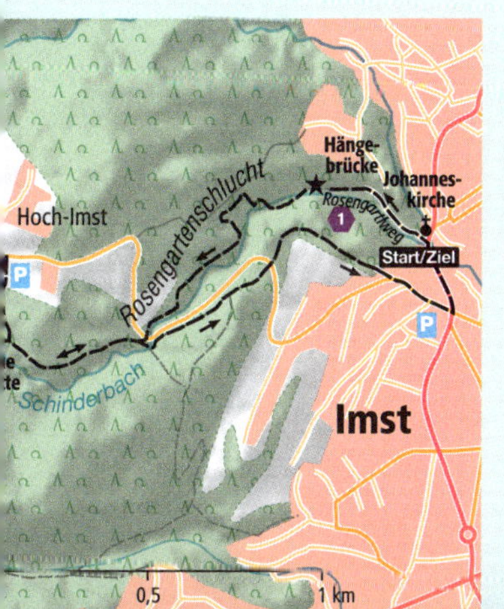

Nach etwa 1,3 km und 200 Höhenmetern kreuzt der Weg die Fahrstraße. Hier hat man die Möglichkeit, über einen normalen Wanderweg nach **Imst** zurückzukehren. Weiter geradeaus geht es noch einmal 500 m und 70 Höhenmeter auf einem viel sanfteren Waldweg oberhalb der hier niedrigen Schlucht bis zur **Blauen Grotte,** einer kleinen Quelle in einem alten Bergwerksstollen.

Gleich dahinter ist die **Seilbahnstation Hoch-Imst** mit Parkplatz und Bushaltestelle erreicht. Von hier geht es per Bus oder über den Wanderweg Richtung Wetterkreuz zurück nach **Imst.**

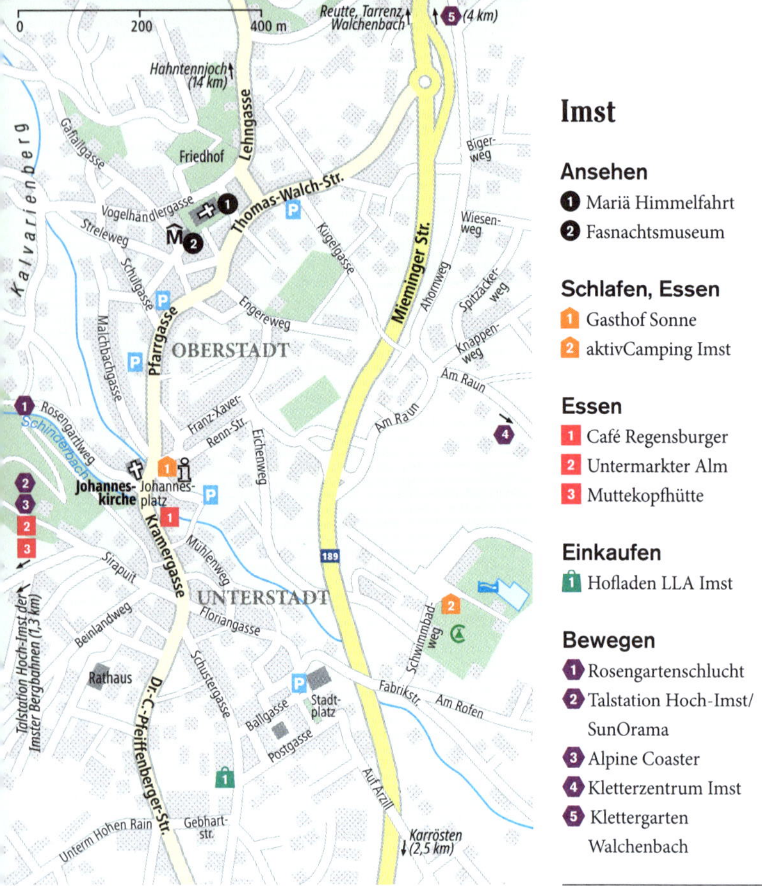

Wandern über Imst

Von der **Talstation Hoch-Imst** 2 fährt eine Gondelbahn zur Untermarkter Alm und weiter zur **Bergstation Alpjoch.** Neben der Bergstation liegt das **SunOrama,** eine tolle hölzerne Aussichtsplattform mit Ruhebänken, nach rechts geht es zur **Aussichtsplattform Adlerhorst.**

Eine schöne leichtere Bergwanderung ist die **Drei-Hütten-Tour** (400 m bergab, ca. 2,5 Std.): Von der Bergstation bzw. dem Adlerhorst führt der etwas ausgesetzte, aber mit Seilen gesicherte Drischlsteig mit wunderbarem Blick fast eben bis zur Muttekopfhütte (knapp 1 Std.). Von dort folgt man dem Tal teils steil bergab bis zur Latschenhütte (www.latschen.at) und zur Untermarkter Alm an der Mittelstation der Bergbahn.

Von der **Muttekopfhütte** 3 führt auch ein Wanderweg zum **Hahntennjoch** (1894 m). Zurück geht es dann mit dem Bus 155, Haltestelle Hahntennjoch Passhöhe. Hinter der Hütte gibt es viele alpine und Sportkletterrouten.

Schneller Slalom auf der Schiene

Von der Mittelstation Untermarkter Alm kann man auch mit dem **Alpine Coaster** 3, der gut 3,5 km langen

Sommerrodelbahn, nach Hoch-Imst abfahren. Auf 450 Höhenmetern gibt es neben steilen Kurven auch häufiger sanftere Streckenabschnitte. An schönen Sommertagen kann die Wartezeit am Alpine Coaster durchaus mehr als 1 Std. betragen. Dann werden allerdings Nummern ausgegeben, sodass man sich die Zeit mit einem Spaziergang, auf dem Spielplatz oder im Restaurant vertreiben kann.

Hoch-Imst 19, T 05412 663 22, www.imster-bergbahnen.at, Juni–Sept. tgl., Mai, Okt nur Do–So 9–17 Uhr, Winter s. Website, Fahrzeit 9 Min., 10,50 €, mit Lift: 17,60 €

Schlafen, Essen

Zentral

1 **Gasthof Sonne:** Das klassische Tiroler Gasthaus befindet sich direkt über dem Tourismusbüro im Zentrum. Es ist einfach, aber solide, und explizit bike- und fahrradfreundlich: Das zeigt sich u. a. in den Abstellplätzen, Werkzeug und Routenvorschlägen.

Johannesplatz 4, T 05412 672 92, www.sonne-imst.at, €

Auf der Wiese

2 **aktivCamping Imst:** Stadtnaher, relativ kleiner Campingplatz mit einfachen Sanitäranlagen, dafür mehreren Aufenthaltsräumen, Slackline und Bar, gleich neben dem städtischen Freibad. Sehr hilfsbereit ist der Betreiber.

Schwimmbadweg 10, T 05412 213 55, www.camping-imst.at, €

Überm Wildbach

1 **Café-Konditorei Regensburger:** Tolle Torten und Eisbecher auf einer schmalen Terrasse, die über einen kanalisierten Bach gebaut ist, oder im Obergeschoss mit Panoramafenstern. Lecker ist der Kaiser-Franz-Josef-Eisbecher mit Erdbeeren und karamellisierten Kürbiskernen, Hausspezialität der üppige Imster Nusskuchen.

Kramergasse 20, T 05412 638 03, www.regensburger.cc, Di–So 9–19 Uhr

Jause mit Blick

2 **Untermarkter Alm:** Moderne Berghütte mit großer Sonnenterrasse und guter Küche, auch Zimmer. Die Tiroler Jausen und Knödel sind meist regional und bio, dazu gibt es selbst gebackenes Brot und Burger von eigenen Almochsen.

Untermarkter Alm 103, Hoch-Imst, Mittelstation der Imster Bergbahnen, T 0680 444 17 02, www.ualm.at, auch Doppel- und Mehrbettzimmer. Betriebstage wie die Bergbahn, 9–17, 18–20 Uhr, €€

Für Bergfexe

3 **Muttekopfhütte:** Klassische Berghütte mit schönem getäfeltem Gastraum und sehr gutem, deftigem Essen (auch vegetarisch). Dank Lastenaufzug auch gute Weine. Hingehen muss man aber zu Fuß.

Hoch-Imst, 1934 m, T 0664 123 69 28, www.muttekopf.at, bis 17 Uhr, im Mehrbettzimmer oder Lager, €

Einkaufen

Direktvertrieb

1 **Hofladen LLA Imst:** Direktvertrieb landwirtschaftlicher Produkte durch Auszubildende der Landwirtschaftlichen Fachschulen: alles regional, vieles bio.

Eduard-Wallnöfer-Platz 5, http://lla.ihc.at, Mo–Fr 9–12 Uhr

Bewegen

Wanderungen bei Imst

Rosengartenschlucht 1, s. S. 133, und ab der **Talstation Hoch-Imst** 2. Oben, an der Bergstation Alpjoch, lädt die Panoramaterrasse **SunOrama** mit ergonomischen Holzliegen zum Chillen ein. Nicht

TOUR
Unterwegs mit den Rittern auf alten Handelswegen

Hoch auf dem Starkenberger Panoramaweg

Einst gehörte die Familie der Starkenberger zu den einflussreichsten Adelsfamilien im Tiroler Oberland. Seit dem 12. Jh. kontrollierte sie die Handelsstrecke zwischen dem Allgäu und Südtirol. Zum Schutz hatte sie zahlreiche Burgen gebaut: Von der Festung Ehrenberg (s. S. 146) über ihren Hauptsitz Burg Starkenberg bei Tarrenz bis zur Kronburg bei Landeck (s. S. 174). Der 2018 eingeweihte **Starkenberger Panoramaweg** verläuft auf fünf Etappen durch das mittelalterliche Herrschaftsgebiet. Die Etappe von Nassereith nach Tarrenz ist gewissermaßen das Herzstück: Sie endet an der ehemaligen Burg Starkenberg, heute eine Brauerei.

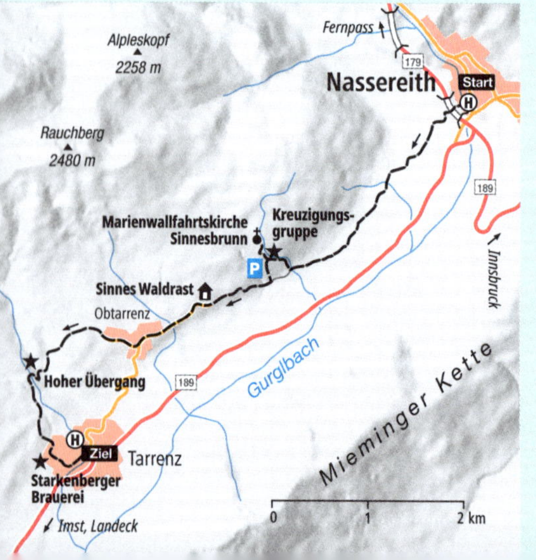

Von **Nassereith** im Talschluss des Gurgltals geht es hinauf in den Wald. Auf schmalen Pfaden, die manchmal von Mountainbikern genutzt werden (Vorsicht!), gewinnt man schnell an Höhe. Leider zunächst ohne Aussicht.

Der Pfad mündet in eine größere Wegkreuzung mit Wanderparkplatz und einer überdachten **Kreuzigungsgruppe** von 1777 – die zwölfte Station eines alten Kreuzweges. Der Kreuzweg führt nun in Kehren weiter bergauf – fast hun-

Infos

D 4

Start: Nassereith, 840 m (Haltestelle Kapelle)

Ziel: Tarrenz, 840 m (Haltestelle Tarrenz am Tasen)

Dauer/Anforderungen: 14 km, 800 Höhenmeter bergauf und bergab, ca. 5 Std. reine Gehzeit

Einkehr: Sinnes Waldrast und Starkenberger Brauerei, beide auf der zweiten Hälfte des Weges

dert Höhenmeter – zur kleinen **Marienwallfahrtskirche Sinnesbrunn.** Das Kirchlein steht malerisch auf einer hübschen Lichtung neben einer Quelle. Bereits in der vorchristlichen Zeit gab es an dieser Stelle wohl ein Quellheiligtum, aber der Legende nach fanden Hirten hier ein Marienbild im Baum. Nachdem sie es mehrmals vergeblich in die Kirche unten im Dorf gebracht und dann immer wieder an der Quelle wiederentdeckt hatten, bauten sie dem Heiligenbild hier oben am Berghang eine Kapelle.

Von der Kapelle aus geht der Panoramaweg zunächst zurück bis zu der Kreuzigungsszene, dann aber nach rechts auf breiten, gut ausgeschilderten Waldwegen leicht bergab. Hin und wieder bietet sich ein wunderbarer Ausblick über das Gurgltal und auf einige Zweitausender. Am Ende des Kreuzwegs passiert man das kleine Dorf **Obtarrenz** auf einem sonnigen Almenabsatz (Einkehrmöglichkeit). Dahinter führt der Weg durch einen verwunschen wirkenden lichten Märchenwald.

Im Bogen geht es nun um den tiefen Einschnitt des Salvesenbaches herum. Die eigentliche Salvesenklamm ist nicht begehbar, aber der Wanderweg führt hoch am Hang zur engsten Stelle der Klamm. Mit dem Wasser des hier wild zu Tale rauschenden Salvesenbachs wurden einst die Schmiedehämmer der zahlreichen Nagelschmieden in Tarrenz betrieben. Der sogenannte **Hohe Übergang** ist eine schmale Fußgängerbrücke, die die Schlucht etwa 40 m über dem Bach mit einem schwindelerregenden Blick in die Tiefe überspannt! (Umgehung möglich.)

Dahinter sind es noch etwa 2 km bis zur **Starkenberger Brauerei.** Vom Komplex der mittelalterlichen Burg Neu-Starkenberg ist nach Umbauten zum Schloss und weiter zur Brauerei nicht viel erhalten, dafür ist das süffige Starkenberger Bier weithin bekannt. Neben Brauereiladen und dem Restaurant Schlossstube kann man sich auch auf eine Brauereibesichtigung begeben (s. S. 139)!

Gekennzeichnet ist der Starkenberger Panoramaweg mit einem Ritterhelm.

Wer danach noch die letzten Meter nach **Tarrenz** hinunterwanken kann, erreicht dort auch noch den Bus nach Imst oder zur Bahn im Inntal.

weit davon bietet die Aussichtsplattform Adlerhorst einen Rundum-Panoramablick.

Sommerrodelbahn

3 **Alpine Coaster:** s. S. 134.

Klettern in- und outdoor

Das **Kletterzentrum Imst** 4 erfreut mit der großen modernen Wettkampfkletterhalle, Innen- und Außenanlage sowie Café (Am Raun 25, T 05412 62 65 22, www.kletterzentrum-imst.at, Mo–Fr 13.30–22, Sa/So 9.30–20 Uhr, 12 €). Der **Klettergarten Walchenbach** 5 nördlich von Tarrenz hat einen kurzen Zustieg. Die Routen sind einfach, Routenbeschreibungen vor Ort.

Infos

- **Imster Schemenlaufen:** Nur alle vier Jahre zu Fasnacht (ca. Feb.), nächster Termin 2028, mittlerweile im immateriellen UNESCO-Welterbe (s. S. 256). Zeitversetzt ebenfalls alle vier Jahre findet am gleichen Tag die **Buabefasnacht** (Bubenfastnacht) für sechs- bis fünfzehnjährige Jungen statt, der nächste Termin steht noch nicht fest, für Info s. Tourismusbüro.
- **Tourismusbüro:** Johannesplatz 4, T 05412 691 00, www.imst.at, Mo 8–17, Di–Fr 9–17, Sa 9–12 Uhr.
- **Gästekarte »Urlaub(s)pass« der Ferienregion Imst:** Kostenlos bei Übernachtungen. Gratisbenutzung der öffentlichen Busse in der Region (bis Landeck und Elmen), Ermäßigung bei Sehenswürdigkeiten. Freie Teilnahme an einigen Veranstaltungen des Wochenprogramms, sonst teils deutliche Ermäßigungen, etwa auf geführte Klettersteigbegehungen.
- **Super-Deal ab 3 Nächten:** Dann sind die Imster Bergbahnen und 1 x pro Aufenthalt die Area 47 (s. S. 160) inkludiert!
- **Gletscherparkcard:** www.gletscherpark.com. 3 Tage in 5 Tagen 81 €, 4 in 7 Tagen 91 €, 10 in 14 Tagen 137 €. Mit der Card kann man neben den Imster Bergbahnen auch die Bahnen im Pitztal und im Kaunertal (s. S. 182) benutzen, zudem ist der Eintritt zu vielen Sehenswürdigkeiten frei oder stark ermäßigt.
- **Seilbahn Untermarkter Alm & Alpjoch:** www.imster-bergbahnen.at, Juni–Sept. tgl. 9–17 Uhr, Nebensaison Do–So, Berg- und Talfahrt beide Sektionen 26,40 €.
- **Touristenzug Bummelbär:** Der pink-gelbe Bummelzug fährt 2 x tgl. eine gemütliche Runde durch das Gurgltal – von Imst über Tarrenz nach Nassereith und zurück, Tagesticket 5 €.
- **Bus:** Über das Hahntennjoch fährt tgl. 4 x ein Kleinbus, Linie 155, ins Lechtal (Elmen), Fahrzeit ca. 1 Std.

Tarrenz/ Gurgltal

D5/6

Während der Frühen Neuzeit und bis zum Dreißigjährigen Krieg war der Bergbau in vielen Tiroler Tälern ein wichtiger Wirtschaftszweig – zum Teil herrschte Goldgräberstimmung, aber es war auch eine harte und gefährliche Arbeit. Auch im **Gurgltal** lebten die Leute lange Zeit überwiegend vom Bergbau.

So könnte es gewesen sein

In der **Knappenwelt Gurgltal** wird diese Vergangenheit u. a. im nachgebauten Bergknappen-Lager mit Wohnhütten, Erzstollen und Werkstätten erlebbar. Für kleinere Kinder gibt es einen Spielplatz mit Stollen und Loren. Ein Museum präsentiert den Grabfund eines Frauenskeletts mit Grabbeigaben aus dem 17. Jh. als »Heilerin vom Gurgltal« – ansprechend gemacht mit Multimedia-Stationen und Dokumentarfilm.

Tschirgant 1, T 05412 630 23, www.knappenwelt.at, Mai–Okt. Di–So 10–17 Uhr, 8 €, 10–18 Jahre 3 €, mit Gästekarte frei

Am klaren Fernsteinsee ist es meist wunderbar ruhig. Dabei ist die Bundesstraße ganz nah.

Bier und Ritterfeste

Das Starkenberger Bier ist in Tirol omnipräsent: Es ist süffig und malzig (v. a. das HeimatBier, das nur aus Tiroler Gerste gebraut wird) und oft prämiert. Seit 1810 wird es bei Tarrenz gebraut, wo die alte Burg der Starkenberger Adligen nur noch in den festen Grundmauern der Brauerei zu erkennen ist – darüber sind Sudhaus und Maschinenraum, in die man auf einer Führung bzw. einem Ausstellungsrundgang einen Blick werfen darf. Höhepunkt der Tour ist die Verkostung im historischen »Rittersaal« im Keller. Und dann gibt es noch den Direktverkauf und das Wirtshaus mit toller Terrasse. Die Starkenberger Brauerei stellt auch einen recht guten Whisky her.

Starkenberger Erlebniswelt: T 05412 66 20 10, www.starkenberger.at/biermythos.html, Mai–Okt tgl., sonst Mo–Fr 10–17 Uhr, 8,50 €, Führung mit Anmeldung 10 €

Essen

Wochenendausflug

Sinnes Waldrast: Schön gelegenes Waldgasthaus oberhalb von Obtarrenz, Einkehr zu Knödel oder Jause.

Kappakreuz 1, T 05412 222 40, www.sinnes.at, auch Unterkunft, €–€€

Bier(im)garten

Schloss-Stube: Brauerei-Wirtschaft mit Terrasse über das Gurgltal.

Griesegg 1, T 0664 958 88 80, www.starkenberger.at, Mi–So 11–22 Uhr, €€

Bewegen

Urlaubsgefühle

Spaziergang um den Fernsteinsee: Am Ende des Gurgltals, bevor sich die

TOUR
Der große Splash

Rafting auf dem Inn

Die meisten Outdoor-Veranstalter im Tiroler Oberland bieten auch Rafting-Touren an, in Haiming sind Anbieter direkt am Ausstieg auf diese Tour spezialisiert.

Vorwärts! Weiterpaddeln, los! Das Gummiboot prallt genau in die Wellen, Gischt spritzt, einen Augenblick denkt man: »Jetzt kentern wir!« Auf Anweisung paddeln alle gemeinsam, was das Zeug hält – zwischen den Stromschnellen hindurch oder eben auch mal mitten hinein.

Die **Imster Schlucht** auf dem Inn gilt als eine der beliebtesten Rafting-Strecken Europas und ist sowohl für Neulinge als auch für etwas Fortgeschrittenere geeignet. Alle Mitfahrenden aber sollten schwimmen können und keine Angst vor kaltem Wasser haben!

Die **Steuerleute** variieren je nach Können (und Einsatz) der Teilnehmenden Wellen und Schaukeln. Die Profis führen alle sicher durch die Wellen – oder lassen das Raft je nach Gruppendynamik und Sommerwetter auch mal bewusst kentern.

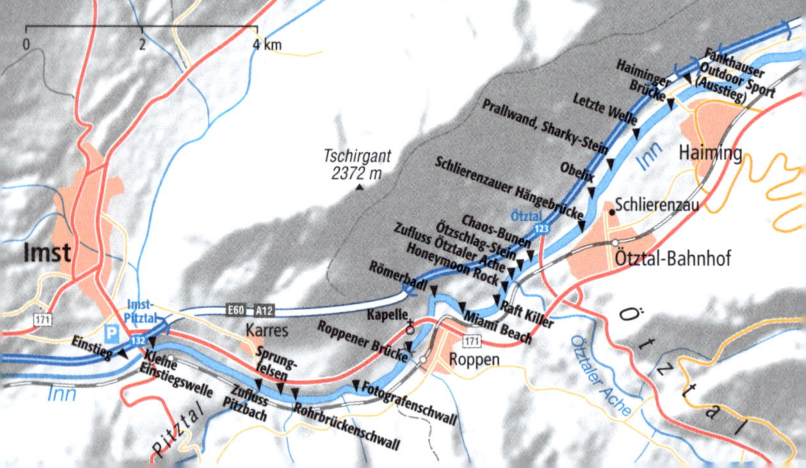

Infos

D–E 6

Einstieg: Parkplatz nahe der Autobahnausfahrt Imst bei Brennbichl

Ausstieg: Haiming

Strecke/Dauer: ca. 13 km/1–1,5 Std.

Anbieter: u. a. Fankhauser Outdoor-Sport, Magerbach 4, Haiming, T 0650 625 91 13, www.fanky.at, ab 55 €/Pers., auch für Kleingruppen und individuelle Anforderungen; Lemmingtours, Imst, T 0821 343 46 40, www.lemmingtours.de, ab 54 €

Mitbringen: Badebekleidung. Gestellt werden Neoprenanzüge, Helme und Schwimmwesten

Am breiten **Einstiegsplatz** werden noch mal die Kommandos geübt, und dann geht's auch schon los. Bis zum **Zufluss des Pitzbachs** nach etwa 2 km fließt der Inn recht ruhig dahin, wer mag, kann hier von einem Fels ins Wasser springen, um festzustellen, wie kalt das Wasser denn nun ist. Dann kommen bald die ersten größeren Stromschnellen und Strudel – und es wird nass. Trotzdem: nach links bitte lächeln und Victory-Zeichen, da stehen nämlich öfter mal Fotografen am Ufer.

Je engagierter und kräftiger alle mitpaddeln, desto lustiger wird die Fahrt, denn manchmal sind kräftige Strudel und das Kentern ja vielleicht auch ein Highlight der Bootsgaudi.

Und schon bietet sich das Postkartenpanorama der hohen **Roppener Brücke,** durch deren Bogen die Berge und das Dorf **Roppen** samt Kirche zu sehen sind, womöglich noch kitschig im Abendlicht. Aber wer hat schon Zeit, mit der wasserfesten Kamera zu hantieren, es kommen ja gleich die nächsten Stromschnellen!

An der Flussschleife hinter Roppen passiert man am Ufer eine **Kapelle** und die **Kneipp-Anlage Römerbadl.** Den hübschen Badestrand links hinter der nächsten scharfen Biegung nennt die Rafting-Crowd **Miami Beach,** da ist es noch mal etwas entspannt. Etwa ab dem Zufluss der **Ötztaler Ache** (ca. 8 km hinter dem Einstieg) ist aber Schluss mit der Ruhe: Stromschnellen wechseln sich mit spitz aus dem Wasser ragenden Steinen ab, die Namen tragen wie **Raft Killer, Chaos-Bunen** und **Obelix.**

Wer jetzt noch nicht gekentert ist, hat hinter der **»Letzten Welle«** Gelegenheit, im Fluss neben dem Raft zu treiben. Ganz Mutige springen nach dem Anlanden in **Haiming** von der **Haiminger Brücke** in den Fluss.

Der Spaß ist allerdings endlich, in einigen Jahren wird Obelix weniger Power haben. Für das **Kraftwerk Haiming,** das ab 2028 geplant ist, soll dem Inn so viel Wasser entzogen werden, dass die Raftingstrecke zahmer wird. Ein noch massiverer Wasserentzug droht den Rafting-Fans auf der Ötztaler Ache. Mehr Infos unter www.wwf.at (Stichwort »Petition Kaunertal«).

Bundesstraße zum Fernpass hochwindet, steht über dem Fernsteinsee die mittelalterliche **Burg Fernstein** (daneben Hotel, Campingplatz und Raststätte). Den halbstündigen **Fußweg** um den klaren See mit den urtümlichen Armleuchteralgen entdecken wenige.

Ehrwald

E4

Von den Orten auf der österreichischen Seite des **Zugspitzmassivs (Zugspitz Arena Tirol)** ist Ehrwald der touristisch bedeutendste mit Skigebieten im Winter und vielen Wandermöglichkeiten im Sommer. Der Tourismus in **Ehrwald** nahm bereits Anfang des 20. Jh. Fahrt auf, nicht zuletzt durch die 1926 eröffnete Zugspitzbahn.

Auf der Südseite von Ehrwald fährt die **Ehrwalder Almbahn** auf 1500 m Höhe, von dort hat man den Blick aufs Zugspitzmassiv und diverse Wander- und Mountainbike-Optionen.

Zur Tiroler Zugspitz Arena gehören neben Ehrwald die Orte Lermoos, Biberwier, Bichlbach und Berwang.

Zugspitzbahn

Zehn Minuten dauert es in der 100 Personen fassenden Panoramakabine von Obermoos zum Gipfelplateau der Zugspitze. In der Bergstation gibt es neben Restaurant und DAV-Hütte auch mehrere Ausstellungen: Das **Bahnorama 1926** z. B. lässt die erste Zugspitzbahn wieder aufleben! Zum eigentlichen Ostgipfel auf 2962 m führt ein mit Eisensprossen gesicherter Steig (Achtung Gegenverkehr!).

Obermoos 1, T 05673 23 09, www.zugspitze.at, ca. Mai–Okt., Mitte Dez.–Ostern tgl. 8.40–16.40 Uhr, Nebensaison nicht bei schlechtem Wetter, Berg- und Talfahrt inkl. Erlebnismuseum und Bahnorama 56 €, günstigere Familienkarten

Schlafen

Alpenschick

Ehrwalder Hof: Die geräumigen Zimmer haben viel Holz und Filz. Zwischen Bahnhof und Ortskern ist der Hof gelegen, mit Spa, Kinder- und Radfahrer-Programmen.

Alpenhofstr. 4, T 05673 23 64, www.ehrwalderhof.at, €€

Essen, Einkaufen

Regional und bio

Dorfladen Ehrwald: Der Käse kommt von den umliegenden Almen, die Wurst von den Bauern in Ehrwald. Dazu eine Auswahl an Likören und Obstbränden.

Kirchplatz 25, T 0664 73 34 60 09, https://dorfladen-ehrwald.at, Mi/Do 9–18, Fr/Sa 8–18, So 7–10.30 Uhr

Schnapsboutique

Linzgieseder: Eine Spezialität der Brennerei ist das blutrot angesetzte Zirbenblut!

R. Spielmannstr. 2, T 05673 22 44-0, www.linzgieseder.at, Mo–Fr 9–12, 14–18, Sa 8–12 Uhr, Kellerführungen (1 Std.) Mi 16 Uhr

Bewegen

Fahrradverleih

Sport Leitner: Bike-Verleih im Sport- und Outdoor-Fachgeschäft, Mountainbikes ab 29 €/Tag.

Kirchplatz 13, T 05673 23 71, www.sport-leitner.at, Mo–Fr 8.30–12, 14.30–18, Sa 8.30–12, Juli/Aug. auch 14–17 Uhr

Wandern

Zugspitze: s. Tour S. 144.

Am bequemsten gelangt man mit der Gondelbahn auf Deutschlands höchsten Berg, die Zugspitze – dann nimmt man sich allerdings etwas vom abenteuerlichen Aufstieg.

Infos

- **Berge in Flammen:** 3. Sa im Juni (bei schlechtem Wetter Ersatztermin). Traditionelle Bergfeuer zur Sommersonnenwende.
- **Tourismusbüro:** Kirchplatz 1, T 05673 200 00, www.zugspitzarena.com, Mo–Fr 8.30–18, Sa 9–12.30, 13–17 Uhr.
- **Gästekarte:** Zugspitz Arena Bayern-Tirol Card, gratis ab einer Übernachtung. Gilt als Busticket für die Region, Gratis-Teilnahme am Wochenprogramm.
- **Kaufkarte:** Activcard Z-Ticket, für 3–13 Tage (85–166 €), enthält eine Berg- und Talfahrt mit der Zugspitzbahn und die meisten anderen Bahnen, Bäder, Schiffslinien und Busse der Region. www.zugspitzarena.com.
- **Ehrwalder Almbahn:** www.almbahn.at, Sommerbetrieb tgl. 8.30–16.30, Juli–Sept. bis 17.30 Uhr, Berg- und Talfahrt 21,50 €, im Gatterl Ticket (s. Tour S. 144) inkl.

Reutte

D4

Im Fluss

Das **Lechtal** ist das breite Flusstal zwischen den Lechtaler Alpen im Süden, die das Lech- vom Inntal trennen, und den Allgäuer Alpen im Norden. Mit vielen kleinen Siedlungen und sanften Wegen am Lechufer ist es ideal für leichtere Wanderungen im Tal. Besonders beliebt und ganzjährig begehbar ist der Lechweg (s. S. 151). Von Reutte aus sind die größeren Siedlungen: Stanzach, Elmen, Elbigenalp und Holzgau.

Reutte selbst wirkt wegen seiner Nähe zu Deutschland und der verkehrstechnisch bedeutenden Lage an der B 179 zum Fernpass relativ belebt und vor allem befahren; tatsächlich wohnen aber nur etwa 6000 Menschen in der Marktgemeinde. Obwohl schon in der römischen Zeit die Via Claudia

TOUR
Das ist Spitze

Auf der Gatterltour vom Gipfel der Zugspitze zu Österreichs Almen

Die freundliche **Wandertour** führt von der Tiroler Seite auf Deutschlands höchsten Berg, die **Zugspitze** (2962 m), und zurück. Als Erstes geht es mit der Tiroler Zugspitzbahn von **Ehrwald** aus steil hinauf: 1725 Höhenmeter in weniger als 10 Minuten! An der oberen Bergstation muss dann so viel Zeit sein, zum goldfarbenen Gipfelkreuz hinüberzulaufen, die fast dörfliche Ansammlung von Seilbahn-Bergstationen, Wetterstationen, Hütten und Kiosken zu bestaunen und einen Blick in das **Erlebnismuseum »Faszination Zugspitze«** zu werfen (Eintritt frei mit Gatterl-Ticket).

Vom Gipfel der Zugspitze aus sieht man nach Süden hinunter auf eine breite Hochebene zwischen den Bergen, das Zugspitzplatt. Der Weg dorthin ist ziemlich steil und felsig und wird manchmal auch als leichter Klettersteig bezeichnet, da man sich hier und da am Fels einhalten muss. Alternativ geht es mit der **Bayerischen Gletscherbahn** hinunter zum **Zugspitzplatt/ Sonnalpin.** Ab dem **Schneefernerhaus** am Zugspitzplatt, einer ehemaligen Seilbahnstation, in der heute eine Umweltforschungsstation untergebracht ist, wird der Weg dann weniger felsig. Dafür geht es nun eine Weile über Geröll und Kies bergab, das kann anstrengend für die Knöchel sein. Nach etwa zwei Stunden teilt er sich an der **Knorrhütte:** Statt geradeaus weiter hinunterzugehen ins Reintal und letztendlich nach Garmisch-Partenkirchen, biegen wir nach rechts ab. Nach etwa 30 Minuten am

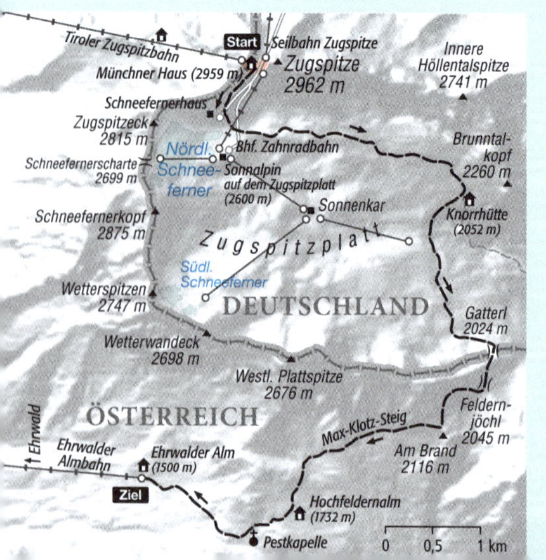

Zu Fuß auf Deutschlands höchsten Berg, die Zugspitze – aber von der Tiroler Seite aus!

Berghang entlang gelangt man zu einer kleinen Scharte in den Bergen, die die Grenze nach Österreich bildet. Am sogenannten **Gatterl** gibt es tatsächlich auch ein Vieh-Gatter und außerdem ein ordentliches **Grenzschild:** Hier beginnt Tirol!

Noch ein paar felsigere Stellen, an denen man vielleicht mal die Hände zu Hilfe nehmen muss, sind zu bewältigen und dann geht es bald auf saftige Weiden. Der **Max-Klotz-Steig** führt deutlich bergab über freundliche Almwiesen hinunter ins **Gaistal.** Eine gute Stunde hinter dem Gatterl passiert man die **Hochfeldernalm,** ein beliebtes Ausflugsziel über dem Gaistal. Gegenüber liegen die Berge der **Mieminger Kette;** nach links kann man zum Talausgang in Richtung Seefeld gucken, und hinter dem Bergabsatz rechts liegt wieder Ehrwald. Noch ein Stück tiefer führt der Weg ganz nah an einer kleinen **Pestkapelle** aus dem 17. Jh. vorbei und folgt dann dem Hang nur noch ganz sanft bergab bis zur **Ehrwalder Alm.**

Die Bergstation der **Ehrwalder Almbahn** liegt schon nicht mehr im ostwärts gerichteten Gaistal, sondern schon wieder oberhalb von Ehrwald. Hier empfiehlt sich eine Knödel- oder Kuchenpause, bevor es mit der Seilbahn nach Ehrwald hinuntergeht.

Noch nicht ausgepowert? Dann verzichten Sie doch auf die Seilbahn und legen das letzte Wegstück auch noch zu Fuß zurück. Von der Bergstation Ehrwalder Alm bis ins Zentrum von Ehrwald sind es keine anderthalb Stunden mehr.

Infos

E4

Start/Ziel: Tiroler Zugspitzbahn – Ehrwalder Almbahn

Strecke: von Bergstation zu Bergstation ca. 12 km, 1650 Höhenmeter Abstieg (kaum Anstieg). 4–6 Std., Tagestour in hochalpinem Gelände, Bergschuhe und Stöcke erforderlich. Das Gatterlticket der Ehrwalder Bahnen ist für diese Tour konzipiert und beinhaltet alle Bergbahnen (53 €).

Z

ZUG UM ZUG HINAUF

Die Österreicher waren zuerst da: 1926 führte die erste kleine Kabinenbahn aus Ehrwald zumindest bis in die Nähe des Zugspitzgipfels – 1991 ersetzt durch die heutige Tiroler Zugspitzbahn (s. S. 142). 1930 zog die Bayerische Zugspitzbahn nach – eine Zahnradbahn, die heute noch fährt. Sie wurde in den 1960er-Jahren durch eine Seilbahn vom Eibsee ergänzt – und auch die ist seit 2018 durch eine neue, große Kabinenseilbahn ersetzt.

Augusta hier vorbeiführte, wurde Reutte erst im 15. Jh. zur Marktgemeinde erhoben und ist heute Bezirkshauptort (aber keine Stadt).

Dorf an der Salzstraße

Der eigentliche **Ortskern** liegt um die Straße **Untermarkt** zwischen Bahnhof und Lech. Dort befinden sich auch das Tourismusbüro und das **Museum Grünes Haus** ❶ (Untermarkt 25, T 05672 723 04, www.museum-reutte.at, Di–Sa 13–17 Uhr, 3 €), ein Heimatmuseum mit Ausstellungen zum Salzhandel und zum ehemaligen Franziskanerkloster. Daneben sind Werke von Anna Stainer-Knittel ausgestellt, die das Vorbild für die **Geierwally** (s. S. 151) war.

Im Süden schließt sich der **Obermarkt** an, mit mehr Geschäften und mehr Durchgangsverkehr.

Noch weiter im Süden gelangt man zur **Alpentherme Ehrenberg** (s. S. 150) und über die Fernpassstraße B 179 zur Burgenwelt Ehrenberg.

Tirol gegen Bayern

Die **Burgenwelt Ehrenberg** ❷ besteht aus den **Burgen Ehrenberg, Schlosskopf** und **Fort Claudia** sowie der **Zollstation (Klause)** im Tal. Ehrenberg, die erste der Burgen, wurde um 1290 errichtet. Weil sie hoch über dem Tal lag und mit Katapulten nicht zu erreichen war, war nicht einmal ein Bergfried notwendig. 1546 wurde Ehrenberg dann doch eingenommen und die Tiroler eroberten sie durch Kanonenbeschuss vom nächsten Hügel aus zurück – die Kanonen hatten nämlich eine deutlich größere Reichweite als die bis dahin üblichen Katapulte. Und weil sich ähnliche Vorfälle die nächsten zwei Jahrhunderte wiederholten, wurden nacheinander die Festungen Fort Claudia und Schlosskopf gebaut. Bei der Klause an der Straße im Tal wurden im Schutz der Festungen die Zölle kassiert.

Gleich beim **Besucherzentrum** befindet sich das **Erlebnismuseum »Dem Ritter auf der Spur«** – vor allem für Kinder superspaßig. Ritter Rüdiger mit der langen Nase führt per Audioguide durchs Gemäuer und erklärt nebenher vieles zur Geschichte der Ritter. Und man kann auch mal selbst eine Ritterrüstung anlegen – ganz schön schwer, so ein Ding.

Hinter der Klause führt ein breiter Weg 100 Höhenmeter hinauf zur malerischen **Burgruine Ehrenberg.** Zur Festung Schlosskopf oben auf dem Berg sind es weitere 200 Höhenmeter. Eine weniger anstrengende Alternative bietet der **Schrägaufzug Ehrenberg/Top Liner,** der die beiden Abschnitte barrierefrei bewältigt. Und auch die Rundwege oben im Schlosskopf sind mit maximal 7,5 % Steigung rollstuhl- und kinderwagentauglich.

Ehrenberg: Klause 1–2, T 05672 620 07, www.ehrenberg.at, ab Reutte auf der B 179 bzw. Bus 150 (bis zu 12 x tgl.); **Ehrenberg Liner/Top Liner:** tgl. 9–17 Uhr, Berg- und Talfahrt 9 €/8 € (auch am Automaten); **Erlebnismuseum:** tgl. 10–16 Uhr, 8 €; Kinderrallye 2 €, Kinderschatzsuche 5,80 €

Nur für Schwindelfreie

Bei der Ruine Ehrenberg beginnt die **Highline 179** ❸, eine mautpflichtige, 406 m lange Fußgänger-Seilhängebrü-

Reutte

Ansehen

1. Museum Grünes Haus
2. Burgenwelt Ehrenberg
3. Highline 179

Schlafen

1. Hotel zum Mohren
2. Hotel Tannenhof

Essen

1. Klause Huangart

Einkaufen

1. Holzmayrs Feinbäckerei
2. Molkerei Reutte

Bewegen

1. Alpentherme Ehrenberg
2. Stuibenfälle

Ausgehen

1. Café Bar Steh

cke: laut Eigenbeschreibung die »längste Fußgängerhängebrücke der Welt im tibetischen Stil«. Gut 114 m über dem Tal und der B 179 führt sie hinüber zum **Fort Claudia.** Beide Seiten sind mit hohen Gittern gesichert, nach unten hat man durch ein Metallgitter den Blick auf die Straße. Und statt gegenüber wieder hinunterzulaufen, kann man neben der Schrägaufzugstation auch mit dem **Dragonfly,** einer gemütlichen Zipline, direkt ins Tal ›fliegen‹.

Highline 179 (Hängebrücke): tgl. 8–22 Uhr, 8 €, 10 €; Dragonfly (https://dragon-fly.at) tgl. 11–16 Uhr, 19 €
Achtung: Alle Ermäßigungen gibt es nur beim Ticketkauf im Besuchszentrum (tgl. 10–16 Uhr), nicht an den Automaten

Schlafen

Tiroler Küche

1 **Hotel zum Mohren:** Alteingesessenes Hotel mitten im Zentrum mit großem Wellnessbereich (Saunen, Dampfbad und Pool). Manche Zimmer sind im Sommer sehr warm. Gute Tiroler Küche.
Untermarkt 26, T 05672 623 45, www.hotel-mohren.at, €€

Radverrückt

2 **Tannenhof:** Idyllischer Gasthof etwas außerhalb mit ganz unterschiedlichen Zimmern, jeweils speziell zugeschnitten auf die Bedürfnisse von Familien, Grüppchen oder Fahrrad-Fans (Fahrradverleih & Werkstatt).

TOUR
Mit dem Gravelbike von sanft bis steil

Radtour vom Lech zur Burgenwelt Ehrenberg

Infos

D 5

Start/Ziel: Lechbrücke in Reutte

Länge/Dauer: 45 km, 550 Höhenmeter, ca. 6–8 Stunden

»Gravelbike« heißt der Fahrrad-Trend, der irgendwo zwischen Mountainbike, Rennrad und Trekkingrad zu verorten ist. Im Lechtal und der Naturparkregion Reutte gibt es die passenden Strecken dafür – nicht nur steile Berge für die Supersportlichen, sondern auch sanftere Schotterwege zum Ausprobieren. Die Gravelbike-Tour rund um Reutte ist eine super Einsteigertour, um das Fahrgefühl auf den schnittigen Gravelbikes einmal auszuprobieren.

Schwungvoll das Lechtal hinauf

Unsere Tour beginnt in **Lechaschau** bei Reutte – ganz ohne Stadtverkehr. Mit dem Rad schwingen wir locker unter der Innbrücke durch und auf breiten asphaltierten Wegen am Flussufer entlang. Die knapp 10 kg leichten Rädern rollen fast von allein.

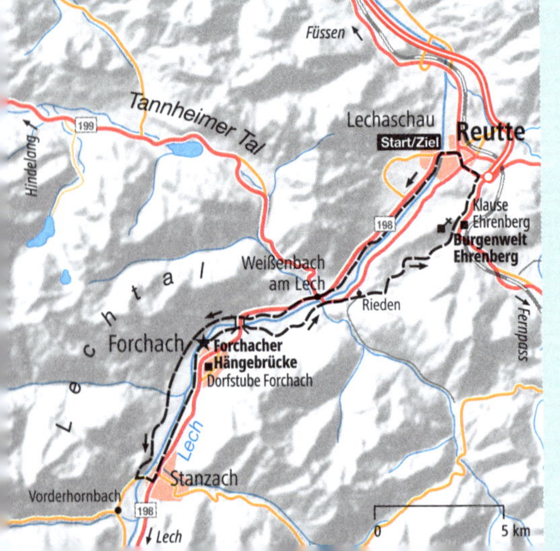

Der Uferweg gehört seit 2022 zum Lechtalradweg und ist vorbildlich ausgeschildert. Die meisten Radelnden fahren talwärts und kommen uns entgegen. Die meisten auf E-Bikes, aber hin- und wieder sehen wir auch andere Gravelbikes.

Obwohl wir eigentlich ›zu Berg‹ fahren, bleibt das Tal breit und der Weg gemütlich. Das ist angenehm, um sich an

Infos

Schwierigkeitsgrad: Die Tour am Lech entlang, hin auf Asphalt, zurück über den Schotteruferweg, ist leicht. Für die Weiterfahrt nach Ehrenberg sollte man etwas Kondition haben und sehr sicher Fahrrad fahren.

Einkehr: Dorfstube Forchach, s. S. 152, Café Huangart, s. S. 150

den Rennlenker mit seinen Bremsschalthebeln zu gewöhnen. Die Sitzhaltung ist eher gebückt – damit fühlt es sich auf Asphalt schon nach Rennrad an (und sieht auf Fotos auch so aus!). Es geht durch schöne Flussauen, vorbei an **Weißenbach am Lech** und einem lauschigen Baggersee. Die Steigungen sind dank Asphalt und sanft schnurrenden Gravelbikes gar kein Problem. Mit Blick auf die Lechtaler Alpen kommen wir schnell voran und sind trotz ständiger Fotostopps nach einer guten Stunde an der **Forchacher Hängebrücke,** einer 138 m langen Fußgängerdrahtbrücke.

Der Schotter knirscht

Nach 20 km erreichen wir die Straßenbrücke bei **Stanzach** und wechseln aufs Südufer. Für den Rückweg verlassen wir den asphaltierten Lechtalradweg und fahren nun etwas anspruchsvoller auf Forst- und Schotterwegen. Jetzt zahlt sich aus, dass die Gravelbikes breite Profilreifen haben. Im Ort **Forchach** bietet sich das Gemeindecafé für ein Stück Apfelstrudel mit Sahne an.

Und bergauf!

Insgesamt haben wir auf der rechten Lechseite etwa 15 km lang Gelegenheit, die Gravelbikes auf Gravel, also auf Schotter, zu testen. Und ein paar kleinere Steigungen gibt es auch schon mal. Bei **Rieden** müssen wir uns dann entscheiden: Entspannt zurück nach Reutte oder auf den hügeligen Abstecher zur Burgenwelt Ehrenberg? Wir wollen es wissen und biegen auf den Bergweg in Richtung Klausenwald ab. Wir sind überrascht, wie sehr der Rennlenker auf Schotter bergauf für Bodenhaftung sorgt. Über die nächsten 4 km gewinnen wir 200 Höhenmeter! Und auch ganz offiziell sind wir nun auf der Mountainbikestrecke 822 (blau = leicht) unterwegs.

Belohnung an der Burgenwelt

Über einen niedrigen Sattel nähern wir uns von Süden her der **Burgenwelt Ehrenberg** mit einem wunderschönen Panoramablick auf die Burgruine Fort Claudia gegenüber. Jetzt ist der größte Teil der Tour geschafft. An der **Klause Ehrenberg** trinken wir Kaffee, dann rollen wir auf dem gut ausgebauten Radweg der Via Claudia Augusta (s. S. 131) wieder hinunter nach **Reutte.**

Radverleih: Radhaus, Lechtalerstr. 23, 05672 652 45, www.rad-haus.at, Mo–Fr 12–18, Sa 9–12, im Winter Mo–Fr 14–18, Sa 9–12 Uhr. Große Auswahl unterschiedlicher Fahrräder (auch in unterschiedlichen Rahmengrößen), Gravelbike 35 €/Tag. Ausleihe auch direkt beim Hotel Tannerhof in Hinterbiehl, s. S. 147.

Hinterbiehl 12, Weingle, T 05672 638 02, www.tannenhof-reutte.at, €–€€

Essen

Röstfrisch

1 **Rösterei-Café Klause Huangart:** Kuchen, Eis und Kaffee von der Reutter Rösterei Huangart.

Klause Ehrenberg, Di 11–17, Fr–So 11–21 Uhr

Einkaufen

Würzige Schnitten

1 **Holzmayrs Feinbäckerei:** Kleine Bäckerei mit guter Auswahl, Nuss- und Linzer Schnitten, deftiges Gewürzbrot und Lechzopf mit Olivenöl und Rosmarin.

Obermarkt 53, T 05672 661 99, Di–Fr 6–18, Sa 6–12.30 Uhr

Heumilch

2 **Molkerei Reutte:** Hier gibt es Käse und Milchprodukte aus 100 Prozent Heumilch ganz direkt frisch aus der Molkerei.

Bahnhofstr. 26, T 05672 62511, www.schoenegger.com, Di–Fr 8.30–12.30 Uhr, plus Automat

Bewegen

Schwimmen drinnen

1 **Alpentherme Ehrenberg:** Großes Spaß- und Hallenbad mit Solebecken und Reifenrutsche, Saunabereich und Restaurant. Alle Bereiche in der Alpentherme sind barrierefrei.

Thermenstr. 10, T 05672 722 22, www.alpentherme-ehrenberg.at, Badewelt tgl. 10–21, Saunaparadies tgl. 10–22 Uhr, nur Badewelt ab 13 €/2 Std., mit Sauna (Zutritt ab 16 Jahre) 29 €/3 Std.

Zu Land und zu Wasser

Ein Rundwanderweg (knapp 5 km, 180 Höhenmeter) führt zu den spektakulären **Stuibenfällen** 2, die in mehreren Stufen aus dem Plansee hinunterstürzen. Wer im Wasser mitstürzen möchte, bucht

Luftige 114 Meter über der Bundesstraße – die Hängebrücke Highline 179 (li.) führt zum Fort der Burg Ehrenberg hinüber. Nicht ganz Schwindelfreien genügt der Ausblick von der Plattform.

eine Canyoning-Tour, z. B. über www.alpin-sport.at oder www.canyonauten.de (um 100 €).

Fernwanderweg

Lechweg: Der Lechweg führt von der Lechquelle auf 1793 m Höhe in der Nähe des Formarinsees nach Füssen (800 m). Ein Gepäcktransport ist wahlweise für die ganze Strecke oder auch für Etappen möglich, dann über die Vermieter organisiert.

www.lechweg.com

Ausgehen

Auch zum Sitzen

1 **Café Bar Steh:** Tagsüber Café, abends Bar mit Livemusik, Disco mit DJ und Events.

Untermarkt 33, T 05672 711 33, www.steh.at, Mi/Do 7.15–24, Fr/Sa 7.15–2, So 14–22 Uhr

Infos

- **Ritterspiele Ehrenberg:** Ende Juli. Ritterturniere, Musik, Mittelaltermarkt auf der Burg Ehrenberg.
- **Lumagica Reutte:** Nov.–Feb. Abendliche Lichtinstallationen in der Burgenwelt Ehrenberg, dann sind auch die Burgenwelt-Attraktionen länger geöffnet. Erw. ab 13 €. https://lumagica.com/reutte.
- **Tourismusbüro:** Untermarkt 34, T 05672 623 36, www.reutte.com, Mo–Fr 8–17 Uhr.
- **Gästekarte:** Aktiv Card, kostenlos ab einer Übernachtung. Ermöglicht die Teilnahme am recht umfangreichen Wochenprogramm, einschließlich Klettern, Alpakawandern, Mountainbiketouren. Einige Veranstaltungen sind nicht umsonst, sondern ermäßigt (z. B. Canyoning oder Tandem-Gleitschirmfliegen). Zudem gilt die Aktiv Card auch als Busticket.

Tiroler Lechtal 

B6–D4

Ganz natürlich

Die schönste und ursprünglichste Flussstrecke des Lech verläuft zwischen **Weißenbach** bei Reutte und **Elmen,** wo sich nicht nur die Fußgängerhängebrücke Forchach, sondern auch das **Naturparkhaus Klimmbrücke** befindet. Im **Nationalparkbüro** über dem Fluss gibt es Info-Broschüren und Ausstellungen. Nur ein paar Hundert Meter weiter, in Elmen, zeigt die Ausstellung »**Der Letzte Wilde**« sehr anschaulich, wie sich in einem Naturfluss wie dem Lech das Kiesbett immer verändert, was für Tiere dort wohnen, warum das Wasser so blau ist. Besonders cool sind die sprechenden Flusssteine.

Zur Geierwally

Elbigenalp ist ein vom Ortsbild her wenig attraktives Straßendorf, aber es gibt zwei Gründe, es zu besuchen. Einer davon ist die »Geierwally«: Anna Stainer-Knittel war im 19. Jh. eine ungewöhnlich emanzipierte Lechtaler Malerin, zur Legende wurde sie, weil sie als Jugendliche in einer dramatischen Kletteraktion einen Adlerhorst ausgenommen hatte. Basierend auf dieser Geschichte entstand der mehrfach verfilmte Roman »Geierwally«. Der zweite Grund ist die Lechtaler Schnitzkunst: Im Ort gibt es **Schnitzschulen** mit Verkaufsräumen und sogar Schnupperkursen.

Die **Wunderkammer Elbigenalp** (s. auch Schloss Ambras S. 103) im Ortszentrum zeigt eine Privatsammlung, die sich vor allem mit dem Brauchtum im Lechtal beschäftigt.

Dorf 47, T 05634 200 24, https://wunderkammer.tirol, Mi–Sa 14–18 Uhr, an Spieltagen der Geierwally-Freilichtbühne bis 20 Uhr, 6,50 € (mit Theaterticket gratis), Infozentrum in der Lobby tgl. 8–20 Uhr, Eintritt frei

Bunte Häuser

Fast am Ende des Tiroler Lechtals, wo die Berge näher ans Tal rücken, liegt das Haufendorf **Holzgau,** dessen Häuser zahlreiche **Lüftlmalereien** zieren: Im 19. Jh. hatten die Holzgauer Kaufleute, die mit Garnen und Stoffen bis in die Niederlande Handel trieben, bescheidenen Wohlstand erreicht und ließen ihre Häuser mit gemalten Architekturelementen oder auch Heiligenfiguren verschönern; neuere Bauten greifen den Brauch gern auf.

Auf dem Kirchhügel stehen zwei Kirchen etwas gedrängt, wie Kuh und Kalb, nämlich die kleine spätgotische **Sebastianskapelle** aus dem 15. Jh. und die größere **Pfarrkirche Mariä Himmelfahrt.** Letztere wurde im 19. Jh. neogotisch daneben gebaut, aber mit dem Eingang ganz auf der anderen Seite. Den Chor nach Westen auszurichten ist zwar völlig unüblich, aber wahrscheinlich war auf dem Hügel nicht genug Platz für eine Positionierung nach Osten.

Wacklig über den Bach

Hinter der Kirche führt ein bequemer Weg über **Gföll** zur Attraktion des Ortes, der 200 m langen Fußgängerhängebrücke Holzgau, die 110 m über dem Talgrund verläuft und nur ein bisschen schwankt. Ebenfalls bei Holzgau liegt im vorderen Höhenbachtal der 30 m hohe **Simms-Wasserfall,** den Ende des 19. Jh. der Engländer Frederic Simms durch Sprengungen anlegte.

MINI-GEMEINDE G

Die Schulen sind aus Kindermangel geschlossen, insgesamt sind 40 Einwohner übrig: Damit ist Gramais (C 5) Österreichs kleinste Gemeinde. Flächenmäßig noch kleiner ist übrigens Rattenberg (s. S. 55) – mit gut 400 Einwohnern zudem Österreichs kleinste Stadt …

Schlafen

Am Lechweg

LechZeit: Direkt neben dem Naturparkhaus und am Waldrand liegt das schlichte, moderne Hotel mit viel Holz und großen Fenstern. Es gibt nur ein paar Zimmer, sie sind v. a. für Natur- und Outdoor-Freunde gedacht. Das Restaurant/Café ist auch ein Ausflugsziel.

Klimm 1a, Elmen, T 05635 209 00, www.lechzeit.com, €€–€€€

Wanderhotel

Grüner Baum: Das Wasser wird über die Solaranlage aufgeheizt, es gibt eine Saunaanlage zum Entspannen und im Biergarten Lechtaler Hausmannskost. Neben Wandersleuten sind Motorradreisende besonders willkommen.

Am Dorfplatz 43, Bach, T 05634 63 43, www.gruenerbaum.at, €€–€€€

Essen, Einkaufen

Dorfeinkehr

Dorfstube Forchach: Helles, nettes Bistro mitten im Dorf, wechselnde Mittagsgerichte und toller Kaiserschmarrn.

Forchach 16, T 0664 122 46 87, Di–Sa 11–22, So ab 15 Uhr, €–€€

Bauernladen

Lechtaler Kaffeeklatsch: Ob Kaffee & Kuchen oder Frühstück im Café, Deko und Geschenke oder regionale Produkte im Laden – hier gibt es alles an einer Adresse.

Unterhöf 160, Häselgehr, T 0660 270 97 50, Di–Fr 8.30–18, Sa 9–18 Uhr, €

Deftig

Gasthof Geierwally: Tiroler und Außerferner Spezialitäten wie Lechtaler Krapfen oder Spätzlepfanne. Mo Livecooking am Holzfeuer-Herd in der Gaststube.

Elbigenalp 40, T 05634 64 05, www.zur-geierwally.at, Mo/Di, Do–Sa ab 18 Uhr, €–€€

Brauerei

Dorf-Alm: Urige Schänke samt Biergarten, nebenan wird selbst gebraut: naturtrübes Helles, dunkles Lager und naturtrübes Weißbier, eine Brauereibesichtigung ist möglich; im Winter stehen eher Après-Ski und Longdrinks an.

Holzgau 71, T 05633 55 86, Mi–Mo ab 14 Uhr, €–€€

Bewegen

Sanft im Wasser

Badino Naturerlebnisbad Lechtal: Ungechlorter Naturbadeteich – benutzt werden nur Naturbaustoffe und für die Wasserreinigung natürliche Filter und Pflanzen. Sprungfelsen, Tarzanliane und Spielbach sind hier die Attraktionen.

Vorderhornbach, https://camping-vorderhornbach.at/badino.html, Mitte Mai–Mitte Sept. 9–19 Uhr, 5,20 €, barrierefreier Zugang

Wild im Wasser

Fun Rafting: Rafting-Touren auf dem Lech, aber auch Canyoning und Kanadiertouren.

Ebele 209, Häselgehr, T 05634 63 04, www.fun-rafting.at

Wild am Berg

Wally-Blitz: Die Sommerrodelbahn ist nicht besonders lang, hat aber ein paar mächtig steile Kurven und Jumps!

Untergiblen 15, Elbigenalp, T 05634 62 40, www.knitteltirol.at/home-sommer.html, Mai–Okt. Do–So (Juli/Aug. tgl.) 10–17 Uhr, 9 €

Mit Messer und Säge

Schnitzschule Geisler-Moroder: Ob mit dem Kerbschnitzmesser oder der Kettensäge, als Weihnachtsdeko oder für die eigene Krampusmaske – Schnitzkurse für alle und alles, auch als Schnupperkurse.

Dorf 63, Elbigenalp, T 05634 62 15, www.schnitzschule.com

Ausgehen

Geierwally-Freilichtbühne: Seit 1990 finden auf der Freilichtbühne, die direkt in die Elbigenalper Bernhardstalschlucht gebaut ist, Theateraufführungen statt, jeden Sommer ein anderes Stück: 2024 »Die Lechtaler Hergottschnitzer«, eine Geschichte über den Leiter der Schnitzschule in den 1940ern und den Krieg.

Elbigenalp, T 05634 53 15 12, www.geierwally.at, Juli/Aug. Fr, Sa, Tickets ab 29 €

Infos

- **Freilichttheater:** Juli/Aug. In der Geierwally-Freilichtbühne, s. o.
- **Tourismusbüro:** Untergiblen 23, Elbigenalp, T 05634 53 15, www.lechtal.at, Mo–Fr 8–12, 13–17, Sa 9–13 Uhr.
- **Gästekarte Lechtal:** Kostenlos ab einer Übernachtung im Lechtal. Die Gästekarte bietet Ermäßigungen für Schwimmbäder und Bergbahnen und für den Nahverkehr: Das Tagesticket im gesamten Lechtal kostet damit 3 €.
- **Kaufkarte:** Die Lechtal Aktiv Card beinhaltet die kostenlose Nutzung des Wanderbusses bis Imst und Reutte und die einiger Bergbahnen, freien Eintritt in mehrere Schwimmbäder, ansonsten deutliche Ermäßigungen; außerdem etliche Wanderungen und Veranstaltungen. Mittlerweile ist sie bei fast allen Unterkünften im Übernachtungspreis inkludiert. Ansonsten gibt es sie als Kaufkarte ab 19 € für drei Tage.
- **Bus:** Regelmäßig Verbindungen von Lech (in Vorarlberg) durch das gesamte Lechtal nach Reutte und unregelmäßiger im Sommer über das Hahntennjoch nach Imst.

Zugabe
Wild und gefährlich

Das Hahntennjoch, Tirols aufregendste Passstraße

Das Hahntennjoch (C5) ist doch eine ganz normale Straße«, versichert der Campingplatzwart. Vielleicht für berggeübte Tiroler – denn dass das nicht so ganz stimmt, zeigen die Zahlen. Auf knapp 30 km Strecke mit einer Maximalsteigung von 19 % führt die Passstraße in etlichen engen Kurven aufs 1894 m hohe Hahntennjoch hinauf. Daneben ist der Abgrund. An den Steilhängen tummeln sich Murmeltiere. Jedes Jahr gibt es etliche, zuweilen tödliche Unfälle.

Für Wohnanhänger und Lkws ist die enge Straße gesperrt, und auch im Winter und nach schweren Unwettern ist sie nicht befahrbar. Kontrolliert wird das von zwei meteorologischen Messstellen, die bei Alarm die Ampeln der Zufahrtsstraße funkgesteuert auf Rot schalten.

Doch an einem schönen Wochentag ist die Fahrt übers Hahntennjoch mit seinen schroffen Felsen wirklich ein einmaliges Erlebnis. ■

Das Oberland

Ganz oben ist es am schönsten — die spektakulärsten Berge und Abenteuer erlebt man wohl in den Hochtälern des Tiroler Oberlands, bei Hüttentouren, auf Klettersteigen, beim Kaiserschmarrn. Nicht nur die Kühe sind hier glücklicher!

Seite 159

Ötztal

Das Ötztal hat sich mit Mountainbiking und Klettern für Erlebnissportarten etabliert. Die Berge sind aber auch zum Wandern superb!

Seite 160

Area 47 in Ötztal-Bahnhof

Eintauchen mit Adrenalin: In den großen Badesee der Area 47 kann man entweder per Hochgeschwindigkeitsrutsche, per Sprung vom 27 m hohen Sprungturm, als lebende Kanonenkugel oder über den Blob, eine Art Trampolin, gelangen. Und auch sonst ist es recht spaßig dort.

Das Glück der Kühe liegt im Oberland.

Eintauchen

Seite 170

Zirbenwald

Gesünder geht's eigentlich nicht, als in der wunderbaren Bergluft des Obergurgler Zirbenwaldes zu wandern.

Seite 174

Schloss Landeck

Neben der Burganlage selbst ist die Ausstellung zum Leben in Tirol absolut sehenswert.

Seite 178

Stanzer Zwetschge

Kultur-Genuss – bei einer Schnapsverkostung in Stanz lernt man alles über Edelbrände aus Spänling und Zwetschge.

Seite 181

Schokolade von Haag in Landeck

Total süß, diese wuscheligen Tiroler Kühe, die über die Almen turnen. Süß ist auch die Tiroler Edle von hier und intensiv schokoladig – es gibt sie auch ohne Zucker …

Seite 187

Kaiserschützenweg

Spektakuläre Ausblicke auf steilen Felsen – Elitesoldaten im Ersten Weltkrieg mussten hier allerdings auch wohnen.

Seite 197

Filmfest St. Anton

Jedes Jahr treffen sich beim Bergfilmfest in dem exklusiven Wintersportort die Bergfexe und Skifans, die Kletterfreaks – ja, auch die Stars der Szene, aber vor allem Leute, die begeistert von den Bergen sind.

Seite 190

Almmuseum Alpe Dias in Kappl

In der Schausennerei des Almmuseums in Kappl ist man bei der Käseherstellung dabei, und probieren kann man auch.

Hier hat jede Berghütte Sterne, und zwar viele. Wann haben Sie zum letzten Mal die Milchstraße gesehen?

»In Tyrol ist kein Thal, welches an Wildheit und Großartigkeit dem Ötzthale vergleichbar wäre.«
Heinrich Wenzel, 1837

Raus in die Berge!

H

Holladiho! Wenn der Berg wo ruft, dann hier! Das Tiroler Oberland mit seinen schneebedeckten Bergen, engen Tälern und felsigen Schluchten ist für viele Outdoor-Begeisterte der Inbegriff der Alpen. Zwar in Luftlinie nicht weit voneinander entfernt, liegen die Orte in separaten Talschlüssen und damit in unterschiedlichen Welten, sodass sich viele ihre Eigenheiten bewahrt haben. Für Einheimische wie Auswärtige ist es aber durch gute Straßen und Bergbahnen wesentlich leichter geworden, von einem Tal ins andere zu gelangen und die Berge aus unterschiedlichen Blickwinkeln zu betrachten. Vor allem natürlich auch von oben!

Die Region ist im Winter ein Skiparadies, im Sommer ist sie vor allem ein Wander- und Kletterziel. In den letzten Jahrzehnten sind neue Sportarten dazugekommen – Rafting, Canyoning, Paragliding und Downhill-Biken. Im Vergleich zum Rest Tirols herrscht hier mehr (Outdoor-)Action. Zum genussvollen Ausgleichen der verbrannten Kalorien gibt es reichlich Gelegenheit; das Nachtleben ist im Sommer allerdings eher zahm – die meisten Gäste sind abends einfach zu müde.

O

ORIENTIERUNG

Infos: www.terraraetica.eu. Der Regionalverband Terra Raetica, dem auch das Engadin und der Vinschgau angehören, unterhält länderübergreifende Tourismusprojekte und gibt Broschüren mit Tourenvorschlägen heraus.

Verkehr: Von Deutschland geht es per Zug oder über die Autobahn nach Imst, Landeck und St. Anton. Nach Süden zum Alpenhauptkamm zweigen nacheinander das Ötztal, das Pitztal, das Kaunertal, das Oberinntal und das Paznaun ab, alle mit mehr oder weniger guten Busverbindungen.

Gästekarten: Fast alle Täler (oder Regionen) im Oberland bieten neben der Gästekarte zusätzliche Premium- oder Kaufkarten an. Mit den Gästekarten, die man automatisch bei einer Übernachtung bekommt, darf man fast immer den lokalen Nahverkehr benutzen – die größte Reichweite hat dabei die Karte der Region TirolWest (Landeck, s. S. 182). Zu dieser Karte wie zur Summercard (Nauders, s. S. 188) und der St. Anton Premium-Karte (s. S. 197) gehört ein besonders umfangreiches Gästeprogramm.

Ötztal

E6–F8

Hohe Vielfalt

Urwüchsiges Bergbauerntal mit einem so archaischen Dialekt, dass er quasi unter Denkmalschutz steht – und den außer den Einheimischen eigentlich niemand versteht. Hochburg für Abenteuersportarten, aber auch ein familienfreundliches Wandertal. Das **Ötztal,** wo mehr Schafe als Menschen leben und das seit dem 19. Jh. dem Tourismus ins Auge blickt, lässt sich schwer fassen, aber es ist ein Knüller.

Infos

- **Gästekarte:** Die reine Gästekarte beinhaltet Programmpunkte des Wochenprogramms und gibt 30 % Rabatt auf Bustickets. In über 400 Partnerbetrieben ist die Ötztal Summer Card im Übernachtungspreis enthalten, sie beinhaltet 1 x Eintritt in die Area 47, alle öffentlichen Busse, Vorträge und geführte Wanderungen sowie etliche Bergbahnen und den Gletscherbus (je 1 x). Als **Kaufkarte** gibt es sie für 3, 7 oder 10 Tage (ab 75 €). www.oetztal.com/de/oetztal-inside/summer card.html.
- **Bus:** Vom ÖBB-Bahnhof Ötztal führt die Straße hinauf bis zum Hauptort Sölden (etwa 40 km) und weiter Richtung Vent, Gurgl und Timmelsjoch. Die Strecke wird (nur annähernd nach Fahrplan) von mehreren Buslinien befahren, einige davon haben Fahrradanhänger.

Oetz

E6

In **Oetz** (mit oe!) ist das Tal noch breiter und klimatisch milder und damit eine gute Basis für viele Ausflüge: In der

Im Ötztal gibt es mehr Schafe als Menschen.

Nähe liegt nicht nur die actiongeladene **Area 47,** sondern auch der malerische **Piburger See** und der Kinder-Spielpark **Widiversum** (www.oetz.com/widiversum) an der Bergstation der Acherkogelbahn. Der Ort **Oetz** ist richtig alt – erste Siedlungsspuren stammen aus der prähistorischen Hallstattzeit – und im alten Dorfkern sieht man noch Gebäude aus dem Mittelalter, etwa die ursprünglich spätgotische (barockisierte) **Pfarrkirche St. Georg und Nikolaus** und den ebenfalls spätgotischen **Gasthof Stern**.

Geschichten im Turm

Der markante Turm des **Turmmuseums** wurde im Mittelalter als Wohnturm genutzt und jahrhundertelang erweitert und umgebaut. Heute beherbergt er neben dem Heimatmuseum auch eine Bibliothek. Die Ausstellung informiert u. a. über den aus Oetz stammenden

Wer will nicht mal hoch hinaus – sicher möglich ist das, gut angeseilt, im Hochseilgarten! Der Outdoor-Erlebnispark bei Oetz bietet viele Varianten, um schön die Balance zu halten.

Künstler Matthias Bernhard Braun, der um 1700 als Barockkünstler in Böhmen bekannt wurde.

Schulweg 2, T 0664 910 23 21, http://oetztalermuseen.at, Juni–Okt. Mi–So 14–18, Mitte Dez.–Ostern Do–So 14–18 Uhr, Eintritt gegen Spende

Achtung, fertig, Action

Viele reisen extra dafür an, denn der **Outdoor-Erlebnispark Area 47** auf dem 47. Breitengrad ist weit über Tirol hinaus bekannt. Herz der Anlage ist die Water Area, eine Art Spaßbad im Freien mit allerdings nur einem sehr kleinen als Badesee abgetrennten Bereich. Der größte Teil der Wasserfläche ist für verschiedene Rutschen, Sprung- und Wasserspaß-Aktivitäten reserviert: u. a. eine 20 m hohe, extrem steile Hochgeschwindigkeitsrutsche (bis 80 km/h), einen bis 27 m hohen Sprungturm, auf dem manchmal bekannte Cliffdiver trainieren, und den Cannonball, der Badende per Wasserdruck einige Meter über den See schießt. Vom Blob, einem Riesenluftkissen, wird man ins Wasser katapultiert. Außerdem gibt es auf dem Gelände einen Hochseilgarten (unter der Autobahnbrücke), eine Riesenschaukel, einen Flying Fox und eine künstliche Kletterwand.

In der separaten Wakeboard-Anlage werden sowohl Schnupperprogramme als auch Kurse angeboten. Weitere Angebote sind Mountainbiken (auch indoor, auch im Winter), Canyoning und Rafting.

Ötztaler Achstr. 1, Ötztal-Bahnhof, T 05266 876 76, https://area47.at, Water Area ca. Mai–Sept. tgl. 10–18, Juni–Aug. bis 19 Uhr, Zeiten/Preise für übrige Aktivitäten s. Website, der Zugang zum Gesamtgelände und zu den Restaurants ist frei

Im Märchenwald Forchet

Direkt bei der Rezeption der quirligen Area 47 führt ein überwachsener Pfad in den Wald hinauf Richtung Kanzel. Vom Steilufer hat man noch einen tollen Blick auf den Erlebnispark, dahinter breitet sich auf merkwürdig knubbeligem Gelände ein moosüberwachsener Wald aus: Das sogenannte **Forchet** ist durch einen Bergsturz entstanden. Von der »Kanzel« aus ist der Tschirgant zu sehen, der markante Berg auf der Nordseite des Inntals, 3,5 km entfernt. Vor 3000 Jahren ist dort ein riesiges Stück Fels auf einmal abgebrochen und ins Inntal gestürzt, die Trümmer purzelten bis hierher. Infotafeln zum Forchet-Geolehrpfad sind zwar ein bisschen verblasst, aber der Rundweg im Wald ist äußerst atmosphärisch.

Ca. 1 Std. Zeitbedarf

Schlafen, Essen

Illustre Gesellschaft

Posthotel Kassl: Das Haupthaus von 1605 dient seit mindestens 200 Jahren als Gasthof, auch für Adel und Intellektuelle: Bayerns letzter König stieg hier ab, ebenso Schriftsteller Robert Musil. Mit großer Sonnenterrasse und einem modernen Neubau.

Hauptstr. 70, T 05252 63 03, www.posthotel-kassl.at, ohne Ötztal Card €€€

Urig

Gasthof zum Stern: Mittelalterliches Haus im alten Ortskern etwas abseits der Hauptstraße. Tolle Atmosphäre, deftige Bauernküche im Restaurant.

Kirchweg 6, T 05252 63 23, www.gasthof-zum-stern.at, inkl. Ötztal Premium Card, €€

Rast nach der Action

Area 47: Insgesamt über 400 Betten gibt es direkt auf dem Parkgelände, überwiegend schlichte Doppelzimmer und kleine Hütten (Lodges) für bis zu vier Personen, alle ohne Fernseher – Spaß gibt's draußen. Zum Frühstück geht man ins Lakeside Restaurant.

https://area47.at, s. o., €€

Eis

Café Heiner: Hier gibt es gutes selbst gemachtes Eis, natürlich auch Kuchen und Torten, außerdem kleine Gerichte – und E-Bike-Ladestationen.

Hauptstr. 58, T 05252 63 09, www.heiner.at, tgl. 8–23 Uhr

Einkaufen

Zirbenholz

Galerie Rieder: Ungewöhnliche Objekte und Schmuckstücke aus Zirbenholz, von Vasen bis zum Minotaurus.

Platzleweg 1, T 0676 576 03 60, www.schnitzwerkstatt.at, Mo–Fr 10–12, 16–18, Sa 10–12 Uhr

Warme Füße

Gottstein: Im Direktverkauf der Filzprofis finden alle warme Puschen.

Industriestr. 31, Ötztal-Bahnhof, T 05412 66 25 10, www.gottstein.at, Mo–Do 8–12, 12.30–16, Fr 8–12 Uhr

Bewegen

Warm baden

Piburger See: Der ungewöhnlich warme Gebirgssee ist beliebt zum Baden oder Paddeln, Spazierengehen oder Rasten im Seerestaurant.

Juni–Sept. tgl. 10–19 Uhr, nur bei gutem Wetter, gebührenpflichtiger Parkplatz

Ins kalte Wasser

Wasser.c.raft: Einer von mehreren Anbietern von Rafting- und Canyoning-Touren in Ötz, auch relativ günstige Tourenpakete.

Ambach 29, T 05252 67 21, www.wasser-c-raft.at

Klettern

Die **Klettergärten** bei Oetz und Tumpen gehören zu den einsteigerfreundlichsten im Tal; Topos (Routenbeschreibungen) hängen im Ötztal meist an Tafeln vor Ort aus und sind auch in den Tourismusbüros erhältlich.

Infos

- **Tourismusbüro:** Hauptstr. 66, T 057 20 05 00, Mo–Fr 8.30–12.30, 14–17, Sa 14–17, So 9–12 Uhr.
- **Flitschelarlauf in Sautens:** Karnevalswochenende. Ein Faschingsbrauch ähnlich der Imster Fasnacht (s. S. 256); den Umzug der wilden Kerle gibt es nur alle drei Jahre (nächster: Feb. 2026).

Umhausen E6

Im Vergleich zu den anderen Orten im Ötztal ist **Umhausen** weniger touristisch, es gibt weniger große Hotels, dafür Ferienwohnungen und Pensionen. In der Ortsmitte steht die spätgotische Kirche **St. Vitus** mit Fresken aus dem 14. Jh., die älteste Kirche im Ötztal; ringsum befinden sich einige der Top-Sehenswürdigkeiten des Ötztals, wie das Ötzi-Dorf und der Stuibenfall. Traditionell wurde in Umhausen viel Flachs angebaut und verarbeitet.

Nachbar Ötzi

Die **Gletschermumie Ötzi** (s. S. 282) leiht dem **steinzeitlichen Themenpark** ihren Namen. Im Eingangsgebäude des nachgebauten **Ötzi-Dorfs** gibt es einen Ausstellungsbereich, in dem wissenschaftlich betreute Sonderausstellungen und eine Nachbildung des Ötzi-Fundes zu sehen sind.

Im Freigelände illustrieren Themenhütten z. B. Jagd- oder Handwerkstechniken der Steinzeit. Ein kleines Getreidefeld stellt die ersten Nutzpflanzen vor, und in Gehegen leben ein paar alte und zum Teil rückgezüchtete Tierarten wie Przewalski-Wildpferde (die es in Europa wahrscheinlich nie gab) oder Soayschafe, die ihre Wolle selbstständig ohne Schur abwerfen.

Am Tauferberg 8, T 05255 500 22, www.oetzi-dorf.at, Di–So (Juli/Aug. tgl.) 9.30–17.30, Okt. bis 17 Uhr, 11 €, Kombikarte mit Greifvogelpark (s. u.) 20 € (auch Familienkarte), inkl. Audioguide oder einstündiger Führung (10, 12, 13, 15.30 Uhr

Packende Flugshow

Gleich neben dem Ötzi-Dorf befindet sich die **Greifvogelstation** mit etwa 15 verschiedenen Greifvogelarten. Die Falknerei, die Jagd mit abgerichteten Greifvögeln, ist in Europa seit dem Mittelalter bekannt und gehört zum immateriellen Weltkulturerbe der UNESCO. Bei der Flugshow fliegen die prächtigen Vögel direkt über den Köpfen der Zuschauer quer über die große Arena. Außer Falken werden u. a. Kolkraben und Schneeeulen oder Steinadler und sogar ein Gänsegeier gezeigt.

Am Tauferberg 8, T 05255 500 22 20, www.oetzi-dorf.at/greifvogelpark, Mai–Ende Okt., jeweils nur zu den Flugvorführungen und 30 Min. vorher und nachher, Vorführungen (45 Min.) 11.30, 14.30, So auch 16 Uhr, 13 € (oder Kombikarte mit Ötzi-Dorf)

Hoch geht's vor dem Fall

»Stäubend« spritzt das Wasser des **Stuibenfalls** über zwei Steilstufen und 159 m ins Tal. Der Stuibenfall ist Tirols höchster Wasserfall, und man kann ihn von unten bis oben bewundern: Neben dem Wasserfall verläuft ein gut gesicherter Weg (für Kinder geeignet) mit mehreren Aussichtsplattformen. Bis zur obersten Plattform sind es 700 Stufen.

Ein bisschen mehr Sportlichkeit verlangt der **Stuibenfall-Klettersteig**

auf der anderen Seite des Wasserfalls (nur mit Klettersteigset begehbar).
Parkplatz Stuibenfall/Ötzi-Dorf (ausgeschildert), dann 1,4 km zum Fuß des Wasserfalls; **Klettersteig:** Schwierigkeit C, Ausleihe von Klettersteigsets am Parkplatz

Schlafen, Essen

Alteingesessen

Gasthof Krone: 1906 warb der Gasthof Krone als Erster mit elektrischem Licht aus dem eigenen Kraftwerk. Die deftige Tiroler Küche tritt hier mit so aufregenden Gerichten wie in Heu gekochter Spanferkelhaxe und gebackenen Krapfen mit Zwetschgen-Mohn-Nuss-Füllung auf, es gibt auch viele vegetarische Spezialitäten.
Dorf 30, T 05255 500 48, www.krone-umhausen.at, Mi–Sa 12–14, 17.30–21, So 17.30–21 Uhr, €€

Biopension

Veitenhof: Familie Leitner führt einen Biobauernhof und bietet Zimmer mit Blick auf die Berge, Gemeinschaftsräume und eine Selbstversorgerküche. Die Haflingerzucht ist der Stolz von August Leitner, und man kann nicht nur im Stall helfen, sondern auch Ausritte und Kutschfahrten unternehmen. Auch geführte Kräuterwanderungen.
Niederthai 10, T 05255 55 23, www.der-veitenhof.at, €€

Konditorei

Ötztalerei: Städtisch wirkendes Café im Ortsteil Sand, mit selbst gemachtem Eis, Kuchen und frisch gegrillten Burgern.
Roßlachgasse 4, T 05255 53 17, www.oetztalerei.at, Mi–Sa 11.30–22, So 10–22 Uhr

Einkaufen

Handgewebt

Cilli Doblander: Die Webmeisterin Cilli Doblander webt seit Jahrzehnten von Hand, vor allem aus Leinen und Flachs. Der Flachs für die nun vom Sohn geführte Familienwerkstatt stammt zum Teil noch aus eigenen Beständen, seit einigen Jahren ist der Flachsanbau als zu aufwendig eingestellt. Große Auswahl an Decken, Tüchern und Webteppichen.
Mühlweg 50, T 05255 52 13, www.handweberei-oetztal.at, Mi–Fr 9–12, 16–18.30, Sa 9–12 Uhr

EINFACH BERGWANDERN!

Nichts geht über den Blick vom Gipfel nach anstrengendem Aufstieg, schweißnass und erschöpft. Adrenalinsportarten sind vergnüglich und spektakulär, aber oft ist eine selbst geplante und durchgeführte Bergtour spannender und letztlich abenteuerlicher – ohne Seilbahn und ruhig ein bisschen schwieriger oder länger als sonst.

Gesponnen und verfilzt

Ötztaler Schafwollzentrum: Ursprünglich wurde auch in dieser Fabrik Flachs verarbeitet, erst in den 1950er-Jahren stiegen die Inhaber auf Wolle um, die jetzt auch hier gewaschen und gesponnen wird. Zu kaufen gibt es neben Wolle und Garnen auch fertige Teppiche.
Lehnpuit 2–4, T 05255 52 93, www.schafwolle.com, Mo–Sa 8–12.30, nur Mo/Di, Do/Fr auch 14–17 Uhr

Bewegen

Befreit atmen

Stuibenfall: Da der feine Dunst unterm Wasserfall für die Lunge und das Wohlbefinden gut ist, wird im Ötztal-Sommerprogramm ein Atem- und Meditationstraining auf der Stuibenfall-Plattform angeboten
www.stuiben-breathwork.at

Infos

• **Tourismusbüro:** Dorf 24, T 057 20 04 00, www.umhausen.com, Mo–Fr 9–12, 14–17 Uhr.

Längenfeld

E7

Längenfeld ist tatsächlich ein ziemlich lang gezogener Ort: Über mehrere separate Ortsteile verstreut liegen die kleineren und größeren Attraktionen. Hauptanziehungspunkt ist das Wellnessbad **Aqua Dome,** es gibt aber außerdem mehrere Ausstellungen und Museen und durchaus sehenswerte Kirchen. Neben der barocken **Pfarrkirche St. Margareth** lohnt insbesondere die **Bichlkirche** einen Blick, die im 17. Jh. noch im spätgotischen Stil eigens für den separat angelegten Pestfriedhof gebaut wurde. Und rund um den Ort erstreckt sich viel Natur zum Wandern und Klettern.

Sich in die Schale werfen

Die Längenfelder Therme **Aqua Dome** ist auf 22 000 m² eine der größten Wellnessanlagen in Tirol, mit insgesamt zwölf Becken, sieben Saunen und mehreren Restaurants. Die erhöhten runden Außenbecken-»Schalen« mit Bergpanorama sind ungewöhnlich und entspannend. Unser Tipp: Abends ist alles bunt beleuchtet und es ist weniger voll.

Oberlängenfeld 140, T 05253 64 00, www.aqua-dome.at, Therme tgl. 9–23, Sauna tgl. 10–22, Fr je eine Stunde länger. In der Ötztal Summer Card enthalten, sonst Therme ab 28 €, Sauna (Mindestalter 15 Jahre) zusätzlich 18 €, Kombitagesticket 61 €

ACH, DU GROSSER GLETSCHER!

Die Welt mal aus der Sicht eines Bartgeiers sehen? Mit der VR-Brille ist das möglich. Die kleine Ausstellung im Naturparkhaus ist ziemlich gut gemacht. Sie gibt einen recht kurzweiligen Überblick über die Landschaft im Ötztal und die Tiere und Pflanzen, die man dort sehen kann (Oberlängenfeld 142, tgl. 8–18 Uhr, www.naturpark-oetztal.at, 5 €, auch Kartenmaterial)

Wie's früher war

Im Ortsteil Lehn liegt das spannende Ötztaler **Heimatmuseum.** In historischen Gebäuden werden die bäuerlichen Tätigkeiten erklärt, insbesondere Flachsanbau und -verarbeitung – bis ins 20. Jh. ein bedeutender Wirtschaftszweig im Ötztal. Die dreisprachigen Audioguides (deutsch/englisch/Dialekt) erzählen vom früheren Leben der Menschen im Tal.

Lehn 24 (jenseits der Ötztaler Ache), T 05253 55 40, https://oetztalermuseen.at, Juni–Sept. Mo–Fr 10–17, So 14–17, Mai/Okt. seltener, Eintritt gegen Spende

Übers Wasser gehen

Der **Lehner Wasserfall** hat einen guten Ruf: Der durchaus anspruchsvolle **Klettersteig** gleich hinter dem Heimatmuseum hat einen nur 20-minütigen Zustieg und tolle Ausblicke auf den namengebenden Wasserfall. Sehr viel Eisen, wenig Felskontakt. Mehrere Varianten mit Schwierigkeiten bis C, D/E oder E.

Gebührenpflichtiger Parkplatz in Lehn

Essen

Deutsche Schlager

Sünderalm: Große Portionen, viel deutsche Schunkelmusik und eigenes Sünderbier – sehr sattes Dunkel. Im Winter Après-Ski, im Sommer Biker-Treffpunkt.

Die Wärme in den Außenbecken der Therme Längenfeld ist vor allem im Winter wohltuend – und in der Abenddämmerung ist es schön ruhig.

Unterlängenfeld 12, T 05253 201 70, Di–So 11–22 Uhr, €€

Einkaufen

Bio

Bauernladen: Regionale Produkte wie Ziegenkäse, Gemüse, Schnäpse und Honig, auch frisches Gebäck und Kräutertees sind hier im Angebot.
Unterlängenfeld 88, T 0664 411 26 04, Fr 9–12, 15–18 Uhr

Bewegen

Bergführer

Alpin Treff Längenfeld: Diese Agentur bietet Berg- und Klettertouren in kleinen Gruppen an, u. a. auch auf einem eigenen Klettersteig mit Flying Fox. Außerdem betreibt sie einen Verleih von Klettersteigsets und ein kleines Sportgeschäft.
Unterlängenfeld 90, T 069911 40 02 89, www.alpin-guide.at, keine festen Öffnungszeiten, meistens aber 9–11.30 und 15–18.30 Uhr

Klettern

Um Längenfeld gibt es sieben **Klettergärten** in allen Schwierigkeitsgraden. Für Anfänger besonders geeignet ist der Klettergarten Oberried mit leichtem Zustieg.

Infos

- **Krampusläufe:** Nov./Dez., in verschiedenen Orten, s. S. 259. Besonders spektakulär in Huben bei Längenfeld.
- **Tourismusbüro:** Oberlängenfeld 24, T 057 20 03 00, www.laengenfeld.com, Mo–Fr 9–12, 14–17 Uhr.

TOUR
Bond begegnen in der Bergbahn

Wanderung auf James Bonds Spuren am Gaislachkogel

Infos

E8

Start/Ziel: Talstation der Gaislachkogelbahn
Strecke: 9 km, 1800 Höhenmeter, teilweise sehr steiler und rutschiger Bergweg, Bergschuhe und Stöcke sind erforderlich
Einkehr: IceQ auf dem Gaislachkogel (www.iceq.at); Alpengasthof Gaislachalm, www.gaislachalm.com

Ein Gespenst geht um auf dem **Gaislachkogel:** War das nicht gerade Q, der da in der Gondel verschwand? In der Bergbahn, am Gipfelrestaurant und beim Blick über die Landschaft verfolgen einen die packendsten Szenen aus »Spectre«, dem James-Bond-Film von 2015. Schon die Auffahrt mit der futuristischen Gaislachkoglbahn ist ein Erlebnis – fast 1700 Höhenmeter legt sie auf zwei Sektionen in etwa einer Viertelstunde zurück.

Am **Gipfel** dann ist die Ausstellung »007 Elements« (s. S. 167) ein Muss. Je besser man »Spectre« und andere James-Bond-Filme in Erinnerung hat, desto faszinierender sind die Objekte; aber auch die Panoramaausblicke an sich sind atemberaubend. Das Gourmetrestaurant IceQ nebenan sah im Film noch ein bisschen anders aus …

An einem Landrover aus dem Film »Spectre« vorbei geht es zum Beginn des Wanderwegs: Steil bergab führt der Pfad direkt auf den fotogenen herzförmigen **Gaislacher See** zu. Dem Ablauf des Sees folgt man dann, bald etwas weniger steil, durch saftige Wiesen oberhalb des **Venter Tals.** Schon geht es durch Blaubeer- und Wacholdersträucher und schließlich durch erste Bäume. Eine gute Stunde hinter dem See erlaubt eine Abzweigung einen relativ ebenen, wenngleich nicht unbedingt kürzeren Übergang zur **Mittelstation** der Seilbahn, etwa bei schlechtem Wetter. Dem Tal folgend, weiter bergab, führt der Wanderweg zum **Ausflugslokal Gaislachalm.** Ab dort wandert man unbeschwerlicher, aber weniger beschaulich zurück nach Sölden.

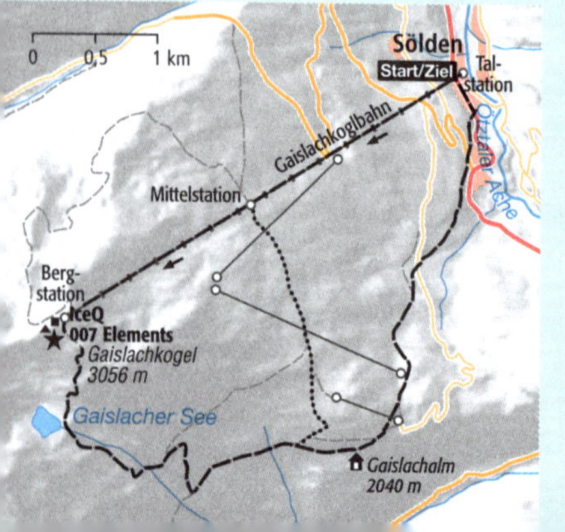

Sölden

E8

Fast jedes zweite Haus ein Hotel oder eine Pension: **Sölden,** auf fast 1400 m Höhe gelegen und von Dreitausendern umringt, hat etwa viermal so viele Touristenbetten wie Einwohnerinnen und Einwohner. Hauptsaison ist der Winter, und bei geringerer Auslastung im Sommer wirkt Sölden manchmal etwas zu groß und unbelebt.

An der Hauptstraße reihen sich etliche Sportgeschäfte, Restaurants und Après-Ski-Bars (im Sommer geschlossen) aneinander. Eher talauswärts befinden sich die **Freizeit Arena Sölden** mit Schwimmbad sowie die **Giggijochbahn** (Juni–Sept. 8.45–16.45 Uhr, 20 €), deren Architektur sehenswert ist. Am oberen Ortsrand fährt die spektakuläre **Gaislachkoglbahn** in zwölf Minuten und zwei Etappen auf den 3048 m hohen Gaislachkogel.

Zum oberhalb liegenden Ortsteil Hochsölden gelangt man mit der **Zahnradbahn Zentrum Shuttle** (tgl. 9–18 Uhr, frei). Dort beginnt die mautpflichtige **Ötztaler Gletscherstraße,** die durch den **Rosi-Mittermaier-Tunnel,** den höchstgelegenen Tunnel Europas, zu einem Parkplatz auf 2829 m führt – der höchste per Auto erreichbare Ort in den Alpen.

Mit Q zu Berge

Die James-Bond-Ausstellung auf dem **Gipfel des Gaislachkogels** (s. S. 166) ist vor allem in der Kombination mit der Zufahrt und den Ausblicken spektakulär. Das **Restaurant Ice Q** auf dem Gipfel und die **Gaislachkoglbahn,** deren drei futuristische Seilbahnstationen von dem Innsbrucker Architekturbüro Johann Obermoser entworfen wurden, waren im James-Bond-Film »Spectre« prominent zu sehen, so auch die Landschaft und die Gletscher-Panoramastraße.

PULLERN IM POWDER-Q

Die Toilettenanlage (Powder Q) auf dem Gaislachkogel ist nicht groß, aber mit verspiegelten Fenstern in den WC-Kabinen ganz schön schick. Den tollsten Panoramablick hat man vom Pissoir – Neid!

Die hier gedrehten Szenen bilden den Fokus der Ausstellung »007 Elements«. Außerdem wird die komplizierte Technik für die Action-Szenen erklärt und es gibt jede Menge packende Filmsequenzen.

Ausstellung: https://007elements.soelden.com, Juni–Okt., Mitte Nov.–April 9–16.30 Uhr, 24 €; **Gaislachkoglbahn:** www.soelden.com, ab 8.30 Uhr, in der Ötztal Summer Card enthalten, sonst Berg- und Talfahrt 46,50 €, Kombiticket mit 007 Elements 59 €

Radel-Republik

Direkt unterhalb der **Gaislachkoglbahn** verlaufen einige Downhill-Strecken der Söldener Bike Republic. Unter diesem Label ist ein Netz von Bikestrecken für alle Ansprüche von Bike-Fans zusammengefasst: von MTB-Strecken bis zu Enduro und Freeriding.

Die Trails sind entsprechend der Schwierigkeit (wie Pisten) blau, rot oder schwarz markiert und haben alle Namen aus dem Ötztaler Dialekt. Bereits ein Klassiker ist die mittelschwere Teäre Line, »teäre« bedeutet so etwas wie launig oder lässig, die Zaahe Line dagegen ist ziemlich zäh, also schwierig. Mit guter Ausrüstung, einer Einführung und ein paar Übungsrunden auf einem der Pumptracks im Ort (beim Bäckelarwirt oder beim Hotel Sunny) können sich auch Neulinge auf die leichteren Flowtrails wagen. Natürlich nur mit Helm und entsprechender Schutzkleidung!

https://bikerepublic.soelden.com

Wandern um Vent

Südlich von Sölden geht nach Westen das **Venter Tal** ab. Der Ort **Vent** ist Ausgangspunkt für viele Wanderungen.

Anstrengend, aber auch kulturell interessant ist die **Tour zur Ötzi-Fundstelle** an der italienischen Grenze. Sie ist als sehr lange Tagestour oder mit einer Hüttenübernachtung möglich. Von Vent aus geht man zunächst zur Martin-Busch-Hütte (2501 m, www.dav-berlin.de) und von dort weiter Richtung Tiefenbachferner. Vor dem Gletscher zweigt ein Weg zum Tisenjoch und der Ötzi-Fundstelle auf ca. 3210 m ab. Zurück wendet man sich entlang der österreichisch-italienischen Grenze steil hinab zur Similaun-Hütte (ca. 4 Std., T 0039 0473 66 97 11, www.similaunhuette.com) und kurz über den **Tiefenbachferner** zurück nach Vent. Der Weg zwischen Vent und der Similaun-Hütte ist Teil des Europäischen Fernwanderwegs E 5 und viel begangen.

Von der Terrasse am Gaislachkogel hat man einen tollen Blick auf den romantischen Herzchen-See.

Auch die **Wildspitze,** der höchste Berg Nordtirols (ca. 3768 m, unterschiedliche Angaben), kann von Vent aus in einer Zwei-Tages-Tour über die Breslauer Hütte begangen werden. Die hochalpine Tour erfordert neben Kondition auch eine Gletscherausrüstung, Steigeisen und Klettersteigset.

Sensation in Gurgl

Im Jahr 1931 war das Bergdorf **Obergurgl** plötzlich in den Schlagzeilen: Der Schweizer Physiker Auguste Piccard musste mit seinem Heißluftballon am Gurgler Ferner notlanden, nachdem er eine sensationelle Höhe von 15 780 m erreicht hatte. Obergurgl liegt auf 1900 m am Talschluss des Gurgler Tals südöstlich von Sölden und unterhalb des Rotmoosferners. Mit einer Seilbahnkombination aus Hochgurglbahn und Wurmkogl-Sessellift kommt man über den Skiort **Hochgurgl** bis hinauf zur kleinen runden Panoramabar Top Mountain Star auf 3082 m – schick und nur 15 Min. unterhalb des Wurmkogel-Gipfels (www.gurgl.com, Ende Juni–Anf./Mitte Sept. Di, Do/Fr 9–15.55 Uhr, Kombiticket 32 €).

Unweit des Ortes liegt auch das Naturschutzgebiet **Obergurgler Zirbenwald** (s. Tour S. 170). Die Berge bieten unterschiedliche Wander- und Klettermöglichkeiten, spektakulär mit Dreiseilbrücken hoch über dem Bach ist der **Zirbenwaldklettersteig** (B/C, eine C-Stelle, ca. 1,5–2 Std.).

Nach Italien

Cabrio- oder Motorradreisende lieben sie besonders, die **Timmelsjoch-Hochalpenstraße** (www.timmelsjoch.com) von Obergurgl nach Südtirol. Die kurvenreiche Straße führt auf österreichischer Seite am Skiort Hochgurgl vorbei zum **Timmelsjoch,** dem höchsten Passübergang der Ostalpen. Bis nach **Meran** in Südtirol benötigt man übrigens ca. 1,5 Std.

Schlafen

Lässig

Bergland: Das Wellnesshotel zeigt sich in edler moderner Architektur, vor allem Granit und Zirbenholz bestimmen das Design des Hauses. Im vierten Stock hat die James-Bond-Crew für »Spectre« gewohnt. In jedem Zimmer lädt ein Schaukelstuhl zum Entspannen, die Gemeinschaftsbereiche sind mit Hängesesseln, Strandkörben und Heumatratzen ausgestattet.

Dorfstr. 114, T 05254 224 00, www.bergland-soelden.at, Ötztal Premium Card (s. S. 159) und eigene Veranstaltungen inbegriffen, €€€

Sportlich, sportlich …

Sportlers Lodge: 2023 eröffnetes schickes Lifestyle-Hotel mit Infinity-Pool, Fitnessraum und E-Bikes.

Dorfstr. 202, T 05254 2559, www.sportlers.at, inkl. Ötztal Summer Card, €€€

Camping

Camping Sölden: Flache Parzellen (keine Zeltwiese) am oberen Ortsrand, großzügig sind die modernen Sanitäranlagen; mit Fahrradabstellräumen, Kletterwand und Spielecke.

Wohlfahrtstr. 22, T 05254 26 27, www.camping-soelden.com, €

Essen

Pizza Pasta

Nudeltopf: Auch wenn der Name anderes verheißt: Die Pizzeria liegt in der Nähe der Gaislachkoglbahn, bietet eine ordentliche Weinauswahl und gemäßigte Preise.

Dorfstr. 107, T 05254 20 10, http://nudeltopf.riml.com, Mi–Mo Küche 12–22, im Winter tgl., €–€€

Gourmet in luftiger Höhe

Falcon: Über der Selbstbedienungsstube an der Bergbahn thront ein Gourmet-Restaurant mit toller Weinauswahl und Top-Blick.

Gaislachkogl Mittelstation T 0664 819 81 70, www.das-falcon.at, während der Öffnungszeiten der Bergbahn tgl. 8.30–16 Uhr, €€–€€€

Bewegen

Downhill für alle

Ride On Bikeschule: Sehr engagierte Trainerinnen und Trainer, die auch Kurse für Neugierige und für Kinder mit und ohne Bike-Erfahrung durchführen.

Rechenaustr. 41, Bikepark beim Hotel Sunny, T 0664 228 88 90, www.rideon-soelden.com

Mountaincart: 7,3 km off-road von der Mittelstation ins Tal. Verleih an der Mittelstation der Gaislachkoglbahn.

Sommer tgl. 9–16 Uhr, 27 €, mit Bergfahrt 46,50 €

Fahrradverleih

Intersport Glanzer: Das Sportgeschäft an der Gaislachkoglbahn hat noch mehrere Filialen. Ein Full Suspension Bike kostet 59 €/Tag plus 20 € für alle Protektoren.

Dorfstr. 109 (an der Gaislachkoglbahn), T 5254 2223 301, www.glanzer.at, tgl. 8.30–18 Uhr

Bergtouren

Alpine Bergsport- und Erlebnisschule Sölden: Das Bergführerbüro befindet sich beim Gemeindeamt. Unter den diversen Touren und Ausbildungskursen ist natürlich auch die Wildspitze (s. S. 168) mit im Programm.

Gemeindestr. 1, T 00664 847 81 55, www.bergfuehrer-soelden.com

TOUR
Der Alpenkönigin auf der Spur

Naturlehrpfad im Naturdenkmal Obergurgler Zirbenwald

Infos

E9

Start/Ziel: Touristeninformation Gurgl

Strecke: Rundweg mit Infotafeln 2,8 km, 1,5–2 Std., ab/bis Obergurgl 5,2 km (ca. 200 Höhenmeter), bequemer Waldweg, überwiegend gut ausgeschildert

Online-Broschüre zum Zirbenweg (Suchwort »Zirbenwald«): www.naturpark-oetztal.at

Anfahrt: Bus 320 oder 330 bis Obergurgl, etwa halbstdl. Fahrzeit ab Sölden 23 Min.

Einkehr: Nur im Ort Obergurgl möglich

Ob Zirbenbrettchen oder Zirbenschnaps, die Zirbe *(Pinus cembra)* ist der Tiroler Wunderbaum. Er wächst auf einer Höhe zwischen 1500 und 2300 m, wo sonst kaum noch Bäume überleben können. Der robuste, oft ziemlich große Nadelbaum hält nämlich sogar Temperaturen von bis zu –40 °C aus und kann weit über 1000 Jahre alt werden.

Besonders häufig kommt die Zirbe im Ötztal und im Zillertal vor. Der 20 ha große **Obergurgler Zirbenwald** auf 2000 m Höhe ist ein Tiroler Naturdenkmal.

Vergesslicher Vogel

Von **Obergurgl** führt ein breiter Weg hinauf zur **Mittelstation der Hohe Mut Bahn.** Hier weist eine Infotafel auf den Beginn des **Zirbenwegs** hin, der sich leicht bergab um den Hang zieht. Bald führt der Weg durch den Wald und wird etwas schmaler, eine Tafel beschreibt das Leben der Kerbameisen, eine gibt Infos zum Blick ins Tal. Als Nächstes geht es um den Wald selbst, denn der Zirbenwald im Ötztal ist ein Naturdenkmal. Ein Hauptgrund für die Existenz dieses seltenen Waldes ist der **Tannenhäher.** Der heißt hier auch Zirmgratschn, und das sagt im Grunde schon alles: Der gesprenkelte Krähenvogel mit der markanten Stimme ist nämlich hauptsächlich für die Verbreitung der Zirbe verantwortlich. Im Herbst sammelt er als Wintervorrat bis zu 100 000 Zirbennüsse. Bei dieser Menge vergisst er schon mal das eine oder andere Depot – und dort wachsen dann neue Bäume. Da er in der Regel mehrere Nüsse in unmittelbarer Nähe zueinander versteckt, stehen die Zirben dann ziemlich dicht und sind damit auch gleich ein Lawinenschutz im Winter. Man erkennt die Zirbe übrigens gut an

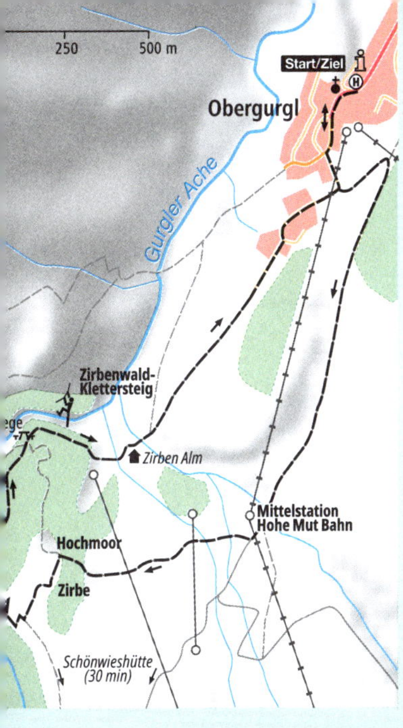

den Nadeln, die zu fünft an einem Trieb wachsen.

Ein Stück weiter führt der Weg zu einer Lichtung auf einem Absatz im Berghang mit einem Rastplatz. Die Pflanzen auf der Lichtung haben ungewöhnlich satte Farben: Mitten im Zirbenwald liegt ein kleines **Hochmoor.** Hochmoore haben im Gegensatz zu Niedermooren keinen Kontakt zum Grundwasser und sind entsprechend nährstoffarm. Als sich vor ca. 10 000 Jahren die Gletscher zurückzogen, blieben sumpfige Becken zurück. In ihrem sauerstoffarmen Boden vertorften Pflanzen, anstatt sich zu zersetzen. Hier ist so eine fast 4 m dicke Torfschicht entstanden!

Vielseitige Zirbe

Am Rand des Moores ist eine Scheibe aus dem Stamm einer 300 Jahre alten **Zirbe** aufgestellt. Wegen der lebhaften Maserung wird das leichte Zirbenholz gern für die Täfelung von Wohnstuben benutzt. Das Holz enthält aber auch ätherische Öle, die über längere Zeit langsam ausströmen. Ihnen werden etliche positive Wirkungen zugesprochen: Sie sollen beruhigen, Schimmelbildung verhindern, Schädlinge fernhalten … Deshalb werden Zirbenholz und Zirbenspäne viel im Haushalt genutzt: als Kissenfüllung, Betten, Karaffenstopfen, Brotkästen etc. Den strengen Zirbenschnaps hingegen finden, obwohl er lebensverlängernd wirken soll, nicht alle so lecker – aber vielleicht die Zirbenschokolade (z. B. aus Pichler's Schokoladenwelt, s. S. 214)?

Hinter dem Hochmoor geht es dann in einem Bogen auf dem Hauptweg zur Schönwieshütte hinab. Hier bietet sich ein wunderbarer Blick auf den Obergurgler Gletscher, den Fluss und die gegenüberliegende Talseite. Nach rechts erreicht man nach ca. 1 km die Abzweigung zum Obergurgler Zirbenwald-Klettersteig. Der Weg führt nun relativ breit und sanft bergab nach **Obergurgl** zurück.

Hallenbad

Freizeit Arena Sölden: Großes freundliches Hallenbad mit Wellnessbereich und Sauna. Das Wasser ist 30 °C warm und die Kids haben Spaß auf den Rutschen.
Gemeindestr. 4, T 05254 25 14, www.freizeit-soelden.com, tgl. 11–20.30 Uhr, Tageskarte 16,50 €, Sauna 23 €

Ausgehen

Cocktails

Sky Bar The Vue: Schicke Hotelbar mit Rundumverglasung und edlen Drinks.
Oberwindaustraße 19, T 05254 26 00, tgl. 17–1 Uhr

Drinks & DJ

Liebelei: Neben der großen Bar gibt es eine kleine Tanzfläche, außerdem Burger und Fingerfood.
Dorfstr. 66, T 05254 333 11, www.liebelei-soelden.com, tgl. 17–1 Uhr

Infos

- **Electric Mountain Festival:** Erste Aprilhälfte am Giggijoch. Internationale DJs legen auf!
- **Sennelar auf den Almen um Sölden:** 15. Aug. Gottesdienste und Feierlichkeiten finden zum Fest Mariä Himmelfahrt statt und als Dank für eine unfallfreie Almsaison.
- **Eröffnungsrennen Skiweltcup:** Okt. Auf dem Rettenbachgletscher, mit Rahmenprogramm.
- **Aktuelle Events:** Mega-Performances wie das Gletscherschauspiel Hannibal am Rettenbachgletscher über www.soelden.com.
- **Tourismusbüro Sölden:** Gemeindestr. 4, T 057 20 02 00, www.oetztal.com, 8.30–12.30, 14–17, So 9–12, 15–17 Uhr.
- **Tourismusbüro Vent:** Venterstr. 35, Mo–Sa 8.30–12, 14–17.30 Uhr.
- **Tourismusbüro Gurgl:** Gurglerstr. 118, Mo–Sa 8.30–12.30, 14–17, So 9–12, 15–17 Uhr.
- **Info-App:** iSölden – Mobile App. Neben Unterkunft, Gastronomie und Almen auch Nahverkehrs-, Wetterinfos und Events.
- **Mautgebühren (Sommer):** Timmelsjoch-Hochalpenstraße, Pkw einfach 18 €, hin und zurück 24 €, Motorrad 16/21 €. Gletscher-Panoramastraße bis 5 Personen 23 €, jede weitere Person 7 €. Ötztaler Gletscherstraße: Pkw hin und zurück 23 €, Motorrad 12,50 €.
- **Bus:** 330 ab Sölden nach Vent, fast stdl.

Rund um Landeck

C6/7

Man kann die Bezirkshauptstadt **Landeck** mit knapp 8000 Einwohnern bei der (Tunnel-)Durchfahrt glatt übersehen. Schade wär's, denn es gibt einiges zu erkunden und erleben in der Umgebung. Außerdem ist Landeck eine prima Basis für Ausflüge (nicht zuletzt wegen der Gästekarte, s. S. 182).

Landeck

C6

Passkontrolle

Erst 1923 wurde **Landeck** aus den separaten Dörfern Perfuchs und Angedair als neue Stadt gegründet; inzwischen wächst der Ort mit der Nachbargemeinde Zams zusammen.

Aber besiedelt ist die Gegend schon viel länger, bereits vor den Römern war hier die sogenannte Fritzens-Sanzeno-Kultur ansässig. Die römischen Soldaten bauten dann die Via Claudia durchs Tal, die erste Heer- und Handelsstraße über die Alpen. Als das Gebiet im

13. Jh. zu Tirol kam, entstand Schloss Landeck als Befestigung, um diese Straße über den Reschenpass kontrollieren zu können. Durch Mautgebühren und Marktvorrechte gelangte das Städtchen zu einigem Wohlstand, was heute an den teils recht gut erhaltenen mittelalterlichen Häusern zu sehen ist.

Der nächste richtige Aufschwung kam dann erst im 19. Jh. durch den Bau der Arlbergstraße und später der Arlbergbahn. Nicht nur die Gästezahlen stiegen an, sondern mit der Gründung einer Karbidfabrik an der Bahnlinie wurden auch etliche Arbeitsplätze geschaffen.

Auf der Flucht

In **Perfuchs** auf der linken Innseite ist sehr schön der gewundene Verlauf der **mittelalterlichen Hauptstraße** ❶ zu erkennen. Einige Häuser weisen noch gotische Türbögen und dicke Mauern auf – hier soll sich der Tiroler Herzog Friedrich IV. Anfang des 15. Jh., auf der Flucht vor den Appenzellern und als Wandermusiker verkleidet, seinen Tiroler Untertanen zu erkennen gegeben haben.

Echt gotisch

Gegenüber, im Ortsteil **Angedair** unterhalb des Schlosses, steht die gotische **Pfarrkirche Mariä Himmelfahrt** ❷ am Schulhausplatz, die im 15. Jh. der damalige Gerichtsfürst (die Gerichtsbarkeit war an Adelige vergeben) Oswald von Schrofenstein stiftete. Unter ihr wurden mehrere Vorgängerbauten gefunden. Sie ist eine der wenigen nicht barockisierten Kirchen in Tirol.

Spektakulär steht die Kronburg hoch über Zams auf einem Felsen. Die Gegend ist wunderbar zum Wandern, und man kann auf dem Europawanderweg wahlweise bis zum Bodensee oder zur Adria laufen.

Ritterräume

Das **Schloss Landeck** ❸ mit dem wuchtigen mittelalterlichen Turm wurde bereits im 13. Jh. als Burg angelegt. Der Eingangsbereich mit der kleinen gotischen, freskengeschmückten Kapelle stammt jedoch aus der Zeit Kaiser Maximilians I. (um 1500).

In den oberen Stockwerken ist neben **Sonderausstellungen,** u. a. zu den Schwabenkindern (s. S. 264), die **Dauerausstellung** »Bleiben oder Gehen« untergebracht.

Im »Bleiben«-Bereich wird das Leben in den Bergen vorgestellt, vom Brauchtum wie dem Scheibenschlagen oder Fasnachtsbräuchen über Religion und Gerichtsbarkeit bis zum Bergbau. »Gehen« war für viele angesichts der kargen Lebensumstände die Alternative, und der zweite Teil der Ausstellung widmet sich den Tiroler Auswanderern.

Schlossweg 2, T 05442 632 02, www.schlosslandeck.at, Mitte/Ende April–Mitte/Ende Okt. tgl. 10–17 Uhr, 8 €, geführte Touren auf Anfrage

Zams C6

Die eigenständige Gemeinde Zams mit der hoch über dem Ort thronenden **Kronburg** war lange Zeit ebenso

Landeck und Zams

Ansehen
1. Mittelalterliche Hauptstraße in Perfuchs
2. Pfarrkirche Mariä Himmelfahrt
3. Schloss Landeck
4. Zammer Lochputz
5. Wallfahrtskirche Mariahilf in Kronburg
6. Burgruine Schrofenstein

Schlafen
1. Jägerhof
2. Hotel Schrofenstein
3. Camping Riffler

Essen
1. Post Gasthof Gemse
2. Gasthof Kronburg

Einkaufen
1. Haag
2. OnSight
3. Landecker Frischemarkt

Bewegen
1. Galugg Klettersteig
2. Burschlwand
3. Klettergarten Starkenbach
4. Flugschule Sturm
5. Tramser Weiher

---

bedeutend wie Landeck. Geblieben ist ein kleiner **historischer Ortskern** mit Kirche und Bauernhöfen, einigen Hotels und guten Kletterfelsen in der nahen Umgebung. Auf der Südseite des Ortes führt die **Venet-Bahn** bis auf etwa 2200 m in das Venetmassiv, ein beliebtes Wintersport- und Wandergebiet um die 2512 m hohe **Glanderspitze.**

Es gibt dort auch eine für die Öffentlichkeit zugängliche **Sternwarte** – zu den Bergbahnzeiten ist sie aber eher wegen des Sonnenteleskops interessant. Und hin und wieder finden geführte Sonnenaufgangswanderungen statt – samt Sonderauffahrt per Seilbahn.

Wasser marsch

Zammer Lochputz 4 – da geht es offenbar zur Sache. Die Klamm mit den ausgewaschenen Felsformationen und dem eigentümlichen Namen kann mit einer dramatischen Legende um Schmied, Nymphe und Hirte aufwarten, die auf Schautafeln vor Ort ausführlich erzählt wird – Stier und Nymphe erkennt man noch in den Felsen! Weniger mystisch Veranlagte finden in der Schlucht die aufbereiteten Überreste eines der ersten Wasserkraftwerke der Region.

Von der Kasse, wo man auch den hilfreichen Audioguide und die obligatorischen Helme bekommt, geht man am besten zuerst ins **Schaukraftwerk** mit den riesigen Turbinen, um sich die Kraft fallenden Wassers zu vergegenwärtigen.

Gleich am Anfang der Schlucht, hinter den **Ruinen einer alten Schmiede,** demonstriert eine Fontäne diesen Wasserdruck recht anschaulich. Auf Metallgittern geht es dann entlang der steilen Schluchtwände in die Felsen hinauf (Notausstieg für Nichtschwindelfreie vorhanden).

Ganz oben sind Reste der alten **Wehranlagen** für das erste Kraftwerk von 1923 zu sehen.

Römerweg 21, T 0664 585 90 89, www.zammer-lochputz.at, Mai–Sept. tgl., Okt. nur Do–So 10–17 Uhr, 5 €, in der Wintersaison Mi Abendführung, Bus ab Landeck halbstdl., Fahrzeit ca. 15 Min.

Strampeln überm Inntal

Von Landeck oder Zams führt eine konditionell etwas fordernde Fahrradtour

TOUR
Waldgeister und Wasserwege

Auf den Albigenpfaden bei Landeck unterwegs

Am **Sportplatz Grins** markiert eine Wandertafel den Anfang der vier **Albigenpfade,** die den sagenhaften Alben, Elben oder Elfen gewidmet sind, nämlich den Naturgewalten Feuer, Wasser, Erde und Luft.

Zunächst führt der ausgeschilderte Weg an Wiesen mit Weitblick vorbei. Zum Feueralb folgt man nicht dem Schild »Albigenpfade«, sondern weiter der Straße, die oberhalb des Dorfes am Hang entlangläuft. Erst nach ca. 1 km führt ein **Wanderweg** steil in den Wald. Der Beschilderung **»Wildbad/Augsburger Hütte«** folgend, geht man abwechselnd auf Pfaden und einem immer

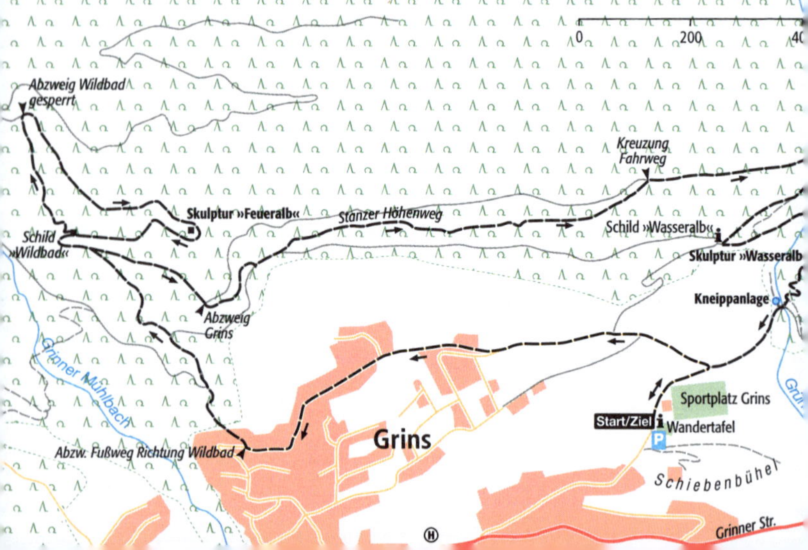

»Wasseralb« und weitere große Stahlblechfiguren des Künstlers Christian Moschen stehen am Wegesrand der Albigenpfade.

wieder kreuzenden Schotterweg. Etwa 30 Minuten später zweigt der Weg zum **Wildbad** ab – seit einigen Jahren ist die Heilquelle, die schon Margarete von Tirol gerühmt haben soll, aber nicht mehr zugänglich. Wir folgen dem Fahrweg nach rechts bergab und erreichen bald die moderne, 4 m hohe **Stahlblechskulptur des Feueralbs** – mit Ausblick und Picknickplatz!

Die vier »Albigen« sind die mächtigen Naturgeister einer erst 2007 geschaffenen Kunstsage: Feueralb, Wasseralb, Erdalb und Windalb sind darin bedrohliche Einflüsse auf Grins, sie können den Einwohnern aber auch helfen. Etwa bei der Erschließung einer Heilquelle, die schon Margarete von Tirol im 14. Jh. aufgesucht hat und die heute als Thermalquelle anerkannt ist. Die Stahlfiguren der Albigen wurden 2013 von lokalen Künstlern geschaffen und an neu konzipierten Spazierwegen aufgestellt.

Weiter geht es auf dem Fahrweg, der sich nach einigen Kehren teilt. Der rechte, untere Weg führt nach Grins und direkt zum Wasseralb. Schöner ist jedoch der Abstecher auf einem historischen Waalweg, der einem künstlichen Wasserlauf folgt: Nach 200 m ist er links als **»Stanzer Höhenweg«** ausgeschildert.

Bei der nächsten Gelegenheit nimmt man einfach wieder einen Fußweg nach rechts und gelangt zurück auf den Fahrweg; dort zeigt ein Schild den Weg zum **Wasseralb** an, einer weiteren Stahlfigur. Von hier gelangt man schnell zum etwas tiefer gelegenen **Kneipp-Bad** und in wenigen Minuten zurück zum Sportplatz.

Vom Kneipp-Bad aus empfiehlt es sich durchaus, die gut ausgeschilderte Genusswanderung zu den Schnapsbrennern nach Stanz (s. S. 178) anzuhängen (etwa eine Stunde).

Infos

C 6

Start/Ziel: Wanderparkplatz am Sportplatz Grins (Haltestelle Grins Genossenschaft)
Weg: 5 km, 300 Höhenmeter. Leichte Waldwege mit Wurzeln. Etwas erratische Ausschilderung

zur **Kronburg,** die auf einem schmalen eiszeitlichen Hügel östlich von Zams steht. Die Anfahrt von Zams über Anreit und Rifenal ist ziemlich steil. Alternativ kann man am Schloss Landeck beginnen und am **Tramser Weiher** 5 (s. S. 181) vorbeiradeln, das ist zwar etwas weiter, aber gemächlicher. Hinter Anreit ist der Wegverlauf dann identisch.

Ab **Rifenal** geht es über Waldwege und zwischen Kuhweiden zur barocken **Wallfahrtskirche Mariahilf** 5, die wegen ihrer alten Votivbilder und der realistischen Kreuzigungsdarstellung auf jeden Fall einen Blick lohnt. Zu Fuß geht es dann noch einmal 130 m zur Ruine auf den eigentlichen Burgfelsen der Kronburg hinauf. Zurück führt der Weg in langen Kurven bergab zum Inn und unterhalb des Felsens gemütlich über den **Innradweg.** An einem kleinen Rastplatz gleich unterhalb der Burg sind im Felsen noch Stufen und Wagenspuren der alten Fernstraße, der Via Claudia, zu sehen.

Strecke: 14 km, 2,5 Std., Höhendifferenz ab Zams ca. 350 m, Einkehrmöglichkeit im Gasthof Kronburg gegenüber der Kirche Mariahilf

Stanz C6

Auf dem Sonnenplateau oberhalb von Landeck am Hang liegt Stanz, wo schon seit der Römerzeit Zwetschgen angebaut werden.

Dafür brennen die Bauern

Seit dem Mittelalter brennt man sie zu Schnaps, und so hat sich das Bauerndorf **Stanz** als Brennereidorf einen Namen gemacht und heute bilden sich die Obstbauern zu Edelbrand-Connaisseuren weiter. Ein Besuch mit Verkostung in einer **Stanzer Brennerei** lässt sich nach vorheriger telefonischer Anmeldung auch individuell und kurzfristig organisieren. Spezialität ist der Edelbrand aus Spänling, einer Wildpflaumenart, oder Zwetschge.

Das Brennereidorf lässt sich gut im Rahmen einer kleinen Wanderung von Grins nach Stanz besuchen (4 km, 70 Höhenmeter, etwa 1 Std., gute Ausschilderung am Weg).

Auch ein Abstecher zur malerischen **Burg Schrofenstein** 6 (s. Lieblingsort S. 179) ist möglich (ca. 2 km zusätzlich pro Richtung).

Kontakt Brennereidorf: Markus Auer, T 0676 535 00 53, www.brennereidorf.at

Fließ C7

Rund 200 m unter dem Ort rollt der Verkehr zum Reschenpass (Passo di Resia): durch den Landecker Tunnel der A 12. Früher war das anders: Die Gemeinde **Fließ** (sprich: Fli-äß), gut 8 km südöstlich von Landeck, war einst eine wichtige Station auf der Handelsroute nach Italien, trotz der Lage auf 1080 m. Die Wegstrecke war schon lange vor der römischen Via Claudia gut begangen, wie spektakuläre Funde in der Umgebung gezeigt haben.

Goldschatz

Neben der barockisierten **Pfarrkirche Mariä Himmelfahrt** bildet das **Archäologische Museum** mit dem Dokumentationszentrum Claudia Augusta die Hauptsehenswürdigkeit des Ortes. Es sind gleich drei sensationelle Funde aus der Bronzezeit ausgestellt, darunter der Schatzfund von Piller mit einem der ältesten jemals gefundenen Bronzehelme. Ein weiterer Schatzfund stammt von einem Brandopferplatz auf der Piller Höhe, etwa 500 m oberhalb von Fließ.

Im modernen neuen Gebäude des **Museums** befindet sich noch eine Ausstellung zur Römerstraße Via Claudia Augusta.

Lieblingsort

Kleine Ruine, große Aussicht

Auf dem markanten Felsvorsprung hoch oben auf dem Hang über **Landeck** ragt sie wie ein Finger in den Himmel: die **Burgruine Schrofenstein** ❻. Die Ritter von Schrofenstein kontrollierten im Mittelalter als Ministeriale der Grafen von Görz-Tirol die ganze Region, die Verkehrswege in den Vinschgau über den Arlberg und den Fernpass. Ein Wanderweg führt von Stanz aus in etwa einer halben Stunde zur Burgruine hinauf. Heute ist eigentlich nur der 12 m hohe Bergfried halbwegs erhalten, der ist dafür umso malerischer. Die Burg befindet sich in Privatbesitz, wegen Einsturzgefahr ist sie nicht zugänglich. Sie ist aber auch von außen sehenswert und der Blick über das Inntal lohnt den Aufstieg. Oben ist man meist allein – vielleicht kommen mal Einheimische aus Stanz oder Landeck auf einem Spaziergang mit dem Hund vorbei, seltener Leute von weiter her auf der Suche nach einem Geocache …

Versteckt in einem Parkhaus unterhalb des Supermarkts M-Preis (Dorf 120) westlich des Museums ist eine weitere **Ausgrabung** für die Öffentlichkeit konserviert worden: ein rätisches Haus aus dem 5. Jh. v. Chr. (Eintritt und Zugang frei).

Dokumentationszentrum Via Claudia Augusta: Fließ 89, T 05449 200 65, www.museum.fliess.at, Mai–Okt. Di–So 14–17 Uhr, 8 €

Schlafen

Zweiradfreundlich

1 **Jägerhof:** Solides Chalet-Hotel direkt neben der Venet-Bahn, große komfortable Zimmer mit Balkon und gutes Frühstücksbüfett; Wellnessbereich. Mit E-Mountainbike-Verleih (35 €/Tag) sowie besondere Angebote und Tourentipps für Radler und Motorradfahrer.

Hauptstr. 52, Zams, T 05442 626 42, www.jaegerhof-zams.at, €€

Zentral

2 **Hotel Schrofenstein:** Solides Hotel in super Lage in der Altstadt. Nicht alle Zimmer sind renoviert, und einige sind ziemlich klein. Im Sommer sitzt man abends nett im Biergarten, und die Fahrräder können auch eingestellt werden.

Malserstr. 31, T 05442 62395, €–€€

Camping

3 **Camping Riffler:** Sehr kleiner Platz mit einigen flachen Parzellen und einer Zeltwiese, einfache Sanitäranlagen, dafür ist der Platz in Laufentfernung zum Zentrum.

Bruggfeldstr. 2, Landeck, T 05442 648 98, www.camping-riffler.at, €

Das kleine Archäologische Museum in Fließ lohnt den Besuch sehr: Gleich mehrere Schatzfunde sind ausgestellt, und man erfährt einiges über die historische Via Claudia.

Essen

Urig

1 **Post Gasthof Gemse:** Deftig sind die Tiroler Speisen von Kaspressknödel bis Kalbskopf im alteingesessenen Gasthof gegenüber der Kirche. Die Zutaten kommen aus der Region, zum Teil sogar aus dem eigenen Garten.

Hauptplatz 1, Zams, T 05442 624 78, www.postgasthofgemse.at, Fr–Di 11.30–14, 17.30–20.30, So bis 20 Uhr, €€

Barmherzige Schwestern

2 **Gasthof Kronburg:** Die Nonnen aus Zams bekochen in Küche und Biergarten nicht nur Pilger und Seminarteilnehmer, sondern vor allem viele Ausflügler. Gute Tiroler Küche und Kirchtagskrapfen zum Nachtisch.

Kronburg 6, Kronburg, T 05442 634 78, www.klostergut-kronburg.at, Mi–Sa 10.30–22, So 10.30–20 Uhr, €€

Einkaufen

Schokolegende

1 **Haag:** Der Konditor Hansjörg Haag stellt Edelschokolade nur aus der Milch des Tiroler Grauviehs her, die Tiroler Edle: mit Cremefüllungen wie Zwetschgenbrand oder für Puristen mehrere Varianten dunkle Schokolade ohne Zucker (und dafür auch mit etwas weniger Kalorien)!

Maisengasse 19, Landeck, T 05442 623 28, www.tiroleredle.at, Mo–Fr 9–12, 14–18, Sa 9–12 Uhr

Outdoor

2 **OnSight:** Vor allem fürs Klettern gut sortierter Bergsportladen in Zams. Auch Verleih von Klettersteigsets.

Hauptstr. 43, Zams, T 0677 64 44 74 54, www.onsight-shop.at, Mo–Fr 9–12, 14–18, Sa 9–12 Uhr

Wochenmarkt

3 **Landecker Frischemarkt:** Große Auswahl an Ständen, u. a. gibt es auch frische Spezialitäten wie Krapfen.

Malserstr., Landeck, www.landeckerfrischemarkt.com, Fr 9–17 Uhr

Bewegen

Klettern

Ortsnah liegt der familienfreundliche **Galugg Klettersteig** 1 (B/C); zwischen Zams und Imst befinden sich auf der linken Innseite die **Burschlwand** 2 (Mehrseillängenrouten und ein Einsteiger-Klettergarten) sowie der **Klettergarten Starkenbach** 3 (Infos beim Tourismusbüro).

Fliegen

4 **Flugschule Sturm:** Gleitschirm-Tandemflüge vom Gipfel des Venet, auch ohne Vorkenntnisse.

Seppl Sturm, Kristille 11, T 0664 442 54 11 www.stormy.at

Baden

5 **Tramser Weiher:** Im Naherholungsgebiet Trams auf einer Anhöhe zwischen Landeck und Zams gelegen, ist dies einer der schönsten Orte zum Baden.

Genusswandern

In der Sommersaison gibt es wöchentlich geführte **Spaziergänge** ab Landeck mit Informationen und Verkostung: Themen sind die Quellkeimlinge (Sprossen), Schnaps oder Kräuter. Anmeldung bis zum Vortag 17 Uhr über https://tirolwest.at/de/events, mit Gästekarte 5 €, sonst 10 €.

Infos

- **Scheibenschlagen:** Wochenende nach Aschermittwoch. Alemannischer Brauch, bei dem glühende Holzscheiben weggeschleudert werden.

- **Stanz brennt:** 1. Septemberwochenende. Brennereifest in Stanz mit Streetfood und Schnapsverkostung.
- **Tourismusverband TirolWest:** Malserstr. 47a, T 05442 656 00, www.tirolwest.at, Mo–Fr 9–18 Uhr.
- **Gästekarte:** TirolWest Card, gratis ab einer Übernachtung. Gilt als Fahrkarte in allen Bussen bis Imst und in allen Seitentälern jeweils bis zur Grenze (bis Kaunertal, Nauders, Bieler Höhe und St. Anton). Außerdem Führungen, Schwimmbäder, etliche Museen und Zammer Lochputz. Ab fünf Übernachtungen heißt die Gratis-Karte TirolWest Card Premium und gilt außerdem täglich auf der Venet-Bergbahn.
- **Bus:** 240, Mo–Sa ca. 10 x tgl. ab Landeck nach Fließ.

Kaunertal

D 7/8

Das **Kaunertal** ist eine der längsten und schönsten Sackgassen Tirols. Bei Landeck beschreibt der Inn eine scharfe S-Kurve, und an der letzten Biegung zweigt bei Prutz das Kaunertal vom Oberinntal ab. Hier beginnt der **Kaunergrat,** eine massive Gebirgskette, die auf die Wildspitze (3768 m, s. S. 168) zuläuft, den höchsten Berg der Region.

Zwischen **Prutz** und **Feichten** (1270 m) ist das Kaunertal besiedelt, hinter Feichten beginnt die Kaunertaler Gletscherstraße (s. u.), wo es fast keine dauerhafte Siedlung mehr gibt.

Blick vom Grat

Der **Naturpark Kaunergrat** erstreckt sich über fast 600 km² vom Oberen Inntal (Gemeinde Fließ, s. S. 178) bis zu den Ötztaler Alpen und umfasst fast das gesamte Kaunertal. Das Naturparkhaus Kaunergrat liegt am Anfang der Bergkette auf der **Piller Höhe** (700 m über dem Inntal), wo noch mal ein Pass hinüberführt ins parallel verlaufende **Pitztal.** Das **Naturparkhaus** mit seiner tollen Aussicht von der Dachterrasse und einem netten Restaurant ist ein beliebtes Ausflugsziel. Eine Ausstellung stellt die Geografie, Flora und Fauna des Nationalparks vor. Bis voraussichtlich Ende 2024 sollen das Haus umgebaut und die Ausstellung neu gestaltet werden.

Gleich neben dem Naturparkhaus sind die Felsspalte, in der einer der ältesten Bronzehelme überhaupt gefunden wurde, und der Brandopferplatz zu besichtigen – mehr dazu im Museum Fließ (s. S. 178).

Naturparkhaus Kaunergrat, Gachenblick 100, Piller Höhe, T 05449 63 04, www.kaunergrat.at

Kirchlein mit guter Küche

Bei Nufels zweigt eine Stichstraße nach **Kaltenbrunn** zur ältesten Marienwallfahrtskirche Tirols ab (www.kaltenbrunn.at). Sie liegt auf etwa 1260 m Höhe und wurde im 13. Jh. als Sühnekirche von einem Adligen errichtet. Seitdem wurde sie fortwährend vergrößert und verändert, das Innere der Kirche ist heute weitgehend barock. Das Gnadenbild stammt aus dem 14. Jh. und die Kirche ist immer noch ein aktives Pilgerziel, und das, obwohl kein Marienwunder belegt ist. So kann man Weihwasser abfüllen und es gibt Kniebankpolster aus heimischem Filz und Decken für kälteempfindliche Pilger. Und stärken kann man sich auch (s. u.).

Hinauf ins Eis

Oberhalb von Feichten beginnt die 26 km lange, mautpflichtige **Kaunertaler Gletscherstraße.** 29 Infostationen informieren bis zum **Gepatschferner** über Geschichte und Natur des Tales. Weitere Infos, Bilder, Hörspiele und Rätsel gibt es über die Infotainment-App Locandy (www.locandy.com/q/at-kaunertal-gletscher); entlang der Straße sind auch einige Geochaches (www.geocaching.com) versteckt.

Auf 1750 m Höhe liegt der **Gepatschspeicher,** dessen 153 m hoher Staudamm beim Bau in den 1960er-Jahren zu den höchsten der Welt gehörte. Der Kraftwerksbetreiber TIWAG möchte im Kaunertal ein noch größeres Pumpspeicherkraftwerk errichten. Umweltverbände sind dagegen. Am Beginn des **Stausees** befindet sich im Gebäude des Cafés Seepanorama (T 0676 466 34 71, im Sommer So–Fr 10–17 Uhr) eine kleine Ausstellung über Wasserkraft, Stauseen und Fischtreppen.

Vorbei an der schon 1873 errichteten **Alpenvereinshütte Gepatschhaus** und dem kleinen **Weißsee** führen etliche Kehren hinauf zum Parkplatz und zu Österreichs höchstgelegener Bushaltestelle. Hier, am Ende der Gletscherstraße auf 2750 m, befinden sich ein Selbstbedienungsrestaurant, eine Ausstellung zur Erschließung des Kaunertals als Skigebiet und einige Souvenirläden.

Ein ausgewiesener Weg führt in gut 30 Minuten über den Gletscher zu einer **begehbaren Gletscherspalte.** In einem beleuchteten niedrigen Tunnel geht man in einem Bogen durchs Eis. Feste Schuhe und gegebenenfalls Stöcke sind für den Weg dorthin und in der Gletscherspalte ratsam (Juli–Sept., freier Zugang, tgl. kostenlose Führungen).

Auch im Sommer fährt ab Parkplatz die **Karlesjochbahn** (tgl. 9–16 Uhr, Berg- und Talfahrt 26 €, mit Summercard Gold 20 €) weiter auf 3108 m zum Hinteren Karlesspitz; von dort sind u. a. die Weißseespitze, Weißkugel, der Ortler und die Bernina-Gruppe zu sehen.

www.kaunertal.com, Tagesmautkarte 28 €, E-Pkw 23 €, Motorrad 18 €, weitere Personen bzw. Personen in Bus oder Taxi 7 € (Maut und Bahnen in der Gletscherparkcard enthalten, s. S. 184)

Ziemlich kühl ist es in der begehbaren Gletscherspalte am Gepatschferner. Da bekommt man schnell kalte Füße.

Schlafen, Essen

Hotels, Pensionen wie auch Ferienwohnungen finden sich überwiegend in Feichten und sind über die Website des Tourismusverbands Kaunertal (s. Infos S. 184) zu finden. Im Naturpark Kaunergrat selbst gibt es nur wenige Übernachtungsmöglichkeiten.

Alpenvereinshütte

Gepatschhaus: In der komfortablen Berghütte direkt hinter dem Stausee nächtigt man in Zwei- und Mehrbettzimmern oder auf dem Matratzenlager. Sie ist eine gute Basis für Kletterer und Wanderer, zudem hat sie eine gute Küche.

Feichten 147, T 0664 431 96 34, www.gepatschhaus.at, €

Kantine

Gletscherrestaurant Weißsee: Großes Selbstbedienungsrestaurant am Ende der Gletscherstraße, die Preise scheinen sich eher an der Höhenlage zu orientieren …

Kaunertaler Gletscher, T 05475 55 00, www.kaunertaler-gletscher.at, tgl. 8–16.30 Uhr, €€

Lauschig

Gasthof Kaltenbrunn: Berggasthof im renovierten Pfarrhaus. Der kleine Garten mit Apfelbaum und Blick übers Tal ist unglaublich idyllisch. Hier serviert man hausgemachte Kuchen und kleine Gerichte.

Widum (Pfarrhof) der Wallfahrtskirche Kaltenbrunn, T 05475 433, www.kaltenbrunn.at, nur im Sommer Mi–So 10.30–17 Uhr, €–€€

Einkaufen

Marillenschnaps

Maass: Große Edelbrennerei an der Abzweigung zum Kaunertal. Spezialität ist der Bergmarillenbrand von eigenen Aprikosenbäumen!

Kaunertaler Str. 3, Prutz, T 0650 522 77 17, www.maass-brand.at, Mo–Sa ca. 9–12, 13–18, Sa bis 16 Uhr

Infos

- **Tourismusverband Kaunertal/Tourismusbüro Feichten:** Feichten 134, T 050 22 52 00, www.kaunertal.com, Mo–Fr 8–12, 14–17, Sa 14–17 Uhr.
- **Gästekarten:** Summercard, s. S. 188.
- **Kaufkarten:** Verschiedene Programme teils gemeinsam mit Pitztal, TirolWest und Oberinntal. Am umfangreichsten ist die Gletscherparkcard (ab 81 €).
- **Bus:** In der Saison mehrfach tgl. Busse von Imst und Landeck aus zum Naturpark Kaunergrat. Bus 230 2 x tgl. bis Falginjochbahn, Ende Dez.–April nur bis Gepatschhaus.

Oberinntal

C7/8

Der Weg nach Italien ist schmal und geschichtsträchtig – aber nicht so steil, deshalb ist das **Oberinntal** bei Radlern beliebt. Die Autostraße zum Reschenpass führt erst durch den 7 km langen Landecker Tunnel und dann schmal und kurvig weiter Richtung Grenze.

Schmales Tal, breiter Berg

Bei **Prutz** zweigt vom Inn die Straße ins Kaunertal ab, weiter bei Ried geht es auf der anderen Seite hoch in die **Samnaunberge,** wo auf einem breiten Sonnenplateau die familienfreundlichen Feriendörfer **Serfaus, Fiss** und **Ladis** liegen. Geradeaus gelangt man ins Oberinntal und über Tösens nach **Pfunds,** einem fotogenen Dorf mit etlichen historischen Häusern und mittelalterlich dicken Mauern. Durch die Handelsstraße nach Italien, die hier vorbeiführte, ist der Ort einst zu einigem Reichtum gekommen.

Die B 180 führt nun über Hochfinstermünz und den **Finstermünzpass** weiter nach Nauders vor der italienischen Grenze. Auf dem Weg liegen zwei sehenswerte Festungsanlagen.

Die Wacht am Inn

Die Festung **Altfinstermünz** liegt tief unten am Inn, auf der anderen Flussseite ist schon Schweizer Gebiet. Bereits um etwa 1300 gab es hier nachweislich eine Brücke mit Mautstation, der Übergang selbst war wahrscheinlich schon zur Römerzeit in Gebrauch. Unter Herzog Sigmund wurde die Befestigung im 15. Jh. ausgebaut.

Noch bis ins 18. Jh. wurden an der Festung Altfinstermünz Zölle erhoben, danach verkaufte der Staat die Gebäude an den letzten Zöllner. Erst 1999 begann man, die Festung für touristische

TOUR
Zum Kirchturm in den Fluten

MTB-Tour über die Plamort-Ebene zum Reschensee

Infos

C9

Start/Ziel: Bergstation der Bergkastelseilbahn–Nauders

Dauer: halber Tag

Seilbahn: Ende Mai–Mitte Okt., tgl. 9–16.30 Uhr, Bergfahrt 19 €, Fahrrad 10 € www.nauders.com/de/Ihr-Nauders/Sommer-Winter-Bergbahnen

Die **Mountainbiketour** über die grüne Grenze ist für geübte City-Radfahrerinnen und -fahrer machbar, mit mehr MTB-Erfahrung kann man auch über Trails bis Schwierigkeit S2 abfahren. Man legt eine Strecke von ca. 25 km zurück, 200 Höhenmeter sind bergauf zu fahren, doch über 1000 Höhenmeter führt die Tour bergab.

Von der oberen Bergstation der Bergkastelseilbahn bei Nauders führt ein Schotterweg nach rechts und erreicht nach 1,5 km (ca. 100 m tiefer) den ausgeschilderten **Plamort-Mountainbike-Trail.** Dieser Weg führt als leichter Singletrail teils über Wurzeln und Steine über ein ebenes **Hochmoor** mit Heidesträuchern – gut zum Ausprobieren, auch wenn man keine Mountainbike-Erfahrung hat.

Auf der Plamort-Ebene – der rätoromanische Name bedeutet Tote Erde – sind **italienische Verteidigungsanlagen** aus dem Zweiten Weltkrieg erhalten: Bunker und eine enorme, in der Berglandschaft völlig surreal wirkende Panzersperre. Bei dieser Panzersperre passiert man die **österreichisch-italienische Grenze** und fährt dann auf einem breiten Schotterweg steil bergab bis zum Ort **Reschen** (Resia) am Reschensee.

Nach links am Seeufer entlang, führt ein Abstecher zum Wahrzeichen des **Reschensees,** dem aus dem Wasser ragenden **Kirchturm** des gefluteten Dorfes Alt-Graun. Zurück nach **Nauders** fährt man auf dem sanften, hervorragend ausgebauten und asphaltierten Radweg der **Via Claudia.**

Zwecke herzurichten, die Brücke wurde nach altem Vorbild neu gebaut und die Festung zur »Erlebnisburg« restauriert. Nach einem Kurzfilm kann man mit dem Audioguide die alten Gemäuer selbstständig erkunden. In den rekonstruierten ehemaligen Wirtschaftsgebäuden befindet sich auch die nette Klausenschenke.

Unterhalb der Reschenpassstraße (B 180) am Inn, www.altfinstermuenz.com, Bushaltestelle und Parkplatz Hochfinstermünz, von dort ca. 20 Min. und 140 Höhenmeter steil ins Tal, Mitte Mai–Sept. Di–So 11–16.30, 8 €, inkl. Audioguide, mit Summercard 6 €

Die Grenze abriegeln

Direkt oberhalb der B 180 erhebt sich eine mindestens ebenso finstere Festung: Die Straßensperre Nauders, die wahlweise auch als **Festung Nauders** oder Sperre Hochfinstermünz bezeichnet wird, ist komplett in den Fels gebaut (und entsprechend kalt!), nur die graue Fassade geht zur Straße hin – 70 Räume, fünf Stockwerke, 100 Stufen. Ab 1834 wurde das Fort als Grenzbefestigung gebaut, die Hintergründe werden bei einer Führung erläutert, dabei sieht man auch historische Waffensysteme und Dokumente.

T 05473 862 22, nur mit Führung Mi, So 15 Uhr, 9 €, mit Summercard 7 €

Nauders C8

Grenznah

Nauders hat – bei 4000 Gästebetten – nur etwa 1500 Einwohnerinnen und Einwohner. Der atmosphärische Ort, Hauptort des Oberinntals auf einem breiten Talabsatz, ist aber um mehrere Kirchen und Brunnen herum historisch gewachsen. Nur 5 km weiter liegt der **Reschenpass** (Passo di Resia), die Grenze zu Italien.

Eine Burg für die Justiz

Das privat geführte **Schloss Naudersberg** am oberen Ortsrand von Nauders wurde im 13. Jh. von einem Vinschgauer Ritter als Burg für den damals in Nauders ansässigen Gerichtssitz gebaut und war bis 1769 Hoch- und Blutgericht.

Auf der Burg wurden die Beschuldigten verurteilt und ggf. inhaftiert oder auf den Wiesen südlich von Nauders hingerichtet. Nach der Teilung Tirols (1919) verlor Schloss Naudersberg den Gerichtssitz, im 20. Jh. war in der Burg zeitweise eine Jugendherberge untergebracht, heute ist sie in Privatbesitz. Einen Teil der Burg nimmt eine Art Heimatmuseum ein, andere Bereiche Ferienwohnungen.

Alte Straße 1, T 0664 321 70 32, www.schloss-nauders.at, Besichtigung nur mit Führung, im Sommer meist Di, Do 16 Uhr oder nach Vereinbarung, 10 €

Schlafen, Essen

Wellness grün

Naudererhof: Nicht wenige Gäste sind mit dem Rad heraufgestrampelt und gönnen sich dafür ein wenig Luxus. Die Zimmer sind hell, modern und trotzdem gemütlich mit Allergikerbetten, Naturkosmetikprodukten und vielen Naturmaterialien wie Zirbenholz. Dazu gibt es gesundes reichhaltiges Essen und einen wirklich großen Wellnessbereich einschließlich Schwimmbad, Indoor-Biotop, Obst und Säften.

Dr.-Tschiggfrey-Str. (Karl-Blaas-Gasse) 160, T 05473 877 04, www.naudererhof.at, €€€

Gemütlich

Gasthof zum goldenen Löwen: Seit 1880 bestehendes Wirtshaus mit alter Tiroler Bauernstube. Hier hat die Tiroler Küche Vorrang, es gibt gute Kuchen und einige Tische zum Draußensitzen. Es werden auch einige Gästezimmer vermietet.

TOUR

Felsenfestung der Elitetruppen

Zu Fuß auf dem Kaiserschützenweg

Infos

C8

Start/Ziel: Nauders
Weg: Teils steiler Wanderweg mit Stufen, 10,5 km, 650 Höhenmeter, etwa 4 Std.; zahlreiche Infotafeln. Die Wanderung ist auch in umgekehrter Richtung möglich, dann ist das letzte Stück zur Festung Nauders hinunter aber sehr steil.

Gleich bei **Nauders** verläuft die Grenze zu Italien und zur Schweiz. Im Ersten Weltkrieg waren hier die Elite-Gebirgstruppen der Kaiserschützen stationiert. Von deren hartem Leben bekommt man auf dem Kaiserschützenweg eine Vorstellung.

Von Nauders führt die als Wanderweg ausgeschilderte **Via Claudia** talabwärts, zum Teil an ehemaligen Röhrenbunkern vorbei, in Richtung Festung Nauders. Unter der stark befahrenen Bundesstraße gelangt man durch einen Fußgängertunnel zur Festung.

Direkt rechts neben dem Eingang beginnt der eigentliche Kaiserschützenweg. Er führt zunächst über 350 steile Höhenmeter und viele Stufen auf die Selleskÿpfe. Der Abstecher von hier über die **Nordkuppe** (Rundweg) ist recht steil und lohnt weniger. Der Hauptweg folgt der Klippe – die Grenze zur Schweiz.

Schließlich gelangt man zu zwei teils mit Pritschenlagern und Tischen rekonstruierten **Kavernen:** bunkerähnliche, künstlich angelegte Höhlen, in denen die Soldaten wohnten und Vorräte lagerten.

Der Rückweg führt nach Norden an weiteren militärischen Stellungen aus dem Zweiten Weltkrieg vorbei, der sogenannten **Zettler Alm.**

Vor allem für Kinder ist die Erkundung ein Spaß. Auf einem sanfteren Waldweg gelangt man über den Gasthof **Norbertshöhe** und den **Sportplatz** zurück nach Nauders.

Dr.-Tschiggfrey-Str. (Postplatz) 36, T 05473 872 08, www.loewen-nauders.com, Do–Di 8–24 Uhr, €€

Einkaufen

Bio vom Hof

Becka Hofladen: Selbstbedienungs-Hofladen für Eier, Nudeln und Milchprodukte direkt vom Biohof. Hier gibt's auch das tolle lokale Oberlandeis.

Nauders 488, T 067652 76 788, www.beckahof.at, www.oberlandeis.at, tgl. 7–21.30 Uhr

Bewegen

Bikes

Biwak Nauders: Verleih im Ort und an der Talstation, Bikes ab 35 €.

Dr.-Tschiggfrey-Str. 32, T 05473 890 40, www.biwak-nauders.at, Mo–Sa 8.30–12, 15–18 Uhr

Carts

GoldparkCarts: Mountaincart-Verleih an der Bergstation der Bergkastell-Seilbahn, 15 € (mit Summercard/Goldpark Card 11 €).

Action

Das Kinder- und Aktivprogramm der Region Nauders ist ungewöhnlich umfangreich, auch Programme wie Biketouren oder Klettern.

www.nauders.com

Ausgehen

Stehkneipe

Yeti Bar: Bar direkt im Dorfzentrum mit Cocktails, guter Bier- und passabler Weinauswahl. Im Sommer wirkt sie oft ein bisschen trist.

Dr.-Tschiggfrey-Str. 28, T 0676 390 56 11, tgl. ab 15 Uhr

Infos

- **Tourismusbüro:** Dr.-Tschiggfrey-Str. 66, T 050 22 54 00, www.nauders.com, Mo–Fr 8–12, 13–18, Sa 15–18 Uhr.
- **Gästekarten:** Die normale Gästekarte Summercard Basic ist ab einer Übernachtung inbegriffen. Sie gilt als Fahrkarte für alle Linienbusse zwischen Landeck und Nauders und ins Kaunertal und nach Serfaus/Fiss/Ladis sowie für Sehenswürdigkeiten und Badeseen und das Wochenprogramm in dieser Region. Bei der Kaufkarte Summercard Gold sind mehr Sehenswürdigkeiten, die Bergbahnen und die Gletscherstraßenmaut inbegriffen. 4 (Tage) in 6 Tagen 71 €, 6 in 8 Tagen 85 €. Regionaler und günstiger sind die Goldpark Card und die 3-Länder Bike Card.
- **Verkehr:** Bus 210 Landeck–Nauders stdl. bis Stuben, zweistdl. bis Nauders.

Paznaun

A8–B7

Aktiv!

Nur durch eine enge, schmale Schlucht gelangt man von Landeck ins **Paznaun** – ein mondänes Wintersport-Tal mit exklusiven Après-Ski-Möglichkeiten. Im Sommer geht es ruhiger zu, vieles ist zu, dafür findet man oft Hotelschnäppchen. Der Fokus liegt auf Wandern und auf Mountainbike-Sportarten; vor allem Motorrad-Trupps schaukeln über die Silvretta-Hochalpenstraße (Anf. Juni–Ende Okt., Pkw 18 €, Motorrad 14,50 €) und die Bieler Höhe ins Montafon (Vorarlberg).

Infos

- **Kulinarischer Jakobsweg:** Juli/Aug. Fünf regionale Spitzenköche bekochen fünf Berghütten im Tal.

• **Gästekarte:** Neben der normalen Gästekarte (nur Bustransport ab Landeck) gibt es im Sommer in Partnerbetrieben die Silvretta Card Premium, die für alle Bergbahnen, Schwimmbäder, Sehenswürdigkeiten und die Silvretta-Hochalpenstraße gilt.

Kappl

B7

Der kleine, wenig mondäne Ort **Kappl** liegt etwas verstreut am Sonnenhang 70 m oberhalb der Talstraße. Im Ort lohnt die hübsche Rokokokirche **St. Antonius** einen kurzen Abstecher.

Von der Talstation der **Dias-Bahn** geht es per Gondelbahn-Sesselbahn-Kombination (Dias-Bahn, Alblittbahn) auf 2300 m. Ein Stopp lohnt sich an der Mittelstation, wo sich im Winter ein kleines, anfängerfreundliches Skigebiet erstreckt.

Alles Käse

An der Seilbahnstation der Dias-Bahn liegt der **Erlebnispark Sunny Mountain** mit Kinderspielteich, Angeln und Niederseilgarten. Gleich oberhalb davon wurde jahrhundertelang der berühmte Paznauner Almkäse hergestellt.

Das steinerne Sennerhaus (Thaya) der **Alpe Dias** stammt aus dem Jahr 1912, heute ist es ein **Almmuseum.** Die kleinen Hütten sind ehemalige Ställe: Mindestens seit dem 16. Jh. trieben die Bauern im Sommer ihr Vieh hier herauf und jeder Bauer hatte seinen eigenen Stall.

Die heutige **Sennerei** mit modernen Wirtschaftsgebäuden ist inzwischen auf einen höheren Almabsatz umgezogen.

Erlebnispark Sunny Mountain: Dias 285, T 05445 62 51, www.kappl.com, Mittelstation Dias-Bahn, großteils frei zugänglich, Eintritt frei; **Almmuseum:** 100 m oberhalb der Bergstation Dias-Bahn, Juni–Sept. tgl.

Im Almmuseum Alpe Dias ist alles Käse – und den kann man auch probieren! Superlecker!

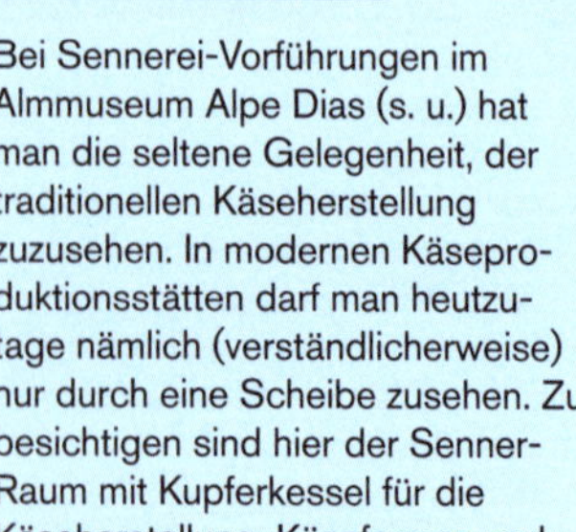

K

KÄSEHERSTELLUNG

Bei Sennerei-Vorführungen im Almmuseum Alpe Dias (s. u.) hat man die seltene Gelegenheit, der traditionellen Käseherstellung zuzusehen. In modernen Käseproduktionsstätten darf man heutzutage nämlich (verständlicherweise) nur durch eine Scheibe zusehen. Zu besichtigen sind hier der Senner-Raum mit Kupferkessel für die Käseherstellung, Käseformen und Butterfässern, der Käsekeller mit Regalen, die warme Stube und ein paar Schlafkammern.

während der Seilbahnzeiten (ca. 9–16 Uhr), Eintritt frei; im Sommerprogramm auch Führungen/Schaukäsen

Essen

Wild und andere Fleischgerichte

Gasthof Hirschen: Urige Tiroler Stube mit deftigen Fleisch- und Fischgerichten. Vegetarische Alternative: der Kaiserschmarrn.

Lochau 239, in der Nähe der Dias-Bahn-Talstation, T 05445 20 49 92, hirschen-kappl.at, Mi–Mo 16–21.30, Sa/So auch 11.30–14 Uhr, €€

Infos

- **Altes Handwerk:** An mehreren Terminen im Sommer (Juli/Aug.) werden auf dem Dorfplatz von Kappl alte Techniken wie Schnitzen und Zimmermannskunst präsentiert. Brotbacken gehört auch immer dazu – und die Ergebnisse gibt es gleich zu kaufen. Als Rahmenprogramm gibt es Musik und Trachtenshows. Eintritt frei, Termine unter www.kappl.com.
- **Tourismusbüro:** Dorf 112, T 050 99 03 00, www.kappl.com, Mo–Fr 8.30–12, 13–17, nur in der Hauptsaison auch Sa/So 8.30–12 Uhr.
- **Bergbahnen: Dias-Bahn:** www.kappl.com, Ende Juni–Mitte Okt. tgl. 8.30–16.45 Uhr, Berg- und Talfahrt 17,50 €; Anschluss **Alblittbahn:** Ende Juni–Ende Sept. So 9–12 Uhr bei entsprechender Witterung, Kombiticket mit Dias-Bahn 22 €.

Ischgl

B7

Der Wintersportort für die Reichen und Schönen – in **Ischgl** gibt es die besten Restaurants und reichlich Après-Ski, aber im Sommer haben viele davon geschlossen. Zu sehen ist nicht so viel: im alten Ortskern die üppig geschmückte Rokokokirche **St. Nikolaus,** darunter führt ein im Sommer überdimensioniert wirkender Tunnel zu zwei Skiliften. Der neue Ortskern liegt 250 m südwestlich bei der Talstation der Silvrettabahn.

An die Grenze gehen

Sommers wie winters ist das Hauptziel im Süden die **Samnaungruppe** an der Schweizer Grenze. Vom Ortsrand führt ein Wanderweg durch die **Kitzloch-Schlucht** und über zwei tolle Hängebrücken bergauf zum Walk of Lyrics. Schneller geht es mit der **Silvrettabahn**: Bei der Mittelstation steigen nicht nur Familien aus, um den **Erlebnispark Adventure Stage** zu besuchen, sondern auch die bis 80 km/h schnelle Seilrutsche **Skyfly** beginnt dort. Und hier verlaufen auch die meisten Trails der **Silvretta Bike Arena.** Sie umfasst verschiedene Mountainbike-Trails, von klassischen Strecken bis zum Downhill-Freeride.

Bei der **Idalp** auf 2320 m verläuft ein Wassererlebnisweg (Vider Truja), noch weiter geht es bis zum **Flimjoch** oder weiter in die Schweiz.

Silvrettabahn und Sessellift: Mitte Juli–Mitte Sept. tgl. 8.30–17 Uhr, Berg- und Talfahrt bis Idalp 20 €, bis Flimjoch 25 €, nur **Bergfahrt mit Fahrrad** 25/30 €; **Skyfly:** tgl. 12–16 Uhr, 39 € inkl. Bergfahrt bis Mittelstation

Schlafen, Essen

Boutique

Goldener Adler: Hinter der schönen historischen Fassade verbirgt sich modernes Interior Design mit japanisch inspirierten Schiebetüren, cleverem Lichtmanagement, Naturstein sowie hier und da Antiquitäten. Guter Kaffee, gute Küche mit sorgfältiger Auszeichnung aller Inhaltsstoffe speziell für Menschen mit Allergien sowie Veganerinnen und Veganern.

Kirchenweg 19, T 05444 52 17, www.goldener-adler.at, inkl. Silvretta Card Premium und HP €€€

Schnörkellos

Gletscherblick B & B: Das Frühstückshotel liegt zentral neben der Kirche, die Zimmer sind mit großen Fenstern und viel Holz sehr modern und wohnlich – aber nicht besonders groß, das macht es vergleichsweise günstig.

Kirchenweg 12, T 05444 52 52, www.gletscherblick-ischgl.at, €€–€€€

Gourmetküche

Restaurant Stüva: Benjamin Parth gilt mit inzwischen fünf Hauben als einer der besten Köche der Welt, ohne Reservierung geht hier gar nichts. Gekocht wird eher französisch als regional.

Hotel Yscla, Dorfstr. 73, T 05444 52 75, www.yscla.at/restaurant-ischgl, Di–So ab 18.30, im Sommer länger geschl., €€€

Brot und süße Sünden

Bäckerei-Konditorei Kurz: Bei Einheimischen beliebte Bäckerei mit mehreren Filialen; hausgemachtes Eis und sehr leckere Apfeltaschen.

Dorfstr. 53, T 05444 52 11, www.baeckerei-kurz.at, tgl. 7–18 Uhr, €

Bewegen

Biketour

Silvretta Bike Academy: Geführte Mountainbike-Touren, Fahrtraining und Tourentipps. Festes Wochenprogramm in Gruppen und Privatguides.

Paznaunweg 15, T 0650 202 41 17, www.silvretta-bikeacademy.at

Fahrradverleih

Bründl Sports: Großes Sportgeschäft, MTB ab 37 €/Tag, E-Mountainbike ab 49 €/Tag.

Dorfstr. 64, T 05444 57 59, Mo–Sa 8.30–19, So 8.30–18 Uhr

Schwimmen und Ruhen

Silvretta Therme: Moderner Wellness-Komplex mit Sport- und Kinderbecken, Restaurants und Spa.

Centerweg 1, T 05444 60 69 50, tgl. 12–20 Uhr, bei Schlechtwetter ab 10 Uhr

Infos

- **Tourismusbüro Ischgl:** Dorfstr. 43, T 050 99 01 00, www.ischgl.com, Mo–Fr 8.30–17, nur in der Hauptsaison auch Sa/So 8.30–12 Uhr.

Galtür — A8

Ganz am Ende des Tals liegt auf 1584 m der kleine Ort **Galtür** mit fast ebenso bekannten Skigebieten wie Ischgl. Noch größere Bekanntheit erlangte Galtür allerdings durch die Lawinenkatastrophe von 1999 (s. Alpinarium S. 192). Im

Sommer kann man hier schön wandern und besonders die Gegend um den **Silvapark** (Birkhahnbahn, Berg- und Talfahrt 15 €) ist ein Boulderparadies.

Hinterm Ort geht es dann hinauf zum **Silvretta-Stausee** auf 2030 m.

Fromme Schädelmalerei

Die im 18. Jh. auf romanischen Resten wiederaufgebaute **Pfarrkirche Mariä Geburt** ist relativ groß und innen mit ihrer üppigen Rokokodekoration sehenswert. Wirklich speziell ist aber die Kriegerkapelle auf der Westseite mit einem Arrangement aus bemalten Totenschädeln unter der Kreuzigungsgruppe. Auf dem Friedhof hat in dieser Region jedes Grab ein eigenes kunstvolles Weihwasserbecken mit Weihwasserwedel.

Wie konnte das passieren?

Fast der ganze Ort wurde verschüttet, als am 23. Februar 1999 eine **Lawine** über Galtür losbrach. Wegen ungünstiger Wetterverhältnisse verzögerten sich auch noch die Rettungsmaßnahmen und es starben insgesamt 38 Menschen.

Hinter dem Namen **Alpinarium** verbirgt sich ein modernes Museumsgebäude, selbst Teil der anschließend errichteten besonders starken Lawinenschutzmauer. Hier wird über die Lawine berichtet, aber auch über Galtür und die Galtürer. Angeschlossen ist ein kleines Café mit einer (kostenpflichtigen) Boulderwand.

Hauptstr. 29 c, T 05443 200 00, www.alpinarium.at, Anf. Dez.–Mitte/Ende April, Ende Mai–Mitte Okt. Di–So 10–18 Uhr, Bouldern 10 €

Schlafen, Essen

Historisch

Alpenresort Fluchthorn: Klassisches Berghotel mit vielen Holzvertäfelungen und Kachelöfen. Das Haus wurde 2020 renoviert, im Restaurant gibt es italienisch-tirolerische Küche (auch viel Vegetarisches).

Kirchenegg 42, T 05443 82 02, https://fluchthorn-galtuer.at, €€€

Almfeeling

Weiberhimml: Deftiges Essen und zünftige Stimmung, im Winter Après-Ski.

Galtür 1a, am Kops-Stausee, T 05443 200 14, www.der-weiberhimml.at, Ende Juni–Ende Sept. tgl. 11–20 Uhr, €€

Süß

Bäckerei Kurz: Filiale der Ischgler Bäckerei, s. S. 191.

Dorfplatz 44, tgl. 7–18 Uhr

Bewegen

Bouldern und Klettern

Silvapark: 160 Boulderrouten aller Schwierigkeitsgrade sind hier zu finden, darunter eine der weltweit schwierigsten; außerdem zahlreiche Klettersteige und leichte Kletterrouten. Dazu kommen weitere Routen rund um den Ort Galtür, unter ihnen auch Toprope und Mehrseillängen.

www.galtuer.com, beste Zeit Ende Juni–Okt.

Ausgehen

Kneipe

Tommy's Garage: Cocktails und Bier im Keller. Manchmal gibt es Livemusik, ansonsten dürfen die Gäste auch beim Karaoke selber singen.

Galtür 48a, T 0664 113 33 49, Di–Sa ab 20 Uhr

Infos

- **Almkäse Olympiade:** Ende Sept. Senner aus Österreich, der Schweiz und Deutschland kommen zusammen. Prämiert wird der beste Rohmilchkäse einer bewirtschafteten Alm. Außerdem Kür des Kinderfavoriten »Dreikäsehoch«.

- **Silvretta-Ferwall-Marsch:** Aug. Berg- und Halbmarathon und Wanderstrecken, Startgeld 27 €.
- **Tourismusbüro:** Galtür 39, T 050 99 02 00, www.galtuer.com, Mo–Fr 8.30–12, 13–17, nur in der Hauptsaison auch Sa/So 8.30–12 Uhr.

St. Anton am Arlberg

A6

Der Ort direkt vor dem Arlbergpass hatte immer strategische Bedeutung – nur **St. Anton** heißt er erst seit dem 20. Jh.: Um 1880 wurde der Tunnel für die Arlbergbahn gebaut, dafür strömten etwa 2000 »Gastarbeiter« ins Tal. Am Bahnhof gab es plötzlich eine große Gemeinde, die kurzerhand nach dem nächsten Dorf benannt wurde, St. Anton eben. Gleichzeitig setzte der Fremdenverkehr ein, und die einstige Baustellensiedlung ist heute ein exklusives Wintersportziel mit anspruchsvollen Pisten.

Im Sommer ist es aber auch schön: Gleich mehrere Bergbahnen führen auf die umliegenden Berge mit entsprechenden Wandermöglichkeiten.

Der Anfang des Skitourismus

In der 1912 errichteten Villa Trier ist das lokale **Heimatmuseum** untergebracht: Hauptsächlich geht es um den Skitourismus, der hier entstanden ist – die erste moderne Skischule gründete ein Arlberger, mit Pauschalangeboten aus Kurs und Übernachtung. Weitere Themen sind die Erschließung des Arlbergpasses und das Hospiz in St. Christoph – von einer Christophorus-Statue schnitzten viele

Bei St. Anton gibt es richtig hohe Berge – und für jede Kondition tolle Wanderungen.

Reisende kleine Stücke als Glücksbringer ab, auch die Schwabenkinder (s. S. 264).
Rudi-Matt-Weg 10, T 05446 226 90, www.museum-stanton.com, Juni–Sept. Di–So 12–18 Uhr, 5 €, inkl. gutem Audioguide

Riesen-Alpen-Edelweiß

Ein Spazierweg führt zum **Ausflugslokal Sennhütte,** wo es neben deftiger Tiroler Küche einen Alpenblumen-Kräuterweg und als Hauptattraktion ein Riesen-Edelweiß aus 20 000 Einzelblüten gibt. In der Mitte der »Blüte« stehen hölzerne Liegen, aber Stille herrscht dort nicht. Doch keine Sorge, die unzähligen Bienen, die hier für die Geräuschkulisse verantwortlich sind, sind mit den Blüten beschäftigt. Im Lokal gibt es auch selbst gebrannte Schnäpse und Gin …

Dengert 503 (ca. 20 Min. zu Fuß hinter dem Heimatmuseum), T 05446 20 48, www.sennsationell.at, Juni–Sept. tgl. 10–18 Uhr

Tal zum Verweilen

Westlich von St. Anton zweigt das von hohen Bergen gesäumte **Verwalltal** ab, das relativ sanft auf den Hausberg **Patteriol** zuläuft, mit Pumptracks und Sagenstationen am Wegesrand. Bis zum Verwallsee mit Spiel- und Picknickplätzen fährt noch ein Bus, dahinter kann man bis zur **Konstanzer Hütte** spazieren – oder alles auch mit dem Mountainbike fahren.

Ab Bushaltestelle Salzhütte 5 km, knapp 300 Höhenmeter, ab St. Anton etwa 10 km und 500 Höhenmeter

Schweinehirt als Mäzen

1800 m ist der Arlbergpass hoch, auf der Passhöhe liegt der kleine Skiort **St. Christoph.** Seit 1386 gab es dort ein Hospiz, also eine (Not-)Unterkunft auf dem durchaus gefährlichen Pass. Der Erbauer hieß Heinrich Findelkind und war tatsächlich ein Waisenkind: Das erste Haus für bedürftige Durchreisende baute er von seinem Schweinehirtenlohn und mithilfe von Spenden. Zur Finanzierung des Hospizes wurden später professionelle Almosensammler eingesetzt und die Gönner mit Wappen in ein Honoratiorenbuch eingetragen.

Im 16. Jh., als aus dem Hospiz eine Taverne geworden war, gründeten Bauern aus der Umgebung eine Bruderschaft.

Erst in den 1960er-Jahren griff der Hotelier Adi Werner, der inzwischen das Hotel im früheren Hospiz übernommen hatte, die Idee von Hospiz und Bruderschaft wieder auf und gründete mit seinen oft prominenten Gästen die »Bruderschaft St. Christoph«: eine karitative Organisation, die vor allem notleidenden Familien unbürokratische Hilfe anbietet.

Superlativ

Auf dem Gelände befindet sich Europas größter Großflaschenkeller, mit der bemerkenswerten Bordeaux-Sammlung von Adi Werner. Der exklusive unterirdische **Wine Dome** darf mit Führung besichtigt werden!

Rund um das Hospiz öffnen im Winter noch einige weitere Ski-Hotels – im Sommer ist allerdings kaum eines geöffnet.

Arlberg Hospiz Hotel, St. Christoph 1, T 05446 26 11, www.arlberghospiz.at, Kontakt entweder telefonisch oder über die Website, Stichworte »Gastronomie« und dann »Weinwelten«; Hospiz voraussichtl. bis Winter 2024/25 wegen Umbauarbeiten geschl.

Schlafen, Essen

Zum Dableiben

Der Waldhof: Große helle Zimmer, modern ist die Einrichtung mit Zirbenholz und Filz, toller Blick vom Balkon und nette Gastgeber – hier ist alles einfach zum Wohlfühlen. Die regionale Slowfood-Küche schmeckt fantastisch, daher Aufenthalt unbedingt mit Halbpension buchen!

Stadleweg 40, T 05446 405 09, www.waldhof-stanton.com, €€€

Lässig

Anthony's: Super Lage zwischen Tourismusbüro, Galzigbahn und Busstation West. Die Zimmer sind stylish, hell und funktional. Entspannen kann man im hauseigenen Spa – eine Mischung aus locker und Luxus.

Dorfstr. 3, T 05446 42600, www.anthonys.at, €€€

Wanderpause

Putzenalpe: Speckknödel, frische Milch und guter Apfelstrudel auf 1740 m Höhe. Hin kommt man nur zu Fuß.

Nördlich von Gand, tgl. 10–18 Uhr, je nach Wetter auch länger, €–€€

TOUR
Berggeister und Murmeltiere

Rundwanderung am Arlberg

Infos

A 6

Start/Ziel: Parkplatz Passhöhe St. Christoph (Bushaltestelle)

Strecke: 15 km, 830 Höhenmeter, ca. 6 Std. Teils steiler Hochgebirgsweg, auf einem Abschnitt ziemlich ausgesetzt, nur für geübte Wanderer

Einkehr: Kaltenberg-Hütte, www.kaltenberghütte.at

Das Gipfelkreuz sucht man vergeblich, denn der Arlberg ist gar kein Berg, sondern der Pass darüber hinweg – der **Arlbergpass.** Knapp bevor die Passstraße hinter **St. Christoph** den höchsten Punkt erreicht, zweigt nach links ein Wanderweg ab. Er führt 20 Minuten ziemlich steil bergauf, bevor er sich teilt. Links geht es auf dem Berggeistweg weiter hinauf auf das kleine Bergmassiv von Wirt, Peischel- und Knödelkopf. Bald bietet sich ein Blick über St. Christoph, dann auch über St. Anton, bis man einen weiten Absatz voller Blaubeeren erreicht. Ab hier folgt der Weg relativ gemütlich der Höhenlinie (etwa 2200 m), über einen Bach und knapp unterhalb der Gipfel links um den Berg herum. Nun kann man den Blick über das Verwalltal mit St. Antons Hausberg, dem Patteriol (3056 m), auf das kleinere Maroital und den Kaltenberg dahinter schweifen lassen. Auf dem sonnigen Südhang tummeln sich gern Murmeltiere.

Nach insgesamt etwa 2,5 Std. Gehzeit erreicht man die **Skilift-Bergstation der Albonabahn** und dahinter einen felsigen Berggrat. Auf einem steinigen Pfad geht es den Grat entlang, bis nach links der Gipfelweg zu den **Maroi-Köpfen** abzweigt. Der Berggeistweg dagegen führt nun langsam hangabwärts in einem großen Bogen zur **Kaltenberg-Hütte.**

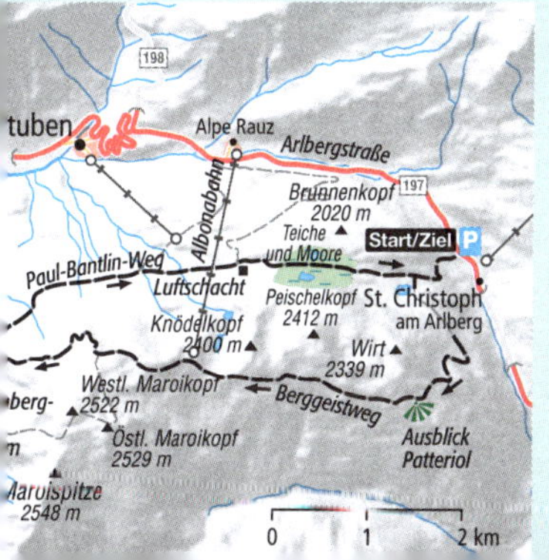

Der Rückweg auf dem **Paul-Bantlin-Weg** ist wesentlich sanfter. Man überquert einige Bäche, passiert einen futuristisch wirkenden **Luftschacht** des darunter verlaufenden Arlbergtunnels und gelangt dann über eine Reihe sumpfiger Wiesen und kleiner Teiche wieder zur Wegkreuzung oberhalb von **St. Christoph.**

Lieblingsort

Dem Himmel nah

Auf der **Darmstädter Hütte** (A 7) bei **St. Anton** auf fast 2400 m Höhe ist man dem Himmel schon ziemlich nah. Und dann die Namen der umliegenden Berge: Faselfadgruppe und Kuchenspitze, wer wollte da nicht hin? Rauf also aufs Mountainbike – okay, wir haben E-Bikes genommen und genauso lange gebraucht wie andere mit reiner Wadelkraft – und hoch zur Hütte. Sogar den Abstecher aufs Kuchenjoch kann man von der Darmstädter Hütte aus noch machen, bevor es an die Einkehr geht – das Wichtigste eigentlich. Die Darmstädter Hütte ist nämlich weithin für ihre vier Sorten Knödel bekannt. Und unter der Hand auch für ihren Kaiserschmarrn, den gibt es wegen der hohen Nachfrage nur, wenn nicht so viel los ist. Und ja, er ist wirklich himmlisch (Darmstädter Hütte ab St. Anton, am Ende des Moostals, https://alpenverein-darmstadt.de, Aufstieg zu Fuß 3–5 Std., mit Bike oder E-Bike ab 2 Std., ca. Ende Juni–Sept., auch Übernachtungsmöglichkeit, €).

Bewegen

Fahrradverleih

Intersport Arlberg: Im Verleih sind unterschiedliche Räder. Die Mountainbikes und Fullys gibt es auch in E-Version, außerdem Zubehör wie Kindersitze, Wanderstöcke und Klettersteigsets.

Dorfstr. 1, T 05446 345 33, www.intersport-arlberg.com. Mitte Juni–Anf. Okt. tgl. 8.30–19, Nebensaison Mo–Fr 9–13, 14–18 Uhr

Indoor-Athletik

Arlpark: Indoor-Sportzentrum mit großer Kletterhalle (auch Auto-Belay), Trampolinhalle, Squash/Tennis, Bowling und Bar.

Bahnhofstr. 1, T 0660 998 80 66, https://arlpark.com, unterschiedliche Öffnungszeiten und Preise je nach Bereich, meist Mo–Fr ab 14, Sa/So ab 9 Uhr, teils bis 22 Uhr, 12–25 € je nach Sportart

Schwimmen

Arlberg-Well: Auch die Außenbecken des Schwimmbads sind beheizt, das Innenbecken hat eine Strömungsanlage.

Hannes-Schneider-Weg 11, T 05446 40 00, www.arlberg-well.com, Juni–Okt. 8–20 Uhr, 8,50 €, Kinder 5 €, mit Sauna 17 €, im Winter abweichende Zeiten, teurer

Wandern

Von der Bergstation der **Kapallbahn** führt ein schöner Höhenweg in einer **Halbtagestour** über die Leutkircher Hütte und die Putzenalpe zurück in den Ort. Gegenüber auf der anderen Talseite fährt der Rendl-Lift bis zum **Alpenrosenweg,** der im Juni/Juli zur »Almrausch«-Blütezeit besonders schön ist.

Ausgehen

Nach dem Gipfel

Galzig Bistrobar: Beliebte Bar direkt im Zentrum. Tagsüber gibt's Burger und Pasta, abends etwas feiner.

Kandaharweg 2, T 05446 425 41, www.galzigbistrobar.at, tgl. 10–23 Uhr, €€–€€€

Schuhplatteln

Tiroler Abend: 2 Std. dauert das Indoor-Programm der Volkstumsgruppe d'Arlberger mit Liedern, Tänzen, Schuhplatteln etc.

Arlbergsaal, Auweg, St. Anton, Mitte Juni–Mitte Sept. Di 20.30 Uhr, umsonst mit Sommer-Karte

Infos

- **Filmfest St. Anton:** Ende Aug. Bergfilme mit Stars der Outdoor-Szene, die oft selbst anwesend sind. Eines der besten Outdoorfilmfestivals. www.filmfest-stanton.at.
- **Mountain Yoga Festival:** Anf. Sept., Yoga in grandioser Natur. www.mountainyogafestivalstanton.at.
- **Tourismusbüro St. Anton:** Dorfstr. 8, T 05446 226 90, www.stantonamarlberg.com, Mo–Fr 8.30–17, Sa 9–17, So 9–12, 13–16 Uhr.
- **Gästekarten:** Die einfache Gästekarte (Sommer-Karte), die es ab einer Übernachtung gibt, gilt für die Busse der Region und je nach Aufenthaltsdauer z. B. für Museen und geführte Wanderungen, bei längeren Aufenthalten auch für einen Schwimmbadeintritt oder eine Bergbahn. Bei der kostenpflichtigen St. Anton Premium-Karte (3, 5 oder 7 Tage) sind Bergbahnen und Schwimmbad unbegrenzt enthalten, außerdem vergünstigte E-Bike-Miete.
- **Arlberger Bergbahnen:** T 05446 23 52, www.abbag.com, ca. Juli–Sept. 8.15–16.30 Uhr je nach Bahn.

Tageskarten (35 €) gelten für beliebig viele Fahrten in allen Bahnen (Ausnahme: nur Talfahrt 18 €). Günstige Familientickets und Nachmittagstickets.

Zugabe
Mehr Wein!

Europas größter Großflaschenkeller ist am Arlbergpass

Früher wurden sie bei Banketten russischer Zaren gereicht – heute findet man sie nicht mehr oft, aber am Arlbergpass in St. Christoph (📍 A6) gibt es eine ganze Menge: Die Rede ist von Großflaschen, genauer gesagt von (meist französischen) Weinen in Großflaschen. Davon hat der Luxushotelier Adi Werner in einem Luftschutzbunker in St. Christoph etwa 3000 Stück untergebracht, ausschließlich Spitzenweine, die in Spezialflaschen von drei bis zwölf Litern abgefüllt sind. Die Flaschen sind zum Beispiel beliebte Geschenke für eine bevorstehende große Feier, bei der dann alle Gäste denselben auserlesenen Wein aus derselben Flasche trinken. Und wenn der gute Tropfen zwischen Taufgeschenk und Volljährigkeitsparty noch ein bisschen ruhen muss, lagern ihn die neuen Besitzer wegen des guten Raumklimas und der konstanten Temperatur auf über 1700 m Höhe auch gerne noch etwas vor Ort in St. Christoph. ■

Osttirol

Geheimtipp hinter den Bergen — geografisch vom Rest des Bundeslands Tirol getrennt, scheint Osttirol in eine Art Dornröschenschlaf verfallen zu sein. Hoffentlich bleiben Berge und Wiesen noch eine Zeit den »Eingeweihten« vorbehalten!

Seite 203

Lienz ✪

Eine der schönsten Landeshauptstädte: Mit den Lienzer Dolomiten und dem Nationalpark Hohe Tauern sind die hohen Berge quasi vor der Haustür.

Seite 207

Schloss Bruck

In der mittelalterlichen Burg stehen heute die gotischen Fresken Seite an Seite mit expressionistischen Bildern des Lienzer Malers Albin Egger-Lienz.

Seite 211

Aguntum

In der einzigen Römerstadt Tirols dauern die Ausgrabungen noch an! Da gibt es allerhand Spannendes zu entdecken … sowohl im Museum als auch auf dem weitläufigen Außengelände.

Auf den Märkten Osttirols: viel Ziegenkäse

Seite 212

Drauradweg

Immer bergab und einfach rollen lassen. Mit dem Fahrrad geht es einen Tag gemütlich die Drau entlang von Südtirol nach Lienz.

Seite 214

Schokowelten in Sillian

Egal worum es geht – die Antwort lautet: Schokolade. Am besten handgeschöpft im Café von Pichler in Sillian.

Seite 220

Gschlösstal

Der »schönste Talschluss Tirols« wird das Gschlösstal auch genannt. Auf dem Gletscherschaupfad geht es ganz nah ran an den eisigen Gletscher.

Seite 223

Maria Schnee

Ein mittelalterlicher Comic breitet sich auf den Kirchenwänden der Wallfahrtskirche Maria Schnee aus. Sicher eine der schönsten in Tirol!

Seite 226

Jagdhausalmen an der Grenze

Ganz weit weg von allem, mitten in der Bergeinsamkeit, stehen die steinernen Häuschen der Jagdhausalmen. Und die Wanderung dorthin ist gar nicht so schwierig und wird auch noch lecker belohnt …

Seite 231

Großglockner

Majestätisch thront Österreichs höchster Berg über den Tälern. Viele träumen davon, mal hinaufzusteigen – aber man kann ihn auch aus dem Tal gut anschauen!

Die wilden Krampusse lassen sich nur vom heiligen Nikolaus im Zaum halten.

»Sichtbarer als im Mittelgebirge oder Flachland spielt sich hier das Schicksal der Menschheit ab.« Albin Egger-Lienz (1868–1926)

Hinter den sieben Bergen …

Hinter dem Felbertauerntunnel öffnet sich eine verwunschen wirkende Landschaft, in der die Häuser aus Holz sind und die Kühe Namen haben. Osttirol, das ist eine Reise in eine andere Zeit. Südliche Sonne und hohe Berge – aber wenig besiedelt, traditionsverbunden und ein bisschen verschlafen. Authentisch ist Osttirol und auf jeden Fall zum Durchatmen. Wer Remmidemmi sucht, ist hier falsch. Nach Osttirol fährt man vom Rest Tirols aus über Südtirol oder Kärnten oder von Kitzbühel aus kurz durchs Salzburger Land und dann durch den Felbertauerntunnel. Geografisch vom übrigen Bundesland Tirol getrennt, werden die paar Orte und Täler südlich der Alpen leicht vergessen – selbst von den anderen Tiroler:innen oder auf der Wetterkarte!

Höher streben

Ein großer Teil Osttirols gehört zum Nationalpark Hohe Tauern, dem größten Nationalpark Österreichs. Neben dem Großglockner, mit 3798 m der höchste Berg des Landes, finden sich hier weitere 265 Dreitausender. Die Wahrscheinlichkeit, Gämsen, Steinböcke und Adler zu sehen, ist relativ hoch und die Wandermöglichkeiten sind zahlreich. In Osttirol geht es gemütlicher zu, es gibt kaum künstliche Touristenattraktionen und nur wenige Angebote von Adrenalinsportarten – genau das Richtige für alle, die im Urlaub Entschleunigung suchen und denen die Berge eigentlich genug Action sind. Und mit Italien gleich in der Nachbarschaft ist nicht nur das Klima mediterraner, sondern auch die Küche eine wunderbare Mischung aus Österreichischem und Italienischem.

O

ORIENTIERUNG

Infos: www.osttirol.at
www.hohetauern.com
Touristeninformationen in den meisten Orten, außerdem Nationalparkhaus Matrei und mehrere Ausstellungsräume des Nationalparks.
Verkehr: Anreise per Auto über die Felbertauernstraße ab Mittersill (13 €). Bahn über Spittal (Kärnten) oder Franzenfeste (Südtirol); per Bus über Kitzbühel.
Gästekarten: Alle Busverbindungen innerhalb Osttirols einschl. der Anrufsammeltaxis sind mit der Gästekarte kostenlos. Neben der Gästekarte (gratis) gibt es die Osttirol's Glockner-Dolomiten Card, eine Kaufkarte (s. S. 210).

Lienz

Karte 2, P9

Nein, nicht Linz! Das »e« wird separat gesprochen: »Li-änz«.

Der Bezirkshauptstadt Osttirols geht es wie dem Rest der Region, als hätte sie eine Tarnkappe auf. Dabei ist die nette Kleinstadt **Lienz** das wirtschaftliche, soziale und vor allem kulturelle Zentrum Osttirols.

Händler, Grafen und Bergleute

Die ersten Spuren stammen aus der Bronzezeit, doch erst mit den Römern entstand eine richtige Stadt im Talboden: Aguntum (s. u.). Im Mittelalter wurde Lienz Sitz der Grafen von Lurngau, die erst im Stadtteil Patriasdorf siedelten und im 11. Jh. am heutigen Hauptplatz eine kleine Befestigung anlegten.

Die Grafen (und Gräfinnen) stiegen zu regionalen Machthabern auf, ab 1200 als Görzer Grafen. Im 13. Jh. wurde Lienz als Lüenz erstmals urkundlich erwähnt und Familie Görz baute mit **Schloss Bruck** ⓯ eine Ritterburg über der Stadt. Der letzte Görzer Graf, Leonhard, starb 1500 ohne Erben und seine schon wieder geschrumpften Besitztümer fielen per Erbvertrag an den Habsburger Kaiser Maximilian I., der sie aber schon 1501 an die Freiherren von Wolkenstein-Rodenegg weiterverkaufte.

Lienz profitierte damals vom Tiroler Bergbau, aber1609 fiel die Stadt einschließlich der Liebburg, dem gerade erst gebauten repräsentativen Stadtschloss, einem Brand zum Opfer. Das Schloss wurde zwar wieder aufgebaut, aber weder Lienz noch die Fürstenfamilie erholten sich wirtschaftlich von den Schäden und Lienz wurde zum unbedeutenden

Die geografische Lage südlich des Alpenhauptkamms beschert Lienz mehr Sonnenstunden als dem Rest Tirols.

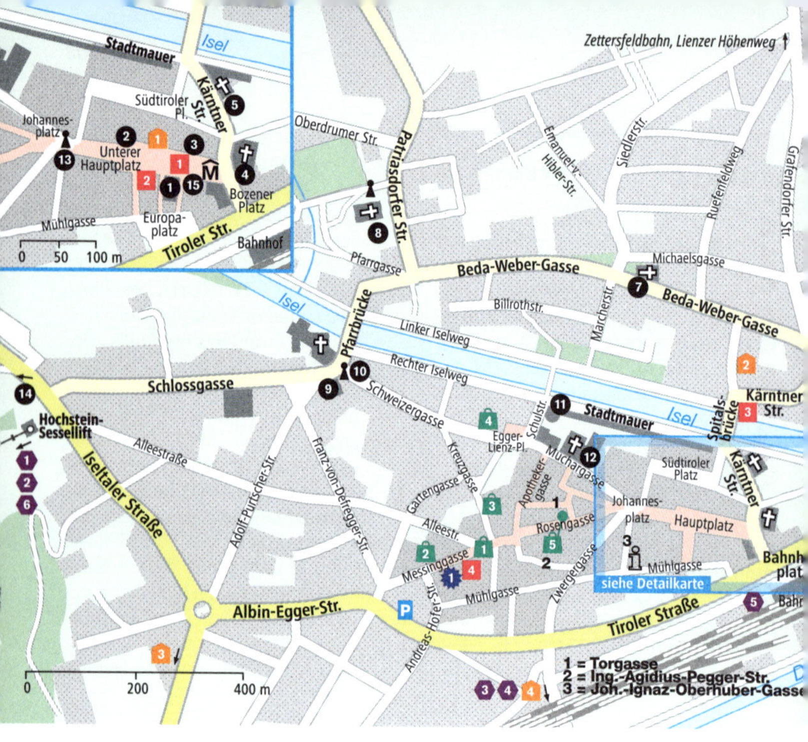

Provinzstädtchen. Aufschwung brachte erst wieder der Bau der Südbahnstrecke von Wien nach Südtirol 1870.

Wegen Bombardierungen im Zweiten Weltkrieg sind große Teile der Innenstadt neuer, teils wurden sie wieder im historischen Stil aufgebaut.

Stadtrundgang

Hauptplatz – the place to be

Die **Liebburg** ❶ als Sitz der Freiherren von Wolkenstein-Rodenegg dominiert den Hauptplatz. Ihre repräsentativen seitlichen Türmchen wurden allerdings erst etwas später angebaut.

Nach dem Untergang der Wolkenstein-Rodeneggs war die Burg zeitweilig Sitz der Tiroler Schützen und ist seit 1942 im Besitz der Stadtverwaltung, heute als Rathaus von Lienz. Die Platzanlage stammt aus dem Mittelalter – die Burg des 11. Jh. stand in der Nordwestecke, wo mindestens seit 1609 ein Hotel ist – aktuell das **Altstadthotel Eck** ❷ (Hauptplatz 20). Das prächtige Eckhaus am entgegengesetzten Ende des Platzes mit dem wuchtigen Eckturm wurde 1908–10 als Luxushotel errichtet. Dort übernachtete bereits Thomas Edison, der Erfinder der Glühbirne.

Sehenswert sind am Hauptplatz auch das moderne Gebäude der **Hypo Tirol Bank** ❸ (Hauptplatz 4), entworfen von dem aus Lienz stammenden Architekten Raimund Abraham, und die kleine **Antonius-Kirche** ❹. Sie wurde erst im 17. Jh. zur Kirche umgebaut – vorher war das Gebäude ein Fronkasten, in dem Eisenerz als Fron, also als Steuer, gesammelt wurde. Auffällig sind die drei Altäre, die alle aus der Zeit um 1700 stammen

Lienz

Ansehen

1 Liebburg
2 Altstadthotel Eck
3 Hypo Tirol Bank
4 Antonius-Kirche
5 Spitalskirche
6 Ehem. Siechenhaus
7 Kirche St. Michael
8 Hauptpfarrkirche St. Andrä
9 Rieplerschmiede
10 Denkmal für den Tiroler Freiheitskampf
11 Iselturm
12 Franziskanerkirche
13 Mariensäule
14 Museum Schloss Bruck
15 Kosakenmuseum Lienz

Schlafen

1 Hotel Traube / La Taverna
2 Goldener Fisch
3 Brauereigasthof Falkenstein
4 Camping Falken

Essen

1 Soul Food Bike
2 City Café Glanzl
3 Mocafe
4 Milchtrinkstube Pichler

Einkaufen

1 Stadtmarkt
2 Genussladen 24/7
3 Gassler Bergsport
4 Donnerton Keramik
5 Schwarzer Edelbrände

Bewegen

1 Osttirodler
2 Hochseilklettergarten
3 Dolomitenbad
4 Tristacher See
5 Papin
6 Bikepark

Ausgehen

1 Weinphilo

(zu sehen nur mit Führung oder während der orthodoxen Gottesdienste).

Über die Isel

Von hier führt die Kärntner Straße an der barockisierten **Spitalskirche** 5 aus dem 13. Jh. vorbei über die Isel. Dort lohnt ein Blick auf den ältesten Bildstock Tirols. Er steht im Garten des **ehemaligen Siechenhauses** 6 (Kärntner Str. 39), das ebenfalls denkmalgeschützt ist. Ähnlich wie Wegekreuze wurden diese Denkmale der Volksfrömmigkeit als Votivgaben, Ermahnung zum Gebet am Wegesrand und manchmal auch zur Erinnerung an einen Verstorbenen aufgestellt. In Tirol sind es oft Säulen, die nach oben quadratisch vorspringen, sodass auf jeder der vier Seiten eine fromme Malerei Platz hat.

Über die Beda-Weber-Gasse nach Westen erreicht man die kunstvoll restaurierte **Kirche St. Michael** 7. Wie die Spitalkirche entstand sie im 13. Jh. im romanischen Stil. Im 15./16. Jh. wurde sie gotisiert – aus dieser Zeit geblieben sind schöne Fresken und ein wunderbar ausgemaltes gotisches Kreuzrippengewölbe. Der Hochaltar und viele andere Skulpturen stammen aus der Barockzeit.

Zweitkirche

Noch etwas weiter westlich steht die Lienzer **Hauptpfarrkirche St. Andrä** 8, die wahrscheinlich auf die frühchristliche Besiedlung zurückgeht. Auf jeden Fall wurde 1204 schon einmal eine romanische Kirche geweiht, von der noch zwei Löwen als Säulenbasen übrig sind.

Im gotischen Kirchenschiff sind schöne **Fresken** aus dem 15. Jh. und bemalte **Schlusssteine** des Rippengewölbes erhalten; sowohl der Turm als auch die schweren bronzenen Eingangstüren des Osttiroler Künstlers

Zwischenzeitlich wurde Schloss Bruck als Gastwirtschaft und Brauerei genutzt, doch heute sind die historischen Räume restauriert, inklusive der Fresken in der Kapelle, und beherbergen ein Museum.

Jos Pirkner kamen aber erst im 20. Jh. dazu. Ungewöhnlich ist der Altar aus Stuckmarmor im rechten Seitenschiff, auf dem Maria, Johannes und Maria Magdalena recht untypisch von Moses und Aaron (mit Räucherfass) flankiert werden. Dem Christus am Kreuz darüber fehlen die zwei Schwurfinger – sie sollen beim Meineid eines Angeklagten abgefallen sein, als das Kreuz noch in einer Richterstube hing.

Zwei **Hochgräber** in der Nähe des Eingangs zeugen von der politischen Bedeutung der Pfarrkirche: Auf der linken Seite befindet sich das Grab des letzten Görzer Grafen Leonhard, der 1500 kinderlos verstarb; sein Nachfolger Michael Freiherr von Wolkenstein-Rodenegg ruht mit seiner Frau Barbara von Thun auf der rechten Seite.

Pazifistisches Kriegerdenkmal

Nördlich der Kirche St. Andrä lohnt es sich, zum **Bezirkskriegerdenkmal** hinter dem Friedhof hinüberzugehen, auch wenn Kriegergedächtniskapelle ziemlich behäbig klingt. Sie wurde 1924/25 zur Erinnerung an die Gefallenen des Ersten Weltkriegs errichtet. Der damals schon sehr bekannte Maler **Albin Egger-Lienz** – der aus Lienz stammte – war entscheidend daran beteiligt und setzte sich mit seinem Design durch.

Sein vierteiliger Gemäldezyklus, auf dem der auferstehende Christus nicht gerade glorreich aussah, war nicht nur bei den Lienzern umstritten, sondern bescherte der Gedenkkapelle sogar die Verhängung eines Messeverbots durch den Vatikan, das erst 1983 unwirksam wurde. Egger-Lienz selbst ist auf eigenen Wunsch in der Kapelle beigesetzt.

Zurück ins Stadtzentrum

Die **Pfarrbrücke** führt wieder über den Fluss und zur historischen **Rieplerschmiede** ❾. In der Nähe steht ein **Denkmal für den Tiroler Freiheits-**

kampf ⑩. Ein Abstecher in Richtung Fluss führt zum **Iselturm** ⑪. Der ist zwar wiedererrichtet, aber entlang des Rechten Iselwegs sind auch ein paar Reste der alten Stadtmauer von Lienz erhalten.

Über den Egger-Lienz-Platz kommt man zur **Franziskanerkirche** ⑫ in der Muchargasse. Die Klosteranlage geht auf das 14./15. Jh. zurück und weist noch gotische Fresken und ein schönes Kreuzgewölbe auf, auch das sogenannte Feldnerkreuz ist sehenswert.

Auf dem Johannesplatz steht eine **Mariensäule** ⑬ an der Stelle, wo 1798 die Johanneskirche einem Brand zum Opfer fiel.

Im Osten zweigt hier als Fußgängerzone die **Rosengasse** ab und geht dann in die **Messinggasse** über. Ab Mitte des 16. Jh. gab es hier einmal für ein paar Jahrzehnte eine Messinghütte; später wurde die Gasse ein lebhaftes Handwerkerviertel und heute findet hier freitags und samstags der **Stadtmarkt** 1 (s. S. 209) statt.

Museen

Gotik und Moderne

⑭ **Schloss Bruck:** Die wuchtige Burg oberhalb der Stadt wurde noch im Mittelalter von den Grafen von Görz gebaut, die für ihre nördlichen Gebiete einen solide befestigten Verwaltungssitz brauchten. Wie die Stadt selbst wechselte auch die Burg öfter ihren Besitzer – sie gehörte Kaiser Maximilian I., den Freiherren von Wolkenstein-Rodenegg und später dem Haller Damenstift. Ab dem 19. Jh. wurde sie privat genutzt – u. a. als Brauerei, als Gastwirtschaft und Pensionsbetrieb. Erst 1942 kam die Stadt Lienz ins Spiel und seit den 1950er-Jahren sind im Museum Schloss Bruck die Bilder des Malers **Albin Egger-Lienz** zu sehen. Spannend sind auch der Rittersaal mit Originalholzdecke und die Burgkapelle mit Empore und gotischen Fresken von Simon von Taisten, von dem auch die wunderbaren Fresken in Maria Schnee (s. S. 222) stammen. Den 14 Nothelfern ließ der Auftraggeber, Graf Leonhard von Görz, seinen persönlichen Bedürfnissen entsprechend noch ein paar Heilige zur Seite stellen – wie die hl. Ottilie als Schutzpatronin gegen Augenleiden.

Außerdem gibt es Sonderausstellungen, auch für Gegenwartskunst, ein Spielzimmer und saisonale Angebote wie Workshops oder Übernachtungen in der Burg.

Schlossberg 1, T 04852 625 80, www.museum-schlossbruck.at, Mitte Mai–Okt. Di–So 10–16, nur Juli/Aug. tgl. 10–18 Uhr, 8,50 €, bis 18 Jahre 2,50 €

Orthodox

⑮ **Kosakenmuseum Lienz:** Ungewöhnliche Flüchtlinge fanden sich kurz nach Kriegsende 1945 im Drautal: 25 000 russische Kosaken, die als erklärte Gegner der sowjetischen Regierung auf der Seite der deutschen Wehrmacht gekämpft hatten. Um nicht den sowjetischen Truppen in die Hände zu fallen, suchten sie samt ihren mitreisenden Familien im britisch besetzten Drautal Zuflucht. Die britischen Truppen lieferten sie jedoch an die Sowjetunion aus. Viele verängstigte Kosaken entzogen sich der Deportation durch Selbstmord bzw. Erschießen der eigenen Familie; nur wenige konnten fliehen. Die Überlebenden, die in Lienz geblieben waren, konnten die Antonius-Kirche am Hauptplatz als orthodoxe Kirche nutzen, hier ist auch das privat geführte Museum eingerichtet.

Hauptplatz 3, 1. Stock, T 04852 644 75, http://kobro-kosakenmuseum-lienz.at, Öffnung/Führung auf Anfrage, Spende erbeten

Schlafen

Verwöhnt

1 **Hotel Traube:** Das gemütliche Hotel im Zentrum ist seit 1860 in Familienbesitz:

Es hat große Zimmer, eine eher traditionelle Einrichtung, ein gutes gesundes Frühstück mit üppiger Auswahl an Tiroler Süßspeisen und einen Panoramablick vom Schwimmbad im Wellnessbereich unter dem Dach.

Hauptplatz 14, T 04852 644 44, www.hoteltraube.at, €€

Traditionsreich

2 **Goldener Fisch:** Den Fischwirt zwischen Bahnhof und Altstadt gibt es seit dem 15. Jh. Die 30 Zimmer sind hell und zweckmäßig, das Restaurant bietet Hausmannskost und Tiroler Klassiker. Gutes Preis-Leistungs-Verhältnis.

Kärntner Str. 9, T 04852 62 132, www.goldener-fisch.at, €€

Camping

4 **Camping Falken:** Gerade noch in Laufentfernung zur Innenstadt, mit Aufenthaltsraum, Laden, Elektroautovermietung und schattiger Zeltwiese.

Falkenweg 7, T 04852 640 22, www.camping-falken.com, €

B

BRAUEREIGASTHOF

Wollten Sie schon immer mal einen eigenen Zapfhahn im Zimmer haben? Die unabhängige Falkenstein-Brauerei, die 1902 in Lienz gegründet worden war, musste nach dem Krieg aufgeben – heute gehört sie zum Bierkonzern Gösser. Der **Brauereigasthof Falkenstein** 3 aber darf seinen eigenen Stil haben: Die Zimmer sind modern, und neben dem Zapfhahn (schade, nur fürs Waschbecken!) sind Fässer und Bierkästen Teil der Dekoration, an den Wänden hängen Bilder gärender Hefebläschen. An die urige hölzerne Wirtsstube ist ein heller Gastraum angebaut – der ist auch bei einheimischen Familien beliebt. Ob Steak oder vegetarisch, die Portionen sind groß, lecker und nicht teuer (Pustertalerstr. 40, T 04852 622 70, www.brauereiwirt.at, €€).

Essen

Tirolerisch-italienisch

1 **La Taverna:** Deftige Tiroler, Südtiroler und italienische Küche von Pizza und Pasta über Spinatknödel bis hin zu leichten Salaten gibt es im Restaurant des Hotels Traube. Oft voll, besser reservieren.

Im Hotel Traube, Südtiroler Platz, T 04852 644 44 77, Mo/Di 17.30–22.30, Mi–Fr 12–16, 17–22.30 Uhr, €€

Veganes Streetfood

1 **Soul Food Bike:** Frisch gegrillte Wraps von Verenas Lasten-Fahrrad, vegan und in kompostierbarer Verpackung/ Mehrwegflaschen.

Unterer Hauptplatz, www.soulfoodbike.com, Di–Fr 11–14 Uhr, €

Süße Sünden

2 **City Café Glanzl:** Mehlspeisen, Kuchen, Torten, Pralinen und handgeschöpfte Schokoladen – im City Café schmeckt eigentlich alles richtig gut. Eine Eigenkreation ist die City-Torte: Nuss-Schoko-Sahne.

Hauptplatz 13, T 04852 620 73, www.konditorei-glanzl.at, Mo-Sa 8–19, So 9–19, im Hochsommer bis 23, Mo bis 20 Uhr, €

Eigene Rösterei

3 **Mocafe:** Einzige Kaffeerösterei Osttirols. Den ausgesuchten Kaffee kann man nicht nur kaufen, sondern in dem kleinen Café auch vor Ort trinken, zusammen mit einem leckeren Frühstück oder Kuchen.

Kärntner Str. 10, T 664 4311682, www.mocafe.at, Mo–Fr 9–18 Uhr, €

Zeitreise

4 **Milchtrinkstube Pichler:** Echter Tante-Emma-Laden mit Milch und Käse

natürlich, Knödeln und Schlipfkrapfen. Ausschank in der Stube – neben Milch gibt's auch Wein und belegte Brötchen oder Kaffee und Kuchen.

Messinggasse 9, T 04852 623 65, Mo–Do 6–12.30, 14–18.30, Fr 6–19, Sa 6–13.30 Uhr, €

Einkaufen

Lienz ist die Einkaufsstadt für die gesamte Region, und entsprechend groß ist das Angebot. In der Altstadt vom Hauptplatz bis zur Messinggasse findet man neben den gängigen Ketten viele einheimische Einzelhandelsgeschäfte.

Wochenmarkt

1 **Stadtmarkt:** Hier sind frische und typische Produkte aus der Region zu finden, u. a. Senf aus dem Defereggental und Schnäpse von der Brennerei Kuenz.

Messinggasse, Fr 13–18.30 (Nov.–März bis 18 Uhr), Sa 8.30–12.30 Uhr

Vertrauenssache

2 **Genussladen 24/7:** Regionale Produkte wie vom Wochenmarkt gibt es per Selbstbedienungs-Scanner rund um die Uhr in einem Ladengeschäft daneben.

Messinggasse 14, www.lienz.gv.at/stadtleben/maerkte/genussladen-247.html, durchgehend geöffnet

Auf in die Berge

3 **Gassler Bergsport:** Relativ kleiner Laden mit Auswahl an Bekleidung und Ausrüstung fürs Wandern und Klettern, für Klettersteige, Wintersport und sogar ein bisschen Camping. Gute Beratung.

Kreuzgasse 6, T 04852 620 50, www.gassler.at, Mo–Fr 9–12.30, 14–18, Sa 9–12.30 Uhr

Keramik

4 **Donnerton Keramik:** In der Straße, in der Albin Egger-Lienz aufwuchs, findet man heute nette Lädchen, Kunst, Antiquitäten und eben dieses Keramikatelier von Johanna Wibmer.

Schweizergasse 8, www.facebook.com/donnerton, Mo–Fr 9–12, 15–18, Sa 10–12 Uhr

Prämierte Destillate

5 **Schwarzer Edelbrände:** In vierter Generation wird hier gebrannt. Es gibt Edelbrände und Spirituosen aus eigener Herstellung sowie österreichische Weine und schottische Whiskys. Die Brände bekamen schon mehrere Auszeichnungen.

Rosengasse 2, T 04852 626 02, www.schwarzerbrennerei.at, Mo, Mi 9–12.30, 15–19, Fr 9–12 Uhr

Bewegen

Sausen

1 **Osttirodler:** Die (auch im Winter geöffnete) Sommerrodelbahn gehört mit 2,7 km nicht nur zu den längsten Tirols, sondern ist auch eine der abwechslungsreichsten: Scharfe Kurven und Tempostrecken wechseln sich mit sanft geschwungenen Passagen durch den Wald ab, am Schluss ein paar Kreisel und Kehren.

Schlossbergbahn, Iseltalerstr. 27, T 04852 621 14 11, www.lienzer-bergbahnen.at, im Sommer tgl. 10–17 Uhr, Nebensaison nur Fr–So oder Do–So, Kombiticket Bergbahn/Osttirodler 19 €

Klettern

2 **Hochseilklettergarten:** Zahlreiche Parcours-Optionen von leicht bis schwer stehen zur Wahl. Der Klettergarten ist an der Moosalm-Mittelstation gelegen.

www.kletterpark-lienz.at, Mai–Sept. Do–So 10.15–17 Uhr, Juli/Aug. tgl., ab 16 Jahre 23 €, Kidspark 2–5 J. 12 €

Schwimmen

Im 3 **Dolomitenbad** (Rechter Drauweg 1b, T 04852 638 20, www.dolomitenbad.at, Di–So 9–20.30 Uhr, ab 7,30 €) kann sich ein Saunabesuch (ab 18 €)

anschließen. Ein Naturbadesee ist der 4 **Tristacher See,** mit kristallklarem Wasser, Strandbad, Beachvolleyballplatz und Sommerwassertemperaturen von bis zu 24 °C.

Tristacher See: ca. 5 km von Lienz, Anfahrt über Tristach, Parkplatz gebührenpfl., Freibad/See 6 €

Fahrradverleih

5 **Papin:** Großer italienischer Anbieter mit Verleihstationen an zahlreichen Bahnhöfen des Drauradwegs. Die Rückgabe ist auch an einer anderen Station möglich (plus 7 €). Citybike ab 18 €, E-MTB 50 €.

Bahnhofsgelände Lienz, T 0720 44 55 66, www.papinsport.com/de (für den Drauradweg s. a. S. 212)

Fahrradvergnügen

6 **Bikepark:** Unterschiedliche Single Trails von der Station Stern Alm der Hochsteinbahn. Radverleih an der Bahnstation.

www.dolomite.bike/dolomite-bike-bikepark, Tageskarte Bergfahrt und Biketransport 40 €

Wandern

Von der Bergstation der Zettersfeldbahn führt der **Lienzer Höhenweg** in 3–4 Std. zur Lienzer Hütte tief in einem Seitental – Ausgangspunkt z. B. für eine schöne Wander- und Klettersteigtour auf den 3206 m hohen **Glödisspitz**.

Kanuwandern und SUP

Draupaddelweg: Lienz ist Startpunkt für eine 110 km lange Kanutour. Einstiegsstellen nennt www.draupaddelweg.com. Auf der Drau ist auch **Stand-up-Paddling** (River SUP oder SUP Rafting) möglich (www.glockner-adventures.at).

Ausgehen

Die größte Auswahl an Kneipen findet sich in der Altstadt in der Gegend um Ägidius-Pegger-Straße und Zwergergasse.

Der Sinn des Weins

1 **Weinphilo:** Alexandra und Mario Urso kennen viele ihrer Weinproduzent:innen persönlich. Super Platz für einen Feierabendwein! Oder einen Wein zwischendurch (auch zu kaufen natürlich).

Messinggasse 11, T 0664 501 36 58, www.weinphilo.com, Mo–Fr 9.30–12.30, 15.00–19.30, Sa 9.30–15 Uhr, im Sommer ohne Mittagspause und Sa bis 17 Uhr

Infos

- **Krampusläufe:** Anf. Dez., s. S. 259.
- **Weihnachtsmarkt:** Advent. Der Lienzer Weihnachtsmarkt gehört zu den schönsten Tirols, er ist klein, aber sehr traditionell.
- **Tourismusbüro:** Mühlgasse 11, T 050 21 22 12, www.osttirol.com, Mo–Fr 8–18, Sa 9–12 Uhr, im Hochsommer länger.
- **Gästekarte:** Gratis ab einer Übernachtung. Als Fahrschein in allen öffentlichen Bussen in Osttirol (außer Expressbus nach Kitzbühel und Wanderbusse).
- **Kaufkarte:** Osttirol's Glockner-Dolomiten Card gilt Anf. Juni–Mitte/Ende Sept. Die 3-in-7- oder 7-Tage-Karte (56/79 €) ist in sechs Bergbahnen, vier Schwimmbädern gültig, weitere Natur- & Kulturangebote auch in Südtirol sind gratis.
- **E-Carsharing:** Mehrere Standorte in Osttirol über www.regionalenergie-osttirol.at/flugs-ecarsharing.html.

Hochpustertal und Lienzer Dolomiten

2, J–P9

Anders als viele Täler trägt das **Pustertal** seinen Namen nicht nach dem Wasserlauf, der es durchfließt. Eigentlich weiß

Auf dem Drauradweg zwischen Toblach und Lienz geht es immer nur bergab. Und unterwegs kann man sich mehrmals mit Schokolade stärken.

man gar nicht so richtig, woher der Name kommt. Jedenfalls besteht das Pustertal eigentlich aus zwei Tälern: Von einem unauffälligen Sattel bei Toblach fließt nach Westen die Rienz nach Südtirol, oft wird nur dieser italienische Teil als Pustertal bezeichnet. Nach Osten beginnt Osttirol mit dem Tal der Drau. Der östliche Teil wird als Hochpustertal bezeichnet. Die Berge auf der Südseite heißen Lienzer Dolomiten, weil sie ähnlich schroff und malerisch aussehen wie die »echten« Dolomiten.

Die schönste Art, das Hochpustertal mit Orten wie **Sillian** zu entdecken, ist wohl per Fahrrad auf dem **Drauradweg** von Toblach bis Lienz (s. S. 212). Hinter Lienz gehören noch Nussdorf und Dölsach mit der Römerstadt Aguntum zu Osttirol, dann überquert man schon die Landesgrenze nach Kärnten.

Aguntum

Karte 2, P9

Eine Römerstadt in Tirol

Eine Römerstadt, mitten in den Bergen, mit Stadtmauer und zahlreichen privaten und öffentlichen Gebäuden. Der Aufschwung kam vor fast 2000 Jahren, als Kaiser Claudius die Siedlung im Drautal zur Stadt **Aguntum** erhob. Sie florierte bis zum 3. Jh., dann begann der Niedergang.

Bei einer Schlacht im Jahr 610 wurde Aguntum dann geplündert, zerstört und schließlich aufgegeben.

Antike Käseexporte

Archäologische Grabungen gibt es seit 1912; viele Funde sind im Museum auf dem Gelände ausgestellt, u. a. ein großes Marmorbecken aus dem Atrium. Darüber

TOUR
Immer sanft rollen lassen!

Auf dem Drauradweg von Toblach nach Lienz

Die erste Etappe des **Drau-Fernradwegs,** der von Toblach bis nach Maribor in Slowenien führt, ist eine wunderbare leichte Tagestour und entsprechend beliebt, insbesondere für Sonntagsausflüge von Italien aus. Der Radweg führt fast durchgängig abseits von Autostraßen auf asphaltierten Wegen immer bergab durch schöne Landschaft entlang der Drau. Im Sommer sind sehr viele Leute mit dem Rad unterwegs, eventuell kann es eine gute Idee sein, erst gegen Mittag loszufahren.

Mit etwas Glück kann man hinter der Galitzenklamm gegen Ende der Tour Kajakteams beim Kanuslalom auf einer Übungsstrecke in der Drau beobachten.

Nur 6 km sind es von **Toblach** bis Innichen, einem malerischen Ort am Rand der Dolomiten, dessen Gründung auf das 8. Jh. zurückgeht. Neben dem Besuch der romanischen Stiftskirche lohnt ein Abstecher in die Fußgängerzone für einen echt italienischen Espresso oder ein Eis, denn schon wenige Kilometer weiter ist die italienisch-österreichische Grenze erreicht. Einkehrmöglichkeiten gibt es aber auch danach reichlich. Schon 4 km hinter der Grenze führt der Radweg durch **Sillian.** Hier zweigen das Villgraten- und das Gailtal vom **Hochpustertal** ab, der Ort Sillian ist allerdings

Infos

Karte 2, M–P9

Start/Ziel: Toblach/ Dobbiaco (Südtirol, Italien) – Lienz

Strecke: ca. 55 km, sehr gut ausgebaut und ausgeschildert, es geht immer sanft bergab

Internet: www.drauradweg.com

Logistik: Am besten per S-Bahn nach Toblach (ca. stdl., www.oebb.at), dort Fahrradverleih Papin (s. S. 210) direkt am Bahnhof, Rückgabe in Lienz möglich. Ein normales City-Rad reicht aus. Personalausweis/Reisepass nicht vergessen!

recht beschaulich. Ein schöner Blick bietet sich von der am Hang gelegenen **Pfarrkirche Mariä Himmelfahrt**. Sie stammt aus dem Mittelalter, ist aber überwiegend spätbarock ausgestaltet. Der Hauptgrund für einen Besuch in Sillian ist das Geschäft Pichler's Schokoladenwelt am Hauptplatz (s. S. 214) – wer nicht schon wieder im Café Pause machen will, wird sicher auch im Laden fündig.

3 km weiter ist **Heinfels** erreicht, wo mit der **Loacker Genusswelt** (s. S. 214) die nächste Versuchung lockt. Loacker produziert seit 1925 Waffeln mit Schokocreme und im Lauf der Zeit sind etliche weitere Varianten, etwa mit Vanille, Zitrone oder Kokos, hinzugekommen. In Heinfels befindet sich neben der Fabrik das Besucherzentrum mit Werksverkauf, Café sowie einer kleinen, aber recht informativen Ausstellung zur Firmengeschichte und zur Produktion. In der Mitmach-Konditorei kann man selbst gefüllte Waffeln herstellen.

Hinter Heinfels wird das Tal enger und steiler, es geht durch den Wald neben der inzwischen etwas kräftiger strömenden Drau. Nach gut der halben Strecke heißt es bei **Abfaltersbach** die Wegweiser beachten, denn die Abzweigung zum **Aigner Badl** (s. S. 215), 23 km vor Lienz, ist schnell übersehen, das kleine hölzerne Bauernbad aber einen Besuch wert. Seit 1772 wird die Mineralheilquelle für Kurbäder genutzt. Damals wurde eigens ein »Bauernbad« errichtet, ein traditionelles Holzhaus mit mehreren Baderäumen. In den authentisch erhaltenen Räumen stehen jeweils eine oder zwei Wannen aus Lärchenholz mit Deckel, außerdem bequeme hölzerne Liegen, auf denen man nach dem etwa 20-minütigen Bad ruhen soll, bis die Haut an der Luft getrocknet ist. Das auf 38 °C erwärmte Heilwasser enthält Calciumsulfat und soll gegen Hautkrankheiten, Rheuma, Ischias und Gelenkschmerzen helfen. Nach dem Bad sollte man keinen Sport mehr treiben (bzw. erst einmal ein wenig ausruhen). Angeschlossen ist eine Jausenstation mit schöner Terrasse.

Kurz vor Lienz passiert man den **Wassererlebnispark Galitzenklamm** (s. S. 215). In Lienz angekommen, geht es auf einem ausgewiesenen Radweg zum Bahnhof.

hinaus gibt es eine ganz gute filmische Rekonstruktion des römischen Aguntum. Aguntum profitierte von den Handelsstraßen, die hier verliefen. So wurden aus der Provinz Noricum, zu der Aguntum gehörte, u. a. Eisen und Kupfer exportiert, aber auch Silber und Gold. Das Ferrum Noricum, das harte Eisen aus dem heutigen Kärnten, aus dem die Waffen der römischen Legionen gefertigt wurden, war sehr begehrt. Mit Bergkristallen aus den Alpen kühlten sich die Reichen in der Hitze des Sommers die Hände, und auch Käse wurde exportiert – gefunden wurden auch ein Käsesieb und bronzene Viehglocken. Die Menschen aus Aguntum importierten dafür Wein und Olivenöl, frische Austern und Garum, eine würzige Fischsauce, die in der römischen Küche allgegenwärtig war.

Der bisher größte Gebäudekomplex auf dem Freigelände ist das Atriumhaus, ein vornehmer Wohnsitz mit 6000 m^2 Grundfläche und mediterraner, offener Architektur – für eine Alpenstadt wohl eher ungewöhnlich. Auch eine massive Stadtmauer war gebaut worden, 7 m hoch und zweischalig aus Backsteinen, mit Erde und Steinen aufgefüllt.

Kungelei im Dampfbad

An der Südwestecke des Forums wurde eine ungewöhnliche runde Markthalle gefunden, das **Macellum** – diese Form war damals eher in römischen Städten in Nordafrika üblich. Nordwestlich davon steht das öffentliche Bad, die **Therme,** die man vom Aussichtsturm aus gut sieht. Thermen dienten in römischer Zeit nicht nur zur Reinigung, sondern waren auch Mittelpunkt des sozialen Lebens: Wohl so manch wichtiger politischer Entscheidung gingen lebhafte Diskussionen in der entspannten Atmosphäre des Bades voraus.

Vom Eingang im Westen kam man zunächst in Umkleideräume; dann ins Frigidarium (Kaltwasserraum), Tepidarium (ein lauwarmer Raum zur Entspannung, ohne Becken) und ins Caldarium (Heißwasserraum).

Gut zu erkennen ist der Heizraum im Osten, von dem aus die Fußbodenheizung befeuert wurde. In Aguntum hatten, wegen des kälteren Klimas, übrigens auch viele Privathäuser eine solche Heizung.

Stribach 97, an der B 100, Dölsach (Bushaltestelle Stribach-Aguntum), T 04852 615 50, www.aguntum.at, Mitte Juni–Mitte Sept. Di–So 9.30–16 Uhr, Jan.–April Mi 13–17, Nov./Dez. geschl., 7 €, Imbiss und Picknickplätze vorhanden, Fotografieren ist überall erlaubt

Schlafen

Entschleunigen überm Tal

Gasthof zum Ederplan: Veganes, glutenfreies Frühstücksbüfett und Zimmer auf einem nachhaltig bewirtschafteten Hof, Wanderungen am Hang, mal runterfahren.

Stronach 10, Stronach, T 0664 7349 28 12, www.gasthofzumederplan.at, €€€

Einkaufen

Ganz natürlich

Naturkraft: Kräuter, regionale und hausgemachte Produkte.

Am Gerberbach 201j, T 04842 511 82, Fr 8–12 Uhr

Schokolade hilft immer

Pichler's Schokoladenwelt: Die alteingesessene Bäckerei-Konditorei macht sich seit einigen Jahren mit handgeschöpften Schokoladen einen Namen.

Zentrum 115, Sillian, T 04842 62 55, www.pichler-sillian.at, Mo–Fr 8–18, Sa 8–14 Uhr, im Hochsommer auch So

An der Waffel

Loacker Genusswelt: Im Besucherzentrum vermittelt eine Ausstellung das Werden der Waffelfabrik (s. S. 213); mit

G

SCHOKO MIT PROMILLE

Die Gin-Schokolade Roter Turm aus der Naturbrennerei Kuenz ist zwar nichts für Kinder, für Erwachsene aber ein echtes Schoko-Erlebnis. 53 % Kakaogehalt im Schokoladenanteil und satter Gingeschmack.

Ab-Werk-Verkauf und Mitmach-Konditorei. Ein super Fotospot ist die 7,5 m hohe Waffelpackung beim Parkplatz.

Panzendorf 196, Heinfels, T 04842 606 00, www.loacker.com, tgl. 9–18 Uhr, Eintritt frei

Äpfel und Birnen?

Naturbrennerei Kuenz: Die kommerzielle, aber recht kleine Brennerei ist von eigenen Apfel-, Birnen- und Zwetschgenplantagen umgeben. Hausspezialität ist der Pregler, ein milder Edelbrand aus Äpfeln und Mostbirnen. Hier hat man gute Chancen, beim Brennprozess zuzusehen. Die wöchentliche Führung ist sehr informativ, der Laden bietet eine große Auswahl an Spirituosen, Marmeladen und einigen anderen regionalen Spezialitäten; s. auch Kasten oben.

Gödnach 2, Dölsach, T 04852 643 07, www.kuenz-schnaps.at, Hofladen Mo–Fr 9–18, Sa 9–13 Uhr, auch Stand auf dem Lienzer Stadtmarkt, Führung und Verkostung Mai–Okt. Do 16 Uhr

Bewegen

Klettern und Toben

Wassererlebnispark Galitzenklamm: Neben mehreren Klettersteigen und einem Hochseilparcours gibt es in der Klamm einen Wasserschaupfad, eine Steinkugelmühle und einen Wasserspielplatz.

Galitzenklamm 3, Amlach, T 0664 156 74 57, tgl. 9–18, Nebensaison 10–17 Uhr, Nov.–April geschl., 7 €

Retro-Spa

Aigner Badl: Immer noch funktionierende historische Badeanstalt (s. auch S. 212) an einer Kalzium-Sulfat-Mineralquelle. Die nostalgische Entspannung lässt sich mit einem Besuch in der Jausenstation bei traditionellen und deftigen Gerichten abrunden.

Abfaltersbach 13, T 0699 11 59 13 77, www.aigner-badl.at, Mo–Fr 10–20, Sa bis 18, So 11–20 Uhr, Jausenstation länger, Bad 25 €, Anm. und Terminabsprache bis zum Vortag möglich

Infos

- **Tourismusbüro Sillian:** Gemeindehaus 86, T 050 212 300, hochpustertal@osttirol.com, Mo–Fr 8–12, 14–18 Uhr.

Matrei in Osttirol

Karte 2, O7

Heutzutage liegt **Matrei** am Felbertauerntunnel und damit zumindest für manche Strecken »auf dem Weg«. Nahe am Großglockner, dem Hohe-Tauern-Nationalpark und dem Skigebiet Großglockner-Matrei, finden inzwischen auch Reisende den Weg hierher. Den Tunnel gibt es aber erst seit 1967, davor war das Iseltal »also so was von abgelegen«.

Siedlungsspuren gibt es zwar schon seit der Bronzezeit, ab dem Mittelalter ist ein Markt belegt, aber bis ins 19. Jh. fanden höchstens ein paar Händler den Weg in die Bauerndörfer hier. Erst danach setzte der Bergtourismus ein, mit Bergsteigern und Sommerfrischlern, schließlich auch Skifahrern. Und auch für Volkskundler ist die Gegend interessant: In diesem abgeschiedenen Winkel des Landes hatten sich nämlich ungewöhnlich unverfälscht die alten Bräuche erhalten, zu ihnen zählt insbesondere die Tradition des Klaubaufgehens (s. u. und Krampusläufe, S. 259).

Im Ortszentrum

Im Zentrum des Ortes steht die imposante **Pfarrkirche St. Alban,** von der nur der 68 m hohe Turm gotisch erhalten ist, der Innenraum ist spätbarock und klassizistisch mit lebhaften Deckenfresken.

Gleich nebenan bietet das **Nationalparkhaus** in der Ausstellung »TauernBlicke« Informationen zur Flora und Fauna, zur Geologie und zum Angebot des Nationalparks Hohe Tauern. Angeschlossen ist ein kleiner Shop.

Nationalparkhaus Matrei: Kirchplatz 2, T 04875 51 61 10, www.hohetauern.at, Juli/Aug. Mo–Sa 10–18, Juni/Sept. Mo–Fr 10–12, 14–18, Okt. Fr nur vormittags, Dez.–März Mo–Do 14–17, Fr 10–12 Uhr, Eintritt frei

Wann hat man schon die Gelegenheit wie in Matrei, Kunstschmieden über die Schulter zu schauen?

Grausige Masken

Das **Klaubauf-Museum** im Bäckenstodl ist von der Familie Oberschneider in Privatinitiative eingerichtet worden. Über 120 Larven von 26 verschiedenen Schnitzern und zum Teil über 150 Jahre alt vermitteln das ganze Jahr über einen Eindruck von den hölzernen Masken, die beim Klaubaufgehen (Krampuslauf) Verwendung finden.

Ausstellungsraum im Laden Tiroler Schnitzereien, Hintermarkt 13, T 0660 738 20 59, Juni–Sept. Mo–Fr 9–12, 15–18, Sa 9–12 Uhr, Eintritt frei, Spenden erbeten

Romanischer Nikolaus

Die kulturhistorisch bedeutendste Sehenswürdigkeit von Matrei steht im Weiler **Ganz** auf der anderen Seite der Isel, etwas erhöht zwischen Wiesen und ein paar Bauernhöfen.

Die **Nikolauskirche** wurde um 1200 an der Stelle eines älteren Kirchenbaus errichtet. Österreichweit einzigartig ist der Chor mit gut erhaltenen romanischen Fresken – die frühesten stammen aus dem 13. Jh. Auffällig ist die Zweiteilung des Chores in ein unteres Stockwerk mit einem Altar für den Kirchenpatron St. Nikolaus und ein oberes Stockwerk, das über eine doppelte Freitreppe erreicht wird, mit einer Madonna.

Die Fresken im unteren Geschoss sind etwas weniger gut erhalten, schön zu erkennen ist aber eine Darstellung des Sündenfalls in einem Deckenzwickel. Im Bogen zum oberen Stockwerk ist eine Engelsleiter zu sehen, oben in der Kuppel das himmlische Jerusalem, in dem Christus als Weltenrichter die Heiligen und Propheten segnet, die innerhalb der Stadtmauer stehen. Die athletisch wirkenden Männerfiguren in den Gewölbezwickeln stellen die vier Elemente Feuer, Wasser, Erde und Luft dar. Langhaus und Westfassade der Nikolauskirche wurden später nochmals umgebaut. Im Langhaus ist vor allem das spätgotische Netzgewölbe mit seinen vielfach überkreuzten Rippen sehenswert.

Schlafen

Stylish

Outside: Zirben- und Lärchenholz, Lehmwände und Naturstein aus regionalen Steinbrüchen prägen das Designerhotel. Es ist gut zu erkennen, wie Nachhaltigkeit mit ökologischem Anspruch hier umgesetzt ist und wird. Im Restaurant wird mit regionalen und saisonalen Zutaten auf hohem Niveau gekocht (mit guter Weinkarte).

Virgener Str. 3, T 04875 52 00, www.hotel-outside.com, €€€

Familienfreundlich

AlpenParks Montana Matrei: Die Zimmerkategorien bewegen sich vom modern eingerichteten Einzel- oder Doppelzimmer bis zum Familienstudio. Und die Goldried-Bergbahn hinauf ins Wandergebiet ist ganz in der Nähe.

Gereitstr. 2, T 04875 510 20, www.alpenparks.at, €€€

Camping

Edengarten: Flacher Platz am Ortsrand in Laufnähe zu einigen Supermärkten. Abends kann man lange die Sonne genießen. Dem Campingplatz angeschlossen ist ein kleines Restaurant mit Bar.

Edenweg 15a, T 04875 51 11, www.campingedengarten.at, €

Essen

Zwei Hauben

Saluti: Die Pizzeria am Tennisplatz ist ein gut getarntes Feinschmeckerlokal, das neben feinen Menüs sehr erschwingliche Pizza und Pasta serviert.

Griesstr. 10, T 04875 67 26, www.saluti-matrei.com, Mi–Sa 16–24, So ab 10 Uhr, €–€€, Menü ab 49 €

Vom eigenen Hof

Gasthof Hinteregger: Die Eckaufstockung des Traditionsgasthofs mit vorgesetzter Glasfront entzückt Architekten, die Küche auch uns. Das Brot ist selbst gebacken, das Fleisch aus eigener Haltung und den Gemüsegarten kann man ein paar Straßen weiter inspizieren.

Hintermarkt 4, T 04875 65 87, www.hotelhinteregger.at, tgl. 11.30–13.30, 17.30–21 Uhr, €€

Urig

Alte Mühle: Bei Einheimischen beliebt ist das Wirtshaus mit viel Holz und großer Terrasse, auch weil Bier und Wein nicht teuer sind. Dazu gibt's Burger und Grillfleisch.

Gereitstr. 4, T 04875 510 20 10, www.altemuehle-matrei.at, Mi–So 11–22 Uhr, €€

Frisch vom Metzger

Fleischhauerei Mühlstätter: Der traditionsreiche örtliche Metzger verkauft im Selbstbedienungsimbiss auch sehr preiswerte Schnitzel und Würste – es gibt aber auch Salat und Käsekrapfen und im 24-Std.-Automaten neben Grillgut auch Butter und Käse.

Mühlstätter Imbiss: Rauterplatz 7, Mo–Fr 9–18, Sa 9–14, Imbiss ab 11 Uhr, €

Einkaufen

Dorfladen 2.0

Talmarkt: Der Matreier Bauernmarkt ist kein Tante-Emma-Laden, sondern modern und hell und eher ein Concept Store. Es gibt Glocknerkugeln aus Ziegenkäse, Senf aus dem Defereggental (sehr lecker!) und in Schweineschmalz ausgebackene wür-

TOUR
Ins ewige Eis

Gletschertour zum Innergschlöss

Das **Gschlösstal** gilt als der schönste Talschluss der Ostalpen. Auf dem Gletscherweg geht man bis an die Gletscherzunge des Schlatenkees-Gletschers, unterwegs eröffnen sich spektakuläre Ein- und Ausblicke.

Vom **Parkplatz am Matreier Tauernhaus** geht es in sanfter Steigung zunächst zum Venedigerhaus in Innergschlöss. 2 km hinter dem **Venedigerhaus** endet das Tal recht abrupt und steile Hänge führen zum Gletscher am Großvenediger hinauf, der bereits vom Tal aus zu sehen ist.

Noch vor dem Zufluss des eisigen **Gletscherbachs** quert man eine **Brücke** auf die linke Seite des Flüsschens. Hier beginnt mit einer Übersichtskarte der »Gletscherweg Innergschlöss«, ein vom Österreichischen Alpenverein angelegter Schaupfad hinauf bis zum Gletscherrand. Die 18 angekündigten Infopunkte sind unterwegs zwar markiert, die zugehörigen Informationen gibt es aber nur in der Broschüre des Alpenvereins (s. Infos).

Eine Abkürzung: In der Saison fahren ein Traktorbähnchen (s. S. 221) und Wandertaxis die Strecke bis zum Venedigerhaus.

Von der Infotafel geht es ziemlich steil und schweißtreibend hinauf, mehr oder weniger entlang des **Gletscherbachs,** der in kleinen Wasserfällen zu Tal stürzt.

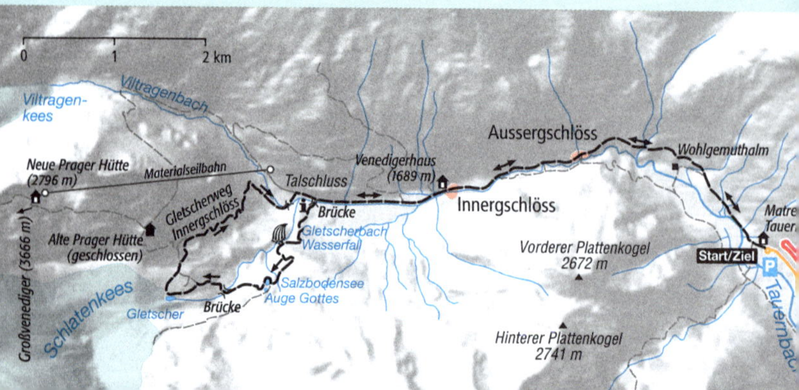

Die Anstrengung wird belohnt: Nach etwa einer Stunde und 400 Höhenmetern erreicht der Weg ein sumpfiges Plateau mit schönen Ausblicken, dem man eine ganze Weile folgt. Hier hat das Gletscherwasser einige kleine Seen und Teiche geformt, darunter den **Salzbodensee.** Klein, aber besonders hübsch ist das sogenannte **Auge Gottes,** ein dreieckiger Teich mit einem runden grasbewachsenen Inselchen – tatsächlich wirkt es wie ein Auge, das den blauen Himmel und die Bergwelt reflektiert.

Eine nicht allzu fordernde Wanderung führt vom Innergschlöss ganz nah ran an den Gletscher.

Von diesen saftigen Wiesen aus hat man nach Westen hin einen Blick auf den enormen **Gletscher** am Hang des Großvenedigers und auf die schmale Eiszunge, die von dort bis in das Hochtal vorstößt. Der Weg führt nun wieder zurück in das Tal des Gletscherbachs – hier wird es felsiger, und noch vor einigen Jahrzehnten hat sich hier wohl der mächtige Gletscher über den Grund geschoben: Die schönen farbig gemaserten **Felsen** sind geradezu glatt poliert.

Über die vom Gletscher geschliffenen Felsen geht es nun bis zum **Gletscherbach,** wo eine **Brücke** auf die andere Seite führt. Hier weisen Schilder zur **Alten und Neuen Prager Hütte** – der Weg auf den Großvenediger. Noch vor einigen Jahren reichte die Gletscherzunge bis zur Brücke, heute muss man einen größeren Abstecher über die Felsen machen, um bis zum Schnee zu gelangen, und man braucht etwas Trittsicherheit.

Der Gletscherweg führt dann oberhalb des Tals wieder Richtung Norden, zunächst in Richtung der Prager Hütten und dann im Bogen zurück ins Tal. Der Abstieg über die Wiesen, auf denen man weidenden Schafen begegnet, ist landschaftlich sehr schön, aber auch recht steil. Am **Talschluss** gelangt man über eine weitere Brücke wieder auf den breiten Zufahrtsweg und kann dann wieder schneller ausschreiten in Richtung **Venedigerhaus** und **Matreier Tauernhaus.**

Infos

Karte 2, N 6

Start/Ziel: Matreier Tauernhaus (Regionalbus 955)

Strecke: ca. 20 km, 900 Höhenmeter, Tagestour für geübte Bergwanderer, anspruchsvoller, teils steiler, aber gut ausgebauter Bergweg

Infos: Naturkundlicher Führer Gletscherweg Innergschlöss, erhältlich am Venedigerhaus, Tauernhaus oder unter https://hohetauern.at/de/online-shop

Einkehr: Tauern- und Venedigerhaus (s. S. 221)

zige Matreier Krapfen – auch zum Sofortverzehr im angeschlossenen Café zu empfehlen.

Rauterplatz 4, T 04875 420 14, www.talmarkt-regional.at, Café Mo–Sa 9–19, Laden Di–Fr 9–12, Sa 9–13 Uhr

Holz – traditionell und modern

Tiroler Schnitzereien – Krippenfiguren, Engel, Schüsseln und andere schöne Dinge aus Holz – gibt es im Bäckenstodl (s. S. 216). Daniel Wolsegger dagegen schafft in seiner **Tischlerei** künstlerische Unikate aus Hölzern wie Zirbe, Esche oder Schwarznuss: Vasen, Schüsseln, Stühle. Nicht billig, aber wow.

Marstallweg 6, T 0650 661 10 75, www.tischlerei-wolsegger.at, flexible Öffnungszeiten

Bewegen

Rafting

Adrenalin Outdoor Sport: Outdoor-Anbieter mit diversen Paketen für Rafting, Canyoning und Klettern. Der Name ist Programm.

Neumarktstr. 14 und 11 km südlich in Unterpeischlach 16 bei Huben, T 0650 370 76 02, www.adrenalin-outdoor.at

Infos

- **Eiskletterfestival Osttirol:** im Januar beim Matreier Tauernhaus/Gschlösstal. https://eisparkosttirol.wordpress.com/eis-festival.
- **Krampusläufe:** Anf. Dez., s. S. 259.
- **Tourismusbüro:** Rauterplatz 1, T 050 21 25 00, Mo–Fr 8–12, 14–18 Uhr, in der Hochsaison auch am Wochenende. Broschüren und Auskünfte.
- **Nationalparkhaus:** s. S. 216, Auskünfte besonders zur Natur und zum Wandern erhält man auch im Nationalparkhaus im Ort.
- **Zentrale Bushaltestelle:** Am Korberplatz beim Hotel Hohe Tauern.
- **Bus zum Gschlösstal:** 955 (mit Gästekarte umsonst) 6.40 Uhr ab Lienz bis Tauernhaus durchgehend (1 Std.), dann vormittags etwa stdl. ab Huben oder Matrei.

Gschlösstal ✪ 2, N 6

Etwa 16 km nördlich von Matrei, querab vom Felbertauerntunnel, liegt das einsame Gschlösstal, das bis vor den Gletscher des Großvenedigers reicht. Es gilt als schönster Talschluss Österreichs und wurde 2015 bei der ORF-Sendung »9 Schätze, 9 Plätze« zum schönsten Platz Tirols gewählt.

Im Sommer gibt es eine reguläre Busverbindung bis zum großen Wanderparkplatz Tauernhaus, früher eine Säumerstation mit Hospiz: eine Unterkunft für alle, die hier die Alpen überquerten. Die Wirtsleute waren verpflichtet, auch Unbemittelten, die über den beschwerlichen Bergpass gingen, Unterkunft zu gewähren. Heute ist es ein Gasthaus.

Senner, übernehmen Sie!

Nicht weit davon hat die **Almsennerei Tauer** einen kleinen Sennerei-Rundweg als leichten Talspaziergang und ein Besucherzentrum eröffnet, in dem man bei der Käseproduktion zusehen kann – bis 1948 wurde die Milch hier direkt auf den Almen verarbeitet, danach wurde alles zentralisiert in großen Molkereien erledigt. Die neue Genossenschaft von 25 Bauern soll die regionale Wertschöpfung stärken, indem wieder vor Ort Butter und Käse produziert wird. Der ist übrigens sehr lecker.

Vom Tauern- zum Venedigerhaus

Vom **Matreier Tauernhaus** geht es bis zum **Venedigerhaus** in Innergschlöss hinauf. 2 km dahinter endet das Tal und steile Hänge führen zum Gletscher des Großvenedigers (s. Tour S. 218).

Je Strecke 4,5 km, 200 Höhenmeter, zu Fuß ca. 1,5 Std., bedarfsabhängig fährt immer ab 9 Uhr zur vollen Stunde der von einem Traktor gezogene »Gschlösser Panoramazug«, 5 € bis Außergschlöss, 7 € bis Innergschlöss. Einkehrmöglichkeiten: Tauern- und Venedigerhaus (s. S. 218)

Schlafen, Essen

Stärkung vor oder nach der Tour

Matreier Tauernhaus: Historisch waren die Tauernhäuser Wegestationen an den alten Handelsrouten. Heute gibt es hier solide Osttiroler Küche mit Südtiroler Einschlag, recht günstig. Auch Übernachtungen im DZ.

Tauer 22, T 04875 88 11, www.matreier-tauernhaus.com, ganzjährig Di–So 11.30–19.30 Uhr, manchmal Mitte April–Mitte Mai, Mitte Okt.–Skisaison geschl., €€

Stärkung im Hochtal

Venedigerhaus: Im Alpengasthof gibt es Tiroler Alpenküche und auch Zimmer oder Lager für erschöpfte Wanderer.

Hinterburg 27, T 04875 88 20, 04875 67 71, www.venedigerhaus-innergschloess.at, Mai–Okt. tagsüber bis in den Abend, €

Einkaufen

Almsennerei Tauern: Käse und Milchprodukte aus lokaler Produktion, mit Schausennerei.

Tauer 40, 9971 Matrei, T 0664 88 29 45 17, https://almsennerei-tauer.business.site, So 12–18 Uhr, im Hochsommer häufiger

Infos

- **Bus:** s. Matrei, letzter Bus Richtung Matrei gegen 17 Uhr.

Das Gschlösstal, das zum Nationalpark Hohe Tauern gehört und dessen Landschaft von Gletschern geprägt ist, gilt als der schönste Talschluss in Österreich und wurde sogar 2015 vom ORF prämiert.

Lieblingsort

Spätgotischer Bibel-Comic

Bunte Fresken in leuchtenden Farben bedecken die Wände der spätgotischen **Wallfahrtskirche Maria Schnee** (Karte 2, N 7, s. S. 223). Sie steht auf 1300 m Höhe im **Virgental,** einem der entlegensten Alpentäler, das sonst eher mit wunderbaren Wandermöglichkeiten und Langlauf in Verbindung gebracht wird. Die kleine Kirche in dieser Bergeinsamkeit, ein einfacher Steinbau, stammt aus dem 15. Jh. Ein Dutzend Sitzreihen links und rechts, eine kleine Orgelempore und der Chor, das ist alles. Doch gleich im Eingangsbereich stehen große Heiligenfiguren, dazu kommt ein zweistöckiger Hochaltar im Chor mit viel Gold, hochstrebende Kreuzrippengewölbe – und Wände, die vollkommen mit Fresken bedeckt sind, wie ein spätgotischer Bibel-Comic. Herodes und Maria Magdalena, die Weihnachtsgeschichte, das Abendmahl und die Passionsgeschichte sowie zahlreiche Heilige: Als die Fresken vor 500 Jahren entstanden, konnten viele Kirchenbesucher nicht lesen, für sie waren die Bibelgeschichten an der Wand gedacht. Aber auch wir können uns kaum sattsehen an den vielen Details.

Virgental

Karte 2, N7

Von Matrei weiter flussaufwärts gelangt man in das wesentlich engere, traditionsverbundene **Virgental** (sprich: Firgental), eine der ländlichsten Gegenden im ohnehin ländlichen Osttirol. Viele Häuser sind aus Holz oder Natursteinen, die Berge erheben sich schroff hinter den grünen Almwiesen, mittags schließen die wenigen Geschäfte für eine Mittagspause und alles ist recht gemächlich.

Virgen

Pestopfer

Der vordere der beiden Orte im Tal heißt **Virgen.** Dort findet sich im Tourismusbüro eine kleine Ausstellung zu historischen Funden, Bräuchen und Traditionen, aber auch zu Energiesparmaßnahmen im Tal.

Unter anderem wird ein Film über den jahrhundertealten Brauch einer Widderprozession gezeigt, die jedes Jahr am Samstag nach Ostern (Weißer Samstag) durchgeführt wird. Er geht auf eine Legende aus der Zeit der Pest zurück: 1635, heißt es, habe ein Widder auf der Wiese mit dem Sensenmann gekämpft und danach sei die Pest nicht wieder ins Tal gekommen. Weil die Bevölkerung der Dörfer zudem eine Wallfahrt gelobt hatte, wenn sie von der Pest verschont bliebe, führte sie seitdem jedes Jahr einen schön geschmückten Opferwidder feierlich in den ca. 50 km entfernten Wallfahrtsort Lavant. Seit 1920 geht die Wallfahrt von Virgen oder Prägraten aus durchs Tal nach Maria Schnee (s. Lieblingsort S. 222). Der Widder wird heute natürlich nicht geopfert, sondern dreimal um den Altar geführt und dann für einen guten Zweck versteigert. In der Kirche gibt es auch ein Fresko mit einem Widder. Oberhalb des Dorfes liegt malerisch die Burgruine Rabenstein, ein tolles Fotomotiv, allerdings nicht zugänglich.

Maria Schnee

Fresken und gotische Gönner

Etwas außerhalb liegt die **Wallfahrtskirche Maria Schnee** (s. Lieblingsort S. 222) mit ihren gotischen Fresken. Von Virgen aus führt hübsch über die Wiesen ein ca. 1,5 km langer Kreuzweg mit modern gestalteten Kreuzwegstationen hin.

Christen gab es im Virgental wohl bereits in spätrömischer Zeit, sicherlich ab etwa dem Jahr 800. Schon der Vorgängerbau der heutigen Kirche war vermutlich nicht die erste Kultstätte an diesem Ort. Einige Zeugnisse aus romanischer und frühgotischer Zeit sind an den Außenwänden noch zu sehen: kleine Reliefs des hl. Petrus mit dem Schlüssel, der Heiligen Familie und der Anbetung der Weisen aus dem Morgenland. Im 15. Jh. stifteten drei wohlhabende Bergwerksbesitzer aus Kals Geld für den Umbau und die Neugestaltung der Kirche, denn der Platz im Inneren reichte bei den Pilgermessen nicht aus. Davon zeugt noch das recht große Vordach am Haupteingang – es war Unterstand für die Frommen.

Die wichtigste Ausstattung sind die Fresken, die um 1500 von Simon von Taisten angefertigt wurden, einem damals gefragten Maler, der auch im Lienzer Schloss Bruck gearbeitet hat. Am üppigsten ist die (linke) Nordwand bemalt: Von links sind zunächst zwei Spitzbogenfelder mit der Leidensgeschichte Christi geschmückt, sie erzählen von Lazarus und dem Einzug in Jerusalem über das letzte Abendmahl, die Kreuzigung Christi und seine Auferstehung, bis zu seiner Erscheinung als Weltenretter.

Apokryphe Patchwork-Familie

Bei der Weihnachtsgeschichte rechts davon, im Chor, ist besonders die Darstellung von Jesu kompletter Verwandtschaft ungewohnt: Es sind nämlich etliche Verwandte, Ex-Männer (der hl. Anna, s. u.) und Halbgeschwister dargestellt, die nach der Fertigstellung des Bildes auf dem Konzil von Trient (1546–63) aus der offiziellen Darstellung des Stammbaums gelöscht wurden – u. a. soll Marias Mutter Anna der Legende nach nämlich dreimal verheiratet gewesen sein. Daneben ist auch ein schöner gotischer Türbogen zu bewundern, der zur Sakristei führt, und über dem kleinen Wandfach, das im Mittelalter als Tabernakel diente, kunstvolle gotische Spitztürmchen, nur gemalt allerdings. An der Südwand sind dagegen nur Malereien von Maria, dem heiligen Sebastian und dem wundersamen Widder (s. S. 223). Und Maria schmückt natürlich auch den Altar, gleich zweimal. Die alten Stockkerzen im Altarraum mit den heute teils nicht mehr gebräuchlichen Ortsnamen sind Votivgaben und zeigen, wie weit die Menschen früher zu Fuß nach Maria Schnee gepilgert sind: Von Obertilliach bei Lienz etwa war es eine zweitägige Reise.

Obermauern, tagsüber frei zugänglich, kostenlose Führung Anf. Juli–Anf. Sept. Fr 17 Uhr

Spektakulär: In Stufen führt der Wanderweg an den tosenden Umbalfällen entlang.

Prägraten und Talschluss

Der Ort **Prägraten** liegt unterhalb des Großvenedigermassivs und ist vor allem als Ausgangsort für Wanderungen und Hochgebirgstouren interessant. In Hinterbichl noch ein Stück talaufwärts beginnen die Wanderwege zum **Großvenediger** – mit 3666 m einer der höchsten Wanderberge der Alpen. Noch ein Stück weiter endet die Talstraße in **Ströden**.

Hier wird's philosophisch

Vom Wanderparkplatz Ströden (Bushaltestelle) führt ein bequemer breiter, meist ausgeschilderter (»Islitzer Alm«) Weg weiter das Tal hinauf, bis man nach ca. 30 Min. die **Pebellalm** (geschl.) und den **Almgasthof Islitzer Alm** (www.islitzeralm.at) mit deftigen Tiroler Spezialitäten erreicht. Im Sommer kann die Strecke bis zur Islitzer Alm auch per Pferdekutsche zurückgelegt werden.

Hinter der Islitzer Alm beginnt der **Wasserschaupfad** zu den als Naturdenkmal geschützten **Umbalfällen** (📍2, M7), ein steilerer, aber immer noch gut ausgebauter Wanderweg mit Infotafeln zum Wasser, zur Geologie, Flora und Fauna, angereichert mit philosophischen Sprüchen zum Wasser. Immer wieder bieten Aussichtsplattformen beeindruckende Blicke über den hier schon ziemlich tosenden Fluss. Weiter oben stürzt der Fluss in hohen felsigen Kaskaden herunter.

Am meisten Wasser führt der **Umbalbach** bzw. die Isel während der Schneeschmelze – eher ab dem Spätnachmittag, wenn die Sonne ihr Werk getan und das Schmelzwasser den Weg zu den Fällen und weiter ins Tal zurückgelegt hat. Nach etwa 1 km und 100 Höhenmetern wird der Weg ab einem großen Felsen im Bach etwas ebener, hier kann man umkehren oder noch etwa 4 km (500 Höhenmeter) zur **Clarahütte** auf 2038 m weitergehen.

WASSERFALLTOUR MIT ÖFFIS

Statt von den Umbalfällen zur Clarahütte oder direkt über die Islitzer Alm zurück zum Wanderparkplatz zu gehen, lohnt sich folgende Alternative: Vor dem Parkplatz können Sie aufs rechte Iselufer wechseln und dort bis Hinterbichl (M 7, ca. 4 km) oder weitere 3 km bis Maria Schnee gehen. Dieser Weg führt an noch mehr schönen Wasserfällen vorbei. Von Hinterbichl oder Maria Schnee fährt der Bus zurück Richtung Matrei bzw. Lienz.

Schlafen, Essen

Mit Solarstrom

Brontehouse: Nett sind die Zimmer in der Pension mit großem Garten und vielen englischsprachigen Gästen. Energieversorgung (auch fürs kleine Hallenbad) z. T. über die 200 m² Solarfläche auf dem Dach.

Bachweg 4, Virgen, T 04874 523 76, www.brontehouse.at, €

Im Frühtau zu Berge

Gästehaus Post: Das Natursteinhaus im Zentrum erfreut mit einem sehr guten, üppigen Frühstücksbüfett. Für Wanderer ist mit geführten Wanderungen, Kartenmaterial und auf Wunsch einem Frühaufsteher-Frühstück besonders gesorgt.

St. Andrä 4, Prägraten, T 04877 63 36, www.gaestehaus-post.at, €

Mit Ecktürmchen

Neuwirt: Hotel in einem historischen Gebäude. Die meisten Zimmer verfügen über einen Balkon, die Forellen kommen aus dem hauseigenen Fischteich.

Virgental Str. 75, Virgen, T 04874 52 17, €

Frisch gepflückt

Gasthaus Großvenediger: Familie Steiner hat einen eigenen Kräutergarten, geheime Schwammerlplätze in den Bergen und die richtigen Weinlieferanten. Aufgetischt werden Osttiroler Spezialitäten mit heimischen Zutaten, wie Schlipfkrapfen, Gamsgulasch oder Mohnblatteln – auch gute vegetarische Auswahl.

St. Andrä 3, Prägraten, T 04877 52 05, www.gasthaus-grossvenediger.at, Fr–Di 11.30–15, 17.15–20 Uhr, €€

Einkaufen

Vom Hof

Bauernladen Virgen: Das Richtige für den Hunger, auch kleine Geschenke, Öle und Salben – alles aus der Region.

Virgental Str. 61, Virgen, T 0664 304 11 77, https://bauernladen-virgen.at, Fr 14–18, Sa 9–12 Uhr, Juli–Sept. auch Mi/Do 14–18 Uhr

Bewegen

Laufen

Jogging- und Nordic-Walking-Routen: 14 gut ausgeschilderte Strecken von verschiedenen Startpunkten, mit Infotafeln zu den Schwierigkeitsgraden, www.virgental.at/sommer/nordic-walking.

TOUR
Die Ältesten von Tirol

Wanderung zu den Jagdhausalmen an der italienischen Grenze

Es fühlt sich wirklich sehr abgelegen an – so weit hinten im Defereggental gibt es nur noch Berge und Weiden, mal eine einzelne Holzhütte, und den größten Zirbenwald der Ostalpen. Und am Ende des gemütlichen und nicht allzu steilen Wanderwegs wartet eine uralte Almsiedlung – mit Bewirtschaftung!

Autos verboten

Am **Wanderparkplatz Oberhaus** beginnt auf der linken Flussseite ein schmaler Pfad, ausgeschildert als Lehrpfad zum Zirbenwald. An der nächsten **Brücke** zweigt der Lehrpfad nach rechts ab, um eine Runde von insgesamt 4 km zu beschreiben. Der Wanderweg zu den Jagdhausalmen bleibt aber auf der linken Flussseite und geht auf einem breiteren **Fahrweg**, der außer zu Fuß nur mit Fahrrädern (und gelegentlich landwirtschaftlichen Fahrzeugen) benutzt werden darf, weiter talaufwärts. Er führt sanft bergauf, immer den Windungen des Tals folgend.

Nach etwa 5 km geht man um eine Biegung, hinter der auf der anderen Talseite in einiger Entfernung schon die Steinhäuser der **Jagdhausalmen** zu sehen sind. Gegenüber zweigt ein steiles Seitental nach Norden ab. Bald führt ein Fußpfad hinunter zum Fluss, über eine malerische Holzbrücke und durch eine üppige Blumenwiese hinein in die Siedlung.

Die abgelegenen Almen werden seit Jahrhunderten genutzt, erst als Jagdrevier, aber mindestens seit dem 12. Jh. auch als Sommerweide mit mehreren

Infos

Karte 2, **M8**

Start/Ziel: Wanderparkplatz Oberhaus, Defereggental

Strecke: ca. 14 km, ca. 420 Höhenmeter (350 Hm bis Jagdhausalmen), ca. 3,5 Std. hin und zurück. Bequemer Wanderweg, teils breiter Fahrweg.

Verkehr: Anfahrt per Pkw ab Lienz ca. 1 Std., Mautstraße ab Erlsbach, 8 € **Öffis:** Bus 953/ Anrufsammeltaxi 953T bis Haltestelle Katzleitenbrücke (Erlsbach), 40 Min. ab Huben, einige Male tgl., ab der Haltestelle sind es zusätzlich ca. 1,5 Std. zu Fuß bis Oberhaus

festen Höfen. Zeitweise wohnten die Menschen sogar über den langen Winter hier! Weil es hier oben, auf gut 2000 m Höhe, kein Bauholz mehr gab, sind die einfachen Hirtenhütten aus Stein gebaut – ein ungewohnter Anblick.

Südtirol? Osttirol? Tirol?

Am **Wirtshaus** vorbei (nachher!) gelangt man zur **Kapelle,** zu erkennen nur an dem Glockentürmchen auf einer Ecke des Hauses. Ein paar Stufen führen hinein. Gebaut wurde die Kirche wohl schon 1744, aber trotz einer späteren Vergrößerung bietet sie nur einer Handvoll Gläubigen Platz. Dabei waren bis in die 1950er-Jahre im Sommer über 30 Hirten und Senner:innen vor Ort! Heute werden die Jagdhausalmen von fünf Hirten bewirtschaftet, obwohl sie mit 330 Rindern eine der größten Sommeralmen Osttirols sind. Die Tiere gehören wie die 15 Almhäuser samt Weideflächen zu 15 Bauernhöfen in Sand in Südtirol.

Auf der anderen Seite der kleinen Ansiedlung führt ein breiterer Fahrweg weiter zum Pass (Klammljoch, 2294 m). Gleich hinter der Häuseransammlung zweigt ein Fußweg nach rechts auf den Hügel ab: Nur etwa 500 m, aber immerhin 70 Höhenmeter sind es bis zu dem kleinen Wegekreuz, das oben auf der Hügelkuppe steht. Der Abstecher lohnt sich, denn von dort oben sieht man das sogenannte **Pfauenauge,** einen ungewöhnlichen Teich in der Senke dahinter: Ein schilfbestandenes Oval mit einem kreisrunden Wasserloch in der Mitte – wie ein Auge.

Endlich Einkehr!

Zurück bei den Jagdhausalmen lockt nun die Sonnenterrasse des urigen Gasthofs zur Einkehr. Bewirtschaftet wird er wie alle Häuser hier von Südtirol aus, und das unerwartet köstlich. Von Ende Juni bis Anfang Oktober tischt Anton Mittermair nicht nur frische Buttermilch und selbst gemachte Limos auf, sondern herzhafte Brotzeiten und Knödel und einen fantastischen Honig-Topfen-Strudel. Die Stube ist urig, bei schönem Wetter sitzt man auf der Terasse.

Zurück geht es auf demselben Weg, diesmal mit weiterem Blick über das Tal.

Bergführer

Venediger Bergführer Hochtirol: Besteigung des Großvenedigers in Kleingruppen, Dauer: 2 Tage, Kosten bei 6 Personen 145 €/Pers. zzgl. Hüttenübernachtung. Außerdem weitere Touren und Kurse.

Prägraten, T 0699 10 69 65 44, www.venediger-bergfuehrer.at

Infos

- **Widderprozession:** 1. Sa. nach Ostern. In Erinnerung an die Verschonung von der Pest wird ein weißer Widder von Virgen/Prägraten nach Obermauren geführt und anschließend versteigert.
- **Tourismusbüro Prägraten:** St. Andrä 35a, T 050 21 25 30, Mo, Di, Do 8–12 Uhr.
- **Tourismusbüro Virgen:** Virgental Str. 77, T 050 21 25 20, im Juli/Aug. Mo 8–12, 14–18 Uhr.
- **Bus:** 951 Lienz–Matrei–Prägraten–Hinterbichl fährt max. 10 x tgl., 4 x tgl. bis Ströden.
- **Venediger Taxi:** Bichl 8, Hinterbichl, Prägraten, T 04877 53 69, www.huettentaxi.at. Das Hüttentaxi, ein Ruftaxi, fährt vormittags stündlich von Prägraten bis zur Johannishütte, von wo aus der Aufstieg zum Großvenediger an einem Tag möglich ist.

Defereggental

Karte 2, M/N 8

Urig, zünftig, abgelegen

Das traditionsverwurzelte **Defereggental** ist eines dieser Seitentäler vom Seitental, ganz schnell ist man, ob man will oder nicht, aus allem raus – ohne eigenen Transport kann es wirklich einsam sein. Selbst diese Einöde ist jedoch schon fast ewig besiedelt: Bei St. Jakob wurden die ältesten steinzeitlichen Funde Osttirols gemacht!

Prägend für die Region waren aber die Bergknappen ab dem 17. Jh., damals wurde nach Kupfer und Blei wie auch Gold und Silber geschürft. Vielleicht waren es auch die Bergknappen, die den Protestantismus im Defereggental verbreiteten, oder aber die Deferegger Handelsleute, die mit Birnenmehl, Tongeschirr und Wetzsteinen, später Teppichen und Decken und dann mit Strohhüten und Uhren durch die Welt zogen. Jedenfalls waren um 1650 die meisten Bergknappen und Reisenden Lutheraner: 1685 ordnete der katholische Bischof empört eine Massenausweisung an. Im 19. Jh. wurde im Tal eine **Heilquelle** entdeckt, die erste Reisende anzog, und mit der Gründung des Nationalparks Hohe Tauern Anfang des 20. Jh. wurden es noch mehr.

Die Orte **Hopfgarten, St. Veit** und **St. Leonhard** liegen im engen Teil des Tales am Hang, der Hauptort **St. Jakob** befindet sich in Richtung Talschluss, wo der Talboden etwas weiter ist.

St. Jakob in Defereggen

Für Tagesgäste ist St. Jakob der interessanteste Ort im Tal. Am Hauptplatz präsentiert der **Nationalpark Hohe Tauern** neben der Touristeninformation die Ausstellung »Erlebnis Zirbe« (Unterrotte 44, nur im Sommer Mo–Fr 8–18 Uhr, Eintritt frei). Hier kann man Zirbenzapfen und -blüten ansehen, testen, ob der Zirbenduft tatsächlich, wie allenthalben versichert wird, die Herzfrequenz verringert (nun ja), Filme über die Zirbe ansehen und noch mehr über die Geschichte des Defereggentals lernen.

Die **Pfarrkirche St. Jakobus** ist für den Ort etwas überdimensioniert, aber

Verwunschen wirkt der kleine Teich ganz hinten im Defereggental, nahe den ältesten Almen von Tirol.

mit ihrer klassizistischen Ausstattung einen Blick wert. Aus Kostengründen wurden beim Bau im 19. Jh. die geplanten Türme nicht errichtet – stattdessen gibt es einen großen, turmähnlichen Dachreiter. Aus selbigen Gründen erfolgte die Ausmalung der Apsis erst 1934/35.

Edel-Einbaum

In 8 m Tiefe hat man in einem See am **Staller Sattel** einen Einbaum gefunden, der etwa um 800–1100 n. Chr. gefertigt wurde: aus Zirbenholz – heute wäre das luxuriös, damals vielleicht das normale Holz. Außerdem zeigt das **Archäologische Talschaftsmuseum** hinter der Kirche (Untergeschoss des Musikpavillons, Unterrotte 3, tgl. 8–18 Uhr, Eintritt frei) in seiner Ausstellung »Zeitreise Defereggental« Funde aus der Steinzeit, z. B. eine rekonstruierte hölzerne Sichel mit Klingen aus Feuerstein und eine ungewöhnliche Pfeilspitze aus Bergkristall, der hier offenbar häufiger vorkam als Feuerstein. Die Ausstellungsstücke reichen bis in die jüngere Vergangenheit und sind sehr schön präsentiert.

Wasser erleben

Von St. Jakob führt ein **Wassererlebnisweg** ab der Abfüllanlage des **Defereggер Heilwassers** (Unterrotte 75, T 0676 841 56 04 06, Führungen Mo 10, Fr 14 Uhr, 8 €) am Fluss entlang. Das jodhaltige und leicht salzige Quellwasser ist als Heilwasser klassifiziert und verspricht Linderung bei Hautkrankheiten, klinische Tests stehen noch aus. Vor allem mit Kindern ist der Weg zu empfehlen. Er unterhält nicht nur mit Schautafeln (von denen einige auch etwas mit Wasser zu tun haben), sondern führt insbesondere an einem richtig guten Spielplatz vorbei – mit einem seichten Flussseitenarm zum Dämme- und Schleusenbauen – und Picknickplätzen.

Von hier verläuft der Weg weiter zum 2,5 km westlich von St. Jakob gelegenen **Wallfahrtskirchlein Maria Hilf,** an dessen tieferem Bodenniveau gut abzulesen ist, dass seit dem Bau im 17. Jh. etliche Muren über das Tal hereingebrochen sind und den Talboden erhöht haben. Zurück geht es auf demselben Weg.

Schlafen

Wellness

Zedernklang: Luxuriöses Spa-Hotel mit zwei Gault-Millau-Hauben für die Küche und üppigem Wellnessbereich.

Dorf 64, Hopfgarten, T 04872 52 205, www.zedern-klang.com, €€€

Große Zimmerauswahl

Hafele Resorts: In mehreren Häusern, einem Gutshof und einer Alm vermietet Familie Hafele Zimmer und Ferienwohnungen.

Unterrotte 108, St. Jakob, T 04873 634 40, www.urlaubsresort-hafele.com, €–€€

Bewegen

Fahrradverleih

Sport Passler: Großes Sportgeschäft mit Kleidung und Ausrüstung, auch Verleih von Mountainbikes und E-Bikes.

Unterrotte 47, St. Jakob, T 04873 52 03, www.sport-passler.at, Sommer Mo–Sa 9–12, 15–18 Uhr, Filiale an der Brunnalmbahn

Ausgehen

Weinbar

Vaco Vinum: Schick ist die Nichtraucherbar mit guten österreichischen Weinen, einer reichen Spirituosenauswahl und Kuchen als Grundlage.

Unterrotte 60, St. Jakob, T 0664 213 15 70, www.vaco-vinum.at., tgl. 14 Uhr bis spät

Infos

- **Krampusläufe:** Um den Nikolaustag (6.12.), s. S. 259. Gäste sollten beachten, dass es hier auch wild zugehen kann.
- **Tourismusbüro St. Jakob:** Unterrotte 44, T 050 21 26 00, www.defereggental.com, Hauptsaison Mo–Fr 8–12, 14–18 Uhr.
- **Bus:** 953 ab Huben bis St. Jakob, ca. 9 x tgl. (ca. 4 x tgl. bis Staller Sattel) und Anrufsammeltaxi 953T.
- **Wandertaxi Blassnig:** Hopfgarten, T 0664 841 12 01

Kals und Großglockner

Karte 2, O–P7

Der beschauliche Urlaubsort **Kals** (1325 m) liegt am Fuß des Großglockners und ist Ausgangspunkt für Wanderungen im Nationalpark Hohe Tauern und für die Besteigung des Großglockners.

Im Kalser Tal gibt es außerdem einige restaurierte und funktionstüchtige Stockmühlen, in denen manchmal noch Mehl gemahlen wird. Im **Glocknerhaus Kals** informiert eine multimediale Ausstellung über die Geschichte des Ortes und den Nationalpark Hohe Tauern.

Nationalpark Hohe Tauern

Das Gemeindegebiet Kals besteht überwiegend aus den hohen Bergen des Nationalparks, der gleich hinter dem Ort beginnt. Dort lassen sich (vor allem im Herbst und frühen Winter) besonders gut Wildtiere wie Gämsen, Steinböcke, Murmeltiere und Steinadler beobachten. Glück braucht man, um einen der seltenen Lämmergeier zu sichten, die seit 1986 im Nationalpark Hohe Tauern ausgewildert werden.

Unter dem Großglockner

Die **Kalser Glocknerstraße** (Mautstraße, Bezahlung nach Aufenthaltsdauer am Parkplatz Glocknerwinkel) führt hinter Kals in die Berge zum **Glocknerwinkel** mit Infostelle, Ausstellung und Lucknerhaus (Restaurant und Berghütte).

Von hier hat man einen hervorragenden Blick auf den **Großglockner,** dessen Besteigung man von hier beginnt. Der Beginn des Weges ist als recht kurzweiliger Lehrpfad über die Geschichte des Alpinismus in der Region, Gesteine, Pflanzen und Wildtiere ausgeschildert.

Schlafen, Essen

Moderne Tradition

Gradonna Mountain Resort: Das Designerhotel passt sich perfekt in die Landschaft ein. Aktive nutzen den großen Wellnessbereich, Boulderraum und Kletterwand sowie tgl. das Gymnastik- und Sportprogramm.

Burg 24, T 04876 82 000, www.gradonna.at, €€€

Design am Berg

Stüdlhütte: Auf 2802 m liegt der 1996 fertiggestellte ambitionierte Neubau der Stüdlhütte der DAV-Sektion München Oberland. Der Vorgängerbau wurde 1868 als erste Hütte des DAV eröffnet und ist nach dem Prager Kaufmann Johann Stüdl benannt, der unter anderem den Kalser Bergführerverein gegründet hat.

T 04876 82 09, www.alpenverein-muenchen-oberland.de/huetten/alpenvereinshuetten/studlhuette, Anf. März–Mitte Mai, Mitte Juni–Anf./Mitte Okt., Lagerbetten €, fast um die Hälfte günstiger mit DAV-Ausweis, der auch vor Ort gekauft werden kann, Frühstück 17 € für DAV-Mitglieder

Bewegen

Bergtouren

Kalser Bergführerbüro: Die Besteigung des Großglockners erfordert Kondition, dauert zwei Tage und kostet bei einer Gruppe von drei Personen 290 €/Pers. zzgl. Hüttenübernachtung. Außer dem Großglockner bietet das Bergführerbüro eine Vielzahl weiterer Touren und Kurse an, so auch im Winter: z. B. Skitouren, Eiskletterkurse etc.

Ködnitz 18, T 0664 416 12 89, www.bergfuehrer-kals.at, Sommer tgl. 13–19 Uhr, sonst kürzer

Wildtierführungen

Auf leichten Wanderungen mit dem Nationalparkpersonal entdeckt man viel mehr als allein. Infos auch im Nationalparkhaus Matrei (s. S. 216).

Ferngläser und Klettersteigsets werden im Infobüro Glocknerwinkel verliehen (gegen Pfand)

Infos

- **Tourismusbüro:** Glocknerhaus Kals, Ködnitz 7, T 050212 540, www.kals.at, Mo–Fr 8–12, 14–18 Uhr. Im Winter werden tolle Schneeschuhwanderungen angeboten. Ein besonderes Erlebnis sind die Vollmondwanderungen.

WENN DAS MURMELTIER NUR EINMAL PFEIFT, ...

... dann sollte man nach oben schauen. Murmeltiere pfeifen meistens mehrmals, um vor einem Hund oder einer Bewegung am Boden zu warnen. Beim Einzelpfiff ist öfter ein Adler in der Luft zu sehen!

Das Kleingedruckte

Sonnencreme, Wanderkarte, Müsliriegel, Regenschutz – im Tagesrucksack ist das Wichtigste für den Ausflug. Und auf diesen Seiten steht das Wichtigste für die Reise nach Tirol.

Anreise

… mit dem Flugzeug

Von Deutschland aus fliegen Lufthansa ab Frankfurt (www.lufthansa.com), Austrian Airlines (www.austrian.com) und Easyjet (www.easyjet.com) und Eurowings ab Berlin und Hamburg (www.eurowings.com) nonstop nach Innsbruck. Austrian Airlines bedient die Strecke Wien – Innsbruck. Der Flughafen **Innsbruck-Kranebitten** ist allerdings verhältnismäßig oft von wetterbedingten Verspätungen betroffen. Weitere Flughäfen mit relativ guter Anbindung an Nordtirol sind München und Salzburg. Vom Allgäuflughafen Memmingen sind es nur 85 km bis Reutte im Lechtal.

… mit der Bahn

Stressfrei und umweltfreundlich ist die Anreise mit der Bahn (www.bahn.de). Viele Hotels und Pensionen holen kostenlos vom Bahnhof ab und in vielen Regionen ist schon die An- und Abreise mit dem ÖPNV in der Gästekarte inkludiert. **Direktverbindungen** von Deutschland nach Tirol gibt es in der Saison mit dem ICE Großglockner von Hamburg in die Kitzbüheler Alpen oder nach Zell am See (freitags hin, sonntags zurück) und 1 x tgl. von Dortmund über St. Anton nach Innsbruck. Immer samstags geht ein ICE direkt von Hamburg über Seefeld nach Innsbruck. Der ÖBB Nightjet (www.nightjet.com) fährt über Nacht von Düsseldorf und Hamburg nach Innsbruck. Von Zürich fahren täglich 7 Züge direkt nach Innsbruck.

Die Anreise nach Osttirol per Bahn erfolgt über Spittal am Millstätter See (Kärnten), dort muss man in die S-Bahn nach Lienz umsteigen.

… mit dem Bus

Flixbus (www.flixbus.de) fährt von vielen Städten Deutschlands (meist mit Umstieg am ZOB in München) nach Tirol. Aus dem Osten Deutschlands gibt es Busverbin-

S

STECKBRIEF

Lage: Tirol liegt im Westen Österreichs und umfasst auch Osttirol auf der Südseite des Alpenhauptkamms. Nachbar-Bundesländer und -Regionen sind Kärnten, Salzburg, Bayern, Vorarlberg, Graubünden und Südtirol (Italien). Es hat 64 % Waldflächen und Gebirge.
Größe: Mit 12 648 km² ist Tirol etwas kleiner als Schleswig-Holstein.
Einwohner: 710 000 (2022)
Landeshauptstadt: Innsbruck
Flagge: Das Landeswappen zeigt den Tiroler Adler im weißen oder silbernen Schild. Der rote Adler trägt eine goldene Krone.
Staat und Politik: Das Bundesland Tirol ist in neun Bezirke unterteilt und wird seit 2022 von einer schwarz-roten Regierung regiert (Österreichische Volkspartei/Sozialdemokratische Partei Österreichs).
Tourismus: Die Tourismus- und Freizeitindustrie ist in Tirol (direkt oder indirekt) verantwortlich für nahezu jeden vierten Vollzeitarbeitsplatz und jeden dritten Euro. Die Touristenzahlen steigen im Winter nur noch leicht an, im Sommer stärker: auf insgesamt knapp 50 Mio. Übernachtungen pro Jahr (2022/23).
Vorwahl: +43

B

MIT KLEINEM GEPÄCK REISEN

Wer mit der Bahn anreist, kann Gepäck prima mit dem Haus-zu-Haus-Versand der Bahn (über Hermes, aber zu günstigeren Konditionen) vorausschicken (www.gepaeck service-bahn.de, ab 29,90 €). Auch direkt über Hermes Paketversand ist die Gepäckverschickung möglich (www.myhermes.de/preise/ge paeck-und-koffer).

dungen mit Dietrich Touristik (www.dietrich-touristik.at) und Eberhardt Reisen (www.eberhardt-travel.de). Das Schweizer Busunternehmen Eurobus (www.eurobus.ch) fährt von der Schweiz nach Tirol. Nach Osttirol fährt ein Postbus (www.postbus.at) über die Brennerautobahn durch den Felbertauerntunnel nach Lienz.

… Fahrverbote

Wer mit dem Auto anreist, ist von den zeitweisen Fahrverboten auf den Landstraßen Tirols nicht betroffen und gelangt an sein Reiseziel.

Bewegen und Entschleunigen

Baden

Wenn im Sommer das Wetter passt, sind klare Badeseen mit Bergpanorama, wie der Piburger See im Ötztal oder der Hintersteiner See im Wilden Kaiser, das Größte – die Wassertemperatur erreicht allerdings auch im Sommer selten mehr als 22 °C. Hallen- und Thermalbäder sind meist mit großzügigen Saunalandschaften kombiniert. Ein wunderbar nostalgisches Freibad ist das S'Miederer Badl (s. S. 219) im Stubaital.

Canyoning

Beim Canyoning überwindet man eine Schlucht von oben nach unten mit Abseilen, Abklettern, Springen, Rutschen und Schwimmen. Normalerweise bucht man eine geführte Tour, für die auch die nötige spezielle Ausrüstung gestellt wird. Leichte, auch für Kinder geeignete Touren sind die Rosengartenschlucht bei Imst (s. S. 133) oder die Stuibenfälle bei Reutte (s. S. 150). Man sollte allerdings schwimmen können und keine Angst vor kaltem Wasser haben.

Gleitschirmfliegen

Wer noch höher hinaus möchte, versucht es vielleicht mit einem Tandem-Gleitschirmflug. Eine besonders gute Thermik haben das Stubaital und die Gegend um den Achensee, doch in allen Ferienregionen können Tandemflüge bei geeigneten Wetterverhältnissen recht kurzfristig organisiert werden. Oder wie wäre es gleich mit einem richtigen Grundkurs? – Erfahrungen der Autorinnen s. S. 253.

Golf

Auch golfen geht in Tirol vor spektakulärer Alpenkulisse. Wer auf mehreren Plätzen spielen möchte, ist mit der Golf Tirol Card gut bedient; sie kostet z. B. 273 € für drei Greenfees und ist auf 19 Golfanlagen in Tirol gültig. Sie kann von zwei Personen mit gültiger Gästekarte genutzt werden und ist in allen teilnehmenden Golfanlagen und deren Partnerhotels erhältlich.
www.tirol.at/reisefuehrer/sport/golf-tirol-card

Klettern

Ob massiver Granit oder rauer Kalk – die Berge Tirols sind ein Kletterparadies mit Tausenden Routen. Für einen reinen Sportkletterurlaub eignen sich das Ötztal und die Gegend um Imst. Wunderbare Alpinrouten finden sich im Wilden Kaiser.

Ständig entstehen neue **Klettersteige:** Dabei ist die Route durchgängig mit Tritten und Stahlseilen versehen. Man sichert sich selbst mit einem speziellen Klettersteigset, das in fast allen Sportläden in Tirol auch ausgeliehen werden kann. Die Schwierigkeit der Klettersteige reicht von A (leicht) bis E oder gar F (sauschwer). In den Bergregionen werden Grundkurse angeboten, manchmal gibt es Übungsklettersteige. Bei Gewittergefahr sollte man nie in einen Klettersteig einsteigen.

Nicht nur für Kinder spannend ist ein Besuch im **Hochseilgarten,** wo in luftiger Höhe allerhand Hindernisse (gut gesichert natürlich) überwunden werden müssen. Der höchste befindet sich in der Area 47 bei Oetz (s. S. 160). Im Winter kann man auch mit Steigeisen und Eisaxt eisklettern.
www.climbers-paradise.com

Radfahren

Die Möglichkeiten für Radfahrer reichen vom Fernradweg über Mountainbike-, Gravel- und Rennradtouren bis hin zum schweren Singletrail. Überall gibt es auch **E-Bikes** bzw. E-Mountainbikes. Viele Tourismusverbände haben Vorschläge für Bike & Hike-Routen: Man fährt mit dem E-Bike, so weit es geht, und steigt dann zu Fuß weiter auf den Gipfel, was sonst vielleicht eine Zweitagestour wäre. Doch Vorsicht beim E-Mountainbiken – was man so lässig raufgefahren ist, erweist sich bergab dann oft als sehr steil.

Genau das ist der Sport beim **Downhill-Fahren bzw. Singletrail:** Mit einem voll gefederten Fahrrad (Full Suspension/Fully) geht es bergab über Wurzeln und Steine. In vielen Ferienregionen wurden auch spezielle Trails mit Steilkurven, Sprungschanzen oder Wippen angelegt. Vor allem die Bike Republic im Ötztal bietet Downhill-Spaß für Anfänger und Fortgeschrittene (https://bikerepublic.soelden.com). Das Downhill-Fahren ist prinzipiell für alle etwas, die ein Fahrrad sicher beherrschen und nicht allzu viel Angst vor Stürzen haben. Neulinge sollten sich nach einer fachkundigen Einführung an Wochentagen vormittags auf eine leichte Route wagen. Die Region Reutte hat in den letzten Jahren ihr Gravelbike-Routennetz wunderbar ausgebaut (www.reutte.com).

Alle Arten von Fahrrädern und Helme (ca. 3–7 €/Tag) können in den Sportgeschäften der Urlaubsgebiete ausgeliehen werden (Adressen und Preise jeweils unter »Bewegen« beim Ort). Eher für Kurzstrecken sind die VVT-Regioräder gedacht, basierend auf dem Nextbike-Bikesharing-System. Mit einigen Gästekarten gibt es Ermäßigungen (https://regiorad.vvt.at).

Die ÖBB bieten mit ÖBB Bike und der Wegfinder-App an vielen Bahnhöfen Verleihstationen nicht nur für Citybikes, die in Minuten abgerechnet werden, sondern auch für Mountainbikes mit Tagestarifen (25 €/E-MTB 35 €).

Rafting

Die meisten Flüsse in Tirol eignen sich eher zum Raften als zum gemütlichen Paddeln. Eine der beliebtesten Raftingstrecken Europas ist die Imster Schlucht (s. Tour S. 140), die je nach gewählter Route familientauglich bis wild ist.

Stand-up-Paddling

»Suppen« haben wir auf dem Achensee (s. S. 53) ausprobiert. Bei ruhigem See mit bilderbuchhaftem Bergpanorama ringsum war das wunderbar entspannend. Mittlerweile gibt es SUP-Verleihe an vielen der klaren Bergseen.

Waldbaden

Baden im Wald – dafür braucht man keinen Badeanzug. Bei der anerkannten Stress-Management-Methode geht es einfach darum, im Wald zu sein und die Bäume bewusst wahrzunehmen. In Seefeld z. B. kann man das unter Anleitung einmal ausprobieren (s. S. 123).

Wandern und Bergsteigen

Wandern und Bergsteigen ist in Tirol im Sommer die Freizeitbeschäftigung Nummer eins. Dank eines einheitlichen Beschilderungssystems fällt die Orientierung leicht: Gelbe Wegweiser an allen wichtigen Abzweigungen informieren über mögliche Ziele und Gehzeiten (Durchschnittszeiten!). Auf den Schildern steht unten rechts die Wegnummer, wichtig für die Orientierung per Karte oder Wegbeschreibung.

Auf den Schwierigkeitsgrad bzw. konditionelle Anforderungen verweisen die farbigen Punkte hinter den Zielangaben. Analog zur Kategorisierung von Skipisten gilt: blau – einfacher Weg, keine Absturzgefahr; rot – mittelschwer, kann einzelne gefährliche bzw. versicherte Passagen (mit Halteseilen) aufweisen; schwarz – schwerer Bergweg, absturzgefährlich, viele versicherte Passagen und/oder einfache Kletterstellen, Trittsicherheit und Schwindelfreiheit sind unbedingt erforderlich. Die Zwischenmarkierungen auf Bäumen, Felsen usw. sind in der Regel rot-weiß-rot, unabhängig von der Schwierigkeit des Bergweges.

SO MACHEN SIE ES RICHTIG

Vor einer Wanderung unbedingt nach dem Wetter erkundigen und Prognosen ernst nehmen. Informieren Sie bei längeren oder schwierigeren Wanderungen Personen in der Hütte oder Unterkunft über die geplante Tour und die voraussichtliche Rückkehr.
Bleiben Sie auf markierten Wegen und vermeiden Sie »Abkürzungen«. Auf Wanderungen in Tirol müssen häufiger Weideflächen gequert werden. Kühe, die gemolken werden (dickes Euter), sind an Menschen gewöhnt und meist gutmütig. Halten Sie Abstand zu Bullen und Jungtieren, ebenso sollte man keine Kälber streicheln (s. auch Hunde, S. 238).

Wintersport

Der Winter ist in Tirol nach wie vor die Hauptsaison – kein Wunder bei über 80 Skigebieten mit über 3000 Pistenkilometern. Allerdings sind die modernen Skigebiete mit Beschneiungsanlagen, Liftverbundsystemen und Riesenhotels mit Wellness- und Saunaanlagen nicht klima- und umweltfreundlich. Fahren Sie am besten in schneesichere höher gelegene Skigebiete, die ohne Beschneiung auskommen, vielleicht reisen Sie mit der Bahn an und benutzen vor Ort den meist kostenfreien Skibus.

Gute Langlaufgebiete befinden sich z. B. in Seefeld (s. S. 120) und in der Gegend um St. Johann (s. S. 37). Eine umweltfreundliche Wintersportart ist auch das Schneeschuhlaufen.

Essen und Trinken

Gute traditionelle Tiroler Küche findet man in den Gasthäusern mit dem Siegel Tiroler Wirtshaus (www.tiroler-wirtshaus.at). Der Verein Genuss Region Österreich kürt jedes Jahr Genuss-Wirtschaften, ebenfalls eine Auszeichnung für gute regionale Küche (www.genussregionen.at). Wer gern gut isst, orientiert sich am besten am Restaurantführer Gault & Millau (https://at.gaultmillau.com).

Tiroler Schmankerl

Das Tiroler Gericht schlechthin sind **Knödel,** die es u. a. als Semmelknödel, Spinatknödel, Speckknödel oder Rote-Bete-Knödel gibt, wobei die Basis meist Brot ist. Ein typisches Montagsessen, das früher die Reste vom Sonntag verwertete, war das **Tiroler Gröstl:** ein Pfannengericht aus gekochten Kartoffeln, in Stücke geschnittenem Rind- oder Schweinefleisch (Reste vom Sonntagsbraten), Zwiebel und einem Spiegelei. **Kiachl** sind in Schmalz ausgebackene Hefeteigfladen, man isst sie meist süß mit Marmelade oder Apfelmus, aber auch herzhaft mit Sauerkraut. Am besten schmecken sie ganz frisch.

Die Tiroler Entsprechung zu Ravioli oder Maultaschen heißt **Schlutzkrapfen** (in Osttirol Schlipfkrapfen), gefüllt mit Kartoffeln, Spinat, Käse oder Fleisch.

Wer nur eine Kleinigkeit möchte, kann eine Tiroler **Gerstlsuppe** probieren – eine kräftige Gerstensuppe mit Speck; besonders gut ist sie in den Imbissstuben von Metzgereien.

Mehlspeisen

Die österreichische (und tirolerische) Mehlspeise schlechthin ist der **Kaiserschmarrn,** ein in Stücke gezupfter dicker Pfannkuchen, der nach dem österreichischen Kaiser Franz Josef I. benannt ist. In Tirol kann man den Kaiserschmarrn auch als Hauptspeise essen, als Nachtisch teilt man sich besser zu zweit eine Portion (s. Zugabe S. 127).

Strudel gibt es in vielen Variationen, am beliebtesten sind Apfelstrudel und Topfenstrudel (Quarkstrudel). Der Teig kann ein dünner Hefeteig sein (klassisch) oder auch Blätterteig.

Fleisch und Fisch

Der **Tiroler Speck** ist durch eine europäische Ursprungsbezeichnung geschützt: Nach dem Pökeln wird Schweinespeck über Buchenholz geräuchert und an der Tiroler Bergluft getrocknet.

In den Tiroler Bergen werden Hirsche, Rehe und Gämsen geschossen und entsprechend oft findet sich auch **Wild** auf den Speisekarten der Restaurants, serviert meist mit Spätzle oder Semmelknödel. Insbesondere das Zillertal und die Orte am Achensee sind auch bekannt für fangfrische **Forellen.**

Vegetarisch und Vegan

Viele traditionelle Gerichte sind ohnehin fleischfrei, so die süßen Mehlspeisen, viele Knödel oder auch Kasspatzln (Käsespätzle) mit Tiroler Heumilchkäse, die auf fast jeder Speisekarte stehen. Nachfragen sollte man bei Suppen und Sauerkraut, die oft mit Speck zubereitet werden.

Vegane Gäste haben es auch in Tirol zunehmend leichter, viele Restaurants haben zumindest ein veganes Gericht auf der Karte. In diesen Reiseführer haben wir verstärkt Restaurants mit einem veganen/vegetarischen Angebot aufgenommen. Viele Unterkünfte können sich, auch bei der Halbpension, auf vegane Gäste (oder auf Lebensmittelunverträglichkeiten) einstellen, wenn diese vorher Bescheid geben.

PREISE IM BUCH

€	bis 15 Euro
€€	15 bis 30 Euro
€€€	über 30 Euro

Preise für ein Hauptgericht

Getränke

Traditionell wird in Tirol eher Bier als Wein getrunken, nicht zuletzt weil das rauere Klima in den Bergen für den Traubenanbau nicht geeignet ist. Die Tiroler **Brauereien** sind meist recht klein und produzieren mehr für den regionalen Verbrauch, am bekanntesten sind das Starkenberger Bier aus Tarrenz bei Imst und das Zillertaler Bier aus Zell am Ziller.

Der **Wein** kommt meist aus Niederösterreich oder aus dem Burgenland, die bekanntesten und beliebtesten Sorten sind der Blaue Zweigelt und der Grüne Veltliner. Nach dem Essen oder nur so zwischendurch trinkt man auch gerne einen **Schnaps.**

Natürlich gibt es auch **regionale alkoholfreie Getränke:** Im Ausland bekannt ist der Almdudler, eine Kräuterlimonade, auch als Almradler mit Bier zu bestellen. Insbesondere auf der Hütte erfrischt ein Skiwasser oder Hollerwasser (Wasser mit Himbeersirup bzw. Holundersirup) oder ein Gespritzter Holler (Mineralwasser mit Holundersaft). Ein Johann ist eine Johannisbeersaftschorle.

Feiertage

Im katholischen Tirol gibt es auch mehrere kirchliche Feiertage.
1. Januar: Neujahr
6. Januar: Heilige Drei Könige
19. März: St.-Josefs-Tag (Vatertag)
Ostern: Karfreitag bis Ostermontag (veränderlich)
1. Mai: Tag der Arbeit
Christi Himmelfahrt
Pfingstsonntag/Pfingstmontag
Fronleichnam (2. Do nach Pfingsten): Bei Prozessionen wird eine Hostie in einer auffälligen Monstranz getragen.
15. August: Mariä Himmelfahrt
26. Oktober: Nationalfeiertag
1. November: Allerheiligen
8. Dezember: Mariä Empfängnis
25./26. Dezember: Weihnachten

Gesundheit

In Notfallsituationen kann man sich in Österreich mit der deutschen Versichertenkarte behandeln lassen. Auch Risikosportarten wie Rafting, Klettern und Canyoning sind normalerweise über die gesetzliche Krankenkasse abgedeckt, Bergungskosten dagegen nicht. Hier lohnt auf jeden Fall eine zusätzliche Unfallversicherung oder **Reisekrankenversicherung.** Zudem kooperieren einige deutsche gesetzliche Versicherungen auch mit Privatkliniken und übernehmen z. B. bei Sportunfällen die Behandlungskosten vor Ort.

Österreich allgemein gilt als Risikogebiet für die **Frühsommer-Meningoenzephalitis (FSME),** die von Zecken übertragen wird. In Tirol ist das Risiko relativ gering. Wer viel in der Natur unterwegs ist, sollte trotzdem eine Impfung in Erwägung ziehen. Für einen vollständigen Impfschutz sind drei Termine notwendig (frühzeitig planen!). Die Impfkosten werden nicht von allen Krankenkassen übernommen.

www.impfen-info.de, www.zecken.at

Hunde

Für die Reise nach Österreich benötigt der Hund einen EU-Heimtierausweis mit Informationen zu Rasse, Wohnort und Tollwutimpfung. Man muss sowohl Leine als auch Maulkorb mitführen; wo diese angelegt werden müssen, entscheiden die Gemeinden (Infos bei den örtlichen Tourismusverbänden). Leinen- und Maulkorbpflicht für alle Hunde besteht grundsätzlich in sämtlichen öffentlichen Verkehrsmitteln, bei größeren Menschenansammlungen, z. B. in Einkaufszentren, Badeanlagen und bei Veranstaltungen. Viele Hotels und Restaurants sind bestens auf die vierbeinigen Gäste eingestellt.

Auf und bei Weiden gehören Hunde an die kurze Leine! Sollte der Hund jedoch von einem Tier angegriffen werden, sofort laufen lassen.

www.tirol.at/blog/b-sport/verhaltenstipps-wandern-mit-hund

Informationsquellen

Alle Tourismusbüros haben umfangreiche Webauftritte mit Informationen zur Region.
Tirol Werbung: Neben Markt- und Trendforschung vertritt die Firma Tirol Werbung die Region Tirol im Ausland und vertreibt in Tirol in eigenen Läden Tirol-Souvenirs.
Maria-Theresien-Str. 55, Innsbruck, T 0512 532 01 00, www.tirolwerbung.at, Mo–Do 8–17.30, Fr 8–14 Uhr

Informationen im Internet

www.tirol.at: Offizieller Online-Reiseführer mit interaktiver Karte von Tirol Werbung. Man kann sich die individuell

relevanten Infos zu einem persönlichen Reiseführer zusammenstellen.
www.tirol.gv.at: Internetauftritt der Tiroler Landesregierung. Viele Hintergrundinformationen.
www.tirol-erleben.at: Zahlreiche Ausflugs-, Besichtigungs- und Einkaufstipps. Es gibt auch eine gedruckte Broschüre mit Besichtigungs-Highlights, die vor Ort in den Touristeninformationen ausliegt.
www.tirol.tl: Online-Urlaubsportal einer Marketingfirma mit Kurzbeschreibungen der Ferienregionen und -orte sowie der relevanten Sehenswürdigkeiten.
www.tt.com: Jede Menge Aktuelles zu Politik, Wirtschaft, Sport und Kultur bietet die Online-Version der »Tiroler Tageszeitung«.
www.alpenverein.de, www.alpenverein.at, www.sac-cas.ch: Die Alpenvereine von Deutschland, Österreich und der Schweiz bieten Infos zu Hütten, Bergtouren, Aktivitäten und Veranstaltungen – auch in den Sektionen zu Hause.
www.bergfex.at: Internetplattform mit Tipps zum Alpinsport und Bergtourismus allgemein für ganz Österreich: Kartenmaterial, Tourenbeschreibungen, Webcam-Links und weitere zeitnahe urlaubsrelevante Informationen.
www.zamg.ac.at: Die österreichische Zentralanstalt für Meteorologie und Geodynamik informiert über die Wetterverhältnisse, inkl. Bergwetterbericht.
www.oebb.at: Infos zu Zugverbindungen.
www.vvt.at: Infos zu Bussen.

Nützliche Apps

Climbers Paradise: Topos für Sportklettern, Mehrseillängen, Klettersteige und Bouldern. Zusätzlich eine Regionsübersicht und Unterkunftsvorschläge. Möglichkeit der Routenbewertung.
Green4Rent: Der in Kufstein basierte E-Bike-Verleih hat feste Stationen in Partnerbetrieben u. a. in ganz Tirol (aber z. B. auch Bayern), Abrechnung nach Nutzungsdauer (auch Elektroautoverleih).
ÖBB: App der Österreichischen Bahn, ermöglicht schnelle und einfache Buchung von Bahn- und Bustickets, Fahrplanauskünfte.
SOS EU: Grenzüberschreitende App (Bayern, Tirol, Südtirol) zum Melden von Notfällen. Per Knopfdruck werden in einer Notsituation Standort, Personendaten und Handy-Akkustand an die Leitstelle übermittelt. Gleichzeitig wird eine Telefonverbindung hergestellt.
TaxiApp Tirol: Mit der TaxiApp Tirol kann man Taxiunternehmen in ganz Tirol suchen (aber nicht buchen).
Tirol Reiseführer: Online-Sammlung von Ausflugszielen und Tourenvorschlägen. Die Ziele können zu einem persönlichen Reiseführer zusammengestellt werden.
VVT SmartRide: Haltestellensuche über GPS, Fahrtenvorschläge aller Öffis inkl. Zeitaufwand und Fahrtkosten, Vergleich der benötigten Zeit und CO_2-Verbrauch zwischen Öffiverbindungen, Fuß-, Rad- und Autorouten.

Kinder

Viele Tiroler Täler sind klassische Familienziele. Besonders kinderfreundlich sind der Achensee und die Gegend um St. Johann in Tirol. Speziell auf Kinder ausgerichtete Attraktionen, wie z. B. der Triassic Park auf der Steinplatte (s. S. 39), Ellmi's Zauberwelt in Ellmau (s. S. 42) oder das Fichtenschloss im Zillertal (s. S. 66), sind oft aufwendige Spielplätze mit Klettertürmen und Wasserspielanlagen an einer Bergstation von Seilbahnen – im Seilbahnticket ist also der Spielplatz, oft noch mit Betreuung und Programm, enthalten.

Auch für Erwachsene ein Spaß sind die **Sommerrodelbahnen** (z. B. in Zell am Ziller, s. S. 66; in Mieders, s. S. 114; in Imst, s. S. 135; in Lienz, s. S. 209; im Lechtal, s. S. 153) oder die Abfahrt mit dem **Mountaincart** (in St. Johann, s.

S. 40, und im Ötztal, s. S. 169). In Tirol gibt es einige Kinderhotels (www.kinderhotels.com/de/familienurlaub-in-oesterreich.html) mit TÜV-geprüften Sicherheitsstandards, Kinderbetreuung und -programm, z. T. auch einem speziellen Babyservice.

Klima und Reisezeit

In Nordtirol sind die Sommer wie in Deutschland warm und eher feucht, die Winter (noch) relativ schneereich. Die zahlreichen Bergketten sind als Wetterscheiden für das **Mikroklima** verantwortlich. Vor allem nördlich des Inntals kommt es häufiger zu Niederschlag als in den inneralpinen Tälern und im Inntal. Orte auf dem Grund schmaler Gebirgstäler wie das Ötztal oder das Paznaun haben weniger Sonnenstunden. Osttirol hingegen – südlich des Alpenhauptkamms – kann die meisten Sonnenstunden und die wenigsten Regentage im Jahr verbuchen.

Wer von günstigen Unterkünften profitieren möchte und zudem eher an leichteren Wanderungen unterhalb der Baumgrenze interessiert ist, reist am besten in **Frühjahr und Herbst.**

Die beste Zeit für hochalpine Hüttentouren sind die **Sommermonate Juli und August,** da blühen auch Alpenrosen und viele andere Blumen. Allerdings bringt der Sommer oft Regen und Gewitter, und es ist teurer: Die Schulferien sind Hochsaison. Im **Spätsommer und Herbst** ist das Wetter meist beständiger, aber schon ab Anfang September wird es in den meisten Orten merklich kühler, die Zeit für Hochtouren in den Bergen und für Badeseen ist dann vorbei. Dafür ist das Wetter ideal für Rad- oder Klettertouren. **Ende September/Anfang Oktober** finden allerorts die Almabtriebe statt: Die festlich geschmückten Kühe kehren in die Heimatställe zurück.

Wintersportfans können ab Ende November mit Schnee rechnen, spätestens ab Mitte Dezember werden mit Schneekanonen oder gehortetem Schnee vom letzten Jahr zumindest einzelne Pisten und Loipen präpariert. Die **Wintersaison** geht bis in den März, in höheren Lagen und auf den Gletschern sogar bis in den Mai.

	J	F	M	A	M	J	J	A	S	O	N	D
Mittlere Tagestemperaturen in °C	3	6	11	16	20	24	25	24	21	16	8	4
Mittlere Nachttemperaturen in °C	-6	-4	0	4	8	11	13	12	10	5	0	-4
Sonnenstunden/Tag	2	4	5	6	6	6	8	6	7	5	3	2
Regentage/Monat	13	13	11	14	15	19	19	17	14	12	12	13

So ist das Wetter in Innsbruck.

Lesetipps

Sachbücher

Die Tiroler Küche, Maria Drewes: Das Standardkochbuch mit einer kleinen Kulturgeschichte zur Tiroler Küche. Alles drin, von der Gerstlsuppe bis zum Kaiserschmarrn.

Kleine Geschichte Tirols, Michael Forcher: Die Geschichte Tirols von der Zeit Ötzis bis in die Gegenwart, kurzweilig und gut strukturiert zusammengefasst.

Österreich für Deutsche. Einblicke in ein fremdes Land, Norbert Mappes-Niediek: Ein klassischer Kulturführer, der Unterschiede zwischen einander so nah wirkenden Kulturen aufzeigt.

Almgeschichten. Vom Leben nah am Himmel, Irene Prugger: 31 Tiroler Almwirte

erzählen aus ihrem Leben – von verregneten Sommern, von wandernden Touris, von der Ruhe auf der Alm und von den Tieren.
Kunstführer Tirol, Reinhard Rampold: Die 400 bedeutendsten Kunstschätze in Nord- und Osttirol. Vor allem Kirchen in Nord- und Osttirol; etwas trocken, aber sehr fundiert.
Fern von Europa, Sepp Schluiferer: Satirische kurze Erzählungen über die »typischen Tiroler«. Äußerst kurzweilig. Bereits 1909 unter einem Pseudonym veröffentlicht.

Belletristik

Totenfrau, Bernhard Aichner: Brünhilde Blum ist Bestatterin in Innsbruck, verheiratet und hat zwei Kinder. Doch als ihr Mann plötzlich verstirbt, entwickelt sie ganz neue Qualitäten und Charakterzüge. Übrigens: Der Autor hat längere Zeit selbst in einem Bestattungsinstitut gearbeitet.
Dunkelkammer, Bernhard Aichner: Pressefotograf David Bronski ist ein Einzelgänger, der Gewaltverbrechen im Bild festhält. Neben einer mumifizierten Leiche findet er ein Foto seiner seit 20 Jahren vermissten Tochter. Die Jagd beginnt. Erster Band der neuen Krimireihe des Kultautors.
Im Alphabet der Häuser. Roman einer Stadt, Christoph W. Bauer: Dialog an einer Bartheke in Innsbruck über die Häuser der Stadt und deren Geschichten.
Der Metzger bricht das Eis, Thomas Raab: Den Wiener Restaurator Adrian Metzger verschlägt es in einen fiktiven Tiroler Wintersportort (starke Ähnlichkeit mit Kitzbühel), wo er dem Tod eines Obdachlosen nachgeht. Spannend, und voller vergnüglicher Beobachtungen über den Wintertourismus in Tirol.
Die schöne Philippine Welserin, Brigitte Riebe: Historischer Kriminalroman über die unstandesgemäße Ehe zwischen der Bürgerlichen Philippine Welser und dem Habsburger Ferdinand II. Nach Philippines Tod munkelt man, sie sei vergiftet worden.

Reisen mit Handicap

Barrierefreie Wanderwege gibt es z. B. am Grawa-Wasserfall im Stubaital (s. S. 117). Auch viele Bergbahnen sind barrierefrei (z. B. Hintertuxer Gletscher, s. S. 69). Unter www.tirol.at/reisefuehrer/barrierefrei gibt es Infos zu barrierefreien Hotels, Wanderwegen und vielem mehr.

Weitere Informationen auch bei der Interessenvertretung für Menschen mit Behinderungen ÖZIV Tirol (T 0512 57 19 83, www.oeziv-tirol.at).

Reiseplanung

Standort oder Rundreise?

Für den Wunsch nach Ruhe in den Bergen bietet sich eine Ferienwohnung, ein Chalet oder ein Hotel in einem der Bergtäler an, um von dort aus Wanderungen und Ausflüge zu unternehmen. Mit dem eigenen Auto sind dann auch Fahrten in andere Täler oder Städte kein Problem, allerdings auf kurvigen Straßen u. U. langwierig. Ohne Auto erfordern Ausflüge eine gute Planung.

SICHERHEIT & NOTFÄLLE

Euronotruf: 112
Feuerwehr: 122
Polizei: 133
Krankenwagen/Rettung: 144
Alpinnotruf (Bergrettung): 140
Bei schlechtem Empfang: Handy ausschalten und statt der eigenen Pin-Nummer 112 eingeben. Infos zur App SOS EU s. S. 239.
Pannenhilfe: 120, 123
ADAC Notruf: +49 89 22 22 22
Deutsche Botschaft/Konsularreferat: Strohgasse 14 c, 1030 Wien, T+43 (0)1 711 54-123
Kartensperrung: +49 116 116

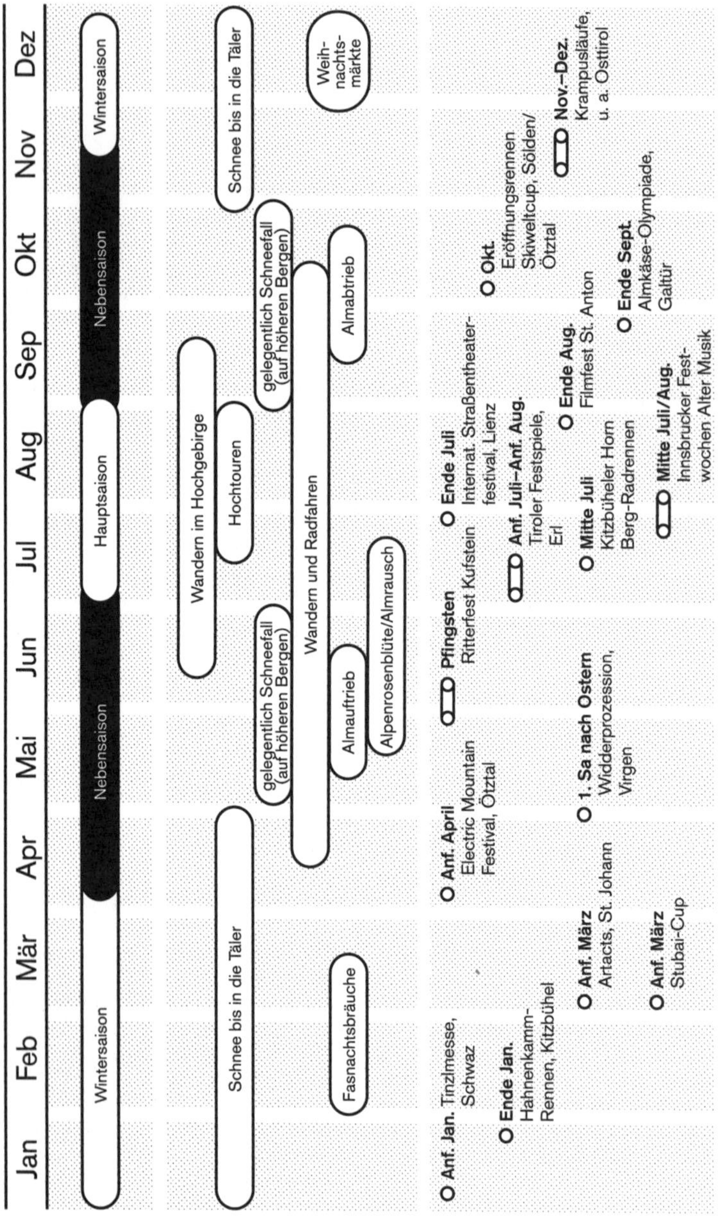

Jan	Feb	Mär	Apr	Mai	Jun	Jul	Aug	Sep	Okt	Nov	Dez

Wintersaison (Jan–Mär) · Nebensaison (Apr–Jun) · Hauptsaison (Jul–Aug) · Nebensaison (Sep–Nov) · Wintersaison (Dez)

- Schnee bis in die Täler (Jan–Apr)
- Fasnachtsbräuche (Feb–Mär)
- gelegentlich Schneefall (auf höheren Bergen) (Mai–Jun)
- Wandern und Radfahren (Apr–Okt)
- Almauftrieb (Mai–Jun)
- Alpenrosenblüte/Almrausch (Mai–Jul)
- Wandern im Hochgebirge (Jun–Sep)
- Hochtouren (Jul–Aug)
- gelegentlich Schneefall (auf höheren Bergen) (Sep–Okt)
- Almabtrieb (Sep–Okt)
- Schnee bis in die Täler (Nov–Dez)
- Weihnachtsmärkte (Dez)

Anf. Jan. Tinzlmesse, Schwaz

Ende Jan. Hahnenkamm-Rennen, Kitzbühel

Anf. März Artacts, St. Johann

Anf. März Stubai-Cup

Anf. April Electric Mountain Festival, Ötztal

1. Sa nach Ostern Widderprozession, Virgen

Pfingsten Ritterfest Kufstein

Anf. Juli–Anf. Aug. Tiroler Festspiele, Erl

Mitte Juli Kitzbüheler Horn Berg-Radrennen

Mitte Juli/Aug. Innsbrucker Festwochen Alter Musik

Ende Juli Internat. Straßentheater-festival, Lienz

Ende Aug. Filmfest St. Anton

Ende Sept. Almkäse-Olympiade, Galtür

Okt. Eröffnungsrennen Skiweltcup, Sölden/Ötztal

Nov.–Dez. Krampusläufe, u. a. Osttirol

Eine Alternative können zwei unterschiedliche Orte als Basis oder eine kleine Rundtour als Abschluss des Urlaubs sein: Für eine Woche z. B. das Inntal hinauf und von Innsbruck über Imst und das Hahntennjoch ins Lechtal, zurück über Füssen. Oder: einige Tage in Innsbruck, dann über Landeck ins Oberinntal.

Stippvisite: Innsbruck und das Inntal bieten sich für einen kurzen Zwischenstopp auf der Durchreise an. Ein oder zwei Nächte etwa reichen hier aus, um einmal ganz hoch hinauf zu gelangen auf einen der umliegenden Berge und den tollen Rundblick über die Alpen zu genießen, außerdem etwas Kultur zu schnuppern und die Tiroler Küche zu probieren. Ein bisschen mehr Tirolfeeling auf dem Weg nach Italien? Dann nehmen Sie doch den Umweg über den Reschenpass mit einem Halt in Landeck oder Nauders.

Was hat es mit den Gästekarten auf sich?

Wer in einer Region übernachtet, bekommt dort eine Gästekarte, die vergünstigte Eintritte gewährt oder freie Teilnahme an Stadtführungen, oft auch Gratisnutzung der Busse und Freibäder etc. Manche Täler und Regionen bieten zudem Premiumkarten an, die man nur bei Übernachtung in Partnerhotels erhält: Damit ist die Nutzung von Bergbahnen und/oder Freizeiteinrichtungen auch frei, je nach Region beliebig oft oder festgelegt, z. B. täglich eine Bergbahn und ein freier oder stark ermäßigter Eintritt. Wenn man viel unternehmen möchte, lohnt es sich, die Angebote schon bei der Orts- oder Hotelwahl zu berücksichtigen. In einigen Regionen gibt es auch Kaufkarten, die sich vor allem lohnen, wenn man viele Bergbahnen benutzen möchte.

Übernachten

Tourismus ist einer der wichtigsten Wirtschaftszweige in Tirol. Das Angebot an

PREISE IM BUCH

€	bis 120 Euro
€€	120 bis 180 Euro
€€€	über 180 Euro

Preise für ein Doppelzimmer oder zwei Betten mit Frühstück

Unterkünften ist riesig und reicht vom Luxus- und Designhotel bis zum Lager in einer Berghütte.

Saison, Preise, Buchung

Der Winter ist (bisher) die Hauptsaison im Tourismus; um Weihnachten und Neujahr sind begehrte Unterkünfte lange im Voraus ausgebucht und deutlich teurer als im Sommer.

Achtung: In Unterkunftsverzeichnissen und auf Internetseiten ist der Preis meist pro Person angegeben, und zwar oft mit Halbpension – ein üppiges mehrgängiges Menü – bzw. sogar mit der sogenannten Dreiviertelpension, d. h. plus nachmittägliches Kuchenbüfett/Brotzeit. Fast überall wird zusätzlich eine Tourismusabgabe erhoben (2–4 €/Pers.).

Hotels

Außer in der Landeshauptstadt Innsbruck finden sich in Tirol wenig Kettenhotels und auch die großen Fünf- und Vier-Sterne-Hotels sind oft Familienbetriebe mit einer recht persönlichen Betreuung der Gäste. Wichtiger als die Sternekategorie ist fürs individuelle Wohlfühlen möglicherweise der Stil des Hotels, von traditionell bis locker-modern. Insgesamt ist das Preis-Leistungs-Verhältnis in den Hotels, vor allem im Sommer, sehr gut. Schickeres Doppelzimmer mit Frühstück ab etwa 160 €.

Pensionen

Der Übergang vom Hotel zur Pension und zur Ferienwohnung ist in Tirol fließend:

NACHHALTIG REISEN

In Tirol kann man gut mit der Bahn anreisen, vor Ort gelangt man mit Bussen selbst in die abgelegensten Täler, allerdings ist dabei oft gute Planung notwendig. Unter www.biohotels.info lässt sich gezielt nach nachhaltigen, auf Bio ausgerichteten Unterkünften suchen. Mit dem österreichischen Umweltzeichen werden Betriebe ausgezeichnet, die besonderen Wert auf Nachhaltigkeit, Regionalität und Umweltfreundlichkeit legen (www.umweltzeichen.at). Viele Hotels bieten an, auf Wunsch die Handtücher nicht täglich zu wechseln.

Ferienwohnungen sind oft an Pensionen angeschlossen, und man kann auch Frühstück bekommen. Im Vergleich zu Hotels bieten Pensionen etwas weniger Komfort, so ist die Rezeption meist nicht ständig besetzt und es gibt kein Restaurant. Internetzugang und ein eigenes Bad hingegen sind in fast allen Pensionen eine Selbstverständlichkeit.

Ferienwohnungen, Privatzimmer

Vor allem im Winter fordern Ferienwohnungen und Privatzimmer einen Mindestaufenthalt von meist drei Nächten, im Sommer sind Einzelübernachtungen oft okay. Über die Internetseite des Privatvermieter Verbands Tirol lassen sich zahlreiche Ferienwohnungen und Privatzimmer recherchieren und buchen, dort gibt es ein Qualitätsranking in den Kategorien von zwei bis vier Edelweiß.

www.alpine-gastgeber.at/de

Ferien auf dem Bauernhof

Für Familien mit Kindern ist ein Urlaub auf dem Bauernhof ein eindrückliches Erlebnis, manchmal können die Kids bei der Fütterung und beim Melken helfen. Nicht wenige dieser Bauernhöfe sind Biobauernhöfe.

www.urlaubambauernhof.at

Hostels und Jugendherbergen

Unterkunftsmöglichkeiten im Schlafsaal sind in Tirol selten und oft nur unwesentlich billiger als ein Einzelzimmer in einer günstigen Pension. Pro Person sind mind. 25 € zu kalkulieren. Anbieter von Adventure-Sportarten, etwa in Haiming und im Ötztal, bieten oft auch Schlafsäle zur Übernachtung für ihre Kunden an. Wenn Platz ist, kann man dort auch ohne Tour günstig unterkommen.

Camping

Campingplätze gibt es vor allem in den Tälern und auf den Hochplateaus. In der Ausstattung reichen die Plätze von einfach bis luxuriös (Kletterwand, Schwimmbad, Sauna, Kinderanimation). Campingurlaub ist nicht unbedingt billig, ein Stellplatz mit Strom kann bis zu 55 € kosten. Wer sparsam mit einem kleinen Zelt (und womöglich ohne Auto) unterwegs ist, sucht am besten Plätze mit Zeltwiese und günstigen Fahrradpauschalen.

www.campingtirol.at, www.camping.info/de/land/österreich/tirol

Berghütten

Viele Hütten (oft ca. Juni–Anf. Okt. geöffnet) sind relativ leicht vom Tal oder von der Seilbahn aus zugänglich, bieten leckeres Essen und ein beeindruckendes Bergpanorama – aber nicht unbedingt Duschen. In den Hütten gibt es Mehrbettzimmer und Bettenlager. Im Lager findet sich meist auch spontan noch ein Platz, aber Zwei- oder Vier-Bett-Zimmer muss man länger im Voraus reservieren. Alpenvereinsmitglieder erhalten in den meisten Hütten eine Ermäßigung von bis zu 50 %. Viele Hütten sind mittlerweile so komfortabel, dass es auch möglich ist, dort einen mehrtägigen Urlaub zu verbringen. Ohrstöpsel unbedingt mitnehmen!

Umgangsformen

Generell gilt: In Tirol wird schneller geduzt als in Deutschland.
Trinkgeld: Im Restaurant sind um die 10 % üblich (wenn man zufrieden war). Im Hotel bekommen Reinigungs- und Bedienpersonal im Restaurant (bei Halbpension) 1–2 €/Tag. Nett ist es, Trinkgeld persönlich zu übergeben oder mit einem kleinen Dankeschön-Zettel.

Verkehrsmittel

Bahn

Die Haupt-Bahnlinie in Nordtirol führt von Kufstein durch das Inntal über Innsbruck nach St. Anton (und Vorarlberg). Seitenlinien gehen von Wörgl durch das Brixental nach Kitzbühel/St. Johann, von Innsbruck über den Brenner nach Bozen sowie nach Seefeld in Tirol und Scharnitz. Privatbahnen fahren zum Achensee und ins Zillertal. In Osttirol sind nur Lienz und das Hochpustertal an die Bahnlinie angeschlossen.
www.oebb.at

Bus

Viele Tiroler Busverbindungen sind vor allem auf dio Bedürfnisse Einheimischer ohne Führerschein ausgerichtot, d. h. morgens bis 9 Uhr und am späten Nachmittag sind sie häufiger, am Wochenende und in den Schulferien ist der Verkehr eingeschränkt, manche Linien fahren als Anruf-Sammeltaxis. Wer auf den Bus angewiesen ist, sollte daher gut planen. Fast überall schließt inzwischen die Gästekarte die freie Benutzung des öffentlichen Nahverkehrs ein.
www.vvt.at

Wandertaxi und Wanderbus

Im Sommer fahren in vielen Tälern zusätzliche Wanderbusse, Wandertaxis oder Hüttentaxis. Dieser Service wird von Privatanbietern zu einem festgelegten Tarif angeboten und ist auf die Bedürfnisse von Wandernden ausgelegt, d. h. es fahren einer oder wenige Busse morgens und abends.

Autofahren

Das Mitführen der Grünen Versicherungskarte ist Pflicht. Zur Benutzung der österreichischen Autobahnen ist eine Vignette notwendig, die in Österreich an Trafiken (Tabak-/Zeitschriftenkioske) und Tankstellen, in den Nachbarländern auch an grenznahen Tankstellen sowie über die jeweiligen Automobilclubs erhältlich ist, auch online als digitale Vignette.
www.asfinag.at/maut-vignette/vignette/

Besondere Verkehrsregeln

Bei Gegenverkehr auf Bergstraßen muss das Fahrzeug ausweichen, dem dies aufgrund der örtlichen Verhältnisse leichter fällt. Gelbe Zickzacklinien bedeuten Halte-/Parkverbot. Die Promillegrenze beträgt 0,5 ‰ (beim Probeführerschein: 0,1 ‰).

Infos zu den Verkehrsregeln, die in Österreich anders sind als in Deutschland: www.adac.de/reise-freizeit/reiseplanung/reiseziele/oesterreich/fahrzeug.

TARIFE UND TICKETS IM VERKEHRSVERBUND

Der öffentliche Nahverkehr ist in ein Zonensystem unterteilt, die Tickets gelten sowohl in der Bahn (nicht IC) als auch in Bussen und Straßenbahnen. Ein Einzelticket berechtigt zur direkten Fahrt ohne Unterbrechung, zum Preis von Hin- und Rückfahrt erhält man ein Tagesticket. Tickets kauft man am Automaten an Bahnhöfen oder online, seltener an Haltestellen oder (teurer) beim Busfahrer (www.vvt.at).

Sprachführer Tiroler Mundart

ALLGEMEINES

A

Gleich vorneweg – das Tirolerische gibt es so nicht, sondern etliche Dialekte, die zum Teil schon im nächsten Dorf nur schwer verstanden werden. Beeinflusst ist das Tirolerisch vom Bairischen (s. Zeit & Raum, s. S. 285) und in einem geringeren Maß vom Alemannischen. Die Ötztaler Mundart weist außerdem Elemente des Rätoromanischen auf und zählt seit 2010 zum immateriellen Kulturerbe Österreichs.
Alle Menschen in Tirol verstehen auch Hochdeutsch und werden bemüht sein, ihre Sprache nach Bedarf anzupassen. Sich mit der einheimischen Sprache zu beschäftigen, kann trotzdem hilfreich sein – und es macht Spaß!

Bei so vielen Dialekten gibt es wenige allgemeingültige Ausspracheregeln. Hier aber einige Anhaltspunkte für Unterschiede zum Hochdeutschen. Bei der Schreibung wird hier zwischen dem geschlossenen oh (wie in Ofen) und dem offenen o (wie in Sonne, aber manchmal auch lang) unterschieden. Ch wird je nach Region mehr wie in ich oder wie in ach ausgesprochen.

– St wird zu scht – Beispiele: luschtig, geschtern, bischt
– Wegfall von r und l – Beispiele: i wui (ich will), vui (viel)
– Vorsilbe »ge« wird zu »g« verkürzt – Beispiele: gsungen, gessn
– An wird zu einem offenen O – Beispiele: ofanga (anfangen)

Begrüßung und Konversation

Grias-di, Griaß-enk	Grüß dich
Griaß-eich	Grüße euch
Grüß Gott	Guten Tag
Pfiat-die, Pfiat-enk, Pfiat-eich, Auf Wiederschaun	Auf Wiedersehen
geh!/ah geh!	Das glaube ich nicht!
Geh?/gell?	am Ende vom Satz, »stimmt's?«
ha?	Wie bitte?
Eh/eh schoh	sowieso
epper	jemand
nimma	nicht mehr
noch	später, nachher
akratt	ausgerechnet

Unterwegs

aui, auffi	hinauf
arschlings	rückwärts
außi	hinaus
Bichl	Hügel
entn	drüben
grodaus	gerade aus
ohbi	hinunter
umi	hinüber

Adjektive

schiach, greislig	hässlich
grantig	sauer, launig
zach	eigentlich zäh, anstrengend (kann auch spannende Neuigkeiten unterstreichen)
lässig	cool, super

gfierig	wenn was leicht von der Hand geht
fesch	hübsch, schön

Im Restaurant

Zol'n bitte!	Die Rechnung, bitte!
Hots gschmeckt?	War das Essen zur Zufriedenheit?
botzn/Botzerei	kleckern/Kleckerei am Tisch
Essmer no a Nachspeis?	Wollen wir uns noch ein Dessert teilen?
Mogsch a Schnapsal?	Einen Schnaps? – Gemeint ist oft ein »Selberbrennta«. Dieses freundliche Angebot sollte man jedenfalls annehmen. Extrem völkerverbindend.

Auf der Karte

Brettljause (auch: Marend)	Brotzeitbrett, Butter, Tiroler Speck, Kaminwurzen, Heumilchkäse und oft Essiggurken, dazu Sauerteigbrot
Kaspressknödel	flachgepresste Brotknödel mit Bergkäse oder Graukäse
Graukäse	magerer Sauermilchkäse (Achtung, Geschmacksache!)
(Zillertaler) Krapfen	in Fett ausgebackene Teigtaschen mit Kartoffel-Graukäse-Füllung
Kaminwurzen	kaltgeräucherte luftgetrocknete Wurst
Kasspatzln	eine Art Spätzle mit viel würzigem Käse und Zwiebeln
Knödel Tris	drei verschiedene Knödel
Fleischkas	Leberkäse
Beuscherl	saures Ragout aus Innereien
Gröstl/Greaschtl	geröstete Kartoffel mit Zwiebel und Selchfleischstücken
Moosbeeren	Blaubeeren
Marillen/Marün	Aprikosen
Muas	Brei
Schokohupf mit Schlag (manchmal noch »Mohr im Hemd«)	kleiner Gugelhupf mit Schokolade und Gewürzen, im Wasserbad zubereitet und mit heißer Schokosauce serviert

Getränke

Gspritzt	mit Mineralwasser
Holler/Hollerwasser	Wasser mit Holundersirup
Skiwasser	Wasser mit Himbeersirup und Zitrone
Johann	Johannisbeerschorle
Verlängerter	nichts Unmoralisches, nur eine Tasse Kaffee
Pfiff	kleines Bier (0,2)
Zwickl	naturtrübes unfiltriertes Bier

Dreingaben zum Üben

A Hetz macha	Spaß haben
Fotzhobel	Mundharmonika
Pappn	Mund
Rotzbremsn	Oberlippenbart
Zornpinggl	jemand, der oft jähzornig ist
Isch des bärig!	Das ist toll!

Das

Hohe Berge, tiefe Schluchten, weite Blicke: Tirol ist ein Traum zum Wandern. Ach, und wer hier gar nicht hingucken mag, findet immer auch einen sanfteren Weg im Tal!

Magazin

Der Berg ruft!

Berggeister und Kobolde, Grausen und Gefahren – früher waren die Berge für die Menschen furchterregend. Hinauf wollte ganz sicher niemand! Und wer zwischen ihnen wohnen musste, hatte ein hartes Los. Und heute?

Am Arlberg wurde das Skifahren in den Bergen erstmals zur touristischen Attraktion.

Der Alpinismus, das Skifahren und damit verbunden das Anwachsen des Tourismus haben die Umstände grundlegend verändert: Seit Menschen freiwillig in die Alpen kommen, um dort ihre Freizeit zu genießen, ist auch das Leben der Einheimischen leichter geworden. Und längst gehen die mindestens genauso gern in die Berge wie die Fremden.

Die Touris kommen!

Als die ersten Schweizer es sich im 16. Jh. in den Kopf setzten, Berge aus Neugier und zum Vergnügen zu erklimmen, hielt man sie für verrückt: Dass der Berg sie dafür strafen würde, lag auf der Hand, denn in den Bergen lebten Dämonen, Kobolde, Hexen und auf jeden Fall auch Räuber! Erst das Bemühen um wissenschaftliche Erkundung der Bergwelt brachte mehr neugierige Fremde in die Alpen – so wollte man etwa anhand des Luftdrucks die Höhe der Berge berechnen.

Zunächst wurde vor allem rund um Chamonix nahe der schweizerischen Grenze geforscht und bestaunt, dann schwärmten zumeist englische Entdecker über die Westalpen aus. Mithilfe von felsgeübteren Einheimischen machten sie sich daran, nach und nach die Gipfel zu erobern.

Bereits um 1800 kamen Bildungsreisende nach Tirol, um Natur, Bräuche und Alltag zu erfahren. Nicht zuletzt weckte die Bekanntheit des Freiheitskämpfers Andreas Hofer in Europa, und da vor allem in England, das Interesse an dessen Heimatland. Ab Mitte des 19. Jh. folgten Reisende im Sommer, erste Reiseführer erschienen und zahlreiche Bauernbäder (z. B. das Aigner Badl, s. S. 215) versprachen Linderung von allerlei Wehwehchen.

Auch die Schattenseiten des Tourismus machten sich bemerkbar: Bald schimpften die wohlsituierten Reisenden bereits über ihre knauserigen Landsleute, die in billiger Pseudotracht in den Wirtshäusern saßen und sich danebenbenahmen.

Das 19. Jh. war das Goldene Zeitalter des Alpinismus. Eine Erstbesteigung jagte die nächste, nicht zuletzt dank der Gründung von Alpinclubs und der Entwicklung neuer Techniken und Geräte. Bereits 1800 wurde der Großglockner, mit 3798 m höchster Berg Österreichs, im Rahmen einer größeren Expedition bezwungen. 1848 folgte die Wildspitze. Und bald kamen auch die ersten Touristen, die sich mithilfe professioneller einheimischer Bergführer die Gipfel erschlossen. Auch hier bildeten wieder die bergbegeisterten Engländerinnen und Engländer die Avantgarde.

Pfarrer mit Pickel

Einer der Ersten, die das wirtschaftliche Potenzial des Bergtourismus für Tirol erkannten, war der Ötztaler Pfarrer Franz Senn (1831–84). Seine erste eigene Pfarre erhielt er 1860 in Vent im hintersten Winkel des Ötztals. Dort hatte er die Idee, der Armut der einheimischen Familien durch den Bau von Berghütten und die Erschließung von Wegen entgegenzuwirken. Dank solcher Infrastruktur kamen ausländische Bergbegeisterte und bescherten den Bauernfamilien ein zusätzliches Einkommen. 1869 gründete Senn mit einigen Freunden in München den Deutschen Alpenverein, um genau diese konkrete Erschließung der Berge voranzutreiben – der zuvor schon gegründete Österreichische Alpenverein war nämlich vor allem wissenschaftlich ausgerichtet.

Später übernahm Senn die Pfarre in Neustift im Stubaital und förderte auch dort die Erschließung der Berge für den Tourismus. Die zahlreichen Schmiede, die es traditionell im Stubaital gab, spezialisierten sich daraufhin u. a. auf die

Auch Wellness und Lifestyle gehören heute zum Angebot des Tiroler Tourismus.

Herstellung von Eispickeln und Steigeisen. Noch heute stellt die Firma Stubai in Fulpmes Klettergeräte her.

Der Bau der Eisenbahn im Inntal ab 1858 und über den Brenner nach Italien (1867) sowie weitere Verbesserungen des Transports führten zu einem weiteren Anstieg der Gästezahlen. 1889 wurde bereits ein Verein »zur Hebung des Fremdenverkehrs in Nordtirol« gegründet und 1910 wurde ein erstes Fremdenverkehrsgesetz in Österreich erlassen. Der Erste Weltkrieg und insbesondere die Abtrennung des touristisch viel besser erschlossenen Südtirol dämpften die Entwicklung.

»Weil I wü' Schifoan ...«

Das Skifahren spielte im österreichischen Tourismus lange Zeit eine untergeordnete Rolle: Es wurde in den Alpen erst in den 1890er-Jahren aus Norwegen eingeführt, damals kamen auch die ersten Skitouristen zum Arlberg. Doch anfangs blieb das Skifahren ein Minderheitensport, die meisten Menschen gingen im Winter Eislaufen oder Schlittenfahren. 1901 wurde der Skiclub Arlberg gegründet, heute einer der größten Skiclubs der Welt. Ein systematischer Unterricht im Skifahren wurde erstmalig in den 1920er-Jahren ebenfalls in St. Anton entwickelt, anfangs mit nur zwei professionellen Skilehrern, bald aber auch als Pauschalangebot mit Hotelbuchung. Richtig beliebt wurden das Skifahren und die Wintersaison erst in der Zwischenkriegszeit, u. a. durch den Bau der ersten Bergbahnen und durch die sportlichen Erfolge Österreichs im Skifahren.

Tourismusboom

Nach dem Zweiten Weltkrieg lebte der Tourismus in Tirol schnell wieder auf und bis 1958/59 stieg die Anzahl der Übernachtungen auf über 10 Mio. an. Diese Zahl vervierfachte sich bis in die 1980er-Jahre, nicht zuletzt aufgrund des Wintersporttourismus, der nach gleich zwei Austragungen Olympischer Winterspiele in Innsbruck (1964 und 1976) eine ähnliche Bedeutung erlangt hatte wie der Wandertourismus. Heute besuchen pro Jahr etwa 12 Mio. Gäste mit knapp 49 Mio. Übernachtungen Tirol, wobei die Wintersaison bedeutender ist als die Sommersaison: Im Winter bleiben die Gäste durchschnittlich etwas länger und geben mehr Geld aus. Mehr als die Hälfte der Übernachtungen entfällt auf deutsche Urlauberinnen und Urlauber.

Viele Ferienorte konzentrierten sich lange auf den Ausbau von investitionsträchtigen, aber auch einträglichen Skigebieten. Doch mit dem Klimawandel und abnehmender Schneesicherheit holt der Sommer wieder auf. ■

Wie ein Vogel durch die Lüfte

Etliche bunte Tupfen, die am blauen Himmel kreisen – wenn sie näher kommen, erkennt man erst die Menschen, die unter den Gleitschirmen hängen. Und manchmal sieht man sie sanft auf der Wiese nebenan landen und ihren Schirm zusammenfalten. Wäre es nicht wunderbar und aufregend, einmal selbst durch die Lüfte zu schweben?

Andere gönnen sich dafür vielleicht einen Tandemflug zum 50., doch wir wollen es wissen und melden uns ziemlich spontan – und weil gerade zwei Plätze frei geworden sind – für einen Gleitschirm-Grundkurs in Neustift im Stubaital an.

Die Kleinen nach vorne

Treffpunkt ist morgens um 9 in der Flugschule neben der Seilbahn-Talstation. Nach einer kurzen Vorstellungsrunde geht es gleich an die Materialausgabe, denn bei einem wetterabhängigen Sport ist man am besten jederzeit für die Praxisübungen bereit.

»Tjaaa, wie sieht's denn bei dir so aus mit den Kilos?« Es ist eine etwas ungewöhnliche Art, sich vorzustellen, aber die Gleitschirme gibt es in verschiedenen Größen, die möglichst gut zum Gewicht der Pilotinnen und Piloten passen sollten. Und weil wir uns zum Üben jeweils zu zweit einen Schirm teilen sollen, sortieren wir uns zunächst einmal nach Badewannengewicht und bilden Zweierteams von Kleinen und Dünnen, Langen und Molligen. Nein, supersportlich und Marathon-drahtig muss man zum Gleitschirmfliegen nicht sein, das stand schon in den Anmeldeunterlagen.

Dann geht es gleich auf die flache Landewiese, um uns mit den Gleitschirmen vertraut zu machen: Dutzende von Schnüren in verschiedenen Farben laufen von der dünnen Stoffplane zum Gurt – eigentlich eine Art unförmiger Rucksack mit eingebautem Sitzbrett, in den man sich mit verschiedenen Sicherheitsgurten einschnallt.

Wenn alles sortiert, angeschnallt und zugeklipst ist, heißt es, Leinen anziehen und den Schirm aufziehen. Im Prinzip wie Drachensteigen, nur dass man unten selbst dranhängt und der Schirm uns schon mal unelegant über die Wiese schleift.

»Achtung, Landung!«, schreit jemand, und wir zerren schnell unsere Schirme zu Boden, schließlich ist das hier die Landewiese. Das gibt wieder Chaos in den Schnüren, aber klar, Rücksichtnahme auf die, die gerade landen, ist wichtig.

Theorie oder Praxis?

Nach der Mittagspause betrachten wir im Theorieteil besorgt das Wetter: Es ist Südföhn angekündigt, der aus Italien über die Berge geschoben wird und warme Winde mit sich bringt. Warme Winde, das klingt gut – ist es aber für das Gleitschirmfliegen nicht, denn wenn die Winde von den Bergpässen warm ins Tal hinunterfallen, heißt das, dass der Wind von oben den Gleitschirm herunterdrückt. Wir aber brauchen Aufwind, der vom Tal die Berghänge hinaufströmt und dabei den Gleitschirm von unten anhebt.

Daher beginnt auch der zweite Tag im Theorieraum – und das morgens um sieben. Wir starren auf den Wetterbericht. Strömungssimulationen, Windverhältnisse auf dem Patscherkofel am Talausgang, Intraday-Vorhersagen. Von »bockigen Windverhältnissen in den notorischen Föhngebieten« ist die Rede – und wir merken schon, die Wettervorhersage gehört zu den Hauptthemen beim Gleitschirmfliegen. Und das Warten zu den Hauptbeschäftigungen: Solange am Vormittag noch zumindest manchmal mit gutem Wind zu rechnen ist, gehen wir an den Übungshang und versuchen uns an unseren ersten Startübungen. Schirm auslegen, Gurt anlegen, Leinen kontrollieren, und dann auf den passenden Wind warten. Jetzt vielleicht? Nein, lieber doch nicht.

Trotz des vielen Wartens ist das Praxis-Programm anstrengend. Nach jedem Flug muss man – noch in den Gurt eingezurrt – den gerafften Gleitschirm den steilen Übungshang hinauftragen, alles zusammen wiegt etwa 10 kg.

Bis aus dem nervösen Rennen am Hang die ersten kurzen Gleitphasen werden, dauert es. Davor gibt es etliche Bauchlandungen auf dem Wiesenhang. »Mit der Hüfte ziehen«, rät die Fluglehrerin Jenny, aber das ist gar nicht so einfach, ungewollt ziehen doch die Arme den Schirm nach oben und oft zu weit über den Kopf. Nach ein paar Tagen sehen die blauen Flecken am ganzen Körper entschieden nach häuslicher Gewalt aus.

Mit Kontrolle

Nachmittags kämpfen wir uns durch Gerätekunde, Aerodynamik und noch mehr Meteorologie – alles auch irgendwie ganz interessant. Bei den zahlreichen Wolkenformen von Cumulus Congestus bis Cumulus Airbus wird es etwas unübersichtlich, und Flugrecht finden dann wirklich alle ziemlich öde.

Am letzten Tag des Grundkurses kommt der gesamte Kurs schon ganz gut in die Luft – die Landung bleibt allerdings problematisch. Gerade und kontrolliert soll sie sein und vor allem an der richtigen Stelle, was bei Seitenwind nicht eben leicht ist.

G

AUF DEM BODEN UND IN DER LUFT

Gleitflugkurse: Die ersten Hüpfer macht man schon in dem viertägigen Grundkurs. Viele buchen ihn in Kombi mit drei Tagen Aufbaukurs – da geht es dann bereits richtig von der Bergstation in die Luft.
Lizenzen: Bedingung fürs eigenständige Fliegen sind Lizenzen. Nach dem Grund- und Aufbaukurs benötigt man noch eine Woche für die A-Lizenz. Mit der darf man dann selbst frei fliegen.

Laufen, laufen, laufen – und abheben! Bis das allerdings so klappt, ohne dass der Schirm vorn oder hinten wegstürzt oder man vor Aufregung zu früh aufhört zu laufen, das dauert ein paar Tage …

Ein Bauer fährt mit dem Gülletank über das Nachbarfeld. Natascha, die schon fünfmal nervös ihre Leinen kontrolliert hat, startet, als der Bauer gerade wieder von dannen fährt. »Links halten, Oberkörper nach links!«, kommt aufgeregt die Funkanweisung des Fluglehrers, doch sie landet trotz entschiedener Linkskurve gerade noch in der Ecke des frisch geodelten Feldes. »Igitt, das sind meine Handschuhe«, ruft ihr Flugpartner entsetzt. Für den Rest des Tages gehen alle auf Distanz zu ihr.

Landung im Zaun

Aufgeregt sind wir alle bei unseren ersten Miniflügen. Jedenfalls dringt in der kurzen Zeit in der Luft von den Funkinstruktionen des Fluglehrers nur die Hälfte tatsächlich so weit durch, dass man reagieren kann – und auch das nur versuchsweise. Bei Romina reichen ein paar Sekunden Schockstarre, um sie in einer scharfen Kurve in den nächsten Zaun brettern zu lassen. Mit den Füßen voran und glücklicherweise ohne Verletzungen. »Seht ihr das Loch im Zaun etwas weiter rechts? – Das war ich im letzten Jahr«, steuert Florian bei, der den Kurs mit seinen beiden Söhnen macht.

Zu den Höhenflügen kommen wir im Grundkurs noch nicht, aber auch da, versichern die Trainer beruhigend, passiert nicht viel. Die Gleitschirme, die in den Grundkursen benutzt werden, sind so stabil konzipiert, dass man praktisch nicht abstürzen kann. »Schlimmstenfalls hängt ihr im Baum!«

Wegen des nicht immer günstigen Wetters konnten wir nicht alle Grundkursflüge absolvieren – aber wir waren in der Luft. Vielleicht 20 m über dem Boden und gut 100 m weit – funkgesteuert, und dennoch allein. Und nächstes Jahr machen wir den Höhenflugkurs! ■

Sackner, Spritzer, Kübelemaje

Die Imster Fasnacht ist Welterbe — als einer der ersten Karnevalsbräuche wurde das Imster Schemenlaufen 2012 Bestandteil des immateriellen Kulturerbes der UNESCO.

Der stellvertretende Obmann des Imster Schemenlaufens, Manfred Waltner, erklärt, was so besonders am Imster Schemenlaufen ist und was der UNESCO-Status für den Fasnachtsbrauch bedeutet.

Dass Orte oder Bauwerke von der UNESCO zum Weltkulturerbe ernannt und damit vor Veränderungen geschützt werden, ist ja recht bekannt. Was macht ein Brauchtum wie die Imster Fasnacht so schützenswert?

Das Schemenlaufen – so heißt die Imster Fasnacht offiziell – ist ja kein kommerzielles Event, sondern eine extrem alte Tradition, die bis heute zwar von einem gewählten Fasnachtskomitee organisiert wird, aber ohne eine richtige Institution oder Struktur auskommt. Die Fasnacht war auch beileibe nicht immer anerkannt und geduldet, auch wenn sich heute Würdenträger aus nah und fern öffentlichkeitswirksam dabei zeigen.

Früher war das Schemenlaufen wie viele Fasnachtsbräuche ein Ventil für Unzufriedenheit und wurde deshalb von der Obrigkeit auch öfter verboten. Nicht zuletzt in der modernen Zeit, als man die alten Fasnachtsbräuche als hinterwäldlerisch und unzivilisiert abstempeln wollte. Dass wir jetzt den internationalen UNESCO-Status haben, ist dagegen eine wichtige Legitimation, und wir sind auch ziemlich stolz darauf: Für einen einzelnen, räumlich beschränkten Brauch ist das eine seltene Auszeichnung.

Wie bekommt man diesen Status? Wird man vorgeschlagen, oder muss man sich selbst bewerben?

Das läuft in zwei Stufen ab: Zunächst vergibt die österreichische UNESCO-Kommission den Status als immaterielles Kulturerbe, im nationalen Verzeichnis also. Die Kommission war dabei sehr hilfreich, sie sucht aktiv nach geeigneten Kandidaten. Wir mussten die Antragsunterlagen zwar selbst ausfüllen, sind dabei aber immer unterstützt worden. Und als dann offizielle Besucher der österreichischen Kommission beim Schemenlaufen dabei waren, haben wir sie wohl genügend beeindruckt, dass sie sich auch für die Aufnahme in die internationale Liste starkgemacht haben.

Dafür brauchten wir wieder die Unterstützung verschiedener staatlicher Stellen. Den nationalen UNESCO-Status haben wir 2010 bekommen, den internationalen 2012.

Ein UNESCO-Status geht doch sicher mit Auflagen und Bedingungen einher, war das schwierig?

Laggeroller und Laggescheller stellen ein uraltes Paar dar, das die Bewegungen und die Eleganz der vornehmen jungen Roller und Scheller ins Lächerliche verkehrt (oben). Im Imster Fasnachtsmuseum sind die handgeschnitzten Larven der Roller, Scheller, Sackner oder Spritzer ausgestellt (unten).

Bei den Auflagen geht es meist um soziale Faktoren und um die Wahrung der Tradition, das kommt uns eher entgegen, weil uns selbst die Tradition ja wichtig ist.

Historisch lässt sich ohnehin nicht immer sagen, was als Tradition zwingend ist, denn die Fasnacht hat sich über die Jahrhunderte auch manchmal geändert. So wurde der Termin erst in den 1930er-Jahren auf ein Wochenende festgelegt, weil die Leute in der Wirtschaftskrise Angst um ihre Arbeitsplätze hatten. Und das Vier-Jahres-Intervall hat sich erst im 20. Jahrhundert eingebürgert – bis dahin wurde etwas unregelmäßiger alle paar Jahre eine »große« Fasnacht abgehalten, weil der Aufwand zu groß war, um ihn jedes Jahr zu betreiben.

Dass heute noch, wie schon immer, Frauen nicht beim Umzug mitlaufen dürfen, obwohl es etliche Frauenfiguren gibt, kann man unter Gleichberechtigungsaspekten sicher bedauern, aber das ist wirklich Bestandteil der jahrhundertealten Tradition, und die UNESCO hat das bisher mitgetragen.

Was uns als Auflage der UNESCO erst mal überrascht hat, war, dass wir keine Werbung mit dem UNESCO-Prädikat machen dürfen. Wir hatten uns ein Schild an der Autobahn mit dem UNESCO-Logo vorgestellt, sodass die Leute im Vorbeifahren neugierig werden und mal die Stadt ansehen. Das darf man aber nicht.

Aber der Welterbe-Status hat schon Vorteile, oder?

Na ja, die handfesten Vorteile halten sich in Grenzen. Wir bekommen zwar Fördergelder von verschiedenen österreichischen Stellen, aber nicht von der UNESCO direkt, und der Werbeeffekt lässt sich natürlich schwer messen. Beim eigentlichen Schemenlaufen alle vier Jahre passen ja auch nicht beliebig mehr Gäste in die Stadt, schließlich sind die Straßen eng. Bei maximal vielleicht 20 000 Menschen ist Schluss.

Ein großer Teil der Kosten, für die bei allen Teilnehmern ein Beitrag gesammelt wird, geht übrigens heute für die Versicherungen und die Verköstigung der Teilnehmer drauf! Zum Glück werden viele weitere Dienstleistungen wie Schneeräumen, Polizei- und Feuerwehreinsätze von der Stadt oder ehrenamtlich bereitgestellt.

Und die Besuchszahlen insgesamt, verändern die sich? Und werden die Gäste internationaler?

Ja, es kommen heute schon mehr Gäste aus dem europäischen Ausland, wie Deutschland, Italien oder Frankreich, Holland oder Dänemark, besonders in den Jahren, in denen das eigentliche Schemenlaufen stattfindet. Früher hat das vor allem Leute aus Regionen interessiert, die selbst ähnliche Fasnachtsbräuche haben, also aus Österreich, Südwestdeutschland und der Schweiz. Unser Museum, das Haus der Fasnacht, profitiert sicher durchgängig von der größeren Sichtbarkeit – aber das wird hauptsächlich ehrenamtlich geführt und die Einnahmen aus den Eintrittsgeldern decken ohnehin nur einen Teil der Kosten.

Was raten Sie denn, wenn man das Imster Schemenlaufen selbst miterleben will?

Um eine Unterkunft in Imst selbst zu bekommen, muss man inzwischen schon fast ein Jahr vorher an die Buchung denken, so beliebt ist es. Ich würde aber auch empfehlen, schon ein oder zwei Tage vorher anzureisen und durch die Straßen zu streifen. Da bekommt man die allgemeine Erregung mit: Die ganze Stadt ist ja involviert, alle fiebern diesen Fasnachtstagen entgegen, sehen ständig prüfend in den Himmel, wie das Wetter wohl wird, oder müssen schnell noch letzte Vorbereitungen erledigen. ■

Nicki und die Wilden Kerle

Krampusläufe in Tirol — auf einmal tauchen aus dem Dunkel angsteinflößende Gestalten mit dichtem zotteligem Fell auf.

Über eine spärlich beleuchtete Straße am Ortsrand von Lienz schreitet der heilige Bischof Nikolaus, begleitet von kleinen Engeln.

Die Zuschauenden stehen auf beiden Seiten der Straße hinter einer Absperrung. Und plötzlich nähern sich stampfenden Schrittes und mit scheppernden Schellen einige weniger anheimelnde Figuren. Ihre runzligen Gesichter sind zu Fratzen verzerrt und manche haben Hauer statt Zähnen. Es sind die Krampusse!

Bis nach Süddeutschland kennen die Kinder den Krampus und gruseln sich. Wie der Knecht Ruprecht anderswo gilt er als Begleiter des heiligen Nikolaus; aber seinen Ursprung hat der Krampus in den Tälern der Alpen, und seine Wurzeln sind weitaus älter als die abendländische Nikolaustradition.

Der Krampus ist ein zotteliges, wildes Wesen, mal mit Hörnern, mal ohne, furchterregend und unberechenbar. Er symbolisiert die raue dunkle Zeit, die nach dem Herbst anbricht und gegen die man sich zur Wehr setzen muss –, und ein bisschen vielleicht auch das Böse an sich.

Umhauen und Aufhelfen

In Osttirol scheint die Zeit manchmal stehen geblieben, Traditionen werden großgeschrieben. So groß, dass manch faszinierende Dorfveranstaltung gar nicht an die große Glocke gehängt wird: »Wir machen das ja nicht für die Fremden, sondern für uns und für unsere Kinder!«, sagen viele Einheimische über die Krampusläufe im Winter.

In der ersten Dezemberwoche sind in Osttirol zahlreiche Krampusse unterwegs, und zwar stets nur im Gefolge des Nikolaus, der ihrem wilden Treiben auch als Einziger Einhalt gebieten kann. Und

K

KRAMPUSLÄUFE VOR AUGEN

… **im Buch:** Hermann, Manfred: Perchtenläufe und Krampusrummel im südlichen Niederösterreich. Modeerscheinung und Brauchtum. 2018. Schöne Fotos und Hintergrund zu den Krampusläufen.
… **in natura:** Erste Dezemberwoche in Lienz und anderen Orten.

Möglichst grimmig und furchteinflößend sollen sie sein, die Krampuskostüme. Viele Larven sind handgeschnitzt, manche sehr alt.

auch in den entfernteren Talschlüssen, etwa in Matrei oder im hinteren Defereggental, wo der Brauch der Krampusläufe über die Jahrhunderte ungebrochen ist.

In Matrei etwa geht es ziemlich ruppig zu: Dort greift der Krampus, der hier Klaubauf heißt, herumstehende Passanten und Zuschauer an und ringt sie zu Boden – aber letztendlich ist alles ein Spiel, und sobald die beiden niedergestürzt sind, hilft man sich gegenseitig auf. So erklärt sich auch der Name Klaub(-)auf. Im Dorf weiß jeder um die Klaubauf-Etikette: Wer im Weg steht, sucht den Zweikampf. Von sich aus einen Klaubauf anzugreifen ist tabu und andere haben sich nicht einzumischen. Ebenfalls tabu sind Schuldzuweisungen, wenn sich im Gerangel doch mal jemand verletzt. Früher wurden so wohl ab und an auch Streitereien zwischen Rivalen um die Liebste ausgetragen und Rechnungen beglichen, die über den Sommer offengeblieben waren. In Matrei bleibt man, nicht zuletzt wegen schlechter Erfahrungen mit der Presse und Raufbolden von außerhalb, die im Schutz der Kostümierung mitprügelten, heute lieber unter sich. Auch Gästen wird vom Besuch zu dieser Zeit eher abgeraten.

Brauchtum im Verein

Ganz anders dagegen in Lienz, der Hauptstadt Osttirols, wo die lange Zeit ziemlich eingeschlafene Tradition der Krampusläufe erst in den 1990er Jahren wiederbelebt und mit einem klaren choreografischen Ablauf in geordnete Bahnen gelenkt wurde.

Der Zugweg am Ortsrand von Lienz ist mit Absperrungen versehen, in unmittelbarer Nähe zum Geschehen parken mehrere Rettungswagen. Das Gros des Publikums, in dem sich auch reichlich Wintergäste befinden, bleibt hinter den Gitterstangen, den Glühwein wärmend in der Hand. Nur wer sich vor die Absperrung begibt, signalisiert seine Bereitschaft zum Raufen, wenn nun Hunderte wilder Kerle im Schein von Fackeln mit Scheppern und Läuten die Straße herunterkommen. Der Lärm kommt von überdimensionalen Kuhglocken, die sich die Verkleideten auf den Rücken geschnallt haben, jeweils drei oder vier davon. Die Glocken allein wiegen bis zu 15 kg, die komplette Montur bis zu 30 kg – und so manch ein Krampus muss beizeiten ins Fitnessstudio, um die erste Dezemberwoche durchzuhalten.

Mitmachen kann in Lienz nicht jeder, sondern man muss Mitglied im Krampusverein sein. Und der nimmt nur Leute, die »passen« – zumindest in der Theorie auch Zugezogene. Halloween-Masken mit blinkenden Augen oder Gruselfiguren aus Hollywood-Filmen, andernorts üblich, sind in Lienz nicht erwünscht. Hier bevorzugt man die traditionellen handgeschnitzten Zirbenholzmasken. Das Krampusgehen ist Männersache, einzig kleine Mädchen dürfen als Engelchen beim Nikolaus dabei sein. Allerdings, so verrät ein Klaubauf-Aktivist aus Matrei, wo das Treiben weniger straff strukturiert ist: »Manchmal sind auch schon Mädels unterwegs gewesen, solange man das unter der Maske doch nicht bemerkt …«

Grusel für die Kleinen

In vielen Orten wird die Veranstaltung am nächsten Tag noch einmal in verkürzter Form für die Kinder wiederholt – mit wilden Kostümen, Nikolaus und Bescherung und nur ein paar Raufereien unter den älteren Jungs. Wenn am Schluss beim zeremoniellen Auslaufen alle ihre Maske abnehmen, leuchten die Kinderaugen genauso in einer Mischung aus Begeisterung und Erschöpfung wie am Tag zuvor die Gesichter der Großen. Und dann zeigt sich, dass auch der wilde Krampus einen weichen Kern hat: »Du, Nikolaus«, sagt einer von den kleinen Zottelkerlen, »das macht Spaß!« ■

Das zählt

Zahlen sind schnell überlesen — aber sie können die Augen öffnen. Nehmen Sie sich Zeit für ein paar Überraschende Einblicke. Und lesen Sie, was in Tirol zählt.

1

Drittel der Schafwollproduktion in Österreich fällt in Tirol an.

47

Personen zählt Gramais im Tiroler Lechtal und ist damit Österreichs kleinste Gemeinde.

1.865

Meter tief hat man gebohrt, um das Thermalwasser für die 40 Grad heiße Therme Längenfeld zu finden.

3.798

Meter ist der Großglockner hoch – Österreichs höchster Berg. Jährlich erreichen über 5000 Menschen den Gipfel.

2.200

Eier wurden im Jahr 2018 für den weltgrößten Kaiserschmarrn geschlagen: Das ergab insgesamt 309 Kilogramm oder 1000 Portionen.

159

Meter stürzt der Stuibenfall im Ötztal in die Tiefe. Im Durchschnitt fließen 610 Liter Wasser über die Felskante. Ein Wanderweg führt über 700 Stufen und eine 80 Meter lange Hängebrücke hinauf zur höchsten Plattform.

500.000

Besucher:innen kamen 2023 in die Swarovski-Kristallwelten bei Wattens – noch nicht ganz das Vor-Corona-Niveau!

2.829

Meter hoch liegt der höchste per Auto erreichbare Ort der Alpen, ein Parkplatz am Ende der Ötztaler Gletscherstraße.

1.182

Meter hoch liegt der Bahnhof Seefeld und ist damit der weltweit höchste ICE-Bahnhof.

63.000

Gämsen leben in den Bergen Tirols, alle hintereinander ergäben sie eine Karawanc von Innsbruck nach Kufstein.

25

Meter dick ist das Marmorband, das sich im Hintertuxer Tal südwestlich von Mayrhofen zwischen Gneis und Schiefer durch den Berg zieht. In dem weicheren Gestein hat sich die Spannagelhöhle gebildet, bisher sind 13 Kilometer Höhlengänge entdeckt. Wahrscheinlich sind es noch viel mehr …

60

Prozent der Radieschen in Tirol kommen aus der Gegend zwischen Hall und Innsbruck. Und fast 30 Meter lang war 2023 Österreichs langstes Radieschenbrot, das auf dem Haller Radieschenfest für einen guten Zweck verkauft wurde.

5.300

Jahre könnte Ötzi alt sein, die Gletschermumie, die in den Ötztaler Bergen gefunden wurde.

475

Meter ü. M. liegt der niedrigste Ort in Tirol, nämlich die Gemeinde Ebbs bei Kufstein.

2.657

feuervergoldete Schindeln bedecken heute noch das Goldene Dachl in Innsbruck. Ursprünglich waren es 3000. Bei den regelmäßigen Restaurierungsarbeiten ist es schon mehrfach vorgekommen, dass einige Goldschindeln gestohlen (und später anonym zurückgegeben) wurden.

4.948

Pfeifen hat die größte Freiorgel der Welt und sie steht in Kufstein. Die größte Orgel überhaupt steht in einem Kaufhaus in Philadelphia und hat über 28 000 Pfeifen.

343

Berge über 3000 Meter gibt es in Tirol. Und fast 1500 (1481) über 2000 Meter.

620

Gletscher gibt es in Tirol. Noch.

2.500

Meter hoch wächst die Zirbe noch, wo andere Bäume längst aufgeben, und kann Temperaturen bis zu –43 °C standhalten. Einzelne Bäume können über 1000 Jahre alt werden.

30

Gault-Millau-Hauben tragen allein die Restaurants in Ischgl. Insgesamt gab es für Tirol 229 Auszeichnungen in 115 Restaurants.

12.000

Knappen, also Bergleute, arbeiteten um 1600 in Schwaz – mehr als die Hälfte der Bevölkerung.

Verkauft in die Fremde

Das Schicksal der Schwabenkinder — hinter dem erst mal harmlos wirkenden Begriff verbirgt sich eine bedrückende Geschichte: Kinder aus armen Tiroler Bauernfamilien wurden bis in die 1930er-Jahre nach Schwaben geschickt, zum Arbeiten und damit man sie zu Hause nicht durchfüttern musste.

Tiroler Kinder auf einem Marktplatz in Oberschwaben – aber nicht zum Einkaufen. Bis ins 20. Jh. verkauften sie ihre eigene Arbeitskraft.

In den steilen Tiroler Bergtälern waren die Erträge oft schlecht und reichten nicht aus zur Ernährung der Großfamilien. So machten sich im 17. Jh. zunächst eher die erwachsenen Männer auf, um im wohlhabenderen Flachland zu arbeiten. Vor allem Handwerker fanden in Deutschland in den vom Dreißigjährigen Krieg verwüsteten Orten leicht Arbeit im Wiederaufbau, manche wanderten auch dauerhaft aus.

Andere handelten als Hausierer mit Waren, die in ihren Heimatdörfern in Handarbeit hergestellt wurden. So entwickelte mit der Zeit fast jedes Tal eine Spezialität – hier wurden Spitzendecken hergestellt, dort flauschige Fellmützen und andere züchteten und verkauften Kanarienvögel als Haustiere.

Kinderarbeit

Doch vereinzelt waren wohl bereits im 17. Jh. auch Kinder unterwegs. So wird am Rand der großen Arbeitsmärkte in Süddeutschland auch von Kindermärkten berichtet. Ab dem 19. Jh. stieg die Zahl der zur Arbeit ins benachbarte Deutschland geschickten Kinder dann stark an. Die Grenzkontrollen für Erwachsene wurden immer strenger, aber in Deutschland war der Bedarf an Arbeitskräften nach wie vor hoch. Es waren Kinder aus dem Tiroler Oberland, dem Lechtal und aus Vorarlberg, die über den Sommer nach »Schwaben« gingen, vor allem in die Gegend um Ravensburg (Schwaben) und Kempten (Allgäu). Die Kinder erhielten zwar nur einen recht geringen Lohn für ihre Arbeit, aber wichtiger war, dass sie so den Familien zu Hause nicht zur Last fielen – für die war jedes hungrige Mäulchen weniger am Tisch eine Erleichterung.

Zu den schlechten Böden kam in den Herkunftsgebieten der Schwabenkinder nämlich noch die gängige Erbform der Realteilung hinzu: Dabei wurden Güter und Landstücke, und selbst Zimmer, Küchen und Geschirr, auf alle Nachkommen gleichmäßig aufgeteilt, bis es zum Leben zu wenig und zum Sterben knapp zu viel war. In Schwaben und im Allgäu hingegen galt das Anerbenrecht: Der älteste Sohn erbte den Hof, der somit nie kleiner wurde und immer viel zusätzliches Personal erforderte.

Zu Fuß über die Alpen

Zwar war unter Maria Theresia im 18. Jh. die allgemeine Schulpflicht eingeführt worden, aber arme Familien konnten davon auf Antrag befreit werden. Ange-

HINTERGRÜNDE

www.schwabenkinder.eu: Projekt-Website mit Zugriff auf die Schwabenkinder-Datenbank

Romane und Sachbücher
Die Schwabenkinder. Arbeit in der Fremde vom 17. bis 20. Jahrhundert, Bauernhaus-Museum Wolfegg (Hrsg.), Christine Brugger und Stefan Zimmermann (Autoren). Ostfildern 2012
Die Schwabenkinder. Die Geschichte des Kaspanaze, Elmar Bereuter. München 2018 (2002)
Hungerweg. Das Schicksal der Schwabenkinder, Othmar Franz Lang. München 1993 (1989)
Das verkaufte Glück. Der lange Weg der Schwabenkinder, Manfred Mai, Henriette Sauvant. Ravensburg 2015 (2013)

Film und Bühne
Schwabenkinder, Film von Jo Baier, 2003
Lechtaler Schwabenkinder, Theaterstück von Claudia Lang-Forcher, 2004

Bei der Verfilmung »Schwabenkinder« geht es um Ausbeutung, Migration und Kinderarbeit.

sichts des akuten Hungers wurden dann oft Kinder ab zehn Jahren, in Ausnahmefällen sogar jüngere, für den gesamten Sommer ganz offiziell vom Unterricht freigestellt. Seit 1836 gab es auch im Königreich Württemberg eine allgemeine Schulpflicht – die galt aber nicht für ausländische Kinder.

Die Schwabenkinder machten sich also – begleitet von wenigen Älteren – bereits Anfang März zu Fuß über die noch schneebedeckten Pässe auf in Richtung Bodensee. Vor dem fast 1800 m hohen Arlbergpass schnitzten sich viele als Glücksbringer einen Span von einer Christophorusstatue ab. Der verstümmelte Heilige erinnert heute nur noch verkohlt an die Schwabenkinder (s. S. 193).

Ab 1884 brachte die Eröffnung der Arlbergbahn immerhin etwas Erleichterung für den beschwerlichen Weg, da nun ein Teil der Strecke per Bahn zurückgelegt werden konnte. Um den Josefstag, den 19. März, fanden in Schwaben die Hütekinder-Märkte statt; der größte in Ravensburg, später in Friedrichshafen. Dort mussten sich die Kinder anpreisen und eine passende Arbeitsstelle finden. Je nach Alter arbeiteten sie als Hütekinder oder Knechte und Mägde auf den großen Bauernhöfen; dafür bekamen sie neben Kost und Logis im Herbst die sogenannte Doppelte Häs, zwei Sätze neuer Kleidung inklusive Schuhe und Hut und vielleicht ein bisschen Bargeld oder auch Naturalien.

Viele Kinder wurden ausgebeutet, doch es gibt auch Berichte von Kindern, die z. B. mit der Chance auf ein besseres Leben adoptiert wurden. Schlimm muss für die jüngeren Kinder das Heimweh gewesen sein. In der Hochzeit des Schwabengehens machten sich jährlich 5000 bis 6000 Kinder auf den Weg über die Berge. Um Martini, den 11. November, kehrten sie dann zurück zu ihren Familien.

Späte Aufarbeitung

Etwa ab dem Jahr 1900 und dann mit dem Ersten Weltkrieg ging der Brauch, Kinder über den Sommer nach Schwaben zu schicken, deutlich zurück: Zum einen weil Kinderarbeit inzwischen international angeprangert wurde, zum anderen, weil ab 1921 auch ausländische Kinder in Baden-Württemberg offiziell schulpflichtig waren. Dennoch sind in der Schwabenkinder-Datenbank bis in die 1930er-Jahre Fälle aufgeführt, in denen Kinder zum Arbeiten über die Grenze gingen.

Lange Zeit wurde über das Schicksal der Schwabenkinder geschwiegen. Erst Ende der 1980er-Jahre rückte das Thema nicht zuletzt durch Othmar Franz Langs Kinder- und Jugendroman »Hungerweg« in den Fokus der Öffentlichkeit. 2012 eröffneten in mehreren Ländern thematische Ausstellungen zu den Schwabenkindern, in Tirol ist die umfangreichste im Museum Schloss Landeck (s. S. 174) zu sehen. ■

Im Land der glücklichen Kühe

Farbenfrohe Almabtriebe, frische Buttermilch – Klischeebilder? Nein, die Tiroler Kühe sind wirklich viel in der Natur und fressen all die duftenden Kräuter der Almwiesen. Der Käse schmeckt deshalb tatsächlich phänomenal gut – allerdings bedeutet Almwirtschaft auch viel Arbeit.

Seit Jahrhunderten schicken die Tiroler Bauernfamilien ihre Kühe im Sommer auf die hoch gelegenen Almen. Auf den begrenzten ebenen Flächen in den Tälern bewirtschaftet man lieber Felder, und die umliegenden Wiesen reichen gerade für das Viehfutter für den Winter.

Als Aufsicht auf den Almen genügten meist ein paar junge Leute. Sie lebten den Sommer über in einfachen Hütten auf dem Berg. Manchmal, wenn die Überbevölkerung im Tal Familien zwang, anderswo ein Stück Land für sich zu roden, wurden aus diesen temporären Behausungen der Hirten dauerhafte Siedlungen – uralt sind beispielsweise die Jagdhausalmen in Osttirol (s. Tour S. 226).

K

IST KÄSE EIGENTLICH VEGETARISCH?

Obwohl heute oft synthetisches Lab verwendet wird, ist das in Tirol nicht üblich – Almkäse enthält also normalerweise tierisches Lab. Die meisten Frischkäse kommen aber ganz ohne Lab aus. Eine spezielle Tiroler Variante ist der bröselige Graukäse, der ebenfalls ohne Lab hergestellt wird und weniger als 1 % Fett enthält – man isst ihn mit Essig, Öl und Zwiebeln.

Sommerfrische in Kleingruppen

Die meisten Almen sind nach wie vor nur temporär bewirtschaftet: Etwa im Juni bringen die Bauern ihre Kühe hoch auf die Almen, manchmal nur ein oder zwei Tiere. Denn während österreichische Agrarbetriebe im Durchschnitt etwa 30 Kühe haben (in Deutschland über 60), sind es in Tirol, und dort vor allem im Oberland, meist nur zehn bis 15 Tiere.

Von denen gehören viele noch zu den alten, einheimischen Rinderrassen – so findet man etwa das relativ schlanke und drahtige Tiroler Grauvieh nur in Tirol. Diese Tiere geben weniger Milch als die mit Silage gefütterten überzüchteten Hochleistungskühe, dafür können sie auf den steilen und steinigen Weiden und Almwiesen großflächig nach den besten Kräutern suchen.

Doch von der Landwirtschaft allein kann heute in Tirol eigentlich keine Familie mehr leben.

S

SCHAUSENNEREIEN

Seit einer Verschärfung der Hygienerichtlinien können Interessierte auf in Betrieb befindlichen Sennereien die Produktion nur noch durch eine Scheibe ansehen.
Wilder Käser: Kirchdorf in Tirol, Kaisergebirge, s. S. 40
Zillertaler Heumilch Sennerei: Fügen, Zillertal, s. S. 65
ErlebnisSennerei Zillertal: bei Mayrhofen, Zillertal, s. S. 68
Almmuseum Alpe Dias: Kappl, Paznaun, s. S. 190

Leben auf der Alm

So ganz allein finden die Kühe im kargen Bergland ihr Futter nicht, das Almteam plant strategisch, wann die Tiere auf welche Weidefläche gehen, immer ein Stück weiter hoch und am Ende des Sommers wieder näher an der Alm, wo das Gras nachgewachsen ist. Die Sennleute auf der Alm müssen die Kühe zweimal täglich melken. Aus der Milch werden gleich vor Ort Käse und Butter hergestellt.

Alles Käse oder was?

Anfangs entstanden bei der Käseherstellung vermutlich einfache Sauermilchprodukte – der Wärme ausgesetzte Milch wurde sauer und gerann: Nomadische Steppenvölker hatten bereits entdeckt, dass geronnene Milch ein gutes Nahrungsmittel ist und sich gut transportieren lässt. Es dauerte nicht lange und man erkannte darüber hinaus die Wirkung von Lab und mancher Schimmelpilze. Seit mittelalterliche Mönche ihre Käserezepturen aufschrieben, lassen sich sogar einzelne Käsesorten zurückverfolgen.

Bis heute hat sich das Prinzip der Käseproduktion nicht groß verändert, allerdings sind mehr Know-how und strengere Hygienevorschriften hinzugekommen: Zunächst wird die Milch auf 31,5 °C erwärmt und Lab eingerührt, ein traditionell aus Kälbermägen gewonnenes Enzym, das zur Verdickung der Milch führt, ohne dass sie dabei sauer wird. Ist das Lab eingerührt, beginnt die Milch zu gerinnen. Nun wird mit der sogenannten Käseharfe, einem Gerät mit parallel gespannten Metalldrähten, die eingedickte Milchmasse vorsichtig in kleine Bröckchen zerteilt. Beim weiteren Rühren und Erwärmen setzt sich nun die dünnflüssige klare Molke von den festen Bestandteilen ab. Wann der richtige Zeitpunkt ist, um die Masse in ein Käsesieb zu gießen und die Molke abfließen zu lassen, entscheiden die Sennprofis anhand der Konsistenz. Pro 10 l Milch erhält man etwa 1 kg Hartkäse.

Wie geschmiert

Der gepresste und geformte Käselaib kommt dann im Käselager ins Regal – heute sind die Regale aus Edelstahl – und die Käse sind, wegen der leichteren Lagerung, oft quadratisch. Mindestens sechs oder acht Wochen müssen die Käse dann reifen; dabei werden sie regelmäßig mit einer Salzlake angefeuchtet und abgewischt, die die Rinde fest und unempfindlich macht und dem Käse Salz zuführt.

Tiroler Käse und Milchprodukte, auch die aus dem Supermarkt, sind oft aus reiner Heumilch hergestellt. Je nach Region haben die Kühe auf den Almen bis zu 1000 verschiedene Gräser und Kräuter gefressen und entsprechend würzig ist der Käse auch. Zu den bekanntesten geschützten Käsesorten gehört der Paznauner Almkäse aus Westtirol. Übrigens haben die Alm- und Heumilchkäse auch einen besonders kleinen ökologischen Wasserfußabdruck – anders als bei Fütterung mit zugekaufter Silage, wo für die Bewässerung etwa von Maisfeldern oft viel wertvolles Wasser verbraucht wird. ■

In den meisten Tiroler Viehbetrieben ist das Kalb kein anonymes Schnitzel auf Beinen – im Durchschnitt haben sie nicht mal ein Dutzend Tiere.

Freiheitsheld in Bauerntracht

»Zu Mantua in Banden — der treue Hofer war, in Mantua zum Tode führt ihn der Feinde Schar«. Das Andreas-Hofer-Lied ist die Landeshymne von Tirol, es erinnert an den Tiroler Freiheitskampf 1809 und seinen Anführer, Andreas Hofer.

Ursprünglich war Andreas Hofer (1767–1810) ein Gastwirt aus St. Leonhard im heutigen Südtirol, der den elterlichen Gasthof Am Sand übernommen hatte. Er wurde ins Tiroler Landesparlament gewählt und dort zu einem Anführer der Unabhängigkeitsbewegung gegen die Vereinnahmung Tirols durch Bayern, die nur durch eine weltpolitische Verschiebung zustande gekommen war: Österreich verlor 1805 die Schlacht von Austerlitz gegen Frankreich. Mit Tirol hatte das zwar wenig zu tun, das bisher relativ unabhängige Fürstentum Tirol wurde im Anschluss aber den mit Napoleon verbündeten Bayern zugesprochen.

Gegen die unfrommen Bayern!

Unter der Herrschaft der Bayern wurden die Tiroler Privilegien und Autonomierechte, die unter den Habsburgern gegolten hatten, alsbald aufgehoben. Nicht genug, dass die Bayern Steuern von den Tirolern erhoben, sie mischten sich auch in die Religion ein, und zwar – das war der napoleonische Einfluss – mit aufklärerischem, antiklerikalem Kurs! Die konservative und stramm katholische Tiroler Bergbevölkerung war außer sich. Das Verbot der mitternächtlichen Christmette soll das Fass zum Überlaufen gebracht haben; dazu kam eine Zwangsrekrutierung durch die bayerische Armee. Der Widerstand formierte sich im Rahmen der Tiroler Schützen, einer schon seit 1511 bestehenden Miliz, die damals in der ständischen Landesverfassung eingerichtet worden war: Zum Oberkommandierenden der Schützen wurde Andreas Hofer, der Sand-Wirt aus St. Leonhard. Der Aufstand begann am 9. April 1809 und in den folgenden Wochen und Monaten gewannen die Tiroler mehrere bedeutende Schlachten gegen die bayerisch-französischen Truppen. Mehrere dieser Schlachten fanden am Bergisel statt, einem Hügel südlich von Innsbruck, der heute vor allem durch die Skisprungschanze der Stararchitektin Zaha Hadid (s. S. 102) bekannt ist. Ein historisches Panoramabild erinnert dort an die erfolgreiche dritte Bergiselschlacht.

Und jetzt alle gemeinsam: Peng!

Andreas Hofer machte sich dabei als besonnener Militärführer einen Namen. Zu den organisierten Gruppen der Schützen gesellten sich für den Aufstand als »Landsturm« auch einfache Bauern und Knechte, die mit Spießen oder Dreschflegeln kämpften. Anders als auf den späteren Bildern meist dargestellt, hatten die Tiroler nicht einmal einheitliche Uniformen. Mit diesem vergleichsweise ungeordneten, untrainierten Haufen von Bauern gelang es Hofer, die erfolgreichste Armee Europas zu besiegen.

Neben dem patriotischen Mut der Tiroler trug dazu sicher auch ihre Guerillataktik bei. Die französischen Soldaten waren entsetzt über die »rasenden Bauern«, die aus dem Hinterhalt schossen und dann auch noch Spottlieder anstimmten. Zudem besaßen diejenigen Tiroler, die überhaupt über Gewehre verfügten, die Jäger nämlich, viel treffgenauere Waffen als die Bayern und Franzosen, deren Armeegewehre auf 100-m-Salven für choreografierte Schlachten ausgelegt waren.

Während der Tiroler Erfolge residierte Hofer mehrere Monate lang als kaiserlicher Oberkommandant Tirols in der Innsbrucker Hofburg. Im Oktober schloss der österreichische Kaiser Franz I., den die Tiroler nach wie vor als ihren Landesherrn ansahen, mit Napoleon den Friedensvertrag von Schönbrunn. Das wiederum nahmen die Franzosen zum Anlass, gemeinsam mit den verbündeten Bayern Tirol endgültig einzunehmen. Mit einer weiteren Schlacht am Bergisel am 1. November 1809 wurde der Tiroler Bauernaufstand erst nach einem halben Jahr niedergeschlagen.

Vor allem im 19. Jh. zur Ikone geworden: Andreas Hofer

Tod in Mantua

Andreas Hofer wurde festgenommen und nach Mantua, heute in Norditalien, gebracht. Und weil Napoleon den Bauernführer als persönlichen Widersacher empfand, führten weder Gnadengesuche vom Vizekönig Italiens, Napoleons Stiefsohn Eugène de Beauharnais, noch Lösegelder, die die Bürgerschaft von Mantua für den Gefangenen sammelte, zu seiner Begnadigung.

Am 20. Februar 1810 wurde Andreas Hofer vor ein Erschießungskommando gestellt. Der Legende nach soll er selbst das Feuer erneut angeordnet haben, nachdem die erste Salve ihn nicht getötet hatte.

Freiheitsheld oder Reaktionär?

Andreas Hofer ist zur Ikone des Tiroler Freiheitskampfes stilisiert worden. Schon 1823 brachten Mitkämpfer die Leiche aus Mantua zurück nach Innsbruck. Denkmäler wurden errichtet und das Kaiserjägermuseum (s. S. 92) mit Erinnerungsstücken an den Freiheitskampf gegründet. Als Südtirol nach dem Ersten Weltkrieg 1919 Italien zugeschlagen wurde, wurde Andreas Hofer auch zum Patrioten schlechthin und zur Symbolfigur für die Einheit Tirols (Nordtirol, Südtirol, Westtirol und Welschtirol) verklärt.

Doch die Motivation für den Freiheitskampf Hofers entstammte keineswegs einer aufklärerischen oder demokratischen Idee, sondern vielmehr einem (durchaus zeitgemäßen) reaktionären Widerstand gegen die antikatholischen Aktivitäten der bayerischen Besatzer und gegen den »Sittenverfall«, den viele Tiroler damit einhergehen sahen. So erließ Hofers kurzlebige Regierung u. a. ein »Arm- und Brustfleisch-Proklam«, das Frauen dazu aufrief, sich zu ihrem eigenen Seelenheil ab jetzt züchtig zu bedecken, ansonsten hätten sie es sich selbst zuzuschreiben, wenn sie mit Dreck beworfen würden. ■

Brennen für die Tradition

Die meisten Tiroler Schnapsbrennereien, wie auch der Lechtaler Haussegen in Elbigenalp, sind eher kleine Familienbetriebe. Oft brennen sie seit Generationen das Obst vom eigenen Hof – kosten und kaufen kann man teils nur vor Ort.

Auf 729 000 Tirolerinnen und Tiroler kommen 4000 Brennereien — und in größeren Orten findet sich mindestens ein Spezialgeschäft für Brände und Geiste. Selbst in kleinen Dörfern werben manchmal gleich mehrere Schilder für den Ab-Hof-Verkauf von Edelbränden.

Alte Brennrechte

Etwa 2500 Kleinbrennereien führen ihre Brennrechte noch auf die Regierungszeit Maria Theresias im 18. Jh. zurück. Damals verlieh die Kaiserin an »rechtschaffene, fleißige und ordentliche Bauern« das Drei-Hektoliter-Brennrecht, das das Destillieren von 300 l Alkohol zum halben Steuersatz erlaubte. Diese alten Brennrechte sind an einen Hof gebunden und können auch nur mit diesem vererbt werden. Es darf nur Obst aus der eigenen Ernte benutzt werden, in Ausnahmefällen, z. B. bei einem Ernteschaden, auch selbst gesammelte wilde Kräuter, Wurzeln oder Beeren.

Weil diese Produktion von recht kleinen Mengen im Grunde für den Eigenbedarf gedacht ist, dürfen die so erzeugten Spirituosen nicht im Handel verkauft werden, sondern nur ab Hof oder im Gastgewerbe; dafür wird die zollamtliche Steuerbemessung etwas vereinfacht.

Je nach Menge der Obstmaische wird der Familie eine Brennzeit von einigen Stunden oder Tagen zugeteilt, während der die Destillieranlage auf ihrem Grund laufen darf – kontrolliert wird die Einhaltung dieser Zeit, aus der sich Alkoholmenge und Steuer dann gut schätzen lassen.

S

SCHNAPSVERKOSTUNG

Die **Naturbrennerei Kuenz** (s. S. 215) bietet regelmäßig öffentliche Führungen an. Auch im Brennereidorf Stanz (s. S. 178) lassen sich relativ kurzfristig Verkostungen organisieren.
Die **Brennerei Thaler** (s. S. 111) liegt an der »Genussroute«, am Innradweg nicht weit von Innsbruck. Am besten meldet man sich vor einem Besuch an, manchmal lässt sich aber auch spontan eine Verkostung arrangieren.
Günstig gelegen für die Verkostung zu Fuß ist die Lienzer **Brennerei Schwarzer** mit einem Laden direkt mitten in der Innenstadt (s. S. 209).
Weitere Informationen zu Schnapsbrennereien und Verkostungen: www.tirol.at/reisefuehrer/kulturleben/kulinarik/schnapsroute

Edelbrand, Geist und Likör

Schnaps ist nicht gleich Schnaps. Und mit billigem Fusel, den man im Stamperläschen hinunterschüttet, haben die Tiroler Schnäpse aus den Kleinbrennereien nichts zu tun.

Die höchste Qualitätsstufe sind die Edelbrände. Sie bestehen per gesetzliche Definition nur aus Fruchtmaische und Quellwasser und werden zweimal destilliert. Nach dem ersten Durchgang ist im gewonnenen Alkohol nämlich noch Methanol enthalten, das nicht nur schlecht schmeckt, sondern auch giftig ist. Das Destillat aus dem zweiten Brand hat dann etwa 78–80 % Alkohol und wird deshalb mit reinem Quellwasser wieder auf etwa 40 % verdünnt, der Mindestalkoholgehalt beträgt 37,5 %.

Typische Obstsorten für Edelbrände sind Zwetschgen, Äpfel, Birnen und Aprikosen (Marillen), seltener gibt es Brände aus Quitten, Vogelbeeren oder Himbeeren. Der Grund: Beeren weisen meist einen relativ geringen Gehalt an Zucker auf, der aber ist es, der in Alkohol umgewandelt wird. Daher braucht man für die Herstellung von Beeren-Edelbränden bis zu 50 kg/l Frucht.

Beeren werden deshalb eher zu Geist verarbeitet: Das ist kein reines Destillat, sondern entsteht durch das Einlegen von Früchten in neutralem Alkohol, der die Aromen aufnimmt. Anschließend wird das Gemisch einmal destilliert. Typische Geiste in Tirol sind Himbeergeist oder Holundergeist.

Als Likör wird ein Brand oder Geist bezeichnet, dem Zucker zugesetzt ist, mindestens 100 g/l; der Alkoholgehalt beträgt mindestens 15 % (kann aber auch deutlich höher sein).

Tiroler Spezialitäten

Eine typische Osttiroler Spezialität ist der Pregler, ein Edelbrand aus einheimischen Äpfeln und Mostbirnen. Trotz des hohen Alkoholgehalts schmeckt er recht mild. Das Obst für die Edelbrände aus dem Stanzer Spänling (einer Wildpflaume) und der Stanzer Zwetschke stammt aus den Dörfern Stanz und Grins bei Landeck.

Ziemlich streng schmeckt der Zirbengeist oder Zirbenlikör, bei dem Zirbenzapfen in eine Kornspirituose mit wenig Eigengeschmack eingelegt werden. Eine Spirituose mit Meisterwurz ist meist ein Obstbrand, der mit den Wurzeln des hochalpinen Heilkrauts Meisterwurz veredelt wurde.

Einige Tiroler Brennereien, etwa die Brennereien Thaler bei Innsbruck, Kössler in Stanz und Kuenz in Osttirol, erhielten für ihre Edelbrände schon mehrfach Auszeichnungen von dem Wein- und Gourmetmagazin »Falstaff«. ■

Das Wunder von Wörgl

Spielgeld als Revolution — legal waren die Wörgler Arbeitswertscheine nicht und sie wurden auch umgehend von der Österreichischen Notenbank verboten. Und dennoch blieben sie fast zwei Jahre in Gebrauch.

Eine Ersatzwährung

Rosa Unterguggenberger war eine geschäftstüchtige Unternehmerin, weltgewandt und mehrsprachig. Ihre Heimatstadt Wörgl lag an einem wichtigen Eisenbahnknotenpunkt und hatte jahrzehntelang vom internationalen Handel profitiert, nun steckte sie übel in der Krise. Die Lösung war unkonventionell – und verblüffend. Seit 1932 nahm die Frau des Bürgermeisters Unterguggenberger in ihrem Laden eine eigentümliche »Währung« an, die Wörgler Arbeitswertscheine.

Während der zwei Jahre, in denen die Scheine in Umlauf waren, bescherten sie Wörgl einen einzigartigen wirtschaftlichen Aufschwung, während sich andernorts in Österreich und Europa die Wirtschaftskrise verschlimmerte. Von weit her kamen Politiker und Wirtschaftswissenschaftler, um das »Wunder von Wörgl« selbst in Augenschein zu nehmen, selbst Angehörige der österreichischen Bundesregierung sollen insgeheim Bewunderung für das illegale Projekt gezeigt haben!

Das sogenannte Wörgler Freigeld oder Schwundgeld beruhte auf einem System, das der deutsche Kaufmann Silvio Gesell 1911 entwickelt hatte. Wenn Geld durch Zinsen und niedrige Inflation immer an Wert gewinnt, so Gesell, dann werden Wohlhabende es horten und immer reicher werden, und damit geht die Funktion von Geld als Tauschmittel verloren. Als Folge davon ist nicht genug Geld im Umlauf und die Wirtschaft stagniert. Also müsse man durch eine regelmäßige Abwertung verhindern, dass sich das Horten lohnt.

Schwundgeld

In Wörgl verloren die Arbeitswertscheine, die die Gemeinde selbst druckte, um damit städtische Arbeitskräfte und Angestellte zu bezahlen, monatlich 1 % an Wert. Man musste entsprechende Klebemarken kaufen, damit der Schein gültig blieb – oder ihn schnell ausgeben bzw. seine Steuern damit bezahlen. Der Erlös aus den Klebemarken ging in die Wohlfahrtspflege, die Leute konsumierten mit ihren Arbeitsscheinen fleißig und das Geld blieb in der Gemeinde.

Der Bürgermeister

Rosa Unterguggenberger hat nicht wenige der Freigeldpilger selbst empfangen und ihnen das System erklärt. Ihr Mann Michael, der Bürgermeister und Initiator der lokalen Währung, war ein sozialer Aufsteiger – vom Hilfsarbeiter über die Bahngewerkschaft zum Gemeinderatsmitglied für die Sozialdemokratische Partei. Er hatte sich schon länger für gerechtere Wirtschaftssysteme und eine faire Währungsreform interessiert, und als er 1931 Bürgermeister wurde, war für ihn die Zeit reif, ein konkretes Projekt umzusetzen.

Unterguggenberger war ein charismatischer Redner, von seinem Projekt überzeugt, und die Lage war dramatisch genug, um die Wörgler Bevölkerung auch zu drastischen Maßnahmen zu überreden. Er brauchte trotzdem einen Mitstreiter aus dem bürgerlichen Lager und fand ihn in Georg Stawa, der in eine Wörgler Apothekerfamilie eingeheiratet hatte, zuvor aber Oberfinanzrat in Wien gewesen war. Stawa hatte nicht nur die ökonomische Kompetenz, um das Freigeldkonzept zu verstehen, sondern auch die gesellschaftliche Position, um das konservative Lager zu einem eigentlich klar sozialistischen Experiment ins Boot zu holen: Die Firmen machten mit, die lokale Raiffeisenbank übernahm die praktische Kontrolle und sogar der Pfarrer wurde überzeugt, obwohl Unterguggenberger 1929 wegen persönlicher Differenzen mit dem Bischof aus der Kirche ausgetreten war.

MEHR INFOS I

Unterguggenberger Institut Wörgl: Das 2003 gegründete und nach Michael Unterguggenberger benannte Institut befasst sich mit der Geschichte des Wörgler Freigelds und dem Thema Komplementärwährungen heute (https://unterguggenberger.org).
Spielfilm: Das Wunder von Wörgl, Österreich 2018, Regie Urs Egger.

Das Experiment

Kaum war die Entscheidung getroffen, machte sich der Gemeinderat ans Werk. Zunächst nahm man sich ein paar kleinere, gerade dringliche Infrastrukturprojekte vor: Der Platz vor der Schule musste asphaltiert, einige Straßen gebaut werden. Die Gemeindeverwaltung druckte »Arbeitswertscheine«, mit denen die Lohnkosten für diese Arbeiten bezahlt wurden. Die Schuldscheine waren eigentlich nicht gedeckt, aber die Gemeinde selbst und etliche Wörgler Unternehmen akzeptierten sie. Weil die Geldscheine ja jeden Monat an Wert verloren, wenn man nicht zusätzliche Wertmarken aufklebte, beeilten sich die so Bezahlten, sie schnell wieder auszugeben, und so machten die Läden wieder mehr Umsatz, das Geld zirkulierte und die lokale Wirtschaft erholte sich ein wenig.

Österreich litt damals besonders stark unter dem Börsencrash von 1929, es befand sich extrem wenig Geld im Umlauf, und Anfang der 1930er-Jahre stieg die Arbeitslosigkeit in Österreich stetig – nur in Wörgl wurde sie im Verlauf des Freigeld-Experiments um 16 % reduziert!

Neue Bauprojekte

Weil das Experiment schon anfangs so erfolgreich war, dass die Wörgler Geldscheine sogar in einigen Nachbar-

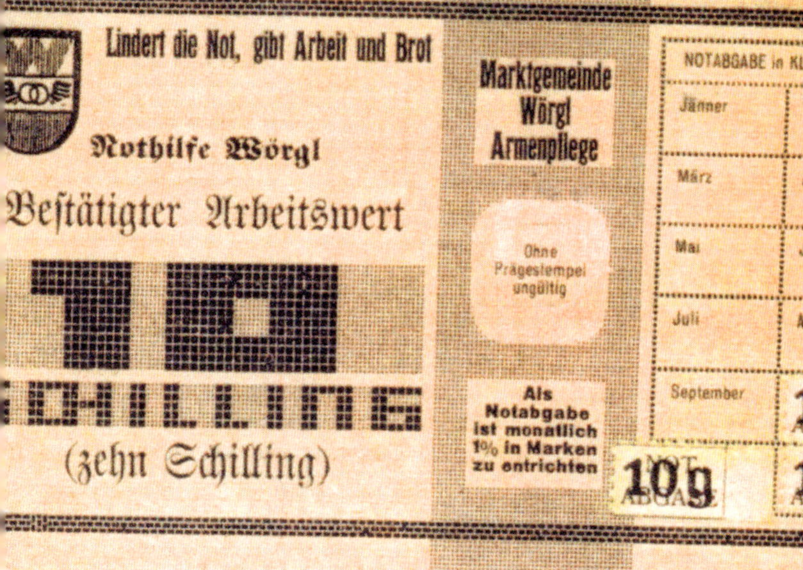

Das selbst gedruckte Geld der Wörgler war zwar nicht ganz legal, bezahlen konnte man damit aber auch im Nachbarort.

gemeinden akzeptiert wurden, weitete der Gemeinderat die Freigeldprojekte aus: Eine neue Brücke über den Wörgler Bach für die Straße in die Wildschönau wurde auf Drängen der Landesregierung sogar mit Beton gebaut.

Im Herbst 1932 wurde mit dem aufwendigen Bau einer Skisprungschanze begonnen – die Gemeinde steuerte 500 Arbeitsstunden bei, der Sportverein trug die übrigen Kosten. Das Eröffnungsspringen im Februar 1933 war eine Sensation – Wörgl hatte es sich geleistet, mitten in der Krise eine neue touristische Attraktion zu bauen! Die Schanze gibt es übrigens heute noch, mehrfach saniert und ausgebaut.

Das Ende

Der Erfolg ließ allerdings auch bald die österreichische Bundesregierung und die Notenbank aufhorchen. Natürlich durfte eine Gemeinde nicht einfach an der Zentralbank vorbei Geld drucken! Nur dem weltgewandten Apotheker Stawa, dem ehemaligen Oberfinanzrat, war es zu verdanken, dass die Gemeinde noch monatelang gegen die Verbote in Revision ging und ihr Projekt unterdessen weiterführen konnte. Am Schluss gab es sogar einen Kompromiss: Wörgl durfte kein Freigeld mehr drucken, aber die im Umlauf befindlichen Scheine konnten noch weiter benutzt werden.

Das Wörgler Freigeld war die erste alternative Währung, die von einer Gemeinde ausgegeben wurde, nicht von einem Verein mit freiwilliger Mitgliedschaft. Es gilt deshalb noch heute als wichtiges Vorbild für Alternativwährungsprojekte. Seit den 1980er-Jahren sind solche Konzepte, ausgehend von Nordamerika, wiederentdeckt worden – insbesondere zur Förderung von lokalen und Umweltprojekten. In Tirol ist z. B. der Silberzehner aus Schwaz schon seit Jahren eine akzeptierte Währung und gilt in etlichen Gemeinden der Region. ■

Himmelstürmende Herbergen

Hölzerne Hütten — das war gestern. Heute ist die Architektur der hohen Berge schnittig wie der Crystal Cube im Gebiet Serfaus-Fiss-Ladis, ehrgeizig und nachhaltig. Cool, oder?

CRYSTAL CUBE.

Bergrestaurants wie das Hoadl Haus im Skigebiet Axamer Lizum bei Innsbruck (links) oder das Cafe 3440 im Pitztal (rechts oben) wollen ihren Gästen auch im Winter Licht und Ausblicke bieten – Design gibt's dazu!

Die scheinbar frei schwingende Sprungschanze der Star-Architektin Zaha Hadid (rechts) ist heute ein Wahrzeichen von Innsbruck. Extrabonus: der Blick vom Restaurant.

Verschlungene Entscheidungsfindungen? Dahinter steckt das Rathaus in Innsbruck.

Egal wohin man schaut, in Innsbruck sind die umgebenden Berge in jeder Richtung schön. Die 360°-Bar in Innsbruck ist deshalb konsequent mit Rundumblick.

Ötzi, der Mann aus dem Eis

Gefrorene Wandererleiche am Bergpass gefunden! – Die österreichischen Behörden wurden umgehend informiert und einige Tage später brachte man die Eisleiche nach Innsbruck in die Gerichtsmedizin: Da dachte man noch, der Mann sei in den letzten Jahren gestorben.

Kein Krimi, sondern eine Sensation
Zwei Deutsche waren es, die am 19. September 1991 bei einer Wanderung am Tisenjoch (Ötztal) die Leiche im Gletscher entdeckten. Unter denen, die in den Tagen nach der Entdeckung zur Fundstelle kamen, um die Leiche im Eis anzusehen, war der Extrembergsteiger Reinhold Messner. Er gehörte zu den Ersten, die auf einen archäologischen Fund tippten – und tatsächlich ergab die Radiokarbondatierung später ein Todesdatum von vor 5200 bis 5300 Jahren. In den nächsten Jahren untersuchten Innsbrucker Wissenschaftler die Leiche, die durch den Einschluss im Gletscher praktisch schockgefroren und sehr gut erhalten war.

Was Reinhold Messner allerdings auch bemerkt hatte, war, dass sich die Fundstelle bereits auf italienischer Seite befand. Die Grenzlinie ist an dieser Stelle entlang der Wasserscheide definiert und wegen der Gletscherbewegungen nicht fix – und der Mann aus dem Eis, der etwas vorschnell den Spitznamen Ötzi bekommen hatte, gehörte damit eigentlich Italien. 1998 wurde Ötzi daher in ein eigens für ihn gebautes Museum in Bozen überführt.

Wer war Ötzi?
Ötzi gehört zu den am besten untersuchten Leichen überhaupt, und so weiß man trotz seines enormen Alters – älter als alle ägyptischen Mumien – recht viel über ihn. Wahrscheinlich war er gut 1,60 groß, hatte Schuhgröße 38 und wog ca. 50 kg; er hatte braune, lockige Haare und einen Bart. Mit Mitte 40 war er für damalige Verhältnisse sicher bereits ein alter Mann, aber offenbar ein geübter Bergsteiger. Er war vor seinem Tod relativ zügig aus dem Südtiroler Schnalstal zum Pass aufgestiegen.

Seine Kleidung und Ausrüstung waren einfach, aber funktional und spezialisiert: Ötzi trug Beinlinge und einen Lendenschurz aus Ziegenfell und hatte eine Bastmatte, Proviant und allerlei Werkzeug bei sich, darunter ein Messer, Feuerstein und Zunder, aber auch ein Kästchen mit Kohlenglut, damit das Feuermachen schneller ging.

Am meisten beeindruckten die Wissenschaftler jedoch seine Schuhe: Diese waren mehrlagig, fast wie moderne Wanderschuhe, mit einem aus Bast geflochtenen Innengestell und einem Außenschuh aus verschiedenen Fellen, dazwischen war eine Dämmschicht aus Gras, und als Profilsohle hatten sie einen unter die Sohle gebundenen Lederstreifen.

Außerdem führte Ötzi ein Beil aus Kupfer mit sich. Ungewöhnlich, denn er lebte in der Kupfersteinzeit. Das war die Übergangszeit von der Stein- zur Kupferzeit, als Werkzeuge aus Kupfer gerade neu waren und eine enorme Verbesserung gegenüber den alten Steinbeilen darstellten. Das Kupferbeil war vermutlich nicht nur ein hochwertiger Ausrüstungsgegenstand, sondern auch ein Statussymbol.

Vielleicht war Ötzi also eine bedeutende Persönlichkeit – ein Klan-Chef, ein Karawanenführer? Noch wird weitergeforscht.

Doch ein Fall für Kriminalisten

Je mehr die Forschenden herausfinden, desto ominöser wird der Fall Ötzi. 2001 wurde in Ötzis Schulter eine Pfeilspitze entdeckt. Der Pfeil hatte ihn von hinten getroffen. Inzwischen weiß man sogar, dass dabei eine wichtige Arterie verletzt worden war, sodass Ötzi wahrscheinlich recht schnell verblutet war. Außerdem hatte er kurz vor seinem Tod einen kräftigen Schlag auf den Kopf bekommen oder er hatte sich infolge der Schwächung durch den Blutverlust den Kopf beim Sturz übel an einem Felsen angeschlagen. Nach einer Messerwunde an der Hand zu schließen, dürfte er in den letzten ein oder zwei Tagen vor seinem Tod überdies in einen Nahkampf verwickelt gewesen sein.

Eine Zeit lang vermutete man deshalb, er sei eilig aus dem Tal ins Gebirge geflüchtet – vielleicht war er schlicht ein Dieb? Doch wie passt das alles mit einer ausgiebigen Mahlzeit zusammen, die er etwa eine Stunde vor seinem Tod zu sich genommen hatte? Ziemlich unstrittig ist inzwischen jedoch, dass Ötzi ermordet wurde.

Zu all diesen Rätseln kommt noch das Staunen hinzu, wie man so viele Informationen über eine Person sammeln kann, die schon seit über 5000 Jahren tot ist. Die Antwort: Durch das Einfrieren blieben der Körper und u. a. der komplette Mageninhalt hervorragend erhalten, und so lässt sich sogar feststellen, welche Blütenpollen der Mann aufgenommen hatte und wie gut sein Essen bei seinem Tod bereits verdaut war.

Die Untersuchungen dauern an – schließlich geht es nicht nur um die Aufdeckung eines uralten Kriminalfalls, sondern um die Geschichte der Alpen und deren Erschließung. Anscheinend gab es in der Kupfersteinzeit bereits etablierte Passwege, aber wurden sie nur von Hirten oder in Ausnahmefällen genutzt – oder gab es regen Handel zwischen Nord- und Südtirol?

War Ötzis Outdoor-Ausrüstung damals Standard für Handelsreisende oder Top-Technology für einen Privilegierten? ■

AUF ÖTZIS SPUREN

Ö

Fundort: Von Vent aus lässt sich als – lange – Tagestour oder mit Übernachtung eine Wanderung zur Ötzi-Fundstelle unternehmen (s. S. 168).
Museum: Um Ötzis Mumie zu sehen, muss man ins italienische Bozen fahren. Dort ist sie im Südtiroler Archäologiemuseum (Museumstr. 43, T 0039 0471 32 01 00, www.iceman.it, Di–So 10–18 Uhr, 13 €) zu bestaunen.
Film: In »Der Mann aus dem Eis« von Felix Randau (2017) spielt Jürgen Vogel den Ötzi.

Am 20. September 1809 wird Andreas Hofer mit der kaiserlichen großen goldenen Gnadenkette samt Verdienstmedaille ausgezeichnet. Franz Defregger, der sich vor allem bäuerlichen Alltagsdarstellungen und Porträts widmete, hielt das Ereignis 1882 fest.

Reise durch Zeit & Raum

Hohe Berge, einsame Täler — das Leben in Tirol wurde immer durch die geografischen Bedingungen geprägt. Heute schlagen die Tiroler touristisches Kapital aus der Landschaft.

Älter als die Pharaonen

ca. 3200 – 15 v. Chr.

Ungefähr 1,54 m groß, 13 kg schwer, braune ledrige Haut und 61 Tätowierungen im Gesicht – das ist Ötzi (s. S. 282). Kleidung und Ausrüstung des Mannes gaben viel Aufschluss über die Kultur der Jungsteinzeit und Kupfersteinzeit. Mindestens ab 1800 v. Chr. ist auch in Tirol selbst der Abbau von Kupfer nachgewiesen, das zur Herstellung des neuen Werkstoffes Bronze benötigt wurde.

Zum Anschauen: Tischofer Höhle bei Kufstein, S. 159; Ötzi-Dorf bei Umhausen, S. 162

Durchgangsverkehr

15 v. Chr. – 6. Jh.

Um 15 v. Chr. gelangten römische Legionen unter Tiberius und Drusus auf das Gebiet des heutigen Tirol – aber siedeln wollten sie in den Bergen nicht. Doch die großen Handelsstraßen, die über den Brennerpass oder den Reschenpass bis Deutschland führten, gingen über Tiroler Gebiet. Erst Mitte des ersten nachchristlichen Jahrhunderts wurde das keltische Königreich Noricum endgültig eine römische Provinz.

Zum Anschauen: Via Claudia Augusta (per Rad), S. 131; Römerstadt Aguntum, S. 211

Die Bayern kommen

6.–13. Jh.

Nach dem Fall des Weströmischen Reiches 476 drangen ab dem 6. Jh. verschiedene Völker in das Gebiet des heutigen Tirol vor, neben Franken, Alemannen und Langobarden vor allem das Volk der Bajuwaren. Sie brachten ihre Sprache mit, von der das Tirolerische heute noch merklich geprägt ist. Tirol gehörte dann zunächst zu Bayern, ab der Jahrtausendwende fiel es an die Bischöfe von Brixen und Tirol, aber Bayern versuchte immer mal wieder Ansprüche auf Tirol durchzusetzen.

Zum Anschauen: Nikolauskirche bei Matrei, S. 216

Der Pate

13. Jh.

Die Bischöfe ließen sich vor Ort von adeligen Familien vertreten. Unter Meinhard II., Graf von Görz und Tirol, entstand im 13. Jh. erstmals ein gemeinsamer Name für das Gebiet – nämlich Tirol, nach dem Stammschloss der Grafenfamilie. Gleichzeitig gab es einen enormen wirtschaftlichen Aufschwung: Es wurden Münzen geprägt, Märkte für den Handel eingerichtet, Salz abgebaut und die ersten Kreditsysteme entstanden. 1273 gründete Meinhard II. das Stift Stams als

Familiengruft, wo der Tiroler Adel bis ins 16. Jh. beerdigt wurden.

Zum Anschauen: Stift Stams, S. 119

Machtwechsel

14. Jh.

Während der Herrschaft von Meinhards Enkelin Margarete Maultasch litt Tirol unter zahlreichen Naturkatastrophen und Seuchen. Eigentlich hieß sie Margarete von Tirol-Görz, der Beiname Maultasch verunglimpfte sie als »böse und liederlich« und wurde wohl von der Kirche lanciert. Margarete war in erster Ehe mit Johann Heinrich von Luxemburg verheiratet, der sich als Frauenheld entpuppte. Sie trennte sich daraufhin von ihm und heiratete ihren Cousin Ludwig I. von Bayern-Brandenburg. Beim Papst versuchte sie ihre erste Ehe annullieren zu lassen, wegen Impotenz des Gatten – doch vergeblich. Tirol wurde deshalb schließlich sogar mit einem Kirchenbann belegt! Auch aus der zweiten Ehe gab es aber keine männlichen Nachkommen für die Erbfolge und 1363 übergab Margarete schließlich Tirol an ihren Verwandten Rudolf IV. von Habsburg.

Zum Anschauen: Stadtbrunnen in Kitzbühel, u. a. mit einer Büste von Margarete Maultasch, S. 31

Arm und reich

1363–1490

Zwei Habsburger brachten Tirol im 15. Jh. in die Weltpolitik, nämlich Friedrich IV., genannt »Friedel mit der leeren Taschen«, und sein Sohn Sigmund »der Münzreiche«. Dabei hatte es sich eigentlich genau umgekehrt verhalten: Zur Regierungszeit Friedrichs IV. gab es neben dem Papst noch zwei weitere Gegenpäpste. Friedrich IV. verhalf in einer Notsituation einem der drei zur Flucht. Leider dem falschen – der Kaiser sprach die Reichsacht über ihn aus, d. h. er verlor sein gesamtes Vermögen. Durch Verhandlungen gelang ihm zwar die Aufhebung der Reichsacht, doch er musste Teile des Landes abgeben. In den späteren Jahren seiner Regierung florierte die Wirtschaft jedoch. Durch Silberfunde in Schwaz konnte Friedrich IV. Silbermünzen prägen lassen, die bald in ganz Europa genutzt wurden. 1420 verlegte er deshalb den Regierungssitz von Meran nach Innsbruck. Mit dem Silber konnte sein Sohn Sigmund seine Leidenschaft, den Burgenbau, finanzieren, u. a. die Hofburg in Innsbruck. Etwas zu spendierfreudig wohl, denn finanzielle Schwierigkeiten führten schließlich zu seiner Absetzung.

Zum Anschauen: Münze Hall, S. 81; Hofburg in Innsbruck, S. 100

Der letzte Ritter

um 1500–17. Jh.

Wegen Sigmunds Kinderlosigkeit fiel Tirol 1490 an die Habsburger Hauptlinie – der neue Herrscher Maximilian I. war nicht nur Erzherzog von Österreich,

Plötzlich steht man auf der Plamort-Ebene vor Panzersperren aus dem Zweiten Weltkrieg – surreal …

sondern ab 1519 auch römisch-deutscher Kaiser. Er zog mit seinem Hofstaat ständig um, nach Tirol kam er oft zum Fischen und Jagen und Innsbruck, das er mit einem mächtigen Zeughaus zu einem Rüstungszentrum Europas machte, liebte er. Hier ließ er das Goldene Dachl bauen und sein riesiges Grabmal in der Innsbrucker Hofkirche errichten (beerdigt ist er dort allerdings nicht). Nach seinem Tod ging es wirtschaftlich bergab, es kam zu Bauernaufständen und der Protestantismus sowie der Anabaptismus (Wiedertaufen) verbreiteten sich vor allem in den Bergwerksgebieten.

Zum Anschauen in Innsbruck: Schwarzmander in der Hofkirche, S. 97; Schloss Ambras, S. 103; Goldenes Dachl, S. 105

Eine starke Frau!

18. Jh.

Die 40-jährige Regierungszeit von Kaiserin Maria Theresia hatte auch Auswirkungen in Tirol. Innsbruck wurde dem Geschmack der Zeit entsprechend umgebaut, weiter reichend war aber die Einführung der allgemeinen Schulpflicht – alle Kinder zwischen sechs und zwölf Jahren mussten eine sogenannte Trivialschule besuchen, in der nach einheitlichem Lehrplan unterrichtet wurde. Maria Theresias Sohn Joseph II. setzte die Reformpolitik fort, mit der Abschaffung der Todesstrafe und der Aufhebung vieler kirchlicher Privilegien.

Zum Anschauen: Triumphpforte in Innsbruck, S. 100

Und schon wieder Bayern

19. und 20. Jh.

Anfang des 19. Jh. konnten das mit Napoleon verbündete Bayern noch einmal für einige Jahre die Herrschaft in Tirol übernehmen. Bayern galt damals als modern und aufgeklärt – und antiklerikal. Vor allem deshalb erhoben sich die Tiroler unter Andreas Hofer gegen die Fremdherrschaft, allerdings vergeblich. Erst mit der Neuordnung auf dem Wiener Kongress 1815 ging Tirol an Österreich zurück. Das 19. und frühe 20. Jh. waren dann aber doch geprägt von Modernisierung und Industrialisierung: Bahnlinien und neue Tunnel verbesserten die Infrastruktur, das kurbelte die Wirtschaft an und brachte mehr zahlende Gäste in die Tiroler Bergwelt.

Zum Anschauen: Tirol Panorama in Innsbruck, S. 102

Die Sache mit Südtirol

1919–1946

Mit dem italienischen Sieg über Österreich im Ersten Weltkrieg fielen die Gebiete südlich des Brenners an Italien, nur Osttirol blieb bei Österreich, war aber vom Rest Tirols getrennt. Mit dem Anschluss Österreichs an das faschistische Deutschland 1938 wurde Osttirol dem Gau Kärnten zugeschlagen. Nach dem Zweiten Weltkrieg wurde zwar Osttirol wieder mit Nordtirol vereinigt, die Hoffnungen auf eine Rückgabe Südtirols zerschlugen sich aber endgültig.

Zum Anschauen: Grenzbefestigungen aus beiden Kriegen bei Nauders, S. 187

Sport und Freizeit

seit 1945

In der Nachkriegszeit hat sich Tirol vor allem auf die Freizeit (anderer) konzentriert: als Ferienziel und als Austragungsort von Sportevents. Bereits zweimal wurden in Innsbruck die Olympischen Winterspiele ausgetragen (1964 und 1976), dazu kamen eine Fußballeuropameisterschaft (2008) und diverse Weltmeisterschaften (Straßenrad, Klettern, Nordische Disziplinen …). Politisch ist Tirol heute gleichzeitig durch den ländlichen Raum und die Bedürfnisse des Tourismus als Haupteinnahmequelle geprägt – so sind neben konservativen Parteien auch die Grünen relativ stark.

Zum Anschauen: Sportstätten in Innsbruck, S. 102, und Seefeld, S. 122

Drüber und drunter

Pässe über und Tunnel durch die Berge — heute werden immer neue Verbindungen über die Berge geplant, die man sich früher nicht hätte träumen lassen.

Dank dem Ötzi-Fund (s. S. 282) gilt es als sicher, dass schon in der Steinzeit Menschen über die Alpen gegangen sind – Viehhirten und wahrscheinlich auch Handelsleute. Als sich das Römische Reich dann nach Nordeuropa ausweitete, existierten bereits etablierte Fußwege und Saumpfade. Römische Truppen bauten diese Routen zu richtigen Straßen aus, auf denen die Armeen geordnet marschieren konnten und über die sich im Gefolge des Militärs auch Handel und Kommunikation in die entlegeneren Reichsgebiete ausweiten konnten.

Schlitzohren im Logistikgewerbe

Die erste solche Römerstraße über die Alpen verlief über den Reschenpass, der vom Südtiroler Vinschgau ins obere Inntal führt. Mit gut 1500 m ist er einer der niedrigsten Pässe über den Alpenhauptkamm und über nicht zu steile Täler von beiden Seiten recht gut zu erreichen. Die römische Straße Via Claudia Augusta (s. S. 131), die seit etwa 50 n. Chr. über den Pass führte, wurde um 200 n. Chr. durch die Brennerstraße, die sogenannte Via Raetia, als Hauptverbindungsstraße abgelöst. Auch diese Route stammte aus vorrömischer Zeit und wurde unter Kaiser Septimius Severus (146–211) zu einer befahrbaren Straße ausgebaut.

Mit den römischen Straßen war der Standard gesetzt – über Jahrhunderte wurden dieselben Routen genutzt, die Straßen instand gehalten, aber oft bewusst nicht wesentlich verbessert. So konnten die einheimischen Karrenführer und Transportunternehmen eine Monopolstellung ausbauen, denn wer die Strecke nicht kannte, riskierte sein Leben oder jedenfalls, die Fracht zu verlieren.

In manchen Gegenden wurde sogar explizit die in den Felsuntergrund eingegrabene Spurweite im Vergleich zur sonst üblichen Standardspurweite verändert, um die durchreisenden Händler zu zwingen, ihre Waren auf einen Wagen des lokalen Unternehmens umzuladen. Alternativ konnte man sich – gegen gutes Geld – eine andere Achse an den eigenen Wagen montieren lassen.

Zug und Tunnel

So tat sich nach der Römerzeit nicht mehr viel im Straßenbau über die Alpenpässe und echte Neuerungen und Fortschritte brachte erst die Eisenbahn – 1867 wurde zwischen Innsbruck und Bozen die Brennerbahn eröffnet, die erste alpenüberquerende Bahnlinie überhaupt.

Mit dem Ausbau des Eisenbahnnetzes stand man vor neuen Herausforderungen, denn für die Züge war die maximal mögliche Steigung beschränkt. Eine technische Meisterleistung und ein finanzielles Großprojekt war der Bau des über 10 km langen Arlberg-Eisenbahntunnels zwischen St. Anton und Lech am Arlberg. Nach langem Ringen begannen 1880 von beiden Seiten aus die Bauarbeiten, und dank moderner Bohrmaschinen und Tausenden Arbeitern konnte Kaiser

Franz Josef I. am 20. September 1884 bereits die Jungfernfahrt antreten. Einen Tag später wurde der Passagierverkehr aufgenommen. Die neue Bahnverbindung erschloss das Tiroler Oberland und ermöglichte das rasche Wachstum von Wirtschaft und Tourismus.

Im Jahr 2011 haben Österreich und Italien gemeinsam ein gigantisches Bauprojekt in Angriff genommen: den Brennerbasistunnel für den Personen- und Güterverkehr per Bahn bis zu 1720 m unter der Oberfläche! Der 55 km lange Tunnel zwischen Innsbruck und Franzensfeste/Fortezza soll ab 2032 einsatzbereit sein.

Schaukeln über den Kamm

Mit der Zunahme privater Kraftfahrzeuge wurde Mitte des 20. Jh. auch der Ausbau der Autostraßen vorangetrieben. Zu den ältesten größeren Straßentunneln Tirols gehört der gut 5 km lange Felbertauerntunnel.

Heute geht es darum, zusammenhängende Skigebiete zu entwickeln und den Gästen aus möglichst vielen Talorten Zugang dazu zu geben, und so werden Skilifte zu den höchsten Gletschergebieten gebaut. Nicht zuletzt die abnehmende Schneesicherheit in tieferen Lagen macht die hochalpinen Groß-Skigebiete für Investoren interessant. In Tirol gehören zu diesen übergreifenden Skigebieten etwa St. Anton, Ischgl, die Zillertal Arena und der Wilde Kaiser/Brixental. Ein höchst umstrittener Zusammenschluss von Ötztaler und Pitztaler Skigebieten mittels dreier neuer Gondelbahnen hätte das größte Gletscherskigebiet der Welt generiert – es ist 2022 allerdings in einer Volksbefragung abgelehnt worden. ■

Wo man heute einfach durch den Tunnel fährt, war früher der Weg über die Berge. Dieser war vor allem im Winter sehr beschwerlich, oft unmöglich.

Murmelnde Bäche, sauberer Strom?

Pro und Contra Wasserkraftwerke — Von alters her wird in Tirol auch Wasserkraft zur Energieversorgung eingesetzt. Das ist doch Nachhaltigkeit aus Tradition! Aber ganz so einfach ist es nicht.

Pro

Wasserkraft hat in Tirol eine lange Tradition, nicht zuletzt, weil in den hoch gelegenen Tälern schon früher Holz und Kohle nicht unbegrenzt zur Verfügung standen. Dagegen gab es immer Bergbäche mit großem Gefälle, und so klapperten am Fluss die Wasserräder und betrieben Schleifmühlen oder Hammerwerke für die Schmiede. Solche Wasserräder sieht man zuweilen noch heute, sie passen wunderbar in die Naturlandschaft und machen sich super auf Fotos. Selbst einfache Wasserkraftwerke aus der Anfangszeit der Industrialisierung gehören zum traditionellen Tiroler Kulturgut.

Natürlich sind aus den alten Wasserrädern und Wassermühlen heute viel effizientere Turbinen und Pumpspeicherkraftwerke geworden. Sie sind so erfolgreich, dass Tirol europaweit zu den Spitzenreitern bei erneuerbaren Energien gehört. Neben großen Staudämmen und Kraftwerken wird in Tirol nämlich auch auf den weiteren Ausbau dezentraler kleiner Wasserkraftwerke unter zehn Megawatt gesetzt, die staatliche Zuschüsse erhalten und einen Anteil von etwa 20 % der Stromversorgung ausmachen. Mit diesen zum Teil winzigen Anlagen können auch einzelne Almen oder Berghütten mit Strom versorgt werden.

Insgesamt gibt es über 1000 große und kleine Wasserkraftwerke in Tirol. Zusammen erzeugen sie über 7000 Gigawattstunden Strom, 70 % davon kommen von wenigen großen Wasserkraftwerken. Nur etwa 4 % des Stroms werden durch andere erneuerbare und fossile Energien erzeugt. Verbraucht werden in Tirol pro Jahr etwa 6500 Gigawattstunden, seit Jahren ist das Bundesland energieautark.

Contra

Die modernen Wasserkraftwerke rücken der Natur ziemlich zu Leibe. Für sie werden Flüsse und Bäche gestaut und kanalisiert, deren ökologischer Zustand verschlechtert sich damit unweigerlich, allemal im Bereich der Stauung. Für Fische gibt es meist keine Möglichkeit mehr, entlang der Flüsse auf- und abwärts zu wandern. Umweltverbände fordern deshalb die Einstellung von neuen und Ausbauprojekten. Statistiken zufolge sind nur ein Viertel aller größeren Tiroler Fließgewässer in einem sehr guten ökologischen Zustand, während etwa die Hälfte bereits so stark durch die

Energiewirtschaft beeinträchtigt ist, dass inzwischen Sanierungsbedarf besteht.

Gerade die kleinen und Kleinstanlagen richten, so die Kritik, im Vergleich zum Stromgewinn mehr ökologischen Schaden an als ihre großen Pendants. Zuvor natürlich fließende Wildbäche werden kanalisiert und die die Almhöfe oder Berghütten können sich oft keine Aufstiegshilfen für Fische oder Schutzbarrieren vor den Turbinen leisten. Auch steigt gerade an kleineren Gewässern die Hochwassergefahr durch Kraftwerke unverhältnismäßig stark.

So dreht sich die Diskussion vor allem um die Kriterien für Kraftwerksgenehmigungen und um Umweltauflagen. Denn auch die Bäche und Flüsse Tirols sind ja schützenswert. Über 1000 km Fließgewässer liegen in Schutzzonen, das ist etwa ein Drittel aller Gewässerstrecken. Aber selbst von den eigentlich geschützten und noch relativ naturnahen Flüssen und Bächen sind viele schon durch Kraftwerke beeinträchtigt. Das Naturerlebnis Wildfluss (und der Rafting-Tourismus) leiden jedenfalls darunter, dass für Großkraftwerke wie in Haiming oder im Kaunertal Wasser entzogen werden soll. Die Sorge um diese Gewässer treibt daher auch die Tourismusbranche um: Denn murmelnde Bäche und Wildflüsse gehören zum Image Tirols. Der Lech als letzter großer Wildfluss Europas ist eine Topattraktion – Staustufen und kanalisierte Bäche von fragwürdiger ökologischer Gesundheit wollen die Gäste beim Urlaub in den Bergen jedenfalls nicht sehen.

Und Zurückhaltung bei der Wasserkraft muss ja nicht zulasten der Nachhaltigkeit gehen: Die Fotovoltaik z. B. wird in Tirol noch kaum genutzt und böte bei der starken Sonneneinstrahlung in großer Höhe reichlich Potenzial zur Energiegewinnung. Und auch mit mehr Biogasanlagen ließen sich organische Abfälle noch effizienter zur Energiegewinnung nutzen. ■

Nachhaltige Energie durch Wasserkraft? – Es gibt auch kritische Stimmen, da durch die Wasserkraftwerke zum Teil ganze Ökosysteme zerstört werden. Oben: Wildwasser in Tirol, unten: Schaukraftwerk Zammer Lochputz

Noch mehr aktuelle Reiseinformationen und News zum Reiseziel finden Sie auf www.dumontreise.de/tirol.

Natascha Thoma und Isa Ducke sind beide Japanologinnen und frönen ihrer Reiseleidenschaft schon seit Jahrzehnten: zunächst privat und seit 2008 hauptberuflich als Reiseleiterinnen und Reiseführerautorinnen. Und wenn sie privat mal Urlaub machen, zieht es sie immer wieder für ausgiebige Wander- und Klettertouren in die europäischen Alpen und dann besonders gern auch nach Tirol. In diesem Band legen sie viel Wert auf Nachhaltigkeit.

Abbildungsnachweis
akg-images, Berlin: S. 264 **AQUA DOME – Tirol Therme Längenfeld**, Längengeld (AT): S. 165 **DuMont Bildarchiv**, Ostfildern: S. 92 li., 107, 289 (Udo Bernhart) **Filmfest.Anton**, St. Anton (AT): S. 157 M. (Mirja Geh) **Fotolia**, New York (USA): S. 271 (Thomas Zagler) **Getty Images**, München: S. 232 (EyeEm/Sawitree Pamee); 280 o. li. (Gamma-Rapho/Jarry/Tripelon); 2/3 (P. Medicus); 260 (Sean Gallup); 252 (Westend61/Uwe Umstätter); 37 (Westend61/Werner Dieterich) **Glow Images**, München: S. 92 re. (imagebroker/Gerhard Zwerger-Schoner); 20 (imagebroker/Helmut Meyer zur Capellen) **Huber-Images**, Garmisch-Partenkirchen: S. 159 (Christian Bäck); 281 u. (Gianluca Santoni); 203 (Giorgio Filippini); 128 li., 131, 229 (Rainer Mirau); 62 (Reinhard Schmid); 281 o. (Sandra Raccanello) **laif**, Köln: S. 201 M., 201 re. (Bernd Jonkmanns); 95 (Christian Kerber); 91 (Dagmar Schwelle); 7 re., 8 (Dietmar Denger); 193 (Frank Heuer); 143 (Gerhard Westrich); 150, 248/249, 272/273 (Gregor Lengler); 216 (Hans-Bernhard Huber); 29, 32, 48/49 (Jens Schwarz); 6 li. (Julia Konp); 51 M., 93 M., 119, 168 (Le Figaro Magazine/Bruno Mazodier); 156 li., 160 (Monica Gumm); 104 (poolima/Gerhard Hagen); 96 (René Mattes); 250 (SZ Photo/Joachim Krack); 113 (Tobias Gerber) **Lookphotos**, München: S. 68 (Klaus Fengler); 269 (Philip Koschel); 51 re., 73 (Thomas Stankiewicz) **MATO**, Hamburg: S. 12/13 (Helge Bias) **Mauritius Images**, Mittenwald: S. 224 (age fotostock/Martin Zwick); 278/279 (Alamy/AllOver Images); Titelbild (Alamy/AndreasF); 50 re., 55 (Chromorange/Ernst Weingartner); 127 (ClickAlps); 67 (go-images); 17 (Henryk Tomasz Kaiser); 7 u. li. (imagebroker/Creativ Studio Heinemann); 116 (imagebroker/Jochen Tack); 7 o. li., 206 (imagebroker/Martin Siepmann); 280 re. (imagebroker/Werner Dieterich); 280 u. li. (imagebroker/Wilfried Bahnmüller); 154/155 (Matthias Pinn); 43 (Rainer Mirau); 89 (Robert Harding/Pro Cip); 255 (Stefan Wolf Photography) **Natascha Thoma, Isa Ducke**, Berlin: S. 14 re., 15 re., 27, 38, 80, 83, 93 re., 111, 125, 129 li., 129 re., 139, 145, 156 re., 157 re., 173, 177, 179, 180, 183, 189, 198/199, 200 o. re., 211, 219, 221, 222, 257 u., 286, 291 u., 295 **picture-alliance**, Frankfurt a. M.: S. 284 (AKG-Images); 101 (EXPA/pcturedesk.com/Jakob Gruber); 266 (Patrick Seeger); 257 o. (robertharding/Adam Woolfitt); 15 M., 50 li., 53, 74 (Roland Mühlanger) **Posthotel Achenkirch GmbH**, Achenkirch (AT): S. 61 **Shutterstock.com**, Amsterdam (NL): S. 128 re. (footageclips); 200 u. re. (Gcapture); 56 (Markus Plank); 291 o. (Menno van der Haven); 46 (Nemo1963) **Stadtgemeinde Kitzbühel**, Kitzbühel (AT): S. 14 li. **Sylvia Pollex/Thomas Rötting**, Leipzig: S. 196

Titelbild
Blick auf den Seebensee

Zitatnachweis
S. 7 o. re., aus: Sepp Schluiferer, Fern von Europa (Vorwort), Tirol ohne Maske, Innsbruck 2009

Kartografie
© KOMPASS-Karten GmbH, A-6020 Innsbruck; DuMont Reiseverlag, D-73751 Ostfildern

Autorinnen: Isa Ducke, Natascha Thoma **Redaktion/Lektorat:** Christiane Wagner, Anne Winterling **Bildredaktion:** Sylvia Pollex, Titelbild: Carmen Brunner **Grafisches Konzept und Umschlaggestaltung:** zmyk, Oliver Griop und Jan Spading, Hamburg

Hinweis: Autorinnen und Verlag haben alle Informationen mit größtmöglicher Sorgfalt geprüft. Gleichwohl erfolgen alle Angaben ohne Gewähr.
Bitte schreiben Sie uns! Über Ihre Rückmeldung und Ihre Verbesserungsvorschläge freuen wir uns: DuMont Reiseverlag, Postfach 3151, 73751 Ostfildern, info@dumontreise.de, www.dumontreise.de

2., aktualisierte Auflage 2024

Printed in Poland

Offene Fragen*

Was ist schwieriger, rauf oder runter?

Zwetschkenröster oder Apfelmus zum Kaiserschmarrn?
Seite 127

Was ist denn eine Sommerrodelbahn?
Seite 66

Was hat es mit diesen Gästekarten auf sich?
Seite 243

Gibt's in den Bergen auch Wassersport?
Seite 140

Sitzen meine Wanderschuhe oder bekomme ich womöglich Blasen?

Ist Ötzi ein Italiener?
Seite 282

Ist Schlipfkrapfen ein Schimpfwort?
Seite 237

Wohin, wenn das Wetter mal schlecht ist?
Seite 73

Wann kommen wir wieder?

Mogsch a Schnapsal?

Kann man die Kuchenspitze essen?
Seite 196

Gibt es einen Unterschied zwischen Gämse und Steinbock?
Seite 104

** Fragen über Fragen – aber Ihre ist nicht dabei? Dann schreiben Sie an info@dumontreise.de. Über Anregungen für die nächste Ausgabe freuen wir uns.*